Bruno Gloger · Friedrich Wilhelm

Friedrich Wilhelm

Kurfürst von Brandenburg

Biografie

von Bruno Gloger

Verlag Neues Leben Berlin

Abbildung gegenüber dem Innentitel:
Altersbildnis Friedrich Wilhelms.
Unvollendetes Gemälde eines unbekannten Meisters

ISBN 3-355-00208-9

 · 3. Auflage, 1989 · Lizenz Nr. 303 (305/354/89) LSV 7001 · Schutzumschlag und Einband: Gerhard Christian Schulz · Typografie: Erika Wald · Schrift: 11p Timeless · Lichtsatz: INTERDRUCK Graphischer Großbetrieb Leipzig, III/18/97 · Druck und buchbinderische Weiterverarbeitung: Offizin Andersen Nexö, Graphischer Großbetrieb, Leipzig III/18/38 · Bestell-Nr. 643 821 9 01620

Vorwort

Der kaum beachtete Zweitguß von Schlüters weltberühmtem Reiterstandbild in der Vorhalle des Berliner Bode-Museums, ein Sarkophag in der Gruft des Berliner Doms, das Ribbeckhaus nahe dem Palast der Republik, ein als Schule verwendetes Schlößchen in Caputh bei Potsdam – es ist nur wenig, was uns heute noch „handgreiflich" an den Kurfürsten Friedrich Wilhelm von Brandenburg erinnert. Doch Anlässe für geschichtliche Rückbesinnung wecken Bedürfnisse nach Information, die das Schulwissen ergänzt oder vertieft: Am 8. November 1985 sind dreihundert Jahre vergangen, seit jener Kurfürst das „Edikt von Potsdam" unterzeichnete und damit viele tausend französische Hugenotten als wirtschaftlich und kulturell höchst anregendes Element in die noch recht rückständige Kurmark, vor allem aber in seine aufstrebende Residenzstadt Berlin rief; und 1987 feiert Berlin sein 750jähriges Jubiläum. Vielleicht wird bei dieser Gelegenheit an diesen Herrscher erinnert, dessen Tatkraft viel dazu beigetragen hat, daß die verheerenden Auswirkungen des Dreißigjährigen Krieges allmählich überwunden werden konnten. Wer aber war dieser Kurfürst? Worin liegt seine historische Bedeutung?

Ein Lebensbild dieses Hohenzollern zu entwerfen war keine leichte Aufgabe. Zu groß sind die Forschungsrückstände auf manchen Gebieten. So ist die Wirtschaftsgeschichte des 17. Jahrhunderts von marxistischen Wissenschaftlern bisher nur unzureichend erfaßt und interpretiert worden. Das gilt für die Stellung des Bürgertums in dieser Zeit, die Entwicklung der Manufakturen, die konkrete Situation des bäuerlichen Klassenkampfes (zweite Leibeigenschaft). Wenn nun trotz der vorhandenen Lücken der Versuch unternommen wurde, Friedrich Wilhelms Leben und Wirken aus heutiger Sicht zu schildern, so geschah das in der Überzeugung, daß die vorhandene ältere und neuere Sekundärliteratur genügend Material zur Verfügung stellt, um wenigstens einen ersten Schritt in der biografischen Aufarbeitung zu tun und dabei einem breiten Lesepublikum Antworten auf Fragen zu geben.

Welche Berechtigung hatte und hat zum Beispiel der zählebige alte und immer wieder erneute Beiname „der Große Kurfürst"? War der „Held von Fehrbellin" wirklich ein deutscher Patriot? Als nach der Reichsgründung von 1871 die Legende von einem besonders starken und historisch schon früh nachweisbaren nationalen Verantwortungsgefühl der zum Kaisertum aufgestiegenen Hohenzollern verbreitet wurde, konnten die Begründer der marxistischen Geschichtswissenschaft diese Geschichtsfälschung leicht entlarven. Die Rolle, die der „Große Kurfürst" der Legende zufolge gespielt haben soll, erwies sich als recht fragwürdig.

Die Biografie kann bereits Bekanntes ausbreiten und vertiefen. Sie soll Verständnis wecken für die politische Lage der „kurbrandenburgischen Lande" in und nach dem Dreißigjährigen Krieg und auf die vielfältigen und komplizierten, klassenbedingten Auseinandersetzungen hinweisen, die der Geschichte Europas im 17. Jahrhundert ihren Stempel aufprägten; und sie will nicht nur einseitig den Staatsmann Friedrich Wilhelm zeigen, sondern auch jenen Teil seines Lebens erhellen, der dem Privaten zuzuordnen ist. So lernen wir einen Menschen voller Widersprüche und Konflikte kennen. Fromm und gerissen, energisch und vorsichtig, pflichtbewußt und eigensinnig, nötigte er den Zeitgenossen Respekt ab und läßt auch uns Heutige nicht unberührt.

Diese ganz persönlichen Züge des „Gewitterkopfes" (als solcher erschien er manchem verschreckten Besucher) haben mich schon vor drei Jahrzehnten bei ersten Studien, die ich später nur sporadisch fortsetzte, öfters fasziniert. So nahm ich gegen Ende meines Berufslebens das Wagnis auf mich, ohne durch spezielle Forschungen legitimiert zu sein, eine Beschreibung dieses Lebens und wichtiger Zeitumstände zu versuchen.

Das vorliegende Ergebnis ist in nicht geringem Maße das Verdienst meiner verständnisvollen Verlagslektorin, Frau Dr. Edelgard Schmidt. Ihr sei an dieser Stelle herzlich gedankt, ebenso den Herren Dr. sc. Hartmut Harnisch und Prof. Dr. sc. Klaus Vetter für begutachtende Beratung. Mein Dank gilt aber auch der Leitung des Zentralinstituts für Philosophie der Akademie der Wissenschaften der DDR, die mir diesen nebenberuflichen „Ausflug“ gestattet und ihn großzügig gefördert hat.

Berlin, im März 1984 *Bruno Gloger*

Ein Prinz aus dem Hause Hohenzollern

Herkunft und Aufgabe

Friedrich Wilhelm entstammte einem alten schwäbischen Adelsgeschlecht, das sich nach seiner Stammburg Hohenzollern benannte. Diese lag auf dem Felskegel des Hohenzollern, einer der höchsten Erhebungen der Schwäbischen Alb. Gegen Ende des 12. Jahrhunderts wurden in einem Zweig der Familie das Amt und der Titel des Burggrafen von Nürnberg erblich, und zweihundert Jahre später erlangten die Angehörigen der „burggräflichen Linie" des Hauses Hohenzollern als Fürsten von Ansbach und Bayreuth den Status von Reichsfürsten. Burggraf Friedrich VI., dem das wenig einträgliche Fürstentum Ansbach zugefallen war, trat in den Dienst des Königs und späteren Kaisers Sigismund. Er wurde im Jahre 1411 zum Statthalter in der herrenlos gewordenen Mark Brandenburg ernannt, 1415 in den Markgrafen- und Kurfürstenstand erhoben und 1417 auch formell mit der Kurmark belehnt. Als Begründer einer neuen Dynastie nannte er sich nun Friedrich I. Im Jahre 1473 wurde durch ein „Hausgesetz" festgelegt, daß es in der burggräflichen Linie stets nur drei regierende Fürsten geben dürfe: den Kurfürsten von Brandenburg und je einen Regenten in den Fürstentümern Ansbach und Bayreuth. Diese Bestimmung hatte für die spätere Machtkonzentration im Hause Hohenzollern große Bedeutung.

Die ersten brandenburgischen Hohenzollern hatten es recht schwer, sich gegenüber dem märkischen Landadel und den wie kollektive Feudalherren auftretenden Städten durchzusetzen.

Belehnung des Burggrafen Friedrich VI. von Nürnberg mit der Mark Brandenburg

Auch als die sogenannten Landstände – gewählte Vertreter der über großen Landbesitz verfügenden geistlichen Feudalherren, des Landadels und der Städte – dem Landesherren regelmäßige Steuereinnahmen und von Fall zu Fall Bezahlung seiner Schulden zugestanden, blieb der Adel der eigentlich herrschende Stand.

Nach 1539 lieferten die brandenburgischen Hohenzollern ein geradezu klassisches Beispiel für die lutherische „Fürstenreformation“: Der reiche Grundbesitz der katholischen Bistümer Brandenburg, Havelberg und Lebus sowie fast aller Klöster wurde zum größten Teil von der kurfürstlichen Domänenverwaltung vereinnahmt. Einige Ländereien dienten zur Finanzierung der neuen evangelischen Landeskirche. In nördlichen und östlichen Teilen des Heiligen Römischen Reiches Deutscher Nation sowie in Dänemark und Schweden, also Ländern mit verhältnismäßig schwacher Entwicklung des Städtebürgertums und starkem Übergewicht der Adelsherrschaft, widerstand dieses Luthertum der jesuitischen Gegenreformation, die in der zweiten Hälfte des 16. Jahrhunderts einsetzte. Diese konnte nur in den Erbländern des habsburgischen Kaiserhauses und in einigen deutschen Territorialstaaten dem seit 1563 reorganisierten Katholizismus zum Siege verhelfen. Mehrere Versuche der Habsburger, eine katholische Einheit des Glaubens im Reich wiederherzustellen und damit ihre Zentralgewalt zu stärken, scheiterten an den ökonomischen Interessen fürstlicher Nutznießer der lutherischen Reformation.

Trotz des beachtlichen Zuwachses an Domänengut aus ehemaligem Kirchenbesitz blieben die Kurfürsten von Brandenburg unter ihren Standesgenossen so etwas wie „arme Verwandte“, ohne wesentlichen Einfluß auf machtpolitische Auseinandersetzungen im Reich. Das Stimmrecht bei der Kaiserwahl erlaubte ihnen zwar, ihre Kurstimme bei jeder neuen Wahl möglichst teuer zu verkaufen, da die habsburgischen Kandidaten meistens Rivalen hatten, doch die Kurmark wurde nicht ohne Grund „des Heiligen Römischen Reiches Streusandbüchse“ genannt. Sand und Sumpf bestimmten über weite Strecken den Charakter der Landschaft. Fruchtbarer Boden war rar, die Erde barg keine Schätze an Gold, Silber, Kupfer oder Eisen, keine Hafenstadt öffnete ein Tor zu gewinnträchtigem Handel und entsprechenden Zöllen, der Verkehr auf den großen Wasserstraßen Oder und Elbe war vielmehr durch fremde Zölle behindert.

Selbst die Gewinne des Landesherrn aus Handel und Gewerbe der märkischen Städte waren nur dürftig, denn der eigene Landadel hatte sich wirtschaftliche Privilegien zu verschaffen gewußt, die unter anderem das damals sehr wichtige und einträgliche Braugewerbe der märkischen Städte schädigten. Dem finanziellen Niedergang der Städte entsprach ihr geringer werdender politischer Einfluß. Auch die Bauern gerieten immer mehr in Abhängigkeit von den Gutsbesitzern. Viele wurden in Erbuntertänigkeit gezwungen, was der Leibeigenschaft praktisch gleichkam. Ihr Wohl und Wehe hing von der Persönlichkeit des Gutsherrn ab. So gab es bei den märkischen „Ständen“ kaum noch Kräfte, mit denen sich der Kurfürst eventuell gegen den mächtigen Landadel verbünden konnte.

Als am Ende des 16. Jahrhunderts der Kurfürst Joachim Friedrich sich durch das Testament seines Vaters genötigt sah, zahlreiche Geschwister zu versorgen, obwohl er außer dem nur auf der Landkarte einigermaßen imposanten Staatsgebiet nichts als etwa eine halbe Million Taler Schulden geerbt hatte, schloß er 1598 in Gera mit seinen erbberechtigten Verwandten den „Geraischen Hausvertrag“, der für die Zukunft des Hauses Hohenzollern außerordentlich wichtig werden sollte. In diesem wurde für den gesamten hohenzollernschen Besitz und alle noch zu erwartenden Erwerbungen das Prinzip der Unteilbarkeit und der Primogenitur (Erbfolge des ältesten Sohnes) festgelegt.

Erbteilungen, die der Hausmacht anderer deutscher Fürstengeschlechter – wie der Wettiner in Sachsen und Thüringen, der Wittelsbacher in Bayern und in der Pfalz, der Welfen in

Niedersachsen – erheblich Abbruch taten, blieben den Hohenzollern auch dann noch erspart, als sie später über wesentlich reicheren Landbesitz verfügen konnten. – Wie wenig aber gerade „unser“ Kurfürst Friedrich Wilhelm, der eigentliche Begründer des brandenburgisch-preußischen Machtstaates, den „Geraischen Hausvertrag“ zu respektieren gedachte, das werden seine Testamente zugunsten nachgeborener Söhne zeigen. Bevor jedoch an eigene Fürstentümer für diese Hohenzollernprinzen zu denken war, sollte sich die politische Landkarte Europas noch erheblich verändern.

Wesentliche Voraussetzungen für eine erstaunliche Ausweitung des kurbrandenburgischen Territoriums schuf noch derselbe Kurfürst Joachim Friedrich, indem er für seinen Sohn und Nachfolger Johann Sigismund die Erbnachfolge im Herzogtum Preußen recht geschickt einfädelte. Den Plan hatte der Kanzler Lampert Diestelmeyer, Sohn eines Leipziger Schneiders, weit vorausschauend ausgetüftelt. Welch große Bedeutung dieses Herzogtum einmal für die deutsche Geschichte erlangen sollte, konnte damals freilich noch niemand ahnen. Es lag außerhalb der Reichsgrenze und unterstand polnischer Lehnshoheit.

Hier handelte es sich um einen wesentlichen Teil des ehemaligen Siedlungsgebietes der südbaltischen Pruzzen. Ihr Land war in der ersten Hälfte des 13. Jahrhunderts vom Deutschen Orden erobert und christianisiert worden. Dort war ein mächtiger Ordensstaat entstanden, in den viele deutsche Bauern und adlige Familien zu günstigen Bedingungen einwanderten. Den nach Osten vordringenden Ordensrittern (wegen des schwarzen Kreuzes auf weißem Mantel auch „Kreuzritter“ genannt) bereiteten die vereinigten Polen und Litauer in der Schlacht bei Tannenberg (Grunwald) im Jahre 1410 eine vernichtende Niederlage.

Um die daraus entstehenden finanziellen Schwierigkeiten zu bewältigen, mußte das Oberhaupt des Ordens, der Hochmeister, Kompromisse mit den Landständen – Vertretern des

Adels und der Städte – eingehen. Es kam aber doch zum offenen Konflikt zwischen dem Orden und den Ständen, die sich im Jahre 1454 dem König von Polen unterstellten und seinen Schutz erbaten. Nach dreizehnjährigem Kriege wurde 1466 in Thorn ein Friede geschlossen, in dem die Oberhoheit des polnischen Königs anerkannt und die reichere westliche Hälfte des Ordenslandes mit Danzig und Marienburg an Polen abgetreten werden mußte. In den östlichen Teil – später Ostpreußen genannt – schnitt das katholisch gebliebene Bistum Ermland tief ein. Hauptstadt dieses dem Deutschen Orden verbliebenen Staatsgebiets war Königsberg, von den übrigen kleinen Städten hatte nur noch Tilsit einige Bedeutung.

Im Jahre 1525 trat der Hochmeister Albrecht von Ansbach, ein Angehöriger der fränkischen Linie des Hauses Hohenzollern, zum Protestantismus über. Der Ordensstaat wurde in ein weltliches Herzogtum unter polnischer Lehnshoheit umgewandelt. Der Sohn und Nachfolger Albrechts II. Friedrich wurde schon in jungen Jahren geisteskrank. Dadurch erlangte der Ehemann seiner einzigen Tochter Anna, Johann Sigismund von Brandenburg, bereits als Kurprinz maßgeblichen Einfluß auf die Regierung des Herzogtums. Dessen Vater, Kurfürst Joachim Friedrich, ließ sich 1605 vom polnischen König zum Regenten für seinen geisteskranken Verwandten bestellen. Als nach dem Tode Joachim Friedrichs im Jahre 1608 Johann Sigismund Kurfürst wurde, übernahm er auch die Regentschaft für seinen Schwiegervater.

Die Ehe Johann Sigismunds mit der preußischen „Erbtochter“, deren Mutter eine Prinzessin von Jülich und Kleve war, eröffnete außerdem noch die Aussicht auf Erbnachfolge in den rheinisch-westfälischen Besitzungen der Herzogs Johann Wilhelm von Jülich und Kleve, da dieser ebenfalls keinen männlichen Erben hatte. Das außerordentlich komplizierte und widerspruchsvolle fürstliche Erbrecht dieser Zeit bot allerdings nicht nur Kurbrandenburg, sondern auch Kursachsen und dem pfälzischen Teilfürstentum Neuburg, ja sogar den österreichischen und den spanischen Habsburgern, dem Königreich Frankreich und der jungen Republik der Niederlande mehr oder weniger realistische Möglichkeiten, Erbansprüche geltend zu machen.

Als Johann Wilhelm im März 1609 starb, kam es – wie zu erwarten – zum berühmt gewordenen Jülich-Klevischen Erbfolgestreit, der einen europäischen Konflikt auslöste. Alle Beteiligten gehörten nämlich politisch-militärischen Bündnissen an, die äußerlich vom religiösen Bekenntnis bestimmt waren, bei näherem Betrachten jedoch vor allem ihrer ökonomischen Situation und den sich daraus ergebenden Interessen entsprachen. Die Streitigkeiten endeten vorerst damit, daß 1614 im Vertrag von Xanten dem Neuburger Pfalzgrafen die Länder Jülich und Berg, dem Kurfürsten von Brandenburg die Länder Kleve, Mark und Ravensberg zugesprochen wurden. Eine endgültige Entscheidung sollte erst vierzig Jahre später getroffen werden, so daß die Brandenburger auf kaum absehbare Zeit in alle politischen Händel im nordwestlichen Grenzgebiet des Reiches – einer „politischen Wetterecke" – hineingezogen werden mußten.

Kurz vor der provisorischen Regelung des Jülich-Klevischen Erbfolgestreits gab es zwei Aufsehen erregende Konfessionswechsel: Der lutherische Pfalzgraf von Neuburg wurde Katholik und der lutherische Kurfürst von Brandenburg wurde Kalvinist. Was mochte Johann Sigismund, einen willensschwachen, arbeitsscheuen Schlemmer und krankhaften Trinker, der sich bislang in Fragen der Religion recht gleichgültig verhalten hatte, veranlaßt haben, am Weihnachtsmorgen des Jahres 1613 im Berliner Dom für sich und seine Nachkommen das reformatorische Bekenntnis des aufstrebenden westeuropäischen Bürgertums, den Kalvinismus, anzunehmen?

Wahrscheinlich hat Johann Sigismund gehofft, bei den zu erwartenden neuen Kämpfen um das jülich-klevische Erbe in der kalvinistischen, bürgerlich-aristokratischen Republik der Vereinigten Niederlande eine Schutzmacht gegenüber der katholischen Habsburgerpartei zu gewinnen. Sein unmittelbarer Rivale, der Neuburger, hatte ja offensichtlich bei der katholischen Partei Rückhalt gesucht.

In den überwiegend von Kalvinisten bewohnten Ländern Kleve, Mark und Ravensberg hatte der neue Landesherr nun zwar einen leichteren Start, doch in der streng lutherischen Kurmark, wo der reformatorische Kalvinismus für schlimmer gehalten wurde als der verhaßte Katholizismus, gingen die Wogen der Erregung hoch. In Berlin gab es sogar Straßentumulte. Johann Sigismund und sein Sohn Georg Wilhelm, der 1619 Kurfürst wurde, hielten jedoch unbeirrbar an der in ihrem Stammland und in Preußen höchst unpopulären Konfession fest.

So kam es, daß Johann Sigismunds Enkel, „unserem" Friedrich Wilhelm, ein religiöses Bekenntnis vererbt wurde, welches wirtschaftlichen Erfolg oder Mißerfolg als Kriterien für „göttliche Gnadenwahl" ansah und in diesem Sinne den Gläubigen anspornte, sein „Geschäft" möglichst erfolgreich zu betreiben. Das „Geschäft" eines durch Erstgeburtsrecht zur Regierung bestimmten Fürstensohnes, sein „von Gott erteilter Auftrag" war, sein Erbe nutzbringend zu verwalten und zu vermehren. Damit konnte er aber erst beginnen, wenn er die Regierung übernommen hatte.

Bis dahin galt es, sich so gut wie möglich auf die künftige Aufgabe vorzubereiten.

Bei den brandenburgischen Hohenzollern zeigten sich von Generation zu Generation häufig erhebliche Gegensätze zwischen dem regierenden Herrn und dem zur Nachfolge berufenen Sohn, und zwar waren diese um so stärker, je ausgeprägter die Persönlichkeit des Nachfolgers war. Der Sohn Johann Sigismunds, Georg Wilhelm, scheint schon als junger Mann schwach und kränklich gewesen zu sein. Er verließ Kleve, wo er als Statthalter residierte, wohl nur ungern, als er 1617 in Berlin die Regierungsgeschäfte für seinen dahinsiechenden Vater übernehmen mußte. –

Im Jahre 1618 führten die sich zuspitzenden Konflikte zwischen den europäischen Mächten zu ersten militärischen Zusammenstößen, aus denen sich in mehreren Etappen der Dreißigjährige Krieg entwickelte. Der Aufstand der protestantischen Stände des habsburgischen Königreichs Böhmen gegen das katholische Kaiserhaus hatte zur Folge, daß im Jahre 1618 der kalvinistische Kurfürst Friedrich V. von der Pfalz, ein Schwager Georg Wilhelms von Brandenburg, zum König von Böhmen gewählt und in Prag gekrönt wurde.

Diese höchst bedrohliche Herausforderung des Hauses Habsburg wollte der Nachfolger des schwächlichen Kaisers Matthias, Kaiser Ferdinand II., nicht hinnehmen. Er führte den Kampf gegen die „böhmischen Rebellen“ mit großem Nachdruck. Um der katholischen Gegenreformation in ganz Europa zum Siege zu verhelfen, setzte sich Ferdinand II. erfolgreich für eine enge Zusammenarbeit der seit 1556 selbständigen habsburgischen Herrscherhäuser in Österreich und Spanien ein, was den Verlauf des sich anbahnenden großen Krieges entscheidend beeinflußte.

Die spanischen Habsburger hatten 1609 mit der Republik der Vereinigten Niederlande, die sich von den Spanischen Niederlanden getrennt hatte, einen Waffenstillstand für die Dauer von zwölf Jahren geschlossen. Als die böhmischen Aufständischen alle Gegner des Gesamthauses Habsburg um Unterstützung baten, stellten ihnen die kalvinistischen Niederländer Geld zur Verfügung. Doch der englische König Jakob I., Schwiegervater des neuen Königs von Böhmen, zog es vor, mit den Habsburgern nicht zu brechen.

König Heinrich IV. von Frankreich, bei uns durch Heinrich Manns biographischen Roman „Henri Quatre“ unter seinem französischen Namen bekannt, war 1610 ermordet worden, als er den Jülich-Klevischen Erbfolgestreit zum Anlaß nehmen wollte, einen großen Krieg gegen das Gesamthaus Habsburg zu beginnen. Seine Witwe, Maria Medici, bemühte sich in den nächsten vierzehn Jahren um eine habsburgfreundliche Politik, bis der Kardinal Richelieu als leitender Minister im Jahr 1624 die traditionell habsburgfeindliche Politik Frankreichs auf lange Sicht neu fundierte.

In der Republik der Vereinigten Niederlande setzte sich 1619 eine politische Partei unter Führung des berühmtesten Feldherrn seiner Zeit, des Fürsten Moritz von Oranien, gegen die Befürworter des Waffenstillstandes durch. Als 1621 die Habsburger so erstarkt waren, daß die Existenz der jungen Republik bedroht zu sein schien, begannen die Niederländer einen neuen Krieg gegen die Spanier. Dieser wurde erst 1648 durch den allgemeinen Westfälischen Frieden beendet.

Der Krieg zwischen der Republik der Vereinigten Niederlande und dem spanischen Feudalabsolutismus war Ausdruck des Gegensatzes zwischen den Feudalgewalten und der aufsteigenden bürgerlich-kapitalistischen Gesellschaft, des Hauptwiderspruchs in der gesellschaftlichen Entwicklung dieser Epoche. Da die brandenburgischen Hohenzollern in diese weltgeschichtliche Auseinandersetzung öfters verwickelt wurden, ergibt sich noch Gelegenheit, auf die komplizierte und widerspruchsvolle Bündnispolitik der Hauptkontrahenten ausführlicher einzugehen.

Als im Jahre 1618 der geisteskranke Herzog Albrecht II. Friedrich von Preußen starb, fiel das Herzogtum an Brandenburg. Den Lehnseid hatte Kurfürst Johann Sigismund bereits 1611 in Warschau geleistet. Doch 1619 starb auch er, und nun mußte der neue Kurfürst Georg Wilhelm so schnell wie möglich die Huldigung durch die preußischen Stände erlangen und sich vom polnischen König mit dem Herzogtum belehnen lassen. Beides erforderte jahrelanges Feilschen um die jeweils neu auszuhandelnden Bedingungen. Die sehr selbstbewußten Stände suchten nach altem Brauch am polnischen Königshof Beistand gegen Forderungen des neuen Herzogs und erwarteten andererseits, daß der Herzog sie gegen unbillige Forderungen des polnischen Lehnsherrn verteidige.

Georg Wilhelms Lage wurde noch dadurch erschwert, daß 1619 nicht nur über Böhmen, sondern auch über den brandenburgischen Gebieten am Niederrhein drohende Wetterwolken standen. Die Länder Kleve und Mark mußten in einem Krieg zwischen der Republik der Vereinigten Niederlande und Spanien geradezu zwangsläufig als Durchmarsch- und Versorgungsgebiet der Hauptgegner und ihrer Verbündeten in größte Bedrängnis geraten, ohne daß Georg Wilhelm etwas dagegen unternehmen konnte.

Daß der Bruder der jungen Kurfürstin, Kurfürst Friedrich V. von der Pfalz, Oberhaupt des Schutzbündnisses einiger protestantischer Fürsten, der „Union", seit dem Herbst 1618 die böhmische Königskrone trug, vermehrte die Kalamitäten Georg Wilhelms nicht unbeträchtlich. Denn das Haus Habsburg rüstete, unterstützt von der „Liga", dem Bündnis katholischer deutscher Fürsten, zum Gegenschlag. Da konnte die Kurmark leicht unmittelbar in Gefahr geraten.

Zusätzliche „preußische" Probleme ergaben sich schon aus Vorverhandlungen über die (im Dezember 1620 geschlossene) Ehe einer Schwester Georg Wilhelms, Marie Eleonore, mit dem Schwedenkönig Gustav II. Adolf. Die Könige von Schweden und von Polen machten sich gegenseitig ihre Throne streitig, und Georg Wilhelm befürchtete nicht ohne Grund, als Herzog von Preußen zwischen die Fronten zu geraten. Die in Gustav Adolf verliebte Schwester fand jedoch Rückhalt bei der Mutter, und der Kurfürst vermochte nicht, den warnenden Stimmen seiner Räte Gehör zu verschaffen. Die Verhandlungen mit den preußischen Ständen und dem polnischen König wurden durch dieses Eheprojekt – das bekannt geworden war – natürlich nicht erleichtert.

In dieser Zeit voller Spannungen und sorgenvoller Erwartungen wurde *Friedrich Wilhelm* als erster Sohn Georg Wilhelms und seiner Gattin Elisabeth Charlotte, die dem pfälzischen Kurhaus entstammte, am 16. Februar 1620 im alten, düsteren

Schloß zu Berlin-Kölln geboren. Es scheint, daß die Geburt des kurbrandenburgischen Stammhalters durchaus nicht soviel Aufmerksamkeit erregt hat, wie es unter günstigeren Bedingungen wohl selbstverständlich gewesen wäre. Böllerschüsse und Glockengeläut hätten wohl zu sehr an die drohenden Kriegsnöte erinnert. Kurfürst Georg Wilhelm sah sich außerstande, die schwierigen Verhandlungen in Königsberg und Warschau wochenlang zu unterbrechen, um die Taufe des Sohnes mit dem damals allgemein üblichen Aufwand zu feiern. Anfang August 1620 entschied er, daß der Kurprinz in Abwesenheit des Vaters auf die Namen *Friedrich Wilhelm* getauft werden sollte.

Nachdem dies geschehen war, reiste die Mutter ebenfalls nach Preußen. Das Kind, familiär „Fritz" genannt, blieb im Berliner Schloß der Obhut seiner beiden Großmütter überlassen. Im fünften Lebensjahr wurde mit regelmäßigem Schulunterricht begonnen. Zum Lehrer berief der Kurfürst einen gelehrten Kanzleibeamten aus dem fernen Kleve, dem Friedrich Wilhelm offenbar eine gut lesbare Handschrift verdankte. Zwei Jahre später begann die eigentliche Erziehung durch einen Hofmeister, der ihn auf künftige Herrscherpflichten im Sinne der kalvinistischen Konfession vorbereiten sollte. In jenem Jahre 1627 war Kurbrandenburg jedoch bereits in den großen europäischen Krieg, der sich aus dem „böhmischen Aufstand" von 1618 entwickelt hatte, so tief verstrickt, daß es fraglich erscheinen mochte, ob der Kurprinz jemals Kurfürst werden konnte.

Der große Krieg und die Vision des Schwedenkönigs

Kurfürst Georg Wilhelm war es zunächst gelungen, seine weit verstreut liegenden Länder aus dem „böhmischen Abenteuer" seines Schwagers Friedrich von der Pfalz herauszuhalten. Von der protestantischen Union im Stich gelassen, unterlag das böhmisch-pfälzische Heer im November 1620 am Weißen Berg bei Prag einem kaiserlich-ligistischen Heer. Friedrich, nun als „Winterkönig“ verspottet und schon bald der Reichsacht verfallen, mußte fliehen. Nur widerwillig gewährte Georg Wilhelm vorübergehend Gastfreundschaft in der Festung Küstrin. Er betonte seine Neutralität und war froh, als die ungebetenen Gäste nach Hamburg weiterreisten und schließlich in der Republik der Vereinigten Niederlande ein dauerhaftes Asyl fanden.

Die Kurpfalz wurde von Truppen der Liga erobert, die pfälzische Kurwürde 1623 auf den Herzog Maximilian von Bayern übertragen. Da die böhmische Kurstimme nun wieder fest an das Haus Habsburg gebunden war und die neue bayrische Kurstimme dem Kaiser ebenfalls zugute kam, befürchteten Frankreich und die Republik der Vereinigten Niederlande einen gefährlichen Machtzuwachs für die spanische Linie des Hauses Habsburg, ihren unmittelbaren Gegner, so daß sie sich zu einer tatkräftigeren Unterstützung der protestantischen Partei entschlossen.

Das Wiederaufflammen des niederländisch-spanischen Krieges im Jahre 1621 zog das Herzogtum Kleve und das südlich angrenzende Herzogtum Berg erheblich in Mitleidenschaft: Spanier und Niederländer marschierten unter dem Vorwand ein, daß die Besitzverhältnisse dort noch strittig seien. Brandenburg und Pfalz-Neuburg bekräftigten daraufhin zwar die Xantener Teilung von 1614 und nahmen den Eindringlingen damit das formale Recht, als „Bewahrer des Friedens“ aufzutreten, doch die Unsicherheit des gesamten kurbrandenburgischen Besitzes aus dem jülich-klevischen Erbe war offenkundig.

Immerhin gelang es Georg Wilhelm 1623, in Warschau mit dem Herzogtum Preußen feierlich belehnt zu werden, so daß er sich nun auch in Königsberg von den preußischen Ständen huldigen lassen konnte. Zu ungestörtem Regieren in seiner Hauptresidenz Berlin-Kölln kam er aber nicht. Der Dänenkönig Christian IV. hatte sich für englisches und niederländisches Geld bereit gefunden, in Niedersachsen ein starkes Heer aufzustellen, dem sich die protestantischen Fürsten Deutschlands zum Kampf gegen den Kaiser anschließen sollten. In Den Haag schloß Christian 1625 ein Bündnis mit den Niederlanden und England. Frankreich war noch durch einen Bürgerkrieg mit seinen eigenen Protestanten, den Hugenotten, an direktem Eingreifen gehindert, und der Schwedenkönig Gustav Adolf stand schmollend beiseite, weil ihm nicht der Oberbefehl angetragen worden war. Der eigentliche Grund für seine Zurückhaltung war aber wohl die ständig schwelende kriegerische Auseinandersetzung mit seinen katholischen polnischen Verwandten aus der Dynastie Wasa, die das Königtum der protestantisch gewordenen schwedischen Wasa nicht anerkannten. Für Georg Wilhelm war dies ein Grund mehr, das ihm angetragene Bündnis mit Dänemark abzulehnen, denn ein offener Krieg zwischen Polen und Schweden hätte ihm leicht einen Kampf um das Herzogtum Preußen beschert.

Ohne genügend Truppen konnte Georg Wilhelm aber weder in Preußen noch in der Kurmark erreichen, daß seine Neutralität von den kampfbereiten Parteien respektiert würde. Im Juli 1625 bat er die in Berlin zusammengetretenen kurmärkischen Stände, ihm 100 000 Taler für ein eigenes Heer zu bewilligen. Ihm wurden aber nur 75 000 Taler zugestanden, da die mißtrauischen Ständevertreter in einem kurfürstlichen Heer auch ein innenpolitisches Machtinstrument sahen. Erst als sich die außenpolitische Lage weiterhin dramatisch zuspitzte, erklärten sie sich im März 1626 bereit, weitere 300 Reiter und 3 000 Mann Fußvolk für drei Monate (!) zu unterhalten. Jetzt aber hätte es bereits sehr viel wirksamerer Maßnahmen bedurft, um die Grenzen des Landes zu sichern.

Kaiser Ferdinand II. hatte nämlich schon im April 1625 den böhmischen Adligen Albrecht von Wallenstein, der es als kaisertreuer Parteigänger zu großem Reichtum und sogar zum Titel eines Herzogs von Friedland gebracht hatte, zum Generalissimus eines eigenen Heeres ernannt, das ihn von der Liga unabhängig machen sollte. Wallenstein hatte sich verpflichtet, dem Kaiser 40 000 Mann auf eigene Kosten zur Verfügung zu stellen. Diese riesige Armee sollte ihren Unterhalt selbst bestreiten, indem sie nach Wallensteins Devise „Der Krieg ernährt den Krieg“ aus den besetzten Ländern hohe Heeressteuern (Kontributionen) preßte. Drohend zog diese gewaltige Kriegsmaschine von Süden heran. Die wenigen brandenburgischen Truppen konnten nicht verhindern, daß die Dänen und deutsche protestantische Söldner unter dem Grafen von Mansfeld in die Altmark und in die Prignitz eindrangen, so daß der Eindruck entstand, dies geschehe im Einvernehmen mit dem Kurfürsten. Dabei wurden die betroffenen Landesteile gründlich ausgeplündert. Doch als der Mansfelder an der Dessauer Elbbrücke von Wallenstein und der Dänenkönig bei Lutter am Barenberg (südwestlich von Salzgitter in Niedersachsen) von Tilly vernichtend geschlagen worden waren, konnte Georg Wilhelm nur noch versuchen, sich so günstig wie möglich mit dem Kaiser zu arrangieren.

Nach Lage der Dinge mußte Georg Wilhelm sein Land den kaiserlichen Truppen öffnen, ohne dafür irgendwelche Zugeständnisse einhandeln zu können. Im Verlaufe des Jahres 1627 rückten diese in breiter Front bis an die Ostseeküste vor und versorgten sich wie eine feindliche Besatzung im Lande. Ein Ende war nicht abzusehen. Der Kurfürst zog mit den ihm verbliebenen Truppen nach Preußen, um wenigstens dort seine Autorität zu bewahren. In Königsberg empfing er Berichte über das schwere Los seiner Kurmärker, ohne etwas gegen die Versorgungspraxis Wallensteins unternehmen zu können. Aus zeitgenössischen Unterlagen lassen sich Kontributionen in Millionenhöhe errechnen.

Als der Kurfürst sich im Mai 1629 den Beschwerden seiner Standesgenossen anschloß, die den Kaiser bewegen sollten, den gar zu raubgierigen Wallenstein zu entlassen, schrieb er anklagend an das Reichsoberhaupt, daß „aller Orten beides,

Anwerbung von Söldnern

das Land und auch die Städte ... ganz öde und wüst wurde ... und sehe Ich nichts anderes vor meinen Augen als die total Ruin und Verödungen meiner ... Lande ... Meine armen Lande müssen nicht allein das Volk [die Söldner], so im Lande sich befindet, unterhalten, sondern auch denen, so in anderen Landen einquartiert, den Sold nachschicken ... Es werden auch nicht allein starke Summen zu Behuf der Artillerie erhoben, sondern noch dazu von jeder Kompanie Rüstwagen, Pferde, Lunten, Karren, Schuppen und was der Dinge viel mehr ist, begehrt. Dies alles wird auch mit solcher Indiscretion [Unverschämtheit] und scharfer militärischer Execution und dabei vorgehenden strafbaren Excessen, deren gegen Euer Kaiserliche Majestät Erwähnung zu tun Ich fast Bedenken trage, von den armen Leuten erzwungen und darüber viel Seufzen und bittere Tränen ausgepreßt. Es geschieht auch solches alles mit einer solchen Manier, daß wohl niemand, der es sonst nicht wußte, sollte glauben können, daß noch ein Kurfürst im Lande ist. Ein Teil der Soldaten sagt ungescheut, sie fragen nichts nach mir und wisse man noch nicht, wie lange Ich Kurfürst im Lande bleiben werde.“

Die Sorge, durch Parteinahme für die Gegner des Kaisers sein Kurfürstentum zu verlieren, verließ Georg Wilhelm nie. Am liebsten wäre er in allen kriegerischen Verwicklungen neutral geblieben, doch damit konnte er seine Länder nicht vor Ausplünderung und Verwüstung bewahren. Wallenstein hatte offenbar recht, als er den kurfürstlichen Statthalter in der Kurmark zynisch damit „tröstete“, daß selbst die härtesten Kriegssteuern für das Land noch besser seien, als wenn es unmittelbar zum Kriegsschauplatz werde. Sollten die Schweden als „Befreier“ in den Krieg eintreten, so seien Pommern und Mecklenburg, aber auch die Kurmark rettungslos verloren.

Was Wallenstein hier nur als eine Möglichkeit erwähnt hatte, war bereits ein wichtiger Bestandteil der französischen Außenpolitik, die seit 1624 der Kardinal Richelieu als oberster Minister des jungen, noch schwachen Königs Ludwig XIII. leitete: Der Kardinal der katholischen Kirche versprach dem „Ketzerkönig“ Gustav Adolf von Schweden Hilfsgelder in Höhe von einer Million Livres jährlich, wenn dieser dafür eine 40 000 Mann starke Armee in Deutschland gegen den katholischen Kaiser führen würde. Da Schweden durch Wallensteins Eroberungen seinen Anspruch auf Vorherrschaft im gesamten Ostseeraum bedroht sah, hatte Richelieus Werben um einen schlagkräftigen Verbündeten schon bald Erfolg.

Richelieu sorgte auch dafür, daß zwischen Schweden und Polen 1629 ein Waffenstillstand für die Dauer von sechs Jahren abgeschlossen wurde. Gustav Adolf konnte also in Deutschland einmarschieren, ohne befürchten zu müssen, daß sein polnischer Vetter ihm in den Rücken fallen würde. In Norditalien zettelte Richelieu einen Krieg um die wichtige Festung Mantua an, um habsburgische Truppen, die gegen die Schweden hätten eingesetzt werden können, jenseits der Alpen festzuhalten. Eine direkte Kriegserklärung an Spanien und den Kaiser zögerte Richelieu so lange wie möglich hinaus. Die hohen Beträge, mit denen die „Stellvertreterkriege“ bezahlt werden mußten, ließen den französischen Staatsschatz schnell dahinschmelzen. Die Steuern zahlenden Teile der Bevölkerung Frankreichs, vor allem die Bauern, stöhnten unter immer unerträglicher werdenden Lasten und versuchten sich in Aufständen zu wehren. Doch nachdem die oppositionellen Protestanten im Lande, die Hugenotten, 1629 militärisch besiegt worden waren, konnte sich das zentralistisch und „absolut“ regierende Königtum allmählich durchsetzen, endgültig allerdings erst nach der Entmachtung des rebellierenden Hochadels im Jahre 1653.

Als der Kaiser im August 1630 auf dem Reichstag zu Regensburg von den eifersüchtig auf ihre „Libertät“ bedachten Fürsten – die Richelieu heimlich unterstützte – genötigt worden war, Wallenstein zu entlassen, ging seine Vormachtstellung im Reich schnell wieder verloren. Im Januar 1631 traten die Schweden für französische Subsidien (Hilfsgelder) in den Krieg ein. König Gustav Adolf behauptete, die deutschen Protestanten vor „papistischer Knechtschaft“ bewahren zu wollen; doch sein Schwager Georg Wilhelm dachte an die prophetischen Worte Wallensteins, denn in der Kurmark standen ja noch kaiserliche Truppen. Nur nach langem Widerstreben ließ sich der Brandenburger zu einem Bündnis mit dem Schwedenkönig nötigen. Dieser hatte ihm sagen lassen: „Wenn ich an Ihre Grenze komme, so muß Sie [„Seine Liebden“] sich warm oder kalt erklären.“

Die Verhandlungen zogen sich aber noch monatelang hin. Auch der lutherische Kurfürst von Sachsen, der sich zu Beginn des Krieges recht vorteilhaft mit dem Kaiser arrangiert hatte, wollte am liebsten neutral bleiben. So kam es, daß die von einem starken kaiserlichen Heer belagerte Stadt Magdeburg, deren schwache Besatzung den wichtigen Elbübergang nicht ohne Hilfe durch die schwedische Hauptarmee verteidigen konnte, erobert und dabei völlig zerstört wurde. Nun verlor Gustav Adolf die Geduld. Am 3. Juni 1631 erschien er mit seinem Heer vor Berlin, zog mit zahlreichen Truppen vor das Schloß und erzwang auf diese Weise das für ihn strategisch wichtige Bündnis von seinem Schwager. Dann ließ er seine ganze Armee, 8 000 Reiter und 18 000 Infanteristen mit mehr als 20 000 Troßfahrzeugen, durch Berlin marschieren. Die Kaiserlichen räumten die Kurmark ohne Kampf. Auch der Kurfürst von Sachsen schloß nun ein Bündnis mit Gustav Adolf. Der Schwedenkönig begann dann einen unwiderstehlich erscheinenden Siegeszug nach Süddeutschland.

Am 17. September 1631 besiegte Gustav Adolf bei Breitenfeld (nördlich von Leipzig) den Liga-Feldherrn Tilly. Vergeblich suchte dieser mit einem neu aufgestellten Heer Bayern und dessen Hauptstadt zu schützen. Bei Rain am Lech verlor er im April 1632 die Schlacht und sein Leben. Mitte Mai zog Gustav Adolf als Triumphator in München ein. Seine vorzüglich ausgebildeten, mit neuartiger leichter Feldartillerie ausgerüsteten und noch auffällig diszipliniert auftretenden Soldaten hatten sich der „versilberten, vergoldeten und federbuschgeschmückten" kaiserlichen Soldateska als überlegen erwiesen. Der König führte sein Heer stets selbst. In Süddeutschland lag reiche Beute überall zum Greifen nahe; da zögerte Gustav Adolf mit dem entscheidenden Vorstoß auf Wien so lange, bis der Kaiser in seiner Not den auf kränkende Weise entlassenen Wallenstein zurückgerufen hatte. An weitere kampflose Erfolge war nun nicht mehr zu denken. Nach seinen Erfahrungen mit kaiserlichen Heeren fürchtete Gustav Adolf aber auch einen so berühmten neuen Gegner nicht.

Da die Lage der Protestanten in Norddeutschland gesichert erschien, sah der „Löwe aus Mitternacht" – so wurde der Schwedenkönig von seinen deutschen Anhängern mit biblischem Pathos genannt – ehrgeizige Ziele in greifbare Nähe gerückt. Konnte er doch sogar daran denken, sich zum Kaiser wählen zu lassen. Auf jeden Fall wollte er Pommern als starke Bastion Schwedens im Ringen um die Vorherrschaft an der Ostsee behalten. Dem standen zwar die Hoffnungen der brandenburgischen Hohenzollern entgegen, die ihr verbrieftes Recht auf Erbfolge nach dem bald zu erwartenden Tode des letzten Herzogs von Pommern geltend machen wollten, aber dieses Problem glaubte Gustav Adolf besonders harmonisch lösen zu können: Der Kurprinz von Brandenburg sollte die Erbtochter des Schwedenkönigs, die allerdings erst fünf Jahre alte Christina, dereinst heiraten und nicht nur Kurfürst von Brandenburg, sondern auch König von Schweden werden!

Die Eltern hatten diese weitere Vertiefung ihrer verwandtschaftlichen Beziehungen schon bei den ersten – dem Brandenburger aufgezwungenen – Bündnisverhandlungen im Walde zwischen Köpenick und Treptow bei Berlin erwogen. Damals, im Mai 1631, war Friedrich Wilhelm nicht dabeigewesen, doch diese niemals Wirklichkeit gewordene Zukunftsvision des berühmten Onkels bestimmte nichtsdestoweniger die ersten Schritte des nun elfjährigen Hohenzollernprinzen ins gefahrvolle Dickicht der europäischen Politik.

Kindheit und Jünglingsjahre

Über die Kurprinzenjahre Friedrich Wilhelms gibt es leider nur wenig anschauliche Berichte. Einige kindlich-treuherzige Briefe, zum Teil schon in französischer Sprache, lassen sehr früh gewecktes religiöses Verantwortungsgefühl erkennen, das von dem 1627 bestellten Hofmeister, einem eifrigen Kalvinisten, noch vertieft wurde. Mit diesem vom Niederrhein stammenden Johann Friedrich von Kalkum, genannt von Leuchtmar, der auf seinen Bildungsreisen Italien, Frankreich, die Republik der Niederlande und England kennengelernt hatte, verband Friedrich Wilhelm ein bis in die ersten Regierungsjahre andauerndes enges Vertrauensverhältnis.

Neben dem Hofmeister spielte der Graf Adam von Schwarzenberg, Geheimer Rat und engster Vertrauter des Kurfürsten, im Leben des Kurprinzen eine große Rolle, allerdings weit überwiegend im negativen Sinne. Der ebenfalls vom Niederrhein stammende Graf hatte sich Georg Wilhelm während dessen Statthalterschaft in Kleve genähert und war als starke, für die Regierungsarbeit besonders befähigte Persönlichkeit dem willensschwachen Hohenzollern bald unentbehrlich geworden. Schwarzenberg war der einzige Katholik unter den sonst durchweg kalvinistischen Geheimen Räten. Die Vertreter der brandenburgischen und der preußischen Landstände bekannten sich ausnahmslos zum Luthertum. Da Fragen der Religion die Innen- wie die Außenpolitik damals sehr stark beeinflußten, galt Schwarzenberg nicht ohne Grund als Verbindungsmann zur katholischen Habsburgerpartei, während die übrigen Räte meistens mehr einem Bündnis mit Schweden zuneigten. Die lutherische Bevölkerung sympathisierte von vornherein mit den Schweden. Durch den Kalvinisten Leuchtmar wurde Friedrich Wilhelm wahrscheinlich regelrecht gegen Schwarzenberg aufgehetzt. Als eines Tages unter dem Bett des Kurprinzen ein Bauernjunge entdeckt wurde, der ein langes Messer bei sich trug, kam der gewiß unbegründete Verdacht auf, daß der „verräterische Katholik“ dem Sohn seines Herrn nach dem Leben trachte.

Eine solche Atmosphäre von Mißtrauen und Verdächtigungen konnte um so leichter entstehen, als 1627 der weitere Aufenthalt des Prinzen in Berlin-Kölln zu unsicher erschien, obwohl das kaiserlich-wallensteinsche Kriegsvolk mehr die Landbevölkerung als die hinter Mauern lebenden Städter bedrohte. Da sogar die zunächst gewählte Waldeinsamkeit im Jagdschloß Letzlingen bei Gardelegen nicht genügend Schutz garantierte, wurde der kleine „Hofstaat“ des Kurprinzen in die Festung Küstrin gebracht. Dort hat Friedrich Wilhelm – abge-

Jugendbildnis Friedrich Wilhelms (um 1630)

sehen von Unterbrechungen durch Besuche bei Verwandten – sieben Jahre lang gelebt.

Auf seinem Lehrplan standen außer Französisch und Latein auch Polnisch und – später – Niederländisch. Schulgerechtes Lernen fiel dem für abstraktes Denken offenbar weniger veranlagten Prinzen schwer. Dagegen zeigte er eine auffällige Begabung für das Zeichnen. Die Geometrie interessierte ihn, weil er sie beim Zeichnen von Befestigungsanlagen benötigte. Auch im Fach Geschichte beschäftigte er sich am liebsten mit dem anschaulich Faßbaren, so daß er zum Beispiel seltene Münzen zu sammeln begann. Auf die religiöse Belehrung wurde großes Gewicht gelegt. Drei Theologieprofessoren der nahe gelegenen Frankfurter Universität und der Berliner Hofprediger erschienen abwechselnd zum Unterricht. Sie hielten auch die sonntäglichen Predigten. Für religiös-philosophische Probleme zeigte ihr Schüler wenig Interesse, doch haben sich ihm die Grundlehren des Kalvinismus offenbar tief eingeprägt.

Der ernst blickende, blasse Junge – ein unbekannter Künstler hat ihn in „Kavalierstracht“ gemalt – kränkelte oft. Deshalb sollten ihn Übungen im Freien abhärten. Der Umgang mit Waffen bereitete ihm großes Vergnügen, und schon früh regte sich eine lebenslang anhaltende Leidenschaft für die Jagd. Seine Erzieher konnten also hoffen, einen „normalen“ Fürsten heranzubilden. Ein Mann wie Leuchtmar wußte aber recht wohl, daß Kenntnisse und Fähigkeiten, die der Erbe des Kurfürstentums Brandenburg sowie der reicheren „Nebenländer“ jenseits der Ostgrenze des Reiches und am fernen Niederrhein dereinst benötigen würde, nicht nur in der Küstriner Schulstube zu erwerben waren. So war im Sommer 1631 ein Besuch bei der Tante Marie Eleonore, die sich in Wolgast, dem schwedischen Hauptstützpunkt in Pommern, aufhielt, mehr als nur eine hochwillkommene und lehrreiche Abwechslung. König Gustav Adolf befand sich damals bei seinem Heer, das vom Lager bei Werben an der Elbe nach Sachsen zog. Eine oft als bedeutsam geschilderte Begegnung des „Heldenkönigs“ mit seinem jungen Neffen gehört also wohl ins Reich der Hohenzollernlegenden.

Über Wolgast kam Nachschub für Gustav Adolfs Heer. Neben schwedischen Dienstpflichtigen sah Friedrich Wilhelm auch englische und schottische Söldner, die von der Aussicht auf reiche Beute angelockt wurden. Bei diesem ersten Besuch in Pommern kam er auch nach Stettin, wo ihn Herzog Bogislaw XIV. als Vetter freundlich empfing. Da dieser keine Nachkommen hatte, sah er auf Grund des bestehenden Erbvertrages im Kurprinzen seinen rechtmäßigen Nachfolger. Die Rückkehr nach Küstrin verzögerte sich bis zum Spätherbst, weil dort die Pest ausgebrochen war.

Im November des folgenden Jahres kam aus dem südwestlich von Leipzig gelegenen Städtchen Lützen eine Hiobsbotschaft: König Gustav Adolf war tot. Wallensteins neu aufgestellte Streitmacht hatte die Verbindungswege der Schweden zur Ostseeküste bedroht. Daher war der König seinem Gegner nach Sachsen gefolgt. In der Schlacht bei Lützen hatte sich sein Heer behauptet, er selbst war jedoch im Kampf gefallen. Dem diplomatischen Geschick des schwedischen Kanzlers Oxenstierna, der dem Regentschaftsrat für die sechsjährige Königin Christina vorstand, gelang es, das Vertrauen der protestantischen Verbündeten auf die Schlagkraft der schwedischen Armee zu erhalten, zumal Wallenstein keine militärische Entscheidung mehr zu erzwingen suchte, sondern einen Ausgleich auf diplomatischem Wege anstrebte. Die feierliche Heimführung des „Glaubenshelden“ von Ort zu Ort dauerte monatelang, sie sollte das Prestige der Schweden als „Verteidiger des evangelischen Glaubens“, das durch Gustav Adolfs Willkürherrschaft in den eroberten Gebieten gelitten hatte, wieder festigen.

Im Sommer 1633 reiste Friedrich Wilhelm abermals nach Wolgast. Im Schloß der pommerschen Herzöge fand bei der Überführung des Sarges Gustav Adolfs auf ein Kriegsschiff, das ihn nach Stockholm bringen sollte, ein düster-prächtiges militärisches Zeremoniell statt. Damit sollte offenbar demonstriert werden, daß die Macht Schwedens ungebrochen war. Erst vor wenigen Wochen hatte Frankreich sich verpflichtet, die an Gustav Adolf gezahlten sehr beträchtlichen „Hilfsgelder“ für den Unterhalt einer starken schwedischen Armee weiterzuzahlen.

Wie nachhaltig die nahe verwandtschaftliche Beziehung zu dem toten Schwedenkönig auf den zwölfjährigen Friedrich Wilhelm gewirkt haben mag, können wir nur vermuten. Das gilt auch für dessen zweiten Aufenthalt in Stettin vom Oktober 1633 bis zum Januar 1634. Das Leben und Treiben in der großen Hafenstadt an der Odermündung sollte er ja mit den Augen des späteren Herrn betrachten und studieren. Für alle Anliegerstaaten der Oder war der Wasserweg die wichtigste Handelsstraße. Der Weitertransport von Waren zu den dichter bevölkerten Ländern Westeuropas lag zwar fast ausschließlich in den Händen niederländischer Reeder, die ihrerseits Massenbedarfsartikel wie Heringe und Salz einführten, aber Stettin blieb doch ein gewinnträchtiger Umschlagplatz mit entsprechendem Handelsverkehr.

Von regelmäßigem Unterricht in Küstrin konnte in diesen unruhigen Jahren kaum die Rede sein; dafür hatte der „Anschauungsunterricht“ in Wolgast und Stettin um so größere Bedeutung. Er bereitete den schon früh von seinen Pflichten als Herrscher durchdrungenen Prinzen gut auf die nun folgenden eigentlichen Bildungsjahre vor.

Prinzen und andere junge Herren „von Stand“ wurden für ihre künftige Stellung in der feudalen Gesellschaft zwar nicht nach festen Regeln erzogen, doch gab es zwei typische Bildungswege. Der eine führte über das Studium der Rechts- und Staatswissenschaften an einer Universität oder an einer „Ritterakademie“, wo adlige Wertvorstellungen stärker berücksichtigt wurden. Ergänzende Erfahrungen konnte ein Prinz dann als Begleiter bei diplomatischen Missionen oder als Gast berühmter Feldherren auf Feldzügen sammeln. Der andere Weg

Kurfürst Georg Wilhelm und Kurfürstin Elisabeth Charlotte. Gemälde eines unbekannten Meisters

bestand in einer „Kavalierstour“. Der junge Herr besuchte mit seinem Hofmeister und mehr oder weniger stattlichem Gefolge von Bediensteten, aber auch adligen „Mitschülern“ die bedeutendsten Fürstenhöfe als Zentren politischen und kulturellen Geschehens in jenem Europa, dessen „regierende Häuser“ oft eng miteinander verwandt waren. Dort erlernte man alle Förmlichkeiten höfischer Repräsentation und Diplomatie bei Empfängen, Festlichkeiten und kleineren diplomatischen Aufträgen, machte nützliche Bekanntschaften und gewann auch wohl Einblicke in die Praxis der „Kriegskunst“, ohne sich gar zu großen Gefahren auszusetzen.

Für den vierzehnjährigen Friedrich Wilhelm war angesichts der wirtschaftlichen, politischen und militärischen Misere Brandenburg-Preußens um 1634 eine Kavalierstour durch das Reich, Westeuropa und Italien, wie sie sein Hofmeister Leuchtmar selbst unternommen hatte, aus Gründen der Sicherheit, aber auch wegen zu hoher Kosten undenkbar. Aus demselben Grunde schien sich auch der Besuch einer berühmten Universität von selbst zu verbieten. Aber die Kurfürstin Elisabeth Charlotte fand einen überraschend günstigen Ausweg. Durch ihre Herkunft aus dem pfälzischen Kurhause war sie eine Enkelin jenes Wilhelm von Oranien aus dem Hause der Grafen von Nassau, der als Angehöriger des Hochadels eine führende Rolle in der niederländischen frühbürgerlichen Revolution gespielt hatte. Am Aufstieg der jungen Republik der Vereinigten Niederlande – nach ihrer größten Provinz oft kurz „Holland“, offiziell nach dem Namen ihrer Ständevertretung auch „Generalstaaten“ genannt – zur wirtschaftlich und ideologisch führenden Macht Europas hatte er wesentlichen Anteil gehabt. Wilhelms jüngster Sohn Friedrich Heinrich repräsentierte jetzt dort mit dem Titel „Erbstatthalter“ als „Generalkapitän“ der niederländischen Streitkräfte fast wie ein Monarch den modernsten Staat jener Zeit, dessen Macht, Reichtum und kulturelles Niveau eben ihren Gipfel erreichten. Dort sollte der Sohn Elisabeth Charlottes mit einer

„kleinen Kavalierstour“, verbunden mit Studien an der Universität Leiden, seine Ausbildung vollenden.

Der Katholik Schwarzenberg hatte sich nach dem Sieg der „Schwedenpartei“ unter den Räten des Kurfürsten zunächst in seine Heimat am Niederrhein zurückgezogen, war aber seit 1633 wieder allmächtiger Günstling Georg Wilhelms. Er wollte zwar verhindern, daß sich der Kurprinz zu eng mit den gefährlichsten Gegnern des Gesamthauses Habsburg verband, doch da Brandenburg ebenso wie die Niederlande noch mit Schweden verbündet war, mußte er den Vorschlag der Kurfürstin akzeptieren.

Als Friedrich Wilhelm im Juli 1634 nach Leiden reiste, begleiteten ihn neben dem vertrauten Lehrer und dem Hofmeister zwei Kammerjunker und drei weitere junge Herren aus märkischem Adel mit ihren Dienern. Nach den Anschauungen der Zeit war dieser Aufwand zu gering. Alle Fürsten, deren Länder auf dem über Hamburg und Friesland führenden Wege berührt wurden, gewährten aber recht aufwendig Gastfreundschaft, als wenn es sich um eine „richtige“ Kavalierstour handelte. Dies mag der Hauptperson wohl behagt haben. In Leiden gab es dann die erste herbe Enttäuschung: Für standesgemäßes Auftreten in einer der berühmtesten Universitätsstädte Europas, wo viele Söhne reicher Eltern ein verschwenderisches Leben führten, reichten die vorgesehenen 6000 Reichstaler im Jahr nicht aus. So kostete allein schon eine Kutsche mit rotem Sammetbezug, wie sie dort jeder „Herr von Stand“ besaß, mit entsprechenden Pferden viel mehr, als die brandenburgischen Räte dafür eingeplant hatten. Es mußte auf sehr peinliche Weise sogar an den Mahlzeiten gespart werden, und das vor den Augen naher Verwandter! In Leiden studierten nämlich auch zwei Vettern Friedrich Wilhelms, Söhne des als „Winterkönig“ verspotteten, 1620 aus Böhmen verjagten ehemaligen Kurfürsten Friedrichs V. von der Pfalz.

Die niederländischen Universitäten – vor allem Leiden – galten damals mit Recht als die besten Bildungsstätten Europas, und zwar nicht nur für alle Bereiche der Staatsverwaltung, sondern auch für Medizin, alte Sprachen, Geographie, Astronomie, Kartenzeichnen und Botanik. Nirgends wurden bessere Kompasse, Sextanten und Fernrohre hergestellt, nirgends schönere Bücher gedruckt als in den Niederlanden. Wer Häfen, Brücken, Deiche oder Festungen bauen lernen wollte, der fand hier die besten Lehrer.

Der Jurist Hugo Grotius begründete 1625 dort das bürgerliche Völkerrecht aus dem „Naturrecht". Demzufolge sollten die Bürger ihre „natürlichen" Rechte freiwillig an den Staat abtreten. Grotius verteidigte mit dem Grundsatz der „Freiheit der Meere" das Recht der jungen Republik, in Ostindien, Südafrika und Amerika Handelsniederlassungen einzurichten, deren Erträge den unerhört schnell aufblühenden Reichtum des Landes begründeten.

Die Residenz des Erbstatthalters Friedrich Heinrich in Den Haag war ein Zentrum der internationalen Politik dieser Zeit. Sie brauchte einen Vergleich mit einem der großen Fürstenhöfe nicht zu scheuen. Im „Goldenen Jahrhundert" der Niederlande hatten auch die schönen Künste, Malerei und Architektur, ihre „goldene Zeit". Unter den Malern ragt Rembrandt (1606–1669) hervor. Doch bei allem Luxus drückte sich hier stets eine gewisse Nüchternheit und Strenge aus. Würde galt mehr als leichte Gefälligkeit.

Der französische Philosoph, Mathematiker und Physiker René Descartes (1596–1650), einer der Begründer der modernen Philosophie, lebte dort von 1629 bis 1649 in selbstgewählter, äußerst produktiver Einsamkeit, frei von den gesellschaftlichen Zwängen und der religiösen Bevormundung in seinem Heimatland. Einem Pariser Freund schrieb er 1631 aus Amsterdam: „Hier in dieser großen Stadt bin ich der einzige Mensch, der nicht Handel treibt, alle anderen sind von ihren Interessen so sehr in Anspuch genommen, daß ich hier mein ganzes Leben zubringen könnte, ohne daß je irgendwer mich bemerkte ... Mit Ergötzen sehe ich hier die Schiffe ankommen, die uns im Überflusse die Erzeugnisse beider Indien [die von Kolumbus entdeckten mittelamerikanischen Inseln wurden irrtümlich als „Westindien“ bezeichnet] und die Seltenheiten Europas bringen. Es gibt kein Land, in dem die bürgerliche Freiheit vollkommener wäre.“

Der Bildungsstand der Bevölkerung lag weit über dem europäischen Durchschnitt. Nirgendwo konnten so viele Leute lesen und schreiben. Wichtige politische Informationen waren dort wesentlich leichter zu erlangen als anderswo. Die niederländische Schiffahrt verfügte über drei Viertel der Welthandelsflotte und beherrschte damit den Welthandel. In Amsterdam wurde eine der ersten Banken gegründet, dort gab es auch eine der bedeutendsten Börsen Europas. Amsterdam war nicht nur das Zentrum des Ostindienhandels, auch der Getreideexport der Ostseeländer wurde hier abgewickelt. Karl Marx nannte Amsterdam „die Hauptkornkammer des westlichen Europas“. Bei seinem Besuch in dieser hochinteressanten Stadt hat Friedrich Wilhelm sicherlich bleibende Eindrücke empfangen.

Als schon im Oktober 1634 in Leiden die Pest ausbrach und Arnheim als neuer Studienort gewählt wurde, wirkten sich die verwandtschaftlichen Beziehungen günstig aus. Kostenlose Unterkunft im Schloß des Erbstatthalters oder auf dem Sommersitz der dort im Exil lebenden Witwe des „Winterkönigs“ entlastete die Reisekasse Leuchtmars spürbar. Aus Kleve, das an die Niederlande angrenzte, wurden Lebensmittel kostenlos geliefert. Die klevischen Landstände wollten den Kurprinzen gern als Statthalter haben, weil sie hofften, daß ihre „Neutralität“ im Kriege zwischen den Niederlanden und Spanien dann besser respektiert würde. Dagegen hielt es die Habsburgerpartei am kurbrandenburgischen Hof, die nach den Erfolgen des Kaisers um 1635 wieder die Oberhand gewonnen hatte, für zweckmäßiger, den Erben der Kurwürde möglichst schnell von der „politischen Wetterecke Europas“ zu entfernen. Sie betrieb deswegen energisch seine Rückberufung. Indessen konnte

Friedrich Wilhelm noch als Gast und Schüler des berühmten Großonkels Friedrich Heinrich bei der Belagerung einer niederländischen Festung an der klevischen Grenze, die in die Hand der Spanier gefallen war, die modernsten Errungenschaften der Kriegstechnik studieren. Dabei nahm er die Gelegenheit wahr, Anliegen der klevischen Stände dem Oranier zu unterbreiten.

Auch in Arnheim wurde das Studium bald von der herandringenden Pest unterbrochen. Bis zum Mai 1637 erteilten in einem gemieteten Schloß und am Wohnsitz der pfälzischen Verwandten nur die Lehrer und die Hofmeister der Prinzen Unterricht, vor allem im Reiten, Fechten und Tanzen. Erst dann folgten wieder Universitätsstudien in Arnheim, wobei Friedrich Wilhelm die Geometrie bevorzugte. Weitere Besuche im Feldlager Friedrich Heinrichs vor der spanischen Festung Breda vermittelten sehr wertvolle militärische Erfahrungen, und gelegentliche Besuche in Amsterdam und anderen Seestädten erfüllten ihn mit staunender Bewunderung.

Am kurfürstlichen Hof in Berlin beobachtete man die Taktik des Erbprinzen, Aufforderungen zur Heimkehr mit hinhaltenden Einwänden zu beantworten, voller Sorge. Der Gesundheitszustand des Kurfürsten verschlechterte sich mehr und mehr. Nach einem Unfall im Jahre 1620 litt er an einer nicht heilenden Unterschenkelwunde, die nach 1631 auch das andere Bein so stark in Mitleidenschaft zog, daß Georg Wilhelm sich nur noch mit Mühe aufrecht halten konnte und meistens in einer Sänfte getragen wurde. Da er nach dem Beispiel mancher seiner Standesgenossen gern als Feldherr aufgetreten wäre, litt er unter diesem körperlichen Gebrechen erheblich.

Der Siegeszug des Schwedenkönigs hatte den protestantischen Gebieten Norddeutschlands eine Zeit relativer Sicherheit beschert, die auch nach dem Tode Gustav Adolfs noch anhielt, weil Wallenstein heimlich auf einen Frieden durch Verhandlungen hinarbeitete. Nach dessen Ermordung im Februar 1634 kam es jedoch schon im September bei Nördlingen in Schwaben zu einer großen Schlacht zwischen den kaiserlich-spanischen Truppen und den Schweden, in der die Schweden zum erstenmal eine schwere Niederlage erlitten und nach Norddeutschland zurückweichen mußten. Ihre Allianz mit den protestantischen deutschen Fürsten löste sich auf. Kursachsen trat am 30. Mai 1635 im Prager Frieden auf die Seite des Kaisers über. Die übrigen protestantischen Fürsten wurden aufgefordert, sich anzuschließen, was sie im Juli auch taten.

Nun beeilte sich Frankreich jedoch, Schweden durch noch reichlichere Hilfsgelder in die Lage zu versetzen, den Krieg von Norddeutschland aus fortzusetzen. Der abgelaufene Waffenstillstand zwischen Schweden und Polen wurde durch Vermittlung Frankreichs um sechsundzwanzig Jahre verlängert. Schon kurz vorher hatte Frankreich Spanien den Krieg erklärt. Zu den Gebieten Deutschlands, die nun auf Grund ihrer Lage zwischen den sich neu formierenden Fronten am furchtbarsten verheert wurden, gehörte die Mark Brandenburg. Graf Schwarzenberg empfahl eindringlich militärisches Zusammengehen mit dem Kaiser, doch das mußte die im Lande stehenden Schweden sogleich zu Feinden machen. Georg Wilhelm suchte wieder einmal eine klare Entscheidung zu vermeiden, erreichte damit aber nur, daß nun alle Soldaten, die ins Land kamen, darin wie Feinde hausten.

Im Oktober 1635 zog eine kaiserlich-sächsische Armee unter dem Kommando des Kurfürsten Johann Georg I. von Sachsen über Magdeburg in Richtung Werben die Elbe hinunter. Die Schweden mußten sich zurückziehen, drängten jedoch schon im Dezember die Sachsen wieder über die Havel und die Elbe zurück. Der schwedische General Banér ließ den Rhinübergang bei Fehrbellin besetzen und bedrohte damit Berlin. Da Georg Wilhelm von seinen Ständen für Truppenwerbungen kein Geld bekam und somit an Widerstand gar nicht zu denken war, flüchtete er in die Festung Peitz (bei Cottbus). Das kurbrandenburgische „Land Cottbus“ lag mitten in sächsischem Gebiet und war dadurch relativ sicher.

Im nächsten Jahr trat der Brandenburger nun aber entschiedener an die Seite des Kaisers. Er hoffte, mit kaiserlichen und sächsischen Truppen die Schweden nicht nur aus der Mark, sondern auch aus Pommern verdrängen zu können. Der Tod des letzten Pommernherzogs stand unmittelbar bevor. Da wollte Georg Wilhelm die ihm zugesicherte Erbschaft antreten. Die Schweden dachten natürlich gar nicht daran, ihm Pommern zu überlassen.

Während dieser Zeit zwischen Furcht und Hoffnung residierte der Hohenzoller zwar wieder in Berlin, doch seine Autorität bei den Einwohnern, die sich immer neuen Geldforderungen fremder Heerführer ausgesetzt sahen, scheint nicht groß gewesen zu sein. Ein kurfürstliches Edikt vom 29. August 1639 läßt erkennen, daß die ständige Bedrohung von Leib und Leben viele veranlaßte, ihr letztes Hab und Gut zu verprassen. Der frömmelnde Landesherr hielt es dagegen für „höchst nötig, daß ein jeder ein nüchternes stilles Leben führte und Gott täg-, ja stündlich um Abwendung der grausamen Plagen mit einem andächtigen eifrigen Gebet anriefe und flehte, ... da doch billig wegen Unserer Gegenwart ein mehrerer Respekt und modestes [bescheidenes] Bezeugen sein und erfahren werden sollte ..." Georg Wilhelm beklagte, daß „ein so unordentliches Wesen mit Schwelgen und Saufen, sonderlich unter dem gemeinen Mann und Handwerksgesellen, getrieben werde, daß nicht allein der Grimm des Herrn dadurch gehäuft wird ..., sondern auch dieses Übel daraus erfolgt, daß viel Tumult, Schlägerei, ja sogar Totschlag ... auf den Gassen verübt und begangen werden."

Solche Ermahnungen fruchteten aber gar nichts. Ein Augenzeuge berichtet aus den folgenden, noch schlimmeren Jahren verallgemeinernd: „Da hat es müssen gefressen, gesoffen, gespielt, bankettiert und buhliert sein, da hat man alle Gasthöfe, Schenken, Wein- und Bierkeller voller Gesellschaft gesehen, die sich toll und voll gesoffen und bis in die Nacht hinein geschwärmt, sich auch mit Trommeln, Pfeifen, Geigen etc. aufwarten lassen.“ Man fragt sich vergebens, wie diese „Scheinblüte“ vor dem völligen wirtschaftlichen Ruin der Stadt und ihrer Einwohner um 1640 zustande gekommen ist.

Die kurbrandenburgischen Geheimen Räte, vor allem der Kanzler Sigismund von Götzen, wollten einen offenen Krieg mit Schweden aus gutem Grund vermeiden. Sie befürchteten für die Kurmark und ihre Hauptstadt mit Recht das Schlimmste, falls die Schweden als erklärte Feinde ins Land kämen; doch unter dem Einfluß Schwarzenbergs ließ sich Georg Wilhelm in Regensburg trotz seiner körperlichen Behinderung zum kaiserlichen Generalissimus ernennen. Dann entmachtete Graf Schwarzenberg den Geheimen Rat vollständig, indem er sich selbst an die Spitze eines ihm ergebenen „Kriegsrates“ setzte. Er ließ nun wie ein fremder General ohne Zustimmung der Stände Kriegssteuern eintreiben, so daß ein neues kurbrandenburgisches Heer aufgestellt werden konnte. Dieses wurde gemäß den Bestimmungen des Prager Friedens in erster Linie auf den Kaiser und erst in zweiter Linie auf den Kurfüsten, den „kaiserlichen Generalissimus“, vereidigt.

Doch der überwiegend von sächsischen Truppen getragene Feldzug nach Pommern scheiterte, einerseits infolge schlechter Ausrüstung und Versorgung der Soldaten, andererseits wegen gar zu geringer Neigung des Kaisers und des sächsischen Kurfürsten, mit ihren Truppen Pommern für den Brandenburger zu erobern. Nun drangen die Schweden erneut in die Kurmark ein, aber Georg Wilhelm blieb jetzt bei seinem Grundsatz: „Bleibet der Kaiser Kaiser, so bleibe ich und mein Sohn wohl Kurfürst, da ich mich beim Kaiser halten werde.“ Deshalb verwandelte das hinhaltende Taktieren seines Sohnes in den „feindlichen“ Niederlanden den Ärger des Kurfürsten bald in hellen Zorn.

Ein entsprechend scharf formulierter wiederholter Befehl zu sofortiger Heimkehr, der im Oktober 1637 durch einen Kammerjunker überbracht wurde, ließ für weitere Ausflüchte kaum noch Raum, aber Friedrich Wilhelm gelang es nochmals, seine

Stadt und Festung Spandau

Begleiter zum Bleiben zu bewegen. Durch einen langen Brief, in dem er kindlichen Gehorsam bekundete und den Vater um Beistand gegen übelgesonnene Menschen bat, konnte er Aufschub um ein letztes halbes Jahr erreichen, das – wie schon erwähnt – für ihn besonders ergiebig war.

Im Mai 1638 wurde nach dem üblichen feierlichen Abschiedszeremoniell die Heimreise angetreten. Bis Hamburg hatte man den Seeweg gewählt. Dort fand der Kurprinz Gelegenheit, einem schwedischen Diplomaten so deutlich seine Sympathie für Schweden zu bekunden, daß Schwarzenberg –

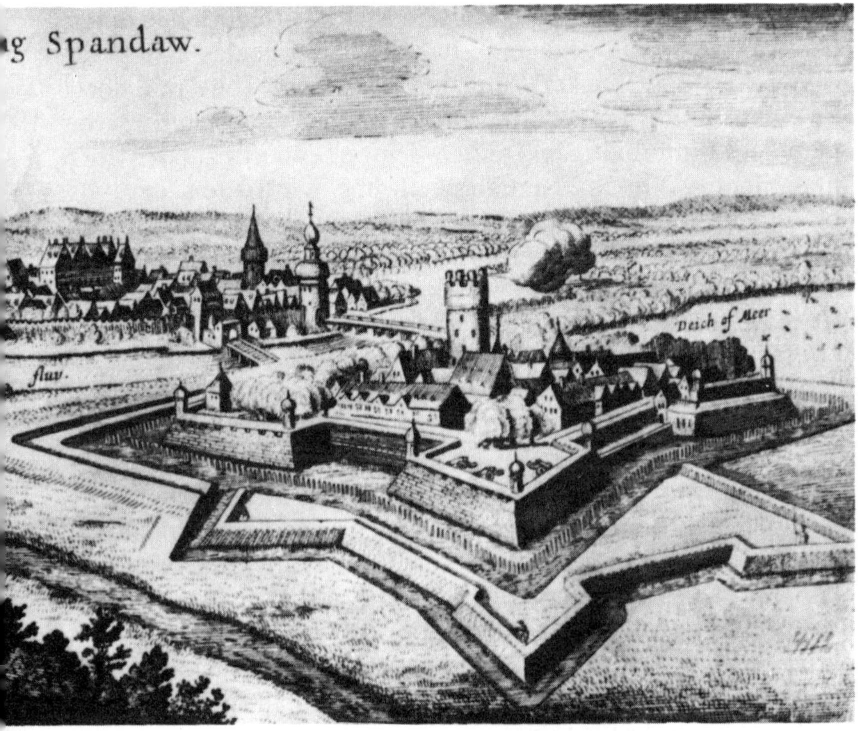

dem so etwas natürlich nicht verborgen blieb – seine schlimmsten Befürchtungen bestätigt fand. Ein großer Teil der Bevölkerung sympathisierte wohl noch immer trotz der nun überall zunehmenden „Schwedengreuel“ mehr mit den „Glaubensbrüdern“, als mit den „Papisten“. In der Folge sollte der „junge Herr“ vorerst keine Gelegenheit mehr bekommen, politisch so bedenkliche Äußerungen gegenüber „Reichsfeinden“ verlauten zu lassen.

Bald darauf traf Friedrich Wilhelm in der Festung Spandau mit seinem Vater zusammen. Besonders herzliche Gefühle scheint Georg Wilhelm bei diesem ersten Wiedersehen nach langen Jahren nicht gezeigt zu haben. Später beklagte sich der Sohn bitter, daß ihn der Vater bis zu seinem Tode nur noch wie einen „Wildfremden“ behandelt habe. Er schrieb dies vor allem dem hinterhältigen Treiben Schwarzenbergs zu, der trotz zunehmender Geschäftsunfähigkeit des Kurfürsten den als Schwedenfreund bekannten Nachfolger von allen wichtigen Regierungsgeschäften fernhielt. Im Regieren konnte sich der Kurprinz nur bei der wenig effektiven Kontrolle von Abrechnungen preußischer Domänen üben.

Sein Mißtrauen gegen den Günstling des Vaters, dem Domänen im Werte von 400 000 Talern für „Auslagen“ verpfändet waren, während die Einnahmen der Staatskasse und das persönliche Vermögen des Kurfürsten katastrophal zusammenschmolzen, war sicherlich begründet. Der mehrmals geäußerte Verdacht, daß Schwarzenberg ihm nach dem Leben trachtete, entbehrt aber jeder nachprüfbaren Grundlage. Als Friedrich Wilhelm nach einem Bankett, das der Statthalter für den Kurfürsten und den heimgekehrten Sohn in Spandau veranstaltet hatte, schwer erkrankte, glaubte er an Gift. Es handelte sich aber um die Masern, eine für den Achtzehnjährigen nicht ungefährliche Kinderkrankheit.

Kaum genesen, begleitete er im August 1638 den Vater, dem die Verhältnisse in der Kurmark unerträglich geworden waren, nach Preußen. In Berlin herrschte Schwarzenberg nun praktisch unumschränkt. Auf der Reise nach Königsberg wurden Vater und Sohn von heftigem Fieber befallen. Der Kurprinz überwand auch diese Erkrankung bis zum Ende des Jahres, Georg Wilhelm aber siechte von nun an dahin. Als aus der Kurmark Berichte kamen, daß sogar die eigenen Soldaten vor Hunger „umfielen wie die Fliegen“ und überall Tote herumlägen, wußte der regierende Kurfürst keinen anderen Rat, als zu hoffen, „Gott der allmechtige wolle es enderen undt uns einmahl den so lang gewunschten friden verleihen“. In diesem hoffnungslosen Zustand scheint er auch ohne Schwarzenbergs

Zutun seinem Nachfolger tiefes Mißtrauen bezeigt zu haben, als ob dieser anstrebe, die Regierungsgewalt an sich zu reißen, um eine schwedenfreundliche Politik – für Georg Wilhelm das schlimmste Übel – einzuleiten.

Als Friedrich Wilhelm sich über dieses ihm völlig unverständliche Verhalten des Vaters bei Schwarzenberg beklagte, konnte dieser ohne Sorge um eine Gefährdung seiner Macht als teilnehmender Freund und zuverlässiger Anwalt der Interessen des Herrscherhauses auftreten. Ihm mußte ja daran gelegen sein, einen offenen Bruch mit dem künftigen Herrscher zu vermeiden. Er bedauerte in einem Schreiben an den Kurfürsten im Oktober 1639, daß ihm im Benehmen des Kurprinzen Anzeichen für tiefe Schwermut aufgefallen seien, und stellte Überlegungen an, wie diese bei einem so jungen Mann höchst unnatürliche Erscheinung zu beheben sei.

Die hier zum erstenmal ausdrücklich erwähnte Neigung zu Schwermut ist noch oft am späteren „großen“ Kurfürsten beobachtet worden. Sie hat Anlaß gegeben zu Vergleichen mit ähnlichen Zügen im Charakterbild des Vaters, des „ewigen Verlierers“, der schon von der preußischen Geschichtsschreibung stets als schwächlich, wehleidig und „in schwankender Zeit schwankend gesinnt“ dargestellt worden ist. Es zeigte sich, daß „Wankelmütigkeit“, die Tendenz, in Gefühlsaufwallungen weitreichende Entscheidungen zu treffen und dann angesichts schädlicher Folgen in trübselige Resignation zu verfallen, *beiden* Hohenzollern eigen war.

Während Kurfürst Georg Wilhelm der grauenvollen Verwüstung seiner Länder schließlich nur noch tatenlos zusah, raffte sich Friedrich Wilhelm nach deprimierenden „Schicksalsschlägen“ stets wieder auf, um mit tüchtigen Gehilfen in nüchterner und zäher Arbeit dem Ziel seiner Wünsche noch möglichst nahezukommen. Der „melancholische“ Kurprinz brauchte nicht mehr lange zu warten, bis die Zeit zu befreiendem Handeln kam: Am 1. Dezember 1640 starb der Vater im Schloß zu Königsberg, und Friedrich Wilhelm war Kurfürst.

Lehrjahre als Kurfürst

Das Erbe

Gegenüber einem seiner engsten Vertrauten, den er bereits am Tage nach der Regierungsübernahme von Königsberg nach Berlin zu Schwarzenberg sandte, bezeichnete Friedrich Wilhelm die ihm auferlegte „Regierungslast" als „sehr schwer und fast unerträglich". Trotz dieser – noch an den „melancholischen" Kurprinzen erinnernden – fast mutlos klingenden Worte gab er aber sogleich Proben seiner späteren Regierungsweise. So leitete er zielstrebig ihm wichtig erscheinende Veränderungen im Regierungssystem ein. Er ließ zunächst Schwarzenberg bitten, die von ihm okkupierten wichtigsten Staatsämter weiterhin wahrzunehmen. Dieser erklärte sich erfreut dazu bereit, merkte dann aber bald, daß der neue Kurfürst seine Alleinherrschaft in der Kurmark nicht länger dulden wollte.

Noch am Ende des Jahres 1640 berief Friedrich Wilhelm den von Schwarzenberg aus dem Amt verdrängten ehemaligen Kanzler Sigismund von Götzen wieder zum Vorsitzenden des neu etablierten Geheimen Rates. Der ehemalige Hofmeister Johann Friedrich von Leuchtmar und sein Bruder Romilian, die als Feinde Schwarzenbergs den kurfürstlichen Hof hatten verlassen müssen, wurden zurückgerufen und zu Geheimen Räten ernannt. Der nach Hamburg geflohene Geheime Rat Samuel von Winterfeld brauchte Schwarzenbergs Intrigen nun ebenfalls nicht mehr zu fürchten. Er nahm zunächst Aufgaben als Wortführer der märkischen Stände wahr, kehrte nach einer kurzen diplomatischen Mission für Friedrich Wilhelm aber schon im Sommer 1641 in den Geheimen Rat zurück.

Am kurfürstlichen Hof in Königsberg wurde nun vorsichtig eine schwedenfreundlichere Politik eingeleitet. Zur selben Zeit errang zwar die französisch-schwedisch-niederländische Partei militärische Vorteile, doch an einen vollständigen Sieg konnte keine der Mächtegruppierungen mehr ernsthaft denken. Die Niederländer begannen schon, einen Kompromißfrieden mit Spanien vorzubereiten, der ihnen die schwer errungene Unabhängigkeit von den spanischen Habsburgern sichern sollte, und auch unter den deutschen Fürsten wuchs die Friedenssehnsucht. Erste Friedensgespräche auf dem Reichstag zu Regensburg hatten aber noch keinen Erfolg.

Angesichts ständiger Bedrohung der Kurmark durch schwedische Streifscharen konnte es der junge Kurfürst zunächst noch nicht wagen, mit seinem Hof nach Berlin zurückzukehren. Diese überaus mißliche Lage ließ ihn aber zu der Illusion Zuflucht nehmen, daß es die Schweden versöhnlich stimmen werde, wenn er seine sowieso nur aus einer disziplinlosen Soldateska bestehende „Armee" von wenigen tausend Mann auflöste. Schließlich bestand ja noch die Möglichkeit, daß er durch eine Heirat mit der Tochter Gustav Adolfs, der zur Zeit noch minderjährigen Königin Christina, das Verhältnis zu Schweden grundlegend veränderte. Als König von Schweden wäre Friedrich Wilhelm Kurfürst von Brandenburg geblieben.

An diese Möglichkeit dachte man auch schon an den Höfen in Wien und Warschau mit großer Sorge. Vorerst wurde das Verhalten der schwedischen Vormundschaftsregierung jedoch noch durch die Lage bestimmt, die sich aus Georg Wilhelms Aktivitäten zur Eroberung Pommerns, „seines Erbes", ergeben hatte. Der mißlungene Vorstoß nach Pommern hatte dazu geführt, daß die nun ihrerseits vordringenden Schweden die Mark mit wiederholten Raubzügen heimsuchten und schließlich die meisten strategisch wichtigen Orte besetzt hielten.

Die von Hungersnöten und Seuchen schon furchtbar dezi-

Adam Graf von Schwarzenberg

mierte Bevölkerung machte den „Katholiken“ Schwarzenberg für diese neuen Leiden verantwortlich, obwohl alle schwerwiegenden Entscheidungen vom Kurfürsten Georg Wilhelm selbst getroffen worden waren. Die Verlagerung des Regierungssitzes nach dem fernen Königsberg wirkte sich für den alten wie für den neuen Kurfürsten hinsichtlich ihres Prestiges in der Kurmark sicherlich günstig aus; doch wie lange konnte man mit Stafettenreitern, die zwischen Königsberg, Berlin und Kleve hin und her eilen mußten, wirklich regieren? Friedrich Wilhelm hoffte zuversichtlich, daß der „kleine Friede“ eines befristeten Waffenstillstandes ihn in die Lage versetzen würde, als wirklicher Landesherr in seine Residenz Berlin einziehen zu können.

Schwarzenberg sah mit Entsetzen aus einer so naiv bekundeten Friedensbereitschaft seines jungen Herrn schlimme Folgen erwachsen und warnte eindringlich: „Nur die Waffen sind es, welche die Schweden respektieren. Geben Eure Kurfürstliche Durchlaucht diese aus den Händen, so wird die Krone Schwedens alle Waffenstillstandsvorschläge ablehnen oder so harte Bedingungen stellen, daß man nur widerwillig darauf eingehen kann." Aber Friedrich Wilhelm – gestützt auf das zustimmende Votum seiner Räte und bedrängt von den Bitten der märkischen Stände, die ja nicht nur die eigenen, sondern auch die fremden Truppen unterhalten mußten – befahl dennoch den Truppenabbau. Der Statthalter gehorchte zwar, doch regte er sich bei den Auseinandersetzungen mit den protestierenden und rückständigen Sold fordernden Obristen so sehr auf, daß er im März 1641 einem Schlaganfall erlag.

Sein unerwartet früher Tod wirkte einerseits zwar erlösend, denn nun erübrigten sich weitere unerfreuliche Auseinandersetzungen, die vor allem wegen gewisser Bereicherungspraktiken Schwarzenbergs unvermeidlich erschienen waren; andererseits aber fehlten jetzt seine guten Beziehungen zum Kaiserhof, wo man ihn mit Recht als zuverlässigen Interessenvertreter des Hauses Habsburg geschätzt hatte. Sein Sohn, ein kaiserlicher Rat, konspirierte mit den märkischen Parteigängern Habsburgs, die eine dauerhafte Anlehnung an Schweden befürchteten, gegen Friedrich Wilhelm. Als dies aufgedeckt wurde, brach der junge Schwarzenberg sein Ehrenwort, das Land nicht zu verlassen, und floh nach Wien. Dennoch mußten später an ihn beträchtliche Zahlungen aus dem Erbe seines Vaters geleistet werden.

Vorerst konnte die kurfürstliche Finanzverwaltung gar nicht daran denken, Schulden abzuzahlen. Im Gegenteil, es ließ sich nicht vermeiden, noch weitere Güterkomplexe (Ämter) an reich gewordene Geldgeber, etwa Hamburger Kaufleute, zu verpfänden. Der wirtschaftliche Wiederaufbau der verwüsteten und weithin entvölkerten Länder begann erst gegen Ende der vierziger Jahre. Die ersten Berichte über die Zustände in der Mark Brandenburg, die zu den vom Dreißigjährigen Krieg am härtesten betroffenen Gebieten gehörte, lassen das Ausmaß des allgemeinen Elends zumindest erahnen.

Einzelne Meldungen über Greueltaten schwedischer, kaiserlicher oder auch eigener Söldner erweckten den Eindruck, das es sich hierbei stets um besonders grausame Ausschreitungen einer zuchtlosen, vertierten Soldateska handelte. Bei deren Abzug blieben viele Leichen und Brandruinen zurück. Eine Wiederholung solcher Leiden an diesem Ort war kaum vorstellbar, weil die nächsten Räuber kaum noch auf Beute hoffen konnten. Dennoch scheinen nicht wenige Opfer der seit 1626 anhaltenden Überfälle, sofern sie nicht von Pest, Cholera oder Typhus dahingerafft wurden, bis zum Regierungsantritt Friedrich Wilhelms überlebt zu haben.

Die Meldungen über die gewiß entsetzlichen Leiden der Bevölkerung stammten fast immer von örtlichen Verwaltungsorganen, die gegenüber der Landesregierung begründen mußten, warum die verlangten „normalen" oder zusätzlichen Steuern und Naturalabgaben von den verarmten Untertanen nicht aufgebracht werden konnten. Von einem einzigen Durchzug der Kaiserlichen durch Plaue (heute ein Stadtteil von Brandenburg) am Neujahrstag 1639 wurde berichtet, daß „viele alte Leute zu Tode gepeinigt, totgeschossen, verschiedene Frauen und Mädchen zu Tode geschändet, Kinder teils aufgehängt, teils auch gebraten (!), viele ausgezogen, so daß sie vor Kälte verrecket und des Todes sein mußten". Und als darauf die Schweden ins Havelland eindrangen, hieß es in den Berichten, es sei „noch niemals solch ein vorsätzliches Rauben, Stehlen und Plündern wie diesmal vorgekommen".

Von einer Kleinstadt in der östlich der Oder gelegenen Neumark wird bezeugt, daß dort in den Jahren 1640 und 1641 insgesamt 194 „Durchzüge" schwedischer Truppen mit den üblichen Begleiterscheinungen stattgefunden hätten, und noch immer gab es dort Einwohner! Um diese Zeit war die kurfürstliche Regierung verpflichtet, an die schwedischen Besatzungstruppen in der Kurmark monatlich 10000 Taler in bar sowie 1000 Scheffel (54000 Liter) Mehl zu liefern. Dörfer und Städte, die nicht an den wichtigen „Heer"-Straßen lagen, erlitten weit geringere Verluste, so daß dort von „Freund" und Feind immer wieder aufs neue Steuern und Abgaben erpreßt werden konnten. Doch in den ersten Regierungsjahren Friedrich Wilhelms hatten die Schweden in der Mark ein so effektives Eintreibungssystem entwickelt, daß der zum Statthalter ernannte Markgraf Ernst von Brandenburg-Jägerndorf nur vom totalen Ruin des Landes berichten konnte.

Über Pommern, auf das auch Friedrich Wilhelm energisch Anspruch erhob, berichteten die Gesandten der Stände dem neuen Kurfürsten, es „wäre gar gemein, daß die Reiter und Soldaten die Dörfer fast alle Nacht plünderten, den Bauern ihre Wagen, Pflüge und andere zum Ackerbau gehörigen Instrumente entweder wegführten oder mutwillig verbrannten, die Leute prügelten, also daß dieselben bisweilen gar ums Leben kamen ... Bei dem Rauben und Plündern würden allerhand neue Torturen vorgenommen, um zu erfahren, ob einer oder ander etwas vergraben, indem etlichen Stricke um die Hände gebunden und zusammengedreht, andere unter den Fußsohlen gemartert, anderen brennende Lunten auf die Hände gesetzt wurden ... So waren die Leute der Mittel zu leben beraubt, daß sie sich eine geraume Zeit mit Trebern [Rückständen bei der Bierbrauerei], Knospen von den Bäumen und anderen unnatürlichen Speisen aufgehalten und auch der Toten, auch an ihrer eigenen Eltern Fleisch gefressen." Als „schwedische Spezialität" ist damals der „Schwedentrunk" bekannt geworden: Wer verdächtigt wurde, etwas Brauchbares vergraben zu haben, wurde gezwungen, Jauche zu trinken.

Die Bevölkerungsverluste betrugen in der Mark Brandenburg im Durchschnitt mehr als fünfzig Prozent. In den wenigen Städten standen viele Häuser leer, in Berlin-Kölln von etwa 1200 nicht weniger als 350. Von ungefähr 12000 Einwohnern waren weniger als 6000 übriggeblieben. In Potsdam waren es 700 von ehemals 1300 Einwohnern. Frankfurt an der Oder, das etwa 12000 Einwohner gehabt hatte, meldete 1645 einen Rückgang auf 3000 bis 4000, Prenzlau gar von etwa 9000 auf 750 Einwohner. Dagegen konnte Stendal mit etwa 11000 Einwohnern nun als die volkreichste Stadt der Mark gelten. Von den Dörfern hatten viele aufgehört zu bestehen, besonders in der Prignitz, die größtenteils fast völlig entvölkert war. Von allen brandenburgischen Landschaften war wohl die Uckermark am stärksten verödet. Die Gelder für den Unterhalt fremder und eigener Truppen (Kontribution) waren zunächst durch Selbstverwaltungsorgane der Stände (Landadel und Städte) aufgebracht worden, aber als Vorsitzender des Kriegsrates hatte Schwarzenberg diese Gelder ebenso gewaltsam eintreiben lassen, wie es die Schweden und kaiserliche Kommissare taten. Vor dem Kriege hatten die kurfürstlichen Einnahmen in der Kurmark 260000 Taler betragen, 1640 waren es nur noch 35000 Taler. Die bedeutendste Einnahmequelle, der an der Elbe erhobene Zoll für Getreideausfuhren sowie brandenburgisches Gebiet passierende fremde Güter, war schon vor dem Kriege an Dänemark verpfändet worden. Da war es kein Wunder, wenn sich die Berliner Hofküche mehrmals kurzfristig einige Taler vom Berliner Magistrat leihen mußte.

„Geld“ war auch das Hauptthema der Verhandlungen um die Belehnung Friedrich Wilhelms mit Preußen, die König Wladislaw IV. von Polen Anfang April 1641 mit einer offiziellen Einladung einleitete. Bis zum Tage der feierlichen Handlung, die am 7. Oktober in Warschau stattfinden sollte, mußte die Beteiligung der Privatschatulle des Königs an den Einnahmen aus preußischen Seezöllen ausgehandelt werden. Nach langem Feilschen und reichlicher Verwendung brandenburgischer Bestechungsgelder für einflußreiche Unterhändler begnügte sich

Wladislaw mit jährlicher Zahlung von 33 000 Talern (100 000 Polnischen Gulden). So konnte die Belehnung also termingerecht stattfinden.

Am 7. Oktober 1641 stellten sechs kurbrandenburgische Gesandte im Thronsaal des Warschauer Schlosses vor dem dort thronenden König Wladislaw in aller Form den Antrag auf Belehnung ihres Herrn mit Preußen. Im Namen des Königs verkündete daraufhin der polnische Großkanzler, daß der Belehnung nichts im Wege stehe. Dann öffneten sich unter den Klängen von Trompeten und Pauken die großen Saaltüren, und Kurfürst Friedrich Wilhelm zog mit seinem Hofstaat an der Spitze seiner Leibkompanie ein. Drei polnische Würdenträger geleiteten ihn bis an die Stufen des Thrones, wo der Kurfürst auf einem reichverzierten Polster niederknien mußte. Der Großkanzler hielt ihm die auf Pergament geschriebene Eidesformel vor, die Friedrich Wilhelm kniend verlas. Dann wurde ihm die rote Lehnsfahne für Preußen überreicht.

Wenn es sich hier auch nur um eine traditionelle Zeremonie handelte, so hat der stolze Hohenzoller diesen Kniefall wohl doch als entwürdigend empfunden. Darin liegt sicherlich ein Grund für sein beharrliches Streben nach Lösung des Lehnsverhältnisses.

In Preußen war nach der Umwandlung des östlichen Teiles des Ordensstaates in ein weltliches Herzogtum (1525) der Adel steuerpflichtig geblieben. Zwar lag die Regierung des Landes in den Händen der ständischen „Oberräte“, die stets „landeingesessen und lutherischer Konfession“ sein mußten, aber ein großer Teil der Einkünfte floß direkt in die Privatschatulle des Kurfürsten. Die aus Steuerbewilligungen der Stände stammenden Einnahmen verblieben zum größten Teil im allgemeinen „Landkasten“. Infolge der Schulden, die auf den Verwaltungsbezirken (Ämtern) und auf dem Grundbesitz des Kurfürsten lasteten, beliefen sich die landesherrlichen Einnahmen 1648 auf nur etwa 6 000 Taler. Trotzdem beauftragte Friedrich Wilhelm im selben Jahr seinen diplomatischen Vertreter in Warschau, dort für ihn ein wegen seiner Seltenheit berühmtes Trinkgefäß aus Jaspis zu kaufen, das 150000 Polnische Gulden (50000 Taler) kosten sollte. Ein solches Schlaglicht auf das Repräsentationsbedürfnis des jungen „Landesvaters“ beleuchtet grundsätzliche Unterschiede zwischen den Geldkalamitäten der Regierenden und der oft unvorstellbaren Not der Regierten wohl deutlich genug.

In seinen niederrheinisch-westfälischen Besitzungen galt der Kurfürst nur noch dem Namen nach als Herr. Um die Festungen im Herzogtum Kleve kämpften mit wechselndem Erfolg Spanier und Niederländer, in der Grafschaft Mark hielten kaiserliche Truppen die wichtigsten Festungen, Hamm und Dortmund, besetzt. Im Jahre 1616 waren klevische Besitzungen für einen sehr hohen Betrag niederländischen Gläubigern verpfändet worden. Diese Schuldenlast war 1641 durch nicht gezahlte Zinsen bereits auf das Fünffache angestiegen. Bei anhaltender Zahlungsunfähigkeit des Kurfürsten war es durchaus möglich, daß die niederländischen Generalstaaten, die an die Stelle der bankrotten Gläubiger getreten waren, in absehbarer Zeit Anspruch auf das ganze Herzogtum erheben würden.

Hier wurde besonders deutlich, in wie hohem Maße eine Neuordnung und Gesundung der wirtschaftlichen Verhältnisse die wichtigste Voraussetzung für gesicherte politische Besitzverhältnisse war. Im Herzogtum Kleve mußte Friedrich Wilhelm nun zuerst sein Verhältnis zu den Landständen so weit regeln, daß eine Besteuerung des Landes möglich wurde. Bis zur vollständigen Integrierung in einen zentral regierten Gesamtstaat war es auch dann noch ein weiter Weg. Im Gegensatz zur Kurmark, wo auf den Ständeversammlungen der Landadel entschieden das Übergewicht hatte, besaßen im Klevischen die Städte große wirtschaftliche Bedeutung und ein entsprechend selbstbewußtes, von den niederländischen Nachbarn stark beeinflußtes Bürgertum. Beim Steueraufkommen des Landes spielten die von der Rheinschiffahrt erhobenen Zölle eine große Rolle. Die beiderseits der Ruhr gelegene Graf-

Friedrich Wilhelm 1642. Gemälde von M. Czwiczek

schaft Mark konnte da nicht mithalten. Dort wurden zwar bereits Kohle und Eisen gewonnen, aber das darauf beruhende Gewerbe produzierte bisher kaum für den Export. Dagegen gab es in der kleinen Grafschaft Ravensberg – um Bielefeld und Herford – durchaus nennenswerte Leineweberei, die auch während des Krieges nicht zum Erliegen kam, sondern sogar die umliegenden Gebiete mitverorgte.

Solange der pfälzische Teilstaat Pfalz-Neuburg und Kurbrandenburg die provisorische Erbteilung von 1614 immer wieder durch politische und militärische Vorstöße in Frage stellten, nutzten die Ständevertreter traditionelle Verbindungen im alten Staatsverband zu Komplotten gegen ihre neuen Landesherren. Günstige Ansatzpunkte boten die konfessionellen Gegensätze. Während die Hohenzollern zum Kalvinismus übergetreten waren, weil sie in den Niederlanden Rückhalt zu finden hofften, waren die bislang lutherischen Neuburger eifrige Katholiken geworden, um notfalls in der Habsburgerpartei Verbündete zu finden. So waren die unsicheren Verhältnisse am Niederrhein und in Westfalen für Friedrich Wilhelm ein Grund mehr, einen Waffenstillstand mit Schweden zu suchen.

Zwischen Schweden und Habsburg

Friedrich Wilhelms erste Schritte auf dem noch ungewohnten Terrain der großen Politik und der Staatsverwaltung hatte seine Mutter zu lenken versucht. Sie vermittelte schriftliche Ratschläge des Neumärkers Georg Ernst von Wedel, der seit 1639 als General in braunschweigischen Diensten stand. Darin wurde unter anderem nachdrücklich darauf hingewiesen, wie wichtig eigene Truppen für eine selbständige Politik seien; doch dieser gute Rat erschien angesichts einer verwilderten „eigenen" Soldateska im Lande als gar zu teuer.

Den durch Schwarzenbergs Tod frei gewordenen Statthalterposten hatte Friedrich Wilhelm seinem nächsten Blutsverwandten väterlicherseits, dem fast gleichaltrigen Markgrafen Ernst von Jägerndorf, anvertraut. Dieser einzige Sohn Johann Georgs von Brandenburg-Jägerndorf, des vom Kaiser geächteten ehemaligen Verbündeten des böhmischen „Winterkönigs" Friedrich von der Pfalz, war zur Zeit auch nächster Erbe des Kurfürstentums Brandenburg. Den Schwierigkeiten der Aufgabe, das von schwedischen „Besatzern" und kaiserlichen „Verbündeten" gleichermaßen drangsalierte Land zu verwalten, war der schon vorher kränkelnde Markgraf jedoch nicht gewachsen.

Er war mit der älteren Schwester Friedrich Wilhelms, Luise Charlotte, verlobt und zeigte besonderen Ehrgeiz zu verhindern, daß das Kernland der Hohenzollern durch den Krieg vollständig ruiniert werde. Nach seinem Amtsantritt im Mai 1641 konnte er nach Beratungen mit den Geheimen Räten jedoch nur feststellen, „daß die Karre so tief, wie man im Sprichwort zu sagen pfleget, in den Kot geschoben, daß sie ohne sonderbaren Beistand des Allerhöchsten nicht leichtlich wird herausgeschleppet werden können". In den kurfürstlichen Kassen sei gar kein Geld mehr zu finden. Im Juli habe sich der höchst seltene Glücksfall ereignet, daß von Hamburg ein Schiff mit einer großen Ladung Salz nach Berlin gekommen sei. Die dabei erzielte Steuereinnahme in Höhe von 550 Reichstalern sei jedoch sofort an die kurfürstliche Gesandtschaft nach Regensburg überwiesen worden, da diese bei den dort eingeleiteten Friedensverhandlungen unbedingt einigermaßen „standesgemäß" auftreten müsse.

Aufreibende Auseinandersetzungen mit den Ständen, die „Frieden um jeden Preis" verlangten, und Anhängern des verstorbenen Schwarzenberg, die weiterhin für Krieg an der Seite des Kaisers agitierten, hatten schon bald zur Folge, daß sich der Geist des Statthalters verwirrte. Am 4. Oktober 1642 starb er, nachdem er sich in Wahnvorstellungen nach Spandau geflüchtet und dort verbarrikadiert hatte. Der Bericht seines

Einzug des Kurfürsten Friedrich Wilhelm 1643 in Berlin

Leibarztes an den Kurfürsten ist unter anderem auch kulturgeschichtlich aufschlußreich. Er besagte, die melancholische Grundstimmung des Markgrafen sei wohl die eigentliche Todesursache gewesen, daneben aber auch „übermäßiges Essen des Wildprets von wilden Schweinen, Hirschen, Hasen und sonderlich das Trinken der kalkschweflicht und dicken italie- und spani-, auch französischen Weine ... Zu diesen allen seind nun kommen die Bewegungen des Gemüts, Traurigkeit, Sorgen, Schrecken, Furcht und sonderlich die Liebe, welche dann, ob sie gleich aus einem züchtigen Herzen kömmt, wann sie überhand nimmt, den Menschen nicht allein um die Gesundheit, sondern auch um das Leben bringen kann ..."

Friedrich Wilhelm glaubte nicht an eine so „romantische" Todesursache oder an ähnliche schädliche Auswirkungen der Völlerei – eines bei den oberen Schichten damals weitverbreiteten Lasters –, sondern an heimtückische „Machenschaften der Schwarzenbergischen Partei". Er beschloß, keinen neuen Statthalter einzusetzen und möglichst bald selbst nach Berlin zurückzukehren. Das geschah allerdings erst Anfang März 1643.

Inzwischen hatten Waffenstillstandsverhandlungen mit Schweden zwar im Juli 1641 zu einem auf zwei Jahre befristeten Abkommen geführt, doch angesichts der militärischen Ohnmacht Brandenburgs waren die von den Schweden diktierten Bedingungen – weiterhin Besetzung strategisch wichtiger Plätze in den Marken und hohe Kontributionen – so drükkend, daß der Vertrag vom Kurfürsten nicht ratifiziert wurde. Die daran anschließenden erneuten Verhandlungen, zunächst verbunden mit Erwägungen über eine Heirat zwischen Friedrich Wilhelm und der noch nicht ganz volljährigen Königin Christina, zogen sich dann noch bis zum Westfälischen Frieden hin. Sie hatten immerhin zur Folge, daß der fragwürdige Waffenstillstand bis dahin erhalten blieb.

Der von Friedrich Wilhelm mit wachsender Ungeduld betriebene Heiratsplan wurde von der schwedischen Vormundschaftsregierung unter Vorsitz des Kanzlers Axel Oxenstierna hinhaltend behandelt: Die Königin werde erst 1644 volljährig und zeige überhaupt wenig Neigung, sich zu verheiraten. Ihre seit 1643 in Königsberg lebende Mutter Marie Eleonore unterstützte zwar 1644 eine erneute Werbung ihres brandenburgischen Neffen, doch die Leiter der schwedischen Politik hielten es für günstiger, den Kurfürsten abermals – nun noch unhöflicher – im ungewissen zu lassen. Da Schweden im Juni 1645, als in Osnabrück endlich erfolgversprechende Friedensverhandlungen begannen, die Forderung nach ganz Pommern auf die Tagesordnung gesetzt hatte, gewann auch in diplomatischen Verhandlungen über eine „Herzenssache" schließlich die Sprache brutaler Machtpolitik die Oberhand.

Der junge Kurfürst, der noch vor kurzem zu einem seiner Räte gesagt hatte, er wolle noch nichts von einer Frau wissen, denn „er hätte in der bösen Zeit mit sich allein genug zu tun", war nun aber ernsthaft um eine politisch günstige Heirat bemüht. Es wurde ja auch Zeit, an einen Sohn zu denken, zumal für den Fall seines frühen Todes als Erbe der Kurmark im „Hause Brandenburg" nur noch ein Großonkel Friedrich Wilhelms, der 1587 geborene Markgraf Christian Wilhelm, in Betracht kam. Da dieser 1632 katholisch geworden war, hätten sich aus seiner Nachfolge schwere innen- und außenpolitische Verwicklungen ergeben. Noch während der Verhandlungen mit Schweden wurden bereits bestehende „meinungsforschende" Kontakte mit dem befreundeten Hause Oranien intensiviert, und schon sehr bald hatte Friedrich Wilhelm die Gewißheit, daß er in Den Haag als Heiratskandidat hoch willkommen war.

Am Kaiserhof und am polnischen Hof waren die Annäherungsversuche Friedrich Wilhelms an Schweden, insbesondere der Heiratsplan, naturgemäß mit großem Argwohn verfolgt worden. Doch auch in Paris, wo man bereits die Kräfteverhältnisse in Europa nach einem allgemeinen Friedensschluß ins Auge faßte, wurde man hellhörig und ließ den Kurfürsten wissen, daß man eine enge Verbindung mit Schweden befürworte. Frankreich erhoffte sich davon ein ständiges Gegengewicht gegen die Macht Habsburgs. Um entsprechenden Befürchtungen in Wien entgegenzuwirken, versuchte die brandenburgische Diplomatie dort die „schwedische Heirat“ als das einzige Mittel darzustellen, mit dem man den Frieden fördern und gleichzeitig Pommern dem Reiche erhalten könne.

Alle diese Überlegungen wurden jedoch gegenstandslos, als sich Friedrich Wilhelm entschloß, um die achtzehnjährige Prinzessin Luise Henriette von Oranien zu werben. Sie war die älteste Tochter des Erbstatthalters der Vereinigten Republik der Niederlande, seines Großonkels Friedrich Heinrich, dessen Freundschaft er während seiner Studienjahre gewonnen hatte. Schon im Dezember 1646 fand die Hochzeit in Den Haag, dem politischen Zentrum der Niederlande, in kleinem Kreise statt. Aufwendige Feierlichkeiten wollte man vermeiden, da der Statthalter schwer erkrankt war.

Friedrich Wilhelm reiste bald allein nach Kleve zurück. Er hatte die enge Verbindung mit dem Hause Oranien nämlich benutzt, um mit einem militärischen Vorstoß in die Grafschaft Berg den Pfalzgrafen von Neuburg vielleicht zu einer Revision des Teilungsvertrages zu bewegen. Dieser Handstreich war allerdings zum Scheitern verurteilt. Die „Generalstaaten“, das republikanische Regierungsgremium der Vereinigten Republik der Niederlande, zeigten nämlich nicht die geringste Neigung, den neuen Verwandten ihres „monarchischer Tendenzen“ verdächtigten Erbstatthalters zu unterstützen. Aus diesem Fehlschlag hat Friedrich Wilhelm jedoch, wie wir noch sehen werden, keine Lehren gezogen.

Als er sich zur Ehe mit Luise Henriette entschloß, hatten sich auf dem Friedenskongreß zu Osnabrück die Verhandlungen um den Besitz Pommerns dramatisch zugespitzt. Schweden, das seit dem Friedensvertrag mit Dänemark von 1645 eindeutig die Ostsee beherrschte, stand dem Kurfürsten nach wie vor als übermächtiger Kontrahent gegenüber. Auf Stettin und Wolgast wollte Friedrich Wilhelm aber noch immer auf keinen Fall verzichten. Vom Kaiser Ferdinand III., dem die Schweden soeben erst in Böhmen schwere Niederlagen bereitet hatten, konnte er keine Hilfe erwarten; deshalb hatte er bei Frankreich Unterstützung gesucht. Er meinte, diese Großmacht müsse doch ein Interesse daran haben, das bisher von ihr abhängige Schweden nicht zu stark werden zu lassen. Daß er nicht *ganz* Pommern bekommen würde, unterlag keinem Zweifel. Daher hatte er vorsorglich stark überhöhte Entschädigungen verlangt, um am Ende wenigstens nicht ganz leer auszugehen. Neben ehemals geistlichen Fürstentümern, die Schweden ebenfalls noch besetzt hielt, standen auf dem Katalog seiner Forderungen sogar schlesische Fürstentümer sowie Jülich und Berg. Graf Johann von Sayn-Wittgenstein, kurbrandenburgischer Hauptunterhändler auf dem Friedenskongreß, warnte in großer Sorge: Mit solchen Ansprüchen werde Brandenburg von allen weiteren Verhandlungen ausgeschlossen werden und schließlich gar nichts bekommen.

Endgültig gab Friedrich Wilhelm aber erst nach, als nicht nur der kaiserliche Gesandte, sondern auch ein Vertreter Frankreichs (die beide Glückwünsche zu seiner Hochzeit überbrachten) Wittgensteins Warnung aus ihrer Sicht wiederholten und bekräftigten. Seine Enttäuschung über Frankreichs „Versagen" war grenzenlos. Er akzeptierte nun zwar im Februar 1647 nach weiterem Widerstreben und langem Ringen um einzelne Positionen die „Abspeisung" mit Hinterpommern, aber der Besitz von *ganz* Pommern blieb lebenslang ein Ziel, um das er mit allen, wirklich allen Mitteln gerungen hat, ohne es zu erreichen. Dabei steht eindeutig fest, daß vor allem infolge des Druckes, den Frankreich auf Schweden ausübte, Friedrich Wilhelm beim endgültigen Friedensschluß von 1648 doch noch beträchtlichen Landgewinn für sich verbuchen konnte.

Wahrscheinlich hat den jungen Ehemann der Gedanke, daß er die verwöhnte Oranierin in eine nicht nur vom Kriege verwüstete, sondern auch in Friedenszeiten im Vergleich mit den Niederlanden recht armselige neue Heimat führen müsse, sehr bedrückt. Ohne Stettin und Wolgast – so glaubte er – könne seine Kurmark auch in fernerer Zukunft kein reiches Handelsland werden. Im Juni 1647 hat er eigenhändig eine Denkschrift verfaßt, in der er seine Lage gründlich zu analysieren versuchte.

Trotz der laufenden Friedensverhandlungen sah er noch keine Chance für einen allgemeinen Frieden, und das in einer Situation, wo keines Fürsten Land von größeren Gefahren bedroht wäre als sein eigenes. Zwischen zwei Fronten stehend, fand er es bedenklich, sich für eine der beiden Parteien zu entscheiden. Des Kaisers Macht habe zwar abgenommen, doch wenn er sich mit Schweden verbünde, so seien seine rheinisch-westfälischen Besitzungen dem Zugriff der Habsburger ausgeliefert. Andererseits seien verlockende Angebote, die ihm der Kaiser gerade jetzt unterbreitet habe, ohne Wert, denn die Katholiken hätten öffentlich verkündet, daß sie das einem Ketzer gegebene Wort nicht halten müßten. Da nun aber ein fester Entschluß gefaßt werden müsse, halte er es für besser, an die Seite der evangelischen Macht Schweden zu treten. Das sei das kleinere Übel. In Zukunft müsse jedoch darauf geachtet werden, daß man sich mit einer Armee Respekt verschaffe. Dann sei es auch nötig, mit evangelischen Partnern weitere Bündnisse zu schließen, so mit Braunschweig-Lüneburg und Hessen-Kassel, um nicht von Schweden abhängig zu werden.

Friedrich Wilhelm hatte in dieser Denkschrift ausdrücklich betont, daß er bei Verhandlungen wegen eines Bündnisses mit Schweden seine Pflichten gegenüber dem König von Polen als Lehnsherrn für Preußen nicht vergessen werde. Doch gerade wegen dieser Bindung an Polen riet der Geheime Rat als Gremium geschlossen von einem solchen Bündnis ab. Der Kurfürst war verblüfft. Er hielt noch lange an seinem Plan fest und war auch nach erneuten Beratungen nur bereit, ihn zunächst zurückzustellen. Es scheint, daß er schon damals die Absicht hatte, bei künftigen Kämpfen zwischen Schweden und Polen eine Haltung einzunehmen, die sich mit seinen Pflichten als Lehnsmann des polnischen Königs nicht gut vereinbaren ließ. Diese Kämpfe erschienen infolge einer langen historischen Entwicklung fast unvermeidlich.

In Polen hatten nach dem Aussterben des polnisch-litauischen Königshauses der Jagiellonen im Jahre 1572 die Vertreter des Adels das Prinzip der freien Königswahl durchgesetzt. Der 1587 zum König von Polen gewählte Sigismund III. entstammte dem schwedischen Königsgeschlecht der Wasa und erbte 1592 auch das Königreich Schweden. Als Katholik fühlte er sich jedoch verpflichtet, in Schweden gegenreformatorische Bestrebungen zu fördern, und so kam es schließlich zum Kampf mit einem lutherischen Onkel, der ihm die schwedische Krone entriß und 1599 als Karl IX. den Thron bestieg. Seitdem herrschten sowohl in Schweden als auch in Polen Mitglieder der Dynastie Wasa.

Da einerseits die polnische Linie weiterhin ihr Erbrecht auf den schwedischen Thron geltend machte, andererseits die schwedische Linie unter Gustav II. Adolf, dem Sohn Karls IX., eine Großmachtstellung in Nordeuropa erlangte und im Baltikum mehrere erfolgreiche Eroberungskriege gegen Polen und Rußland führte, war nach dem Tode Gustav Adolfs, der nur eine unmündige Tochter hinterließ, der schwedisch-polnische Gegensatz im Kampf um die Ostseeherrschaft weiterhin fester Bestandteil der europäischen Politik.

In die wiederholten militärischen Auseinandersetzungen wurde Kurfürst Georg Wilhelm hineingezogen, als Gustav Adolf 1626 in Preußen einfiel, um Polens Wirtschaft durch Besteuerung der Getreideausfuhr in den preußischen Häfen zu schädigen und sich selbst eine sehr ergiebige Einnahmequelle zu verschaffen. Als Georg Wilhelm im nächsten Jahr mit 5 000 Mann seinen königlichen Schwager aus Königsberg, Pillau und Memel vertreiben wollte, wirkte das wie eine hilflose Geste. Es gelang nicht einmal, diese Söldner dem Polenkönig zur Verfügung zu stellen, denn die Schweden erzwangen den Übertritt in ihr Heer. Erst 1635 gab Schweden in einer Phase militärischer Schwäche die Zölle an Brandenburg zurück; doch bald darauf verlangte der polnische König Wladislaw IV. die Hälfte der Einnahmen. Erst kurz vor dem Ende des Dreißigjährigen Krieges konnte Friedrich Wilhelm diese Seezölle ungeteilt an sich bringen.

Daß die Beziehungen zu König Wladislaw, der nicht nur als Lehnsherr, sondern auch als Verbündeter und Schwager des Kaisers zu respektieren war, trotz der bekannten Tendenz Friedrich Wilhelms zu einem Bündnis mit Wladislaws schwedischem „Erbfeind“ im ganzen ziemlich ungetrübt blieben, war in nicht geringem Maße das Verdienst des ständigen Vertreters Kurbrandenburgs in Warschau, Johann von Hoverbeck. Dieser in Polen aufgewachsene, seit 1631 in brandenburgischem Dienst stehende Diplomat hat vom Regierungsantritt Friedrich Wilhelms an zweiundvierzig Jahre lang die Interessen seines Herrn in Warschau so geschickt vertreten, daß es immer wieder gelang, politische Krisen zu überwinden. Nicht selten sollen Geldgeschenke, die Hoverbeck zur rechten Zeit in der richtigen Höhe an den richtigen Mann gelangen ließ, wahre Wunder bewirkt haben. Am Berliner Hof erwiesen sich später die französischen Diplomaten als hervorragende Meister in dieser weitverbreiteten Kunst.

Die Fähigkeit, Mitarbeiter wie Hoverbeck zu „entdecken“, sie an sich zu ziehen und zu Höchstleistungen in seinem Dienst anzuspornen, hat Friedrich Wilhelm schon früh entwikkelt. Seine wichtigsten Berater während seiner „Lehrjahre als Kurfürst“ zeugen aber auch davon, wie sehr er in dieser Zeit noch auf „seelische Stützen“ angewiesen war. Seine Ehe mit Luise Henriette wirkte sich in dieser Hinsicht stabilisierend aus, besonders als ihm 1648 ein Sohn geboren wurde. Dieser sehnlichst erwartete Stammhalter starb jedoch schon im folgenden Jahr. Die junge Mutter hatte bald darauf eine Fehlgeburt.

Solche Schicksalsschläge ließen Friedrich Wilhelm noch immer bei seinem selbstsicheren, tröstenden Freund und engsten Vertrauten Konrad von Burgsdorf Zuflucht suchen. Auf diese Weise konnte ein ehrgeiziger Günstling die brandenburgische Politik in den ersten Regierungsjahren des jungen Kurfürsten wesentlich beeinflussen.

Regierungsweise bis zum Westfälischen Frieden

Der Geheime Rat war bereits 1604 von Kurfürst Joachim Friedrich gegründet worden. Als beratendes Organ des Kurfürsten für alle außenpolitischen Angelegenheiten und als „sein Arm“ für Aufgaben der inneren Staatsverwaltung wurde er nach und nach *die* Zentralbehörde und somit ein wichtiges Instrument zur Durchsetzung der sich allmählich herausbildenden „absoluten“ Regierungsgewalt des Landesherrn. Vorerst hatten in den einzelnen Landesteilen ständische Sonderinteressen aber noch erhebliches Gewicht.

Das überlieferte Recht der Stände auf Steuerbewilligung war allerdings in den ersten Kriegsjahren zunächst durch fremde Heerführer, dann aber auch durch den von Schwarzenberg beherrschten „Kriegsrat“ einfach ignoriert worden. Als Friedrich Wilhelm durch Neuberufung der von Schwarzenberg vertriebenen Geheimen Räte die Zentralbehörde in ihrer alten Form wiederbelebt hatte, kam die alte landständische Verfassung wieder voll zur Geltung, soweit sie – wie in den westlichen Landesteilen – nicht ungestört weiterbestanden hatte. Mit den ersten Ansätzen zu einer „absolutistischen“ Regierungsweise konnte der neue Kurfürst erst nach dem Dreißigjährigen Krieg beginnen.

Der alte und neue Kanzler Sigismund von Götzen war sozusagen „offizieller“ Berater in Fragen der Außenpolitik, während die übrigen Mitglieder des Geheimen Rates keine festen Ressorts verwalteten, sondern die unterschiedlichsten Sachen bearbeiten und darüber Vortrag halten mußten. Die Entscheidung behielt sich der Kurfürst von Anfang an selbst vor. Daß der anfänglich noch unsicher und schüchtern wirkende junge Herrscher bald selbstbewußter aufzutreten lernte, verdankte er wohl in erster Linie dem Umgang mit Konrad von Burgsdorf, einem Jugendfreund und Vertrauten seines verstorbenen Vaters. Der ehemalige Oberst und Festungskommandant von Küstrin hatte es verstanden, das Vertrauen des Kurprinzen zu gewinnen, und als es dann galt, dem noch „allmächtigen" Schwarzenberg nicht nur den Vorsitz im Kriegsrat, sondern auch das Kommando über die teils brandenburgischen, teils kaiserlichen Truppen in der Mark zu entziehen, ohne daß dieser gefährliche Gegenmaßnahmen ergreifen konnte, da war der draufgängerische, skrupellose und schlaue Haudegen gewiß der rechte Mann. Er reiste mehrmals nach Köngisberg und wurde Friedrich Wilhelm bald unentbehrlich. Als Optimismus und Zuversicht ausstrahlender Gegenpol zu den gelehrten Beratern im Geheimen Rat, die in schwierigen Lagen zu hinhaltender Vorsicht neigten, bot er seinem zu impulsiven Entscheidungen drängenden jungen Herrn so manches Mal in schwierigen Lagen, die rasche Tatkraft verlangten, seelischen Rückhalt.

Für eine normale Mitarbeit im Geheimen Rat fehlten Burgsdorf die juristische Vorbildung und das nötige „Sitzfleisch", aber mit dem Titel eines „Oberkammerherrn" und dem zunächst praktisch unbegrenzten Vertrauen des Kurfürsten ausgestattet, konnte er auch in den Sitzungen des Geheimen Rates bei der Beschlußfassung ein gewichtiges, manchmal wohl auch entscheidendes Wort mitreden. Wie stark die persönliche Verbindung zwischen dem Fürsten und seinem „Diener" war, zeigte der im Oktober 1643 abgeschlossene Waffenbrüderschaftsvertrag im Stil von Offiziersfreundschaften dieser Zeit, in dem sich beide für den Fall ihres Todes gegenseitig alle Waffen vermachten. Nur der mit Diamanten besetzte Prunkdegen Friedrich Wilhelms sollte davon ausgenommen bleiben.

Konrad von Burgsdorf

Als der Oberkammerherr 1644 den Kurfürsten gegen alle Bedenken der anderen Räte und entschiedenen Widerstand der märkischen Ständevertreter in dessen Absicht bestärkte, nun doch wieder Truppen anzuwerben und mit der bisherigen Politik militärischer Hilflosigkeit zu brechen, hatte er zweifellos den richtigen machtpolitischen Instinkt, doch die Finanzierungsprobleme wollte er durch weitere Verschuldung des Landes lösen. Dagegen konnte schließlich ein nun langsam an

Einfluß gewinnender, neu hinzugekommener Geheimer Rat, Otto von Schwerin, beim Kurfürsten mit Erfolg Einspruch erheben. Burgsdorf mußte selbst nach Preußen reisen, um dort ohne Neuverschuldung Gelder aufzutreiben, und auch der Kriegskommissar für Kleve und Mark, Johann von Norprath, konnte dort Geldquellen erschließen, so daß insgesamt einige tausend Mann geworben werden konnten, die überwiegend im Herzogtum Kleve stationiert wurden. Solche im Lande stets höchst unerwünschten „Mitesser" verliehen dem Landesherrn zwar tatsächlich ein erhöhtes Prestige, verleiteten ihn aber auch – wie das Beispiel Kleve noch deutlicher zeigen wird – zu gefährlichen militärischen Abenteuern.

Einen ersten Erfolg dieser neuen Machtpolitik konnte Friedrich Wilhelm aber schon sehr bald in der Kurmark für sich verbuchen, indem er im Juli 1644 die Schweden veranlaßte, die Städte Frankfurt und Krossen zu räumen. Hier wurde der Einzug seiner Truppen mit großem Aufwand zu einem militärischen Schauspiel gestaltet, das auch außerhalb der Kurmark Beachtung fand. Es war ja noch immer Krieg. Im Westen bewirkte dessen allgemeiner weiterer Verlauf, daß Friedrich Wilhelm in Kleve und Mark einige bislang noch von feindlichen Nachbarn besetzte Festungen zurückbekam.

Ein gut durchdachter, seiner Zeit jedoch weit vorauseilender Plan für eine Reform des gesamten brandenburgisch-preußischen Militärwesens, den der märkische Adlige Kurt Bertram von Pfuel nach überwiegend schwedischem Vorbild ausgearbeitet hatte, beeindruckte zu dieser Zeit Friedrich Wilhelm sehr. Er enthielt fortschrittliche Gedanken zur Entwicklung absolutistischer Herrschaftsformen, die es ermöglichen sollten, *alle* Untertanen und alle Wirtschaftskräfte des Landes zum Unterhalt eines nur im eigenen Staat verwurzelten stehendes Heeres heranzuziehen. Dagegen wehrte sich der märkische Adel, der ja auch im Geheimen Rat Vertreter seiner Interessen hatte, sogleich mit aller Kraft, da er mit Recht fürchtete, nun ebenfalls Steuern entrichten zu müssen. Die Bewaffnung der eigenen

Bauern erschien ihm überdies äußerst gefährlich. Auch Burgsdorf, der in Pfuel wohl einen Rivalen sah, sprach sich gegen diesen Plan aus. Dennoch wurde Pfuel 1647 in den Geheimen Rat aufgenommen.

Vielleicht hat Friedrich Wilhelm damals die für sein weiteres Verhalten entscheidende Erfahrung gemacht, daß Räte, die im alten ständischen Denken verwurzelt waren, für einen zu uneingeschränkten Herrschaftsformen hinstrebenden Fürsten nur in einzelnen Sachfragen als Ratgeber von Wert sein konnten. Sein wichtigstes Machtinstrument, ein von ständischer Geldbewilligung unabhängiges, ständig einsatzbereit stehendes Heer, mußte er sich selbst schaffen. Bis zum Ende des Dreißigjährigen Krieges konnte sich ein Mann wie Burgsdorf aber noch als bevorzugter Ratgeber und aufmunternder Stimmungsmacher behaupten.

Während dieser Jahre war von einem strengen Zeremoniell, wie es nach 1660 am kurbrandenburgischen Hof eingeführt wurde, noch ebensowenig die Rede wie von dem feierlichen Luxus, der nach Behebung der drückenden Geldnot der Kriegsjahre ausländische Besucher bei besonderen Anlässen beeindruckte. Seit Kurfürst Georg Wilhelm 1627 vor den Drangsalen des Wallensteinschen Besatzungsregimes nach Königsberg ausgewichen war, lebte der Hof gewissermaßen „im Exil“ – von Berlin her gesehen –, und der Kurfürst mußte aus Geldmangel sein Repräsentationsbedürfnis stark einschränken. Seine Krankheit und schließlich sein Siechtum taten ein übriges, so daß die Königsberger Hofhaltung im Vergleich mit anderen Höfen von ähnlicher Bedeutung sicherlich bescheiden zu nennen war.

Nach dem Regierungsantritt Friedrich Wilhelms nahmen die wirtschaftlichen Schwierigkeiten vor allem in der Kurmark noch zu, doch wo sich eine Möglichkeit zum Schmausen und zum Zechen ergab, hat sie der junge Herr im Kreise seiner Vertrauten gewiß wahrgenommen. Übermäßiges Essen und Trinken hat seine Gesundheit schon früh untergraben. Von diesem Laster konnte er lebenslang nicht lassen. Der fünfundzwanzig Jahre ältere Burgsdorf, nach Art der Obristen des großen Krieges der Völlerei, dem Suff und dem Glücksspiel ergeben, war in den ersten Jahren trotz der Distanz, die der junge Landesherr stets zu wahren wußte, in den Stunden der Erholung ein „guter Kumpel“ und wohl auch gelegentlich „Beichtvater“. Von der Macht, die jesuitische „Gewissensräte“ zu jener Zeit über katholische Fürsten erlangten, konnten die kalvinistischen Hofprediger Friedrich Wilhelms ja nicht einmal träumen.

Burgsdorf führte als Oberkammerherr den Titel des höchsten Hofbeamten für den persönlichen Dienst beim Kurfürsten. Das entsprach recht gut seiner sehr vielseitigen Verwendung. Die junge Kurfürstin nahm jedoch Anstoß an dem gar zu selbstbewußten Auftreten dieses „Hof-Manns“, von dem sie hörte, daß er sich sogar über seine neue Herrin sehr unehrerbietig äußere. Ihre vom Freiherrn von Schwerin geleiteten Gebetsstunden für alle Damen des Hofstaats habe er als lästige Frömmelei bezeichnet. Mit Gebeten könne die hohe Frau ihrer vornehmsten Aufgabe, dem Hause Brandenburg einen Erben zu schenken, wohl kaum gerecht werden ...

Luise Henriette hatte Otto von Schwerin, der als Geheimer Rat besonders Burgsdorfs Mißwirtschaft auf dem Gebiete des Finanzwesens kritisierte, zu ihrem Haushofmeister (Verwalter des persönlichen Besitzes) ernannt und protegierte den frommen, hochgebildeten und tüchtigen Kalvinisten nach Kräften. Sie hätte ihn wohl gern auf dem Platz des verhaßten Burgsdorf gesehen.

Beim jahrelangen Streit um Pommern, das von Schweden als ein Teil der „ihm zustehenden Entschädigung“ für seine den deutschen Protestanten gewährte „Hilfe“ verlangt wurde, hatten die Vertreter Brandenburgs die Geduld der Kontrahenten am Verhandlungstisch zu Osnabrück immer wieder stark strapaziert. Das geradezu unverschämt wirkende Jonglieren ihres

Herrn mit wechselnden Bündnismöglichkeiten, seine aufreizend unrealistischen Entschädigungsforderungen, kurz: sein Verhandlungsstil hatte vor allem Schweden und den Kaiser verärgert, während Frankreich am Ende noch verdächtiges Wohlwollen für den anmaßenden, militärisch trotz erheblicher Rüstungsanstrengungen schwachen „Gernegroß“ zeigte.

Wenn ihm schließlich – neben Hinterpommern mit dem ehemaligen Bistum Kammin – anstelle von Vorpommern mit Stettin und dem Mündungsbereich der Oder die etwa flächengleichen Fürstentümer Halberstadt und Minden sowie die Anwartschaft auf das Herzogtum (ehemals Erzbistum) Magdeburg überlassen wurden, so wirkte sich darin Frankreichs Einfluß aus. Ein starkes – wenn auch nicht zu starkes – Kurfürstentum Brandenburg sollte hinfort als „Pfahl im Fleische des Hauses Habsburg“ (wie Franz Mehring einprägsam formulierte) ein Wiedererstarken des gefährlichsten Gegners französischen Machtstrebens verhindern helfen.

Allgemein fand man den Kurfürsten unzuverlässig und intrigant, naiv-rücksichtslos auf seinen Vorteil bedacht. Was die öffentliche Meinung Europas von Großmächten an brutalem Egoismus hinzunehmen gewohnt war, wollte sie dem militärisch fast bedeutungslosen, wirtschaftlich ruinierten Brandenburger nicht zugestehen. Es war ja sonnenklar, daß dieser „Verlierer“ eigentlich jeden Preis zahlen mußte, um überhaupt glimpflich davonzukommen. Und nun dieses trotzige Bestehen auf unhaltbaren Positionen ...

Doch Vertrauten gegenüber hat Friedrich Wilhelm unumwunden zugegeben, „er müsse Frieden haben und suchen, es müsse ausschlagen, wie es wolle“. Es waren aber nicht nur Gedanken an die gequälten Untertanen und an die leere Staatskasse, die ihn zum Nachgeben veranlaßten. Er befürchtete unter dem Eindruck von Berichten über Volksaufstände in Frankreich und anderswo, daß „nach dem Exempel anderer Königreiche und Lande die Untertanen und der gemeine Pöbel aus Ungeduld und großer Armut die Waffen ergriffe“. Mit dieser Begründung befahl er im Juli 1648 seinen Unterhändlern in Osnabrück, alles nur irgend Mögliche für die Beendigung des Krieges zu tun.

Um seinem dringlichen Wunsch nach Abschluß eines allgemeinen Friedens noch mehr Nachdruck zu verleihen, bemühte sich Friedrich Wilhelm bereits Ende 1647 um ein Bündnis evangelischer deutscher Fürsten, die als „dritte Partei" ihre Interessen gegenüber dem Kaiser, aber auch gegenüber Frankreich und Schweden vielleicht wirksamer hätten vertreten können. Der Versuch scheiterte vor allem am Starrsinn des Kurfürsten Johann Georg I. von Sachsen. Dieser hielt die Reformierten (die Kalvinisten) für Ketzer, denen man die Grundsätze des Augsburger Religionsfriedens von 1555, der Katholiken und Protestanten als gleichberechtigt anerkannt hatte, nicht zubilligen dürfe.

Der Kalvinismus war im Kurfürstentum Sachsen am Ende des 16. Jahrhunderts erst nach hartem Kampf unterdrückt worden. Daher wollte die dort herrschende lutherische Orthodoxie die Reformierten im ganzen Reich nur noch dulden, „solange sie sich ruhig verhielten". Dagegen kämpfte Friedrich Wilhelm nun monatelang mit leidenschaftlicher Parteinahme für seine Konfession an. Er drohte, wenn man ihn selbst nicht in den Augsburger Religionsfrieden einbeziehen wolle, so habe er keine Veranlassung mehr, als Kurfürst für die Belange der deutschen Protestanten einzustehen.

Schließlich kam ein Kompromiß zustande. Im Juristenlatein des Friedensvertrages wurde der Status der Reformierten so beschrieben, daß diese sich in den Augsburger Religionsfrieden von 1555 einbezogen fühlen konnten. Die Lutheraner deuteten denselben Text jedoch so, daß die „Reformierten" mit den „Protestanten" von 1555 nicht gleichzusetzen seien und infolgedessen nicht in den Genuß der Bestimmungen von Augsburg kommen könnten. Mit diesem Rest von Unsicherheit fand sich Friedrich Wilhelm schließlich ab, indem er wissen ließ: Ihm seien die Auslegungsmöglichkeiten gar nicht so wichtig, denn an seiner Rechtsstellung in den eigenen Landen lasse er ohnehin nicht rütteln. Zu dieser mürrisch geäußerten Selbstsicherheit,, die hinfort seine Regierungsweise noch stärker prägte, konnte er sich berechtigt fühlen. Dies ist eines der wichtigsten Ergebnisse des Westfälischen Friedens.

Der Westfälische Frieden

Als nach den ersten Friedensgesprächen von 1642 in Hamburg die Vertreter der beiden großen Mächtegruppierungen (Frankreich/Schweden und der Kaiser) lange genug ihre Maximalforderungen ausgetauscht und die Launen des Kriegsglücks abgewartet hatten, kam im April 1645 endlich ein allgemeiner Friedenskongreß in Münster und Osnabrück zustande. Die protestantischen Mächte verhandelten in Osnabrück, weil sie diplomatische Kontakte mit dem päpstlichen Nuntius vermeiden wollten; der konfessionelle Gegensatz wurde aber auch zum Vorwand benutzt, um die protestantischen und die katholischen Reichsstände jeweils für Ziele der schwedischen bzw. der französischen Politik zu manipulieren. Die von französischen und schwedischen Diplomaten gezahlten Bestechungssummen waren enorm. In Frankreichs Staatskasse war Bargeld allerdings schon so knapp geworden, daß der Leiter der französischen Politik, Mazarin, an seinen Hauptunterhändler „Silberzeug, Teppiche, Diamanten“ schicken mußte, damit dieser auch noch die schwedischen Diplomaten im Sinne Frankreichs beeinflussen konnte.

Die zunehmenden innenpolitischen Schwierigkeiten Frankreichs trugen denn auch wesentlich dazu bei, daß am 24. Oktober 1648 in Münster und Osnabrück der sogenannte Westfälische Frieden unterzeichnet werden konnte. Der Botschafter des Kaisers, Graf Trautmannsdorf, hatte durch geschicktes Verhandeln seinem Herrn zwar eine beachtliche Hausmacht gesichert – die lange umstrittenen Länder des Königreichs Böhmen blieben habsburgisch –, doch die ehemals habsburgischen Gebiete im Elsaß fielen an Frankreich, das damit seinem Fernziel, der Rheingrenze, ein gutes Stück nähergekommen war.

Schweden erhielt Vorpommern mit den Hafenstädten Stralsund, Greifswald, Wolgast und Stettin einschließlich der Inseln Rügen, Usedom und Wollin. Mecklenburg mußte Wismar abtreten. Da Schweden auch die ehemaligen Bistümer Bremen und Verden bekam, beherrschte es nicht nur die deutsche Ostseeküste, sondern auch das Gebiet am Unterlauf von Elbe und Weser und damit die für den deutschen Handel wichtigsten Flußmündungen. Dieser ökonomische Würgegriff wurde im ganzen Reich als besonders demütigend empfunden. Friedrich Wilhelm hatte großen publizistischen Erfolg, als er 1658 in einer gegen Schweden gerichteten Flugschrift alle „ehrlichen Teutschen“ fragen ließ: „Was sind Rhein, Weser, Elbe oder Oderstrom nunmehr anders als fremder Nationen Gefangene? Was ist deine Freiheit und Religion mehr, als daß andere damit spielen?“ Und als er 1675 diese übermütige Siegermacht, die – neben Frankreich – sich jederzeit in Reichsangelegenheiten einmischen durfte, bei Fehrbellin mit zahlenmäßig unterlegenen Kräften angriff und zum Rückzug nötigte, feierte man ihn bis zum Elsaß hin als den „Großen Kurfürsten“. Bis dahin war es aber noch ein weiter Weg. Als wichtige Voraussetzung kam ihm dabei eine allgemeine Aufwertung seines Status als Reichsfürst zugute.

Bei den langjährigen Verhandlungen mit Frankreich und Schweden hatten die meisten deutschen Fürsten bereits Geheimabkommen abgeschlossen und damit eine „Libertät“ praktiziert, die eigentlich Hochverrat gewesen war. Beim Friedensschluß wurde dieses Verhalten dann aber reichsrechtlich sanktioniert: Alle Fürsten – etwa dreihundert an der Zahl – erhielten uneingeschränkte Landeshoheit und sogar das Recht, Bündisse mit fremden Mächten zu schließen, die sich allerdings nicht gegen „Kaiser und Reich“ richten durften. Diese Einschränkung wurde jedoch nicht beachtet. Als einen weiteren Erfolg betrachtete es Friedrich Wilhelm, daß er sich auf dem Kongreß in zähen Verhandlungen den Titel „Serenissimus“ („Durchlauchtigster“) erstritten hatte. Vorher war er nur eine „Kurfürstliche Durchlauchtigkeit“ gewesen.

Die neue Anrede wurde nun allen Kurfürsten zugebilligt. Wie mehrdeutig der lateinische Titel jedoch in deutscher Übersetzung sein konnte, lehrt ein Blick in den „Versuch einer Staats-Grammatic, entworffen von Friderich Carl Moser, Franckfurt am Mayn 1749“. Dort heißt es: „Im Lateinischen vertritt das Wort *Serenissimus* die Stelle von *Allerdurchlauchtigst, Durchlauchtigst* und *Durchlauchtig.*“ In Schreiben an Friedrich Wilhelm finden wir als Anrede „Durchlauchtigster Churfürst“, im Text aber auch die alte Formel „E[uer] CH[urfürstliche] D[urchlaucht]“. Diese Inkonsequenz blieb unbeachtet, obwohl auf Titel – wegen der damit verbundenen Rechtsansprüche – allergrößtes Gewicht gelegt wurde.

Friedrich Wilhelms Titulatur lautete bis zum Westfälischen Frieden: „Von Gottes Gnaden Wir Friedrich Wilhelm Marggraff zu Brandenburg, des Heiligen Römischen Reichs Ertz-Cammerer und Churfürst, in Preußen, zu Cleve, Jülich, Berg, Stettin, Pommern, der Cassuben und Wenden, auch in Schlesien zu Croßen und Jägerndorff Hertzog, Burggraf zu Nürnberg, Fürst zu Rügen, Graff zu der Marck und Ravensperg, Herr zu Ravenstein usw.“ Nun kam hinzu: Herzog von Magdeburg, Fürst von Halberstadt, Minden und Kammin. Der damit für Vorpommern Entschädigte dachte aber gar nicht daran, auf Schwedisch-Vorpommern zu verzichten.

Als der Frieden unterzeichnet war, traf Schweden noch längst keine Anstalten, die dem Kurfürsten von Brandenburg zugesprochenen Gebiete zu räumen. Für den nordischen Militärstaat, der erst durch den Krieg die Stellung einer europäischen Großmacht erlangt hatte, war der Krieg zum einträglichen Normalzustand geworden. Die Umstellung auf den

Frieden bereitete große Schwierigkeiten. Es kam das Sprichwort auf: „Im Frieden leiden wir Not, im Kriege haben wir Brot.“ Der schwedische Oberbefehlshaber Banér hinterließ, als er 1641 starb, eine Million Taler aus dem in Deutschland zusammengeraubten Gut. Sein Nachfolger Wrangel soll beim Friedensschluß geweint haben – er fühlte sich beraubt, weil er nicht mehr rauben durfte. Nun wollten die Sieger ihre an Brandenburg abzutretenden Gebiete wenigstens so lange wie möglich besetzt halten. Halberstadt und Minden räumten sie im Laufe des Jahres 1650. Die im Friedensvertrag ausgesparte Grenzregulierung in Pommern kam erst im November 1651 zustande. Dabei mußte Friedrich Wilhelm auch noch die am östlichen Ausgang des Oderhaffs gelegene Stadt Kammin hergeben. Das ehemalige Bistum Kammin – jetzt als „Fürstentum“ neben Minden und Halberstadt als Entschädigung für Vorpommern aufgeführt – war bereits seit 1644 fester Bestandteil Hinterpommerns.

Ein weiteres Streitobjekt war durch eine unklare Formulierung im Friedensvertrag entstanden: Die Schweden erhoben weiterhin Anspruch auf die Zolleinnahmen in den hinterpommerschen Häfen. Bis ihnen diese zugestanden würden, wollten sie im Lande bleiben. Da erwies es sich als günstig, daß Ferdinand III. die brandenburgische Kurstimme brauchte, um seinem Sohn gleichen Namens beizeiten die Nachfolge auf dem Kaiserthron zu sichern. Im November 1652 reiste Friedrich Wilhelm nach Prag. Im persönlichen Gespräch mit dem Kaiser wollte er ein Druckmittel gegen Schweden erlangen. Als Ferdinand verkündete, er werde Schweden (für dessen deutsche Besitzungen) erst zum Reichstag zulassen, wenn es Hinterpommern geräumt habe, erklärte sich dieses zu einem Kompromiß bereit. Schweden erhielt den Erlös aus der Hälfte der Seezölle und wälzte vier Fünftel der auf Hinterpommern lastenden Schulden auf Kurbrandenburg ab. Für diesen Preis bequemte sich die nordische Großmacht im Juni 1653 endlich zum Abzug.

Wie die Wegnahme der kleinen Hafenstadt Kammin, so war auch Schwedens Beteiligung an den Seezöllen in erster Linie dazu bestimmt, Friedrich Wilhelm daran zu hindern, durch niedrige Zölle einen Zollkrieg gegen Stettin zu beginnen. Als Hafen kam eigentlich nur Kolberg in Betracht. Die Zufahrten zu den hinterpommerschen Häfen versandeten immer ziemlich schnell. Wer damals hinsichtlich der Zölle Befürchtungen hegte, der traute Friedrich Wilhelm mehr handelspolitische Energie zu, als er in diesen schweren Nachkriegsjahren aufbringen konnte.

Erste Maßnahmen zur Behebung der wirtschaftlichen Kriegsschäden hatte Friedrich Wilhelm schon in den Jahren 1647 bis 1649 von Kleve aus – wohl angeregt durch das nahe Vorbild der Niederlande – in die Wege zu leiten versucht. Doch weder die Vermittlung friesischer Siedler zur Urbarmachung von Sumpfgebieten in der Kurmark und in Preußen noch Versuche zur Belebung der Elbschiffahrt hatten nennenswerten Erfolg. Das lag nicht nur daran, daß Kriegsereignisse und Friedensverhandlungen alles andere leicht in den Hintergrund drängten. Weder der Kurfürst noch seine engsten Berater besaßen die nötige Sachkenntnis. Konsequent wirtschaftliches Denken hätte auch gar nicht dem „kavaliermäßigen“ Lebensstil der hohen Beamten jener Kriegsjahre entsprochen.

Während seines langen Aufenthalts in Kleve war es Friedrich Wilhelm noch immer nicht gelungen, sich gegenüber den dortigen Landständen endgültig als Landesherr durchzusetzen, obwohl er 1649 endlich die Erbhuldigung erreicht hatte. Der von ihm 1647 als Statthalter eingesetzte Graf (seit 1657 Fürst) Johann Moritz von Nassau-Siegen erwies sich aber immer wieder als geschickt ausgleichender Vermittler. Dabei spielten seine engen Beziehungen zu den Niederlanden eine wesentliche Rolle.

Der Westfälische Frieden hatte den alten Jülich-Klevischen Erbfolgestreit nicht durch eine endgültige Regelung behoben, sondern diese einer ungewissen Zukunft überlassen. Bezeichnenderweise wurde in Kleve, Mark und Ravensberg während der Regierungszeit Friedrich Wilhelms weiterhin nach dem im Jahre 1582 in allen katholischen Staaten eingeführten neuen Gregorianischen Kalender des Papstes Gregor XIII. datiert, während in der Kurmark noch (bis 1700) der alte Julianische Kalender des römischen Staatsmanns Julius Caesar beibehalten wurde. Der Gregorianische Kalender galt übrigens auch (wegen der Bindung an das katholische Polen) im Herzogtum Preußen, so daß die kurfürstlichen Verwaltungsorgane recht umständlich „alten Stil" und „neuen Stil" unterscheiden mußten. Zentralistischen Bestrebungen war dies gewiß nicht förderlich. In den ehemals jülich-klevischen Ländern hatten konfessionelle Streitigkeiten zwischen Protestanten und Katholiken zur Folge, daß sich sowohl in Jülich als auch in Kleve Zündstoff für neue kriegerische Auseinandersetzungen ansammelte. Doch mußte Kurfürst Friedrich Wilhelm zur Lunte greifen?

Das jülichsche Abenteuer

Der alte Pfalzgraf von Neuburg, der 1614 mit Friedrich Wilhelms Großvater das jülich-klevische Erbe für zunächst vierzig Jahre geteilt hatte, residierte seitdem als Herzog in Düsseldorf. Man kannte ihn als fleißigen Arbeiter, trinkfesten Zecher, geschickten Politiker und – fanatischen Katholiken, seit er 1614 seinem evangelischen Glauben abgeschworen hatte. Im provisorischen Vergleich nach Friedrich Wilhelms erstem Überfall auf Berg (1647) waren die kirchlichen Fragen nicht eindeutig geregelt worden, so daß Pfalzgraf Wolfgang Wilhelm seine evangelisch gebliebenen Untertanen – etwa 62000 – schikanieren konnte, um sie dadurch zum Katholizismus zu „bekehren".

Friedrich Wilhelm drohte mit ebenso unchristlichen Maßnahmen gegen Katholiken im Klevischen; doch war das kaum ernst gemeint. Der dortige katholische Klerus hatte ihn nämlich erst 1647 durch eine freiwillig übernommene Steuer davor bewahrt, Truppen entlassen zu müssen, und damit Anspruch auf Dankbarkeit erworben. Dennoch beschwerte sich der Neuburger schon auf Grund dieser Drohung beim Kaiser und brachte dabei auch bekannt gewordene Vorbereitungen für militärische Maßnahmen von seiten des Kurfürsten zur Sprache. Brandenburgische Gegenvorstellungen konnten das Reichsoberhaupt allerdings zunächst beruhigen. Der Kurfürst befürchtete aber über kurz oder lang eine Parteinahme der Reichsgewalt „zum Schutze des katholischen Glaubens", die vielleicht die im Westfälischen Frieden gerade erst zum Abzug genötigten „Schutzmächte des evangelischen Glaubens", vor allem die Schweden, wieder auf den Plan rufen würde. Aus dem religiösen Streit könnte dann leicht wieder eine große politische „Feuerflamme" entstehen. Waren nicht schon zu Beginn des Jülich-Klevischen Erbfolgestreites die späteren Fronten des Dreißigjährigen Krieges sichtbar geworden?

Bereits im Juli 1650 scheint Friedrich Wilhelm den Entschluß gefaßt zu haben, durch einen militärischen Handstreich gegen Jülich und Berg kurzen Prozeß zu machen. Er wollte den Neuburger nicht nur für dessen religiöse Intoleranz bestrafen, sondern ihn bei dieser Gelegenheit auch zwingen, zumindest weitere Teile des umstrittenen Erbes an Brandenburg abzutreten. Dabei sollten nebenbei die ständischen Verhältnisse so geregelt werden, daß die Landstände von Kleve-Mark sich nicht immer wieder mit denen von Jülich-Berg gegen ihre Landesherren verbünden oder gar Rückhalt bei den Generalstaaten der Niederlande suchen konnten.

Die meisten der aus Berlin mitgereisten Räte warnten vor den unabsehbaren Folgen eines militärischen Gewaltaktes, aber schließlich scheint der religiöse Eifer Schwerins und der Kurfürstin den Ausschlag gegeben zu haben: Mitte Juni 1651 erließ Friedrich Wilhelm ein Manifest an die Landstände von Jülich und Berg, in dem er Respekt und Unterstützung als einzig rechtmäßiger Landesherr verlangte, und gleichzeitig erfolgte der Einmarsch brandenburgischer Truppen. Der Erfolg war geradezu kläglich. Die nur mühsam zusammengebrachten etwa 3800 Mann konnten – ohne Artillerie, die von den Ständen zurückgehalten wurde – nicht einmal Düsseldorf erobern. Friedrich Wilhelms Manifest hatte die jülich-bergischen Landstände gar nicht beeindruckt, und die eigenen von Kleve und Mark protestierten heftig gegen den Friedensbruch. Sogar die kurmärkischen Stände bezeichneten das Vorgehen ihres Landesherrn als verfassungswidrig.

Als der brandenburgische Gesandte Joachim Friedrich von Blumenthal, ein in Wien über sehr gute Beziehungen verfügender ehemaliger Parteigänger Schwarzenbergs, den Kaiser nicht mehr davon abhalten konnte, energisch für den überfallenen Pfalzgrafen Partei zu ergreifen, mußte sich Friedrich Wilhelm noch glücklich schätzen, daß ein Waffenstillstand zustande kam. Als dieser vom Sohn des Pfalzgrafen gebrochen wurde, der „arbeitslos gewordene" Truppen des Herzogs von Lothringen, die umhervagabundierten, in die Grafschaft Mark „abschob", war Friedrich Wilhelm nicht mehr der alleinige Friedensbrecher und konnte mit einem Vergleich, den kaiserlichen Kommissare vermittelten, im Oktober 1651 das völlig mißglückte Unternehmen beenden.

Es blieb nun vorerst wieder alles beim alten, der Ruf des Brandenburgers aber war im Reich nachhaltig geschädigt. Dazu kam als weiterer Schicksalsschlag eine erneute Fehlgeburt Luise Henriettes, die sie im Hause ihrer Mutter in Den Haag in der zweiten Julihälfte erlitt. Friedrich Wilhelm war nach Den Haag gekommen. Als tief gläubige Kalvinisten sahen die Ehegatten im Scheitern so großer politischer und persönlicher Hoffnungen (die Geburt eines Erben wäre ein politisches Ereignis ersten Ranges gewesen) Strafen Gottes. Obwohl für Friedrich Wilhelm und seine Räte ein Rechtsanspruch auf das *ganze* jülich-klevische Erbe völlig außer Zweifel stand, war er nun doch zum Einlenken bereit.

Religiöse Vorstellungen vom Wirken der „Hand Gottes" beim Mißlingen seiner Pläne hinderten den Kurfürsten jedoch keineswegs daran, seinem trotz offensichtlicher Unzulänglichkeiten noch lange bevorzugten Ratgeber Burgsdorf nun die Hauptschuld am miserablen Zustand des kurfürstlichen Finanzwesens und der daraus resultierenden militärischen und politischen Schwäche anzulasten. Der gar zu selbstsicher gewordene Günstling schien nicht bemerkt zu haben, daß seine wilden Sitten, die bis 1647 das Leben am Hofe geprägt hatten, bei der jungen Kurfürstin Anstoß erregten. Auch war ihm offenbar entgangen, daß ihm in den Geheimen Räten Schwerin und (seit 1649) Blumenthal sachkundige Kritiker seines Universalrezepts für alle Finanzkalamitäten, des Schuldenmachens, entstanden waren, die auch das Ohr des Kurfürsten fanden. Schwierigen diplomatischen Aufgaben, wie sie ihm bei den Verhandlungen mit dem listigen Pfalzgrafen von Neuburg gestellt waren, zeigte er sich nicht gewachsen, und das im Frühsommer 1651 gestartete militärische Unternehmen war so schlecht vorbereitet, daß es dafür keine Entschuldigung geben konnte.

Der Abschluß des Waffenstillstandes wurde bereits dem neuen Favoriten des Kurfürsten, dem Reichsgrafen Georg Friedrich von Waldeck, übertragen. Dieser war gerade erst aus den Niederlanden gekommen. Er verhandelte sogleich sehr geschickt und sachkundig. Bis zum Ende des Jahres versuchte Burgsdorf noch höchst undiplomatisch, seine hohen Staatsämter festzuhalten (er unterschrieb noch immer Gutachten des Geheimen Rates als erster), bis er schließlich ungnädig ausgeschaltet wurde. Er stellte dann noch unmäßige Forderungen, so daß ihm um die Jahreswende 1651/52 schimpfliche Entlassung drohte. Kurz bevor ihn diese erreichte, ist er jedoch gestorben. Mit Burgsdorfs Tode endete eine wesentliche Phase in der Entwicklung der Persönlichkeit Friedrich Wilhelms.

Außerordentlich stark ausgebildetes Streben nach politischer Macht hatte Friedrich Wilhelms Wirken seit der Übernahme des Herrscheramtes stets charakterisiert. Große Willenskraft wurde dabei häufig in emotional gefärbte und überstürzt ausgeführte Aktionen investiert, die manchmal in Fehlschlägen endeten und dann lange Perioden tiefer Niedergeschlagenheit zur Folge haben konnten. In solchen Zeiten hatte Burgsdorfs optimistisch-tatkräftige Natur, die in der Wahl eines Auswegs durchaus nicht zimperlich war, oft Rückhalt geboten. Als diese seine wichtigste Stütze 1651 in schwieriger Lage wankte und schließlich brach, stand bereits der Reichsgraf Waldeck für noch wirksameren, weil politisch besser fundierten seelischen Rückhalt bereit.

Der Graf war ebenso alt wie Friedrich Wilhelm. 1642 hatte er in den Vereinigten Niederlanden eine militärische Karriere begonnen. Seit 1645 regierte er das Ländchen Waldeck (das an die Landgrafschaft Hessen-Kassel angrenzte) als souveräner Herr, blieb aber auch als solcher in niederländischen Diensten. Seine Berufung an den kurbrandenburgischen Hof hatte sein Schwager Johann Moritz von Nassau-Siegen vermittelt, Friedrich Wilhelms Statthalter in Kleve-Mark, der ebenfalls noch enge Beziehungen zu den Niederlanden unterhielt. Als Waldeck im Juli 1651 in Kleve eintraf, konnte er dank seiner gesellschaftlichen Stellung sogleich in den für Brandenburg höchst ungünstig verlaufenden Krieg um den Besitz von Jülich und Berg eingreifen, indem er Friedensverhandlungen zustande brachte. Damit empfahl er sich als geschickter Diplomat und Staatsmann.

Entsprechend seiner bisherigen Tätigkeit in den Niederlanden sollte Waldeck eigentlich als Reitergeneral angestellt werden, doch mit seinem Übertritt in kurbrandenburgische Dienste hatte er von vornherein sehr ehrgeizige politische Ziele verbunden. Als eifriger Kalvinist warb er für eine starke Partei protestantischer Fürsten unter Führung des Kurfürsten von Brandenburg, die dem weiteren Vordringen des Katholizismus durch die militante Gegenreformation im Reich entgegenwirken sollte. In der damit verbundenen Stärkung der „Libertät“, der Unabhängigkeit aller Reichsstände von der kaiserlichen Zentralgewalt, sah Waldeck einen starken Anreiz für seinen neuen Herrn, diesen entschieden antihabsburgischen politischen Leitgedanken zu übernehmen. Dessen schließlich praktizierte Politik bedenkenlosen Wechsels der Verbündeten und der Partei war ihm also völlig unverständlich. Waldeck mußte für seine prinzipiell antihabsburgische Politik anderswo Unterstützung suchen, wenn sich Friedrich Wilhelm zur Verwirklichung seiner ganz speziell brandenburgisch-preußischen Ziele vorübergehend eng an den Kaiser anschließen würde. Bis dahin sollten aber noch einige Jahre vergehen.

Zunächst konnte sich der Graf noch der Illusion hingeben, daß er als einziger Ratgeber, der jederzeit Zutritt zum „Regierungsgemach" (Kabinett) des Herrschers hatte, alle anderen Ratgeber in eine nachgeordnete Stellung drängen könnte. Der Geheime Rat Blumenthal, ein überzeugter Parteigänger des Kaisers, hatte während des jülichschen Debakels als Gesandter in Wien auf verlorenem Posten gestanden und wurde, als er auch auf dem Regensburger Reichstag von 1653/54 die Sonderinteressen Brandenburgs nicht durchzusetzen vermochte, vom enttäuschten Kurfürsten anschließend auf den Posten des Statthalters in Halberstadt abgeschoben. Waldecks zweiter Rivale, der 1648 vom Kaiser zum Reichsfreiherrn ernannte Otto von Schwerin, war nicht so leicht auszuschalten. Vor allem im Bereich des Finanzwesens war er als Experte kaum zu ersetzen, und seine Vertrauensstellung bei der Kurfürstin sicherte ihn gegen Intrigen zusätzlich ab. Das Hauptargument dieses sparsamen Wirtschafters gegen die von Waldeck sogleich angekündigten genialischen Reformpläne für alle Bereiche der Staatsverwaltung war und blieb: „Zu teuer." Immerhin bekam der Graf Gelegenheit, solche Pläne zunächst einmal dem Kurfürsten ausführlich darzulegen. Dabei wurde ihm nach und nach klar, daß der von ihm beharrlich erstrebte Posten eines „Premierministers" weder von ihm noch von einem Rivalen zu erlangen war: Friedrich Wilhelm hatte die „Planstelle" seines

Günstlings Burgsdorf sozusagen „ersatzlos gestrichen". Der junge Kurfürst hatte seine Lehrzeit beendet. Nach dem mißglückten Versuch, sich in den reichen rheinisch-westfälischen Landesteilen eine ökonomische Basis zu schaffen, verlegte Friedrich Wilhelm im Herbst 1652 den Sitz seines Hofes endgültig nach Berlin.

Der Kompromiß mit den märkischen Ständen

Berlin als Herrschaftszentrum

Als der erste Hohenzoller am Anfang des 15. Jahrhunderts vom Kaiser Sigismund mit der Kurmark belehnt wurde, übernahm er ein Land, das seine Vorgänger der Willkür von Raubrittern überlassen hatten. Die gewaltsamen Befriedungsaktionen des neuen Herrn hatten bekanntlich Erfolg; doch weder Kurfürst Friedrich I. noch seine Nachfolger vermochten dem märkischen Adel alle ehemals landesherrlichen Rechte und Einkünfte wieder zu entreißen. Nur die Städte, die durch umfangreichen Landbesitz selbst schon den Status „kollektiver Feudalherren" erlangt hatten, konnten unterworfen werden. Der Adel behielt Steuerfreiheit, Anspruch auf Dienstleistungen und Abgaben der von ihm unterjochten Bauern und der Einwohner in adligen Besitz gelangter Städte. Diese unterstanden ebenfalls seiner Gerichtsbarkeit. Durch „Bauernlegen" konnte er über bislang noch selbständig gebliebene Bauernwirtschaften fast nach Belieben verfügen.

Die Doppelstadt Berlin-Kölln, Haupt eines Verteidigungsbundes mittelmärkischer Städte, hatte sich erst nach harten Kämpfen um die Mitte des 15. Jahrhunderts dem Landesherrn unterworfen. Dieser ließ nun dort sein Schloß errichten. Der kurfürstliche Hof blieb zunächst aber noch für einen Teil des Jahres in Tangermünde. Erst um die Mitte des nächsten Jahrhunderts erfolgte die endgültige Übersiedlung auf die Köllner Flußinsel. Während des Dreißigjährigen Krieges bot das Herzogsschloß im fernen preußischen Königsberg mehr Sicherheit. Auch als Friedrich Wilhelm heiratete, wurde zunächst noch ernsthaft erwogen, die ständige Residenz nach dem vom Kriege weitgehend verschont gebliebenen, viel größeren und reicheren Königsberg zu verlegen. Doch das Berliner Schloß galt längst als Stammschloß und Regierungszentrum, und so war es nur eine Frage der Machtverhältnisse, wann der Hof nach Berlin übersiedeln würde.

Als Friedrich Wilhelm Anfang März 1643 seinen Hof von Königsberg nach Berlin zurückverlegte, hatte er noch im selben Jahr zum erstenmal versucht, die märkischen Stände zu laufenden Zahlungen für eine neue brandenburgische Streitmacht zu bewegen. Damals waren sogar seine einheimischen Räte gegen neue Werbungen aufgetreten, denn der Waffenstillstand mit Schweden beendete zwar die schlimmsten Kriegsgreuel, befreite aber nicht von der Pflicht, die schwedischen Besatzungstruppen weiterhin zu unterhalten. Burgsdorf hatte nach Preußen reisen müssen, um dort wenigstens einen Teil der für Truppenwerbungen erforderlichen Gelder aufzutreiben.

Die erwähnten Reformpläne Pfuels hatten vorgesehen, *alle* Untertanen zur Finanzierung eines ständig einsatzbereiten Heeres heranzuziehen. Sie waren jedoch vom märkischen Adel so nachdrücklich zurückgewiesen worden, daß Friedrich Wilhelm von nun an den Ständen generell keinen Einfluß auf seine machtpolitischen Pläne mehr einzuräumen bereit war. Das galt auch für den Geheimen Rat. Für bestimmte Aufgaben wählte er von Fall zu Fall Helfer aus, die bei einem rigorosen Wechsel der Politik durch andere ersetzt wurden. Diese hochgestellten, oft aus dem Ausland stammenden Spezialisten hatten nämlich manchmal recht eigenwillige politische Vorstellungen und verhielten sich auch entsprechend.

Obwohl der Geheime Rat stets dort zusammentrat, wo es der Kurfürst für gut befand, blieb der offizielle Beratungsraum im Berliner Schloß. Dort befand sich auch das Geheime Archiv, ein für seine Zeit mustergültig geordnetes Urkunden- und Aktendepot. Die Räte waren noch immer überwiegend auf die

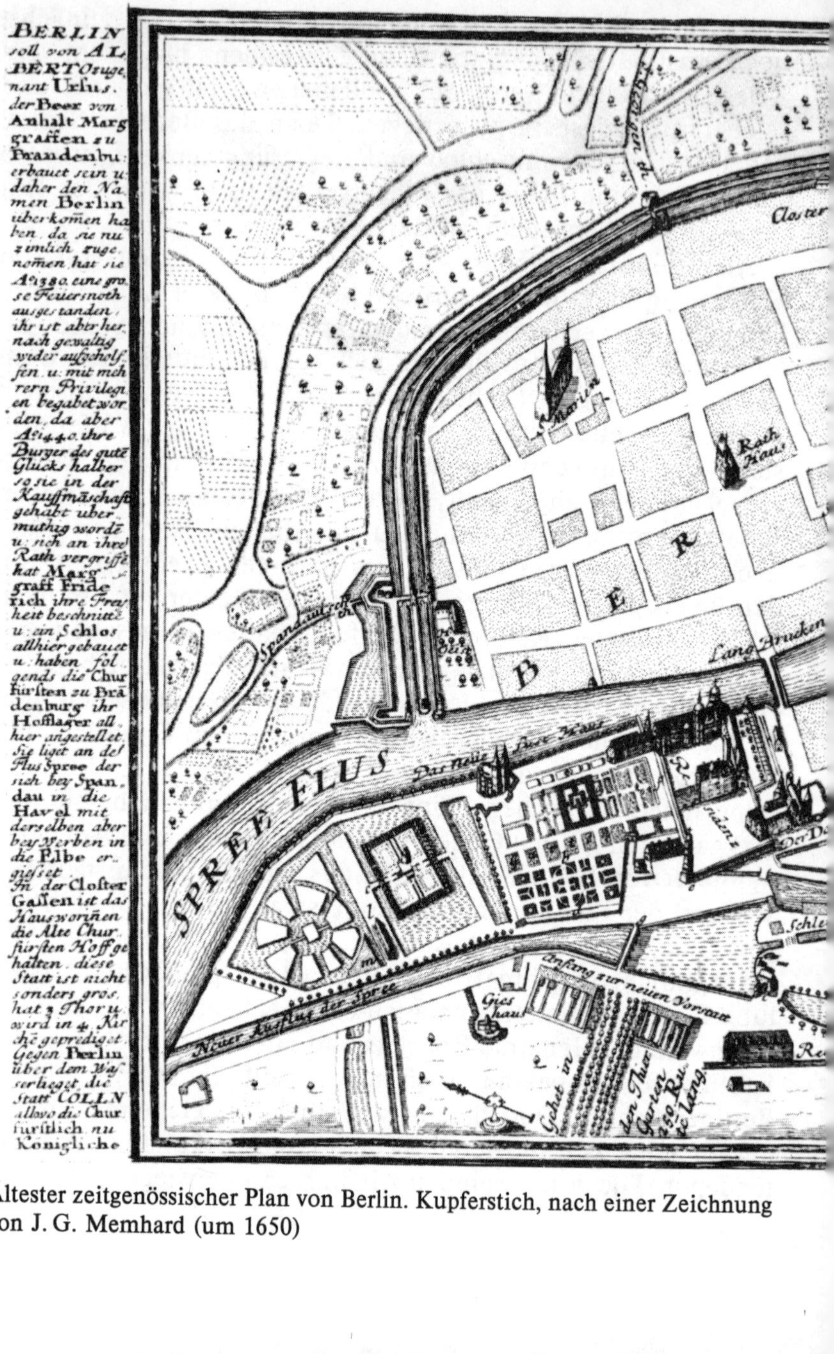

Ältester zeitgenössischer Plan von Berlin. Kupferstich, nach einer Zeichnung von J. G. Memhard (um 1650)

Residenz zu darbey die Dom Kirche zur H. Dreyfaltigkeit genandt welche Ao. 1615 denen Evangelischen genommen, und denen Reformirten eingeraumet worden, darüber ein nicht geringer Tumult entstanden. Noch hat es in dieser Statt auch eine andere als die S. Peters Kirche. Von dermaliger Herrlichkeit erwehnter Residenz ist mangel Raums allhier nichts, sondern annoch allein zugedenken, das man furgibet, es lasse sich allezeit ein Gespenst in weiblichem Trauer Habit sehen, so offt jemand aus dem Churfürstlichen Hause mit Todt abgehet. Nachgehends sein diese Stätte sehr erweitert u: stattlich befestiget worden worvon der andere Abris zu sehen

Erklærung der Buchstaben In CÖLLN.

a. Lustgarten
b. Wassergarten
c. Kuchengarten.
d. Die Grotte.
e. Wasserkunst.
f. Churf. Statua im garten.
g. Hundsbrucken.
h. Schneidmühle.
i. Walckmühl
k. Holzgarten.
l. Pommeranzen Haus.
m. Gärtners Haus.
n. Ballhaus.
o. Mühlendam

Residenzstadt Berlin-Kölln. Radierung von C. Merian 1652

Kurmark orientiert. Mit den zahllosen inneren Problemen der weit verstreut gelegenen kurfürstlichen „Lande“ waren sie durchaus nicht immer genügend vertraut. Besonders im Finanzwesen gab es schwere Mißstände. Die Domänen in der Kurmark erbrachten nur noch ein Drittel oder ein Viertel der Vorkriegserträge. Als der alte Kanzler Sigismund von Götzen, dessen jahrzehntelange Erfahrung manche Unzulänglichkeit der Verwaltung ausgeglichen hatte, im Dezember 1650 gestorben war, häuften sich bald die Schwierigkeiten bei der Geldbeschaffung. Eine gründliche Reform der gesamten Staatsverwaltung erschien unumgänglich.

Der Neuling Waldeck, den Friedrich Wilhelm gegen den Widerstand der eifersüchtigen Räte in den Geheimen Rat be-

rufen hatte, nahm sich dieser Aufgabe noch in Kleve mit großem Eifer an. Am 4. Dezember 1651 legte er eine „Neue Verordnung und Disposition für den Geheimen Rat“ vor, in der eine Neuverteilung der teils sachlich, teils geographisch abgegrenzten Aufgaben unter die insgesamt neun Geheimen Räte vorgenommen wurde. Aus heutiger Sicht liegt es nahe, anzunehmen, daß die Aufgabenverteilung nach Geschäftsbereichen im Sinne der späteren Ministerien erfolgte. Eine derart aufgegliederte, alle Landesteile gleichmäßig erfassende Zentralverwaltung hätte aber einen erheblich größeren Personalaufwand und entsprechende Kosten erfordert. Sie entsprach auch nicht Friedrich Wilhelms unsystematischer Arbeitsweise, seinem sprunghaften, von Mißtrauen stark beeinflußten Temperament.

Der Kurfürst behielt die persönliche Leitung seines *Beratungsgremiums.* Er wollte monarchisch regieren, nicht nur durch ein Kollegium verwalten lassen. Das bekam Waldeck sogleich zu spüren. Er hatte für sich selbst wohl den Posten des „Direktors" vorgesehen, doch diese Funktion wollte Friedrich Wilhelm keinem Mann mit Eigeninitiative überlassen. Der Kurfürst wollte sogar alle eingehende Post eigenhändig öffnen (!), was sich natürlich als unmöglich erwies. Ein Jahr später wurde der Freiherr von Blumental als eine Art Bürovorsteher eingesetzt. Auf diese Weise behielt Friedrich Wilhelm alle Fäden der Regierungsgewalt selbst in der Hand. Im „Kabinett", dem Regierungsgemach des Herrschers, diente bereits seit 1651 der Freiherr Otto von Schwerin neben seinen vielen anderen Aufgaben als stets gehorsamer, zuverlässiger „Sekretär". Eine solche Vertrauensstellung machte ihren Inhaber dennoch zu einem außerordentlich einflußreichen Mann, wenn auch Schwerin noch als Oberpräsident des Geheimen Rates (von 1658 bis 1679) keinen Ehrgeiz zeigte, mehr zu sein als Friedrich Wilhelms „Sekretär".

Waldeck hatte eindeutig den Status eines bevorzugten Beraters erlangt. Das verdankte er nicht zuletzt auch seiner gesellschaftlichen Stellung. Als Schwager des schon bald zum Fürsten erhobenen Grafen Johann Moritz von Nassau-Siegen, des Statthalters in Kleve, zählte ihn die Kurfürstin zu ihren oranischen Verwandten. Dieser hochgeborene Herr hatte sich die Zuständigkeit für die wichtigsten auswärtigen Angelegenheiten, für das Militärwesen und für die gesamte geheime Korrespondenz sichern können. Auch jeder der übrigen acht Räte war für mehrere Territorial- oder Sachressorts verantwortlich. Sie hatten Vorschläge zu Reskripten und Dekreten zu entwerfen, die dann im Plenum beraten und schließlich mit der Unterschrift des Kurfürsten „ausgefertigt" wurden.

Vor allem die Konzentrierung der gesamten geheimen Korrespondenz in Waldecks Geschäftsbereich machte die von diesem beabsichtigte durchgreifende Rationalisierung der Arbeit von vornherein unmöglich. Die Geheimen Räte erfuhren vom Inhalt der ihre Ressorts betreffenden geheimen Korrespondenz stets nur so viel, wie Friedrich Wilhelm für zweckdienlich hielt. Das reichte jedoch nicht immer aus.

Mit der Neuordnung des Finanzwesens wurde eine Kommission beauftragt, der Waldeck selbst, Schwerin, Blumenthal und der bürgerliche Jurist Tornow angehörten. Aber auch diese konnte nicht effektiv arbeiten, da ihre Mitglieder mit anderen Arbeiten überlastet waren. Für den wichtigen Kleinkram der Schreibstubenarbeit hatten die vornehmen Herren allesamt wenig Sinn. Die meiste Arbeit leistete hier der fleißige Freiherr Schwerin.

Dieser zweite Teil des Reformwerks scheiterte daran, daß die wichtigsten der von Waldeck vorgeschlagenen Neuerungen nicht den erhofften ökonomischen Gewinn brachten. Die Umwandlung aller Naturalabgaben der Domänenämter in Geldzahlungen gelang nur in Ausnahmefällen, und die möglichst vollständige Verpachtung der Domänen führte nur zu einem leichten Ansteigen der Einnahmen. Nach den Verwüstungen, die der lange Krieg hinterlassen hatte, wurde Kapital benötigt, um verlassene Höfe wieder instand zu setzen. Hier mußten Vieh- und Arbeitsgeräte beschafft, dort neue Gebäude errichtet werden, Saatgut fehlte fast überall. Pächter, die innerhalb einer Pachtperiode (von unterschiedlicher Länge) nur Raubbau trieben, verringerten die Rentabilität der Domänen.

Das staatliche Salzmonopol war durchlöchert, da sich die Gutsbesitzer zollfreie Einfuhr von Salz für den Eigenbedarf gesichert hatten; das Prägen und die Ausgabe mit Kupfer „gestreckter“ Silbermünzen unterhalb des unveränderlichen Reichstalers zu einem Zwangskurs war eine betrügerische Zwangsanleihe bei den ärmeren Schichten der Bevölkerung und führte schließlich nur zu schweren Schäden im Wirtschaftsleben; das Einführen einer Stempelsteuer durch die Anordnung, im Schriftverkehr mit Behörden nur gestempeltes Papier zu verwenden, erwies sich ebenso als Fehlschlag wie andere Pläne, die eine bereits gut funktionierende Wirtschaft zur Voraussetzung hatten. Sogar die früher reichlich fließende Geldquelle des Elbzolls erfüllte nicht die in sie gesetzten Hoffnungen. Die Schiffahrt war nämlich nur in Gang zu bringen, wenn eine sichere Fahrrinne und gute Anlege- und Stapelplätze (mit Verkaufsmöglichkeiten) garantiert wurden. Auch hier mußte also zunächst Geld investiert werden.

Um auf andere Weise schnell Gewinne zu erwirtschaften, trug sich der Kurfürst sogar ernsthaft mit dem Gedanken, nach niederländischem Vorbild Seehandel zu treiben. Der Erwerb des Stützpunktes Tranquebar in Vorderindien, den Dänemark verkaufen wollte, sollte es Friedrich Wilhelm ermöglichen, dort eine Kolonie zu gründen. Doch anstatt des erhofften Gewinns drohte bei näherem Hinsehen ein Verlustgeschäft, und so blieb Brandenburg vorerst noch ohne Kolonie. In welch trostlosem Zustand sich das gesamte Wirtschaftsleben der Mark befand, zeigte eine im März 1652 durchgeführte „allgemeine Landesvisitation". Friedrich Wilhelm hatte befohlen festzustellen, „wie Unsere durch bisherige langwierige Kriegsunruhen an Einwohnern und Mannschaft sehr entblößte und desolierte [verlassenen] Lande hinwieder mit Volk besetzt und selbige dadurch in mehreres Aufnehmen [Wohlstand] gebracht werden könnten". Vor allem sollten in den Dörfern der Kurmark die Bauern und Kleinhäusler gezählt und nähere Angaben über „Bevölkerungsbewegungen" und wüste Hofstellen gesammelt werden. Berichte sind zwar nur von wenigen der damaligen Verwaltungsbezirke erhalten geblieben, doch diese Beispiele sprechen eine deutliche Sprache.

In den Dörfern der Prignitz wurden insgesamt 373 Bauern gezählt, die „ohne Hund und Katze lebten" und sich kümmerlich von „Obst und unnatürlichen Speisen" ernährten. Fleisch gab es dort nicht. Von 251 Dörfern waren zwar nur 4 völlig zerstört und verlassen, aber in 44 dieser Dörfer lebten insgesamt nur 75 Bauern, von denen bereits 41 neu zugewandert waren. In den Städten Kyritz, Havelberg, Perleberg, Lenzen, Pritzwalk und Wittstock hatte es vor dem Kriege insgesamt 2500 Haushaltungen gegeben, jetzt waren es nur noch 300. In der Grafschaft Ruppin waren von 2320 Bauern- und Häuslerstellen 1410 verlassen. Am Ende der Regierungszeit Friedrich Wilhelms waren dort nur noch 265 Höfe unbewirtschaftet, der Vorkriegsstand wurde aber erst im 18. Jahrhundert wieder erreicht.

Am besten hatten versteckt gelegene Fischerdörfer den Krieg überstanden. Auch die mitten in sächsischem Gebiet gelegene kurmärkische „Herrschaft Cottbus" hatte – wie ganz Kursachsen – verhältnismäßig geringe Verluste zu beklagen. Von dorther kamen viele der Zuwanderer in die südlichen Gebiete der Mark. In den Jahren 1643 bis 1645 waren in einigen Gebieten der Mark Brandenburg erstaunlich gute Ernten eingebracht worden, so daß die kurfürstlichen Räte sogar erwogen, Roggen aus der Altmark und der Prignitz in Hamburg zu verkaufen. Jedenfalls gab es sogleich einen Interessengegensatz zwischen den Gutsbesitzern und den Städtern: Jene verlangten vom Kurfürsten, daß er für das reichlich vorhandene Brotgetreide hohe Preise festsetze, während die Städte für niedrige Preise eintraten. Niedrige Getreidepreise mußten aber die Not der Bauern erhöhen, von denen hohe Kontributionen verlangt wurden, das Land war ja noch von fremden und „eigenen" Truppen besetzt. Damals war Ausfuhr ins „Ausland" als die günstigste Lösung erschienen.

Für die „Herrschaft Beeskow" sind 1652 besonders interessante Angaben darüber gesammelt worden, wieviel Bauernland während des Dreißigjährigen Krieges von den Gutsbesitzern vereinnahmt worden ist. In den Dörfern, die Junkern gehörten, ist die Zahl der Bauern um fünfundsiebzig Prozent zurückgegangen, bei den Kleinbauern (Häusler, Kossäten) waren es vierundfünfzig Prozent. Auf diese Weise entstanden neue Rittergüter, auch in anderen Teilen der Mark, besonders an den „Heerstraßen", an denen das Bauernland völlig verwüstet und verlassen worden war.

Trotz der allgemeinen Not glaubte Friedrich Wilhelm nach dieser „Landesvisitation“ auf die ergiebigste Geldquelle seiner Vorfahren zurückgreifen zu können: die Bewilligung beträchtlicher Sondersteuern durch einen Landtag der märkischen Stände, die auch bei schlechter Wirtschaftslage offenbar stets irgendwie Geld aufzutreiben vermochten.

Der allgemeine Landtag von 1652/53

Auf dem ersten Landtag von 1643 hatte der märkische Adel nicht nur eine Heeressteuer zu verhindern gewußt, sondern auch erreicht, daß seine Vertreter formal mehr Einfluß auf die Regierungsgeschäfte erlangten. Die damit verbundenen Hoffnungen hatten sich allerdings als trügerisch erwiesen, denn die wichtigsten Fragen der Außen- und der Rüstungspolitik behandelte Friedrich Wilhelm nur noch in seinem Kabinett, ohne das Plenum des Geheimen Rates zu befragen.

Die Versuche des Kurfürsten, seine nach wie vor drückenden Finanzsorgen durch Erschließung neuer Geldquellen ohne Mitwirken der Stände zu verringern, machten die Landjunker mißtrauisch. Sie warteten mit wachsender Ungeduld auf die Einberufung eines allgemeinen Landtages, um eine Fülle von Klagen und Beschwerden vorbringen zu können, die sich seit 1643 angesammelt hatten. Damals hatte Friedrich Wilhelm versprechen müssen, die Kriegslasten so bald wie möglich zu mildern. Doch nach Abschluß des Westfälischen Friedens wurde die hohe Kontribution für die schwedische Besatzungsarmee auch dann noch zwangsweise weitererhoben, als die Schweden aus der Mark abgezogen waren. Daß das Geld für die in Hinterpommern verbliebenen Schweden benötigt wurde, kümmerte die Märker wenig, „gesamtstaatliches“ Denken war den Landständen ja überall fremd. Überdies war angesichts der ungeheuren Kriegsschäden an wirtschaftlichen Wiederaufbau wirklich nur zu denken, wenn die Steuerlast vermindert würde. Das sah auch Friedrich Wilhelm nicht anders; er wollte das Problem jedoch dadurch lösen, daß er die Kontribution gerechter aufteilte. Durch Gerüchte von solchen Plänen war der Adel von vornherein in seinem Mißtrauen bestärkt worden.

Die Landjunker hatten bei der Einführung der lutherischen Reformation im 16. Jahrhundert erhebliche Vorteile erlangt. Vertreter „schloßgesessener" vornehmer Familien saßen nun auf den Landtagen in der bisher dem geistlichen Stand, den Bischöfen und Äbten vorbehaltenen ersten Bankreihe. Die weniger begüterte adlige Mittelschicht und die breite Unterschicht dörflicher „Zaunjunker" mußten sich darauf verlassen, daß ihre wohlhabenden Standesgenossen als spezialisierte „Ständepolitiker" ihre Interessen mitvertraten.

In der Kurmark durften Landtage nur vom Kurfürsten einberufen werden. Das Selbstversammlungsrecht zu erringen war den Ständen nicht geglückt. Der Kurfürst mußte die Landtage jedoch auch selbst finanzieren – zumindest formal, die Stände „durften" schließlich für seine Schulden aufkommen –, so daß Versammlungen kleinerer Gruppen gewählter Vertreter, sogenannte Deputationstage, meistens als ausreichend empfunden wurden. Aus jedem Kreis entsandten Adel und Städte dann nur drei bis vier Vertreter. Zahlreiche kleine und kleinste Städte hatten adlige Stadtherren, wurden durch diese „mittelbar" vertreten und hießen deswegen „Mediatstädte". Zu den kurfürstlichen Kammergütern (Domänenämtern) gehörten ebenfalls Mediatstädte. Die „unmittelbar" vertretenen Städte wurden „Immediatstädte" genannt.

Der Adel hatte seine Position gegenüber diesen Immediatstädten seit dem 16. Jahrhundert ganz erheblich stärken können, indem er wirtschaftliche Privilegien – Befreiung von der Biersteuer sowie von Ausfuhrzöllen für Getreide, Wolle und Holz – rigoros nutzte, um die vor allem auf Bierverkauf und Getreidehandel angewiesenen Städtebürger an den Rand des Ruins zu konkurrieren.

Zu einem Rittersitz hatte im Mittelalter nur Land im Umfang von vier bis sechs Bauernstellen gehört. In der ersten Hälfte des 16. Jahrhunderts begannen die Rittergutsbesitzer in größerem Umfang, unter dem Vorwand von „Eigenbedarf" benachbarte Bauern von ihren Höfen zu verdrängen (sie zu „legen"), um auf den so vergrößerten Eigenwirtschaften mehr Getreide für den Export erzeugen zu können. Die übrigen Bauern mußten nun mehr Frondienste leisten, und auch ihre Kinder wurden zu Zwangsgesindediensten verpflichtet. Dieser „Erbuntertänigkeit" durfte sich niemand durch Flucht entziehen.

Während des Dreißigjährigen Krieges waren aber viele Bauernstellen zerstört und verlassen worden. Die geflohenen Bauern und entlaufenes Gutsgesinde zeigten wenig Neigung, zu ihrer Grund- und Gutsherrschaft zurückzukehren. Das nach und nach in die Gutswirtschaften einbezogene ehemalige Bauernland hatte viele Rittergüter zwar erheblich vergrößert, doch fehlten nun überall Arbeitskräfte. Durch den langen Krieg verelendete Junker, die als „Krippenreiter" in Scharen von Adelssitz zu Adelssitz zogen, um sich als ungebetene Gäste eine Zeitlang ernähren zu lassen, kamen für „nicht standesgemäße" Arbeit ja nicht in Frage.

Gelegentlich wurde einem ehemaligen Soldaten, der eine Familie gründen und einen Bauernhof bewirtschaften wollte, auch gestattet, als freier Bauer weniger Dienste und Abgaben zu leisten, weil ein solcher Mann wohl noch eine Muskete aufbewahrte, mit der er auf zu harte Belastungen nach Söldnerart hätte reagieren können; aber das blieben Ausnahmen. Die Gutsbesitzer zogen es vor, den Kurfürsten auf dem Landtag von 1643 und später noch mehrmals zu nötigen, die geflüchteten Untertanen zur Rückkehr aufzufordern. Der Erfolg blieb sehr gering.

Einige Bürger märkischer Städte hatten trotz der auf ihnen lastenden Zwangsabgaben und sonstiger Drangsalierung noch Geld an Landjunker verleihen können. Diese Gläubiger verlangten nun zumindest Zinsen und klagten diese bei Zahlungsunfähigkeit der Schuldner gerichtlich ein. Zu den Ergebnissen des Landtags von 1643 hatte auch ein dreijähriger Zahlungsaufschub für solche Schuldner gehört. Eine weitere Verlängerung lehnte Friedrich Wilhelm zwar ab, doch in der kurfürstlichen Rechtsprechung blieb es noch länger bei der bisherigen Praxis zugunsten des Adels.

Bei Rechtsstreitigkeiten zwischen Gutsbesitzern und Bauern kam diese klassenbedingte Parteinahme noch stärker zum Ausdruck. Wenn Bauern sich vom Gericht ihres Gutsherrn (Patrimonialgericht) ungerecht behandelt fühlten, konnten sie sich an das kurfürstliche Kammergericht wenden. Als dieses 1648 einen Bauern gegen seinen Herrn in Schutz nahm, griff der Kurfürst zugunsten des Junkers ein. Die bürgerlichen Hofjuristen ließen sich erstaunlicherweise aber nicht beirren und konnten in diesem Falle ihren Rechtsstandpunkt wahren. Eine gemeinsame Klageschrift aller Prignitzer Bauern wegen zu hoher Feudalrentenforderungen ihrer Grundherren wurde vom Kurfürsten jedoch hart abgewiesen. Friedrich Wilhelm war derselben Ansicht wie seine Gutsbesitzer, die vor allem das gemeinsame Vorgehen der Bauern für gefährlich und strafwürdig hielten.

Im Laufe der Jahre sammelten sich aber noch viele weitere Fälle an, in denen die Stände eine Parteinahme des Landesherrn zu ihren Gunsten erwarteten. Sie sollten allesamt auf einem allgemeinen Landtag behandelt werden. Friedrich Wilhelm hätte zwar lieber mit ausgesuchten Deputierten verhandelt, bei denen er Verständnis für seinen dringenden Wunsch nach einem stehenden Heer (in der Diplomatensprache jener Zeit „Miles perpetuus“ genannt) erwarten konnte, aber schon im Dezember 1650 mußte er für Januar 1651 die Einberufung eines regelrechten Landtags versprechen.

Als ihn der Konflikt mit dem Pfalzgrafen von Neuburg daran hinderte, zum festgesetzten Termin in die Kurmark zu kommen, traten die altmärkischen Stände ohne die dazu nötige Erlaubnis zu einem Kreistag zusammen. Friedrich Wilhelm ließ den altmärkischen Landeshauptmann zwar zur Verantwortung ziehen, man einigte sich aber gütlich. Erst im Januar 1652 erging an die in Berlin gebliebenen Geheimen Räte der Befehl, zum 23. März einen allgemeinen Landtag auszuschreiben. Die Stände hofften wohl, dem Landesherrn sogleich ihre „Gravamina“ (Beschwerden) unterbreiten zu können, wie es bisher üblich gewesen war, doch sie mußten sich noch gedulden.

Der Kurfürst hielt es nicht für nötig, zur Eröffnung des Landtags persönlich zu erscheinen. Ihm ging es nur darum, regelmäßige Zahlungen bewilligt zu bekommen, um hinfort eine „Politik der Stärke“ betreiben zu können. Er hatte nun aber gerade bewiesen, daß er keine Bedenken trug, sein Heer mitten im Frieden zu einem Überfall auf mißliebige Nachbarn einzusetzen. Dieser fehlgeschlagene Erpressungsversuch, der in Europa inzwischen spöttisch als „Düsseldorfer Kuhkrieg“ bezeichnet wurde, war von den märkischen Ständen erst vor wenigen Monaten als „verfassungswidrig“ gerügt worden – sollte das etwa auf dem Landtag noch einmal zur Sprache kommen? Friedrich Wilhelm konnte allerdings voraussetzen, daß seinen Märkern eines klar war: Für sie gab es im Ausland keine eventuell günstigere Alternative, wie es für die Standesgenossen im Klevischen der Pfalzgraf von Neuburg oder für die ebenfalls wankelmütigen Preußen der König von Polen hätte sein können. Für sie konnte es hier nur wieder einmal darum gehen, mit dem angestammten Landesherrn einen für beide Seiten tragbaren Kompromiß auszuhandeln. Daß ihr Kurfürst sich diesmal *das* entscheidende Machtmittel des absolutistisch regierenden Herrschers dieser Epoche einzuhandeln gedachte, wurde offenbar gar nicht als eine generelle Bedrohung der ständischen Privilegien angesehen.

Einige Geheime Räte – unter ihnen den Altmärker Thomas von dem Knesebeck, der besonders gute Beziehungen zu seinen „schloßgesessenen“ Standesgenossen unterhielt – hatte Friedrich Wilhelm mit genauen Weisungen versehen, wie sie in seinem Namen argumentieren sollten. Die Verhandlungen leitete der Freiherr von Blumenthal als Landtagskommissar. Auf der Tagesordnung stand zunächst nur das Steuerproblem.

Friedrich Wilhelm ließ den Ständen vortragen, wie kostspielig die von ihm seit seinem Regierungsantritt konsequent betriebene Neutralitätspolitik für ihn selbst gewesen sei: Die Domänen seien größtenteils verpfändet, seine persönliche Schatulle sei leer. Die bisherigen Kontributionen müßten also noch für eine Reihe von Jahren in voller Höhe geleistet werden; außerdem müßten ihm die vier altmärkischen Domänenämter, die seit 1610 der altmärkischen Ritterschaft verpfändet waren, zurückerstattet werden. Die Kontributionen würden zur Zeit dringend für die noch immer in Hinterpommern zu unterhaltenden schwedischen Garnisonen benötigt, außerdem natürlich auch für die eigenen Garnisonen in den brandenburgischen Festungen.

Hinsichtlich der Finanzierung brandenburgischer Festungen gab es schon längst keinen Widerspruch mehr; aber was die märkischen Stände von Zahlungen hielten, die Pommern betrafen, das hatten sie erst vor kurzem anläßlich des Grenzstreits mit Schweden um den Uferstreifen bei Kammin folgendermaßen formuliert: „Wie nun Pommern, Preußen und die klevischen Lande, wenn wegen ... Brandenburg ein Grenzstreit vorfiele, schwerlich uns zu Hilfe kommen oder unserthalben etwas auf sich nehmen würden, also wird man auch die märkischen Lande mit der ausländischen Provinzien Streitigkeit nicht wohl vermengen oder ihrenthalben härter als sonst belegen können."

An dieser prinzipiellen Einstellung der Stände gegenüber „ausländischen Provinzien" ihres Herrn konnte Friedrich Wilhelm während seiner ganzen Regierungszeit nichts ändern. Seinem Streben nach absoluter Macht kam jedoch zugute, daß „seine" Landstände ebenso wie ihre Standesgenossen in den übrigen deutschen Territorialstaaten des 17. Jahrhunderts niemals *macht*politische Ziele verfolgten, sondern nur ihre wirtschaftlichen und sozialen Privilegien erhalten wissen wollten.

Die bisher mit Gewalt eingetriebenen Kontributionen belasteten die Untertanen ja keineswegs gleichmäßig. Der Adel verstand es recht gut, seine Steuerfreiheit zu nutzen und die Steuerlasten auf die übrige Bevölkerung abzuwälzen.

Nun hatte Friedrich Wilhelm jedoch schon im Einladungsschreiben zum Landtag vorgeschlagen, eine gemeinsame Generalkasse für Ritterschaftskreise *und* Städte einzurichten, an die alle Kreise und Städte entsprechend ihrer realen Wirtschaftskraft Zahlungen zu leisten hätten. Diese Art der Besteuerung bedeutete, daß man etwa „von jedem Scheffel Aussaat, von jeder Person, Vieh, Waren, Handwerkern und dergleichen ein Gewisses gebe. Wo dann ein Kreis oder eine Stadt wohl besetzt wäre oder nicht, der oder die gebe viel oder wenig, daß also die Stände viel geruhiger und einiger sein könnten". Es handelte sich also um eine kombinierte Verbrauchs-, Gewerbe- und Kopfsteuer, ähnlich der in den niederländischen Generalstaaten bereits mit großem Erfolg eingeführten Akzise.

Einige märkische Städte stimmten sogleich für die neue, viel gerechtere Form der Besteuerung, doch der Adel wetterte empört gegen diesen Versuch, seine Steuerfreiheit aufzuheben. Friedrich Wilhelm gab in diesem Punkt nach. In der Frage der Kontribution blieb er aber hart. Da die Schweden Hinterpommern noch besetzt hielten, sollte diese *neben* einer neuen, etwas niedrigeren Steuer weitererhoben werden. Diese Doppelbesteuerung erklärten die Stände für unerträglich. Die Verhandlungen wurden siebenmal vertagt. Inzwischen erfolgte auch endlich die Rückkehr des kurfürstlichen Hofes nach Berlin. Erst im Mai 1653 kamen die Verhandlungen wieder in Gang. Es wurden nun aber nur noch bevollmächtigte Vertreter der Stände einberufen. Die Ansätze zu einer gerechteren Besteuerung wurden schließlich zugunsten des Adels in ihr Gegenteil verkehrt. Nachdem Friedrich Wilhelms Hauptanliegen, die Heeressteuer, von den Ständen erst einmal grundsätzlich akzeptiert worden war, konnte er durch großzügiges Eingehen auf

„Beschwerden“ des Adels und der Städte zu einem für ihn günstigen Abschluß der Verhandlungen gelangen. Die Zeche mußten vor allem die Bauern bezahlen, da die Gutsbesitzer nach wie vor von Steuern verschont blieben.

Für insgesamt 530000 Taler, innerhalb von sechs Jahren in Raten zu zahlen, wurde im Landtagsrezeß (Landtags„abschied“, im Sinne von „Vergleich zwischen streitenden Parteien“) vom 26. Juli 1653 die bisherige obrigkeitliche Stellung des Landadels und der Stadtmagistrate als Herren der örtlichen Gerichte und der Polizei bestätigt. Im einzelnen handelte es sich aber vor allem um eine Festschreibung ökonomischer und sozialer Vorrechte der Rittergutsbesitzer, die diese nach und nach „erworben“ hatten. Die verallgemeinernde Zusammenfassung wirkte zum Teil wie neues Recht. Das war vor allem in der Frage der Erbuntertänigkeit der Fall, wo von nun an der Grundsatz gelten sollte, daß alle Bauern, die frei zu sein behaupteten, dies mit Urkunden beweisen mußten. Diese krasse Verschlechterung aller nach dem bisher geltenden Gewohnheitsrecht freien Bauern hätte Friedrich Wilhelm gern verhindert, da er als Landesherr von den Abgaben freier Bauern profitierte, doch der Adel setzte sein gutsherrliches Interesse durch. Die Dienstpflicht der Bauern war theoretisch auf vier Tage in jeder Woche festgelegt, doch die Unterschiede in einzelnen Landesteilen blieben erheblich. In einigen Fällen war die Fronarbeit – bis auf eine zweistündige Ruhepause – unbegrenzt.

Mit fronenden, an die Scholle gebundenen Bauern konnten die Gutsbesitzer leichter Überschüsse an Getreide, neben Holz der wichtigste Exportartikel des Landes, erzielen und damit zum Ausgleich der Handelsbilanz des Gesamtstaates beitragen; dieser Vorteil wurde aber mit einer erheblichen Verzögerung der Wiederbesiedlung des verödeten Landes viel zu teuer erkauft. In einigen Teilen des Landes, vor allem in der Uckermark und in Pommern, gab es neben der Erbuntertänigkeit noch eine verschärfte Form der feudalen Abhängigkeit, die eigentliche Leibeigenschaft. Leibeigene waren nicht an die von ihnen bewirtschafteten Höfe, sondern an die Person ihres Herrn gebunden. Dieser konnte sich großmütig zeigen und einzelnen Bauern, die für ihre altgewohnte Freiheit keine Urkunden besaßen, den Status freier Bauern belassen. Wer jedoch wagte, ohne genügendes Beweismaterial sein Recht von einem Gutsherrn oder dem Rat einer Stadt vor Gericht zu verlangen, der mußte von nun an mit harten Strafen rechnen.

Die Lage der Bauern verschlechterte sich seit dem 17. Jahrhundert im Bereich der ostelbischen Gutswirtschaft ganz allgemein so sehr, daß die Historiker von der Einführung der „zweiten Leibeigenschaft" sprechen. Jener kurmärkische Landtag von 1652/53 hat in dieser Hinsicht zweifellos eine verhängnisvolle Fernwirkung gehabt, die sich noch in den hohen Entschädigungsleistungen der Bauern für ihre Befreiung aus feudalen Fesseln in den Agrarreformen des 19. Jahrhunderts auswirkte.

Solche sozialen Härten haben Friedrich Wilhelms Gemüt kaum belastet – sie gehörten zur „göttlichen Weltordnung", mit der man sich abzufinden hatte. Dagegen kämpfte er geradezu leidenschaftlich für eine vorbehaltlose Anerkennung seines reformierten (kalvinistischen) Bekenntnisses als gleichberechtigte Konfession. Eine solche Erklärung ließen sich die lutherischen Stände seiner Kurmark aber nicht abringen. Sie beharrten auf ihrem *Patronatsrecht*, das dem Patron (Schutzherrn) – zum Beispiel dem Gutsherrn – einer Kirche das Recht zusprach, einen Pfarrer nach Gutdünken anzustellen. Mit der Auswahl obrigkeitshöriger lutherischer Pfarrer sollte ein fester Damm gegen das vom Herrscherhaus geförderte Vordringen der „kalvinistischen Ketzerei" geschaffen werden. In den Dorfkirchen predigten die Pfarrer: „Seid untertan der Obrigkeit, die Gewalt über euch hat!" Was hätte es einem erbuntertänigen Bauern helfen können, wenn er von „göttlicher Gnadenwahl" hörte? Sein Schicksal lag fest in der Hand seines Gutsherrn. Und die lutherischen Pfarrer der märkischen Städte fürchteten die vom Landesherrn unterstützten Konkurrenten im Ringen um kirchliche Ämter und Pfründen. Die daraus entstehenden Streitigkeiten sollten Friedrich Wilhelm sogar unmittelbar vor seiner eigenen „Haustür“ in Berlin noch böse Stunden bereiten.

Der erste Landtag der pommerschen Stände unter brandenburgischer Herrschaft, der noch im Juli 1653, unmittelbar nach dem Abzug der Schweden, begann und ebenfalls ein Jahr dauerte, brachte keine neuen Probleme. Dort wurde Friedrich Wilhelm sogar zugestanden, „Landfremde“ als Beamte einzusetzen, obwohl dies gegen das verbriefte Landesrecht verstieß, das in Kleve und Preußen eifersüchtig verteidigt wurde. Aber auf ihrem Patronatsrecht bestanden die Pommern womöglich noch energischer als die Kurmärker.

Währenddessen wurden auf dem Reichstag, der am 30. Juni 1653 nach langen Vorverhandlungen in Regensburg eröffnet wurde, die im Westfälischen Frieden ausgehandelten Kompromisse zwischen den katholischen und den protestantischen Reichsständen ersten Belastungsproben unterworfen. Auf diesem Schauplatz politischer Auseinandersetzungen von europäischer Bedeutung (wegen der Teilnahme Frankreichs, Schwedens und Dänemarks für ihre Gebiete innerhalb der Grenzen des Reiches) wollte Graf Waldeck dem Kurfürsten Friedrich Wilhelm von Brandenburg eine neue, außerordentlich gewichtige Rolle in der europäischen Politik verschaffen.

Waldeck und Friedrich Wilhelm

Als der Reichsgraf von Waldeck im Juni 1651 in kurbrandenburgische Dienste trat, hatte er seinem Ehrgeiz Ziele gesteckt, die über Reformen im Staatsapparat weit hinausreichten. Sein Plan, Brandenburg zur Vormacht einer Union evangelischer, aber auch katholischer Reichsfürsten werden zu lassen, die im Bündnis mit Frankreich die Macht des Kaisers wesentlich einschränken könnte, war jedoch vorerst nicht zu verwirklichen. Friedrich Wilhelm wollte nämlich die Schweden bewegen, endlich Hinterpommern zu räumen, und dabei war er auf die Hilfe des Kaisers angewiesen.

Bei einem Besuch in Prag wurde der Brandenburger vom Kaiser Ferdinand besonders herzlich empfangen und weit über das im Protokoll vorgeschriebene Zeremoniell geehrt. Er glaubte nun, der Habsburger werde allen seinen Wünschen weit entgegenkommen. Blumenthal bestärkte ihn nach Kräften in dieser Illusion, Waldeck warnte vergeblich.

Schon im Januar 1653 war eine starke Delegation brandenburgischer Räte zur Vorbereitung des Reichstags nach Regensburg gereist. Im Mai trat Blumenthal, dessen bisherige Aufgaben beim Landtag der märkischen Stände nun von Friedrich Wilhelm selbst wahrgenommen wurden, an die Spitze der Reichstagsdelegation. Eine Abordnung nahm die Vertretung des Landesherrn auf dem Kurfürstentag in Augsburg wahr, wo über die Wahl des ältesten Kaisersohnes zum designierten Nachfolger auf dem Thron beraten wurde. Dort sollte Blumenthal unbedingt darauf bestehen, daß der Kaiser die Kurstimme Brandenburgs mit deutlichen Zugeständnissen in den Bereichen honorierte, die Friedrich Wilhelm erst vor kurzem in Prag deutlich umrissen hatte. Am gewichtigsten war hier die Forderung, das Haus Habsburg möge das 1621 dem Markgrafen von Brandenburg-Jägerndorf wegen dessen Beteiligung an der „böhmischen Rebellion“ weggenommene schlesische Herzogtum Jägerndorf an das Haus Hohenzollern zurückgeben.

Doch Blumenthal mußte melden, daß der Kaiser sein Entgegenkommen auf die hinterpommersche Angelegenheit beschränken wollte. Die Wahl des Kaisersohnes war auch ohne die Stimme Kurbrandenburgs gesichert. Friedrich Wilhelm „revanchierte“ sich umgehend. Die Stimmen der nun ihm gehörenden Fürstentümer Hinterpommern (mit Kammin), Minden und Halberstadt gaben im Fürstenrat den Ausschlag dafür, daß eine vom Kaiser beantragte Reichssteuer abgelehnt wurde. Zu

Georg Friedrich
Graf von
Waldeck

einem entscheidenden Wandel in der kurbrandenburgischen Politik gegenüber dem Haus Habsburg kam es jedoch erst, als der Kaiser eine „Rebellion" klevischer Ständevertreter gegen Friedrich Wilhelm unterstützte. Diese hatten sich einer „illegalen" Delegation der Stände von Jülich und Berg angeschlossen und waren im August 1652 zur allgemeinen Überraschung auf dem Reichstag erschienen.

Die Stände der ehemals jülich-klevischen Länder verlangten gemeinsam vom Kaiser, daß über den nur provisorisch geregelten Jülich-Klevischen Erbfolgestreit nun endgültig entschieden werde, da es immer wieder zu Übergriffen von seiten des Kurfürsten oder des Pfalzgrafen von Neuburg komme. Dem Kaiser behagte das ihm so unerwartet angetragene Schiedsrichteramt offenbar durchaus; jedenfalls wurde die von ihren Landesherren keineswegs legitimierte „Delegation“ nicht sogleich nach Hause geschickt.

Friedrich Wilhelm hatte die im jülichschen Abenteuer erst vor kurzem erlittene öffentliche Demütigung noch längst nicht verwunden. Dennoch beauftragte er seinen Statthalter in Kleve, Johann Moritz von Nassau-Siegen, mit den „Rebellen“ friedlich zu verhandeln. Diesem gelang es, unterschiedliche Interessen einzelner Städtevertreter auszunutzen und Parteigänger des Kurfürsten um sich zu scharen. Schritt für Schritt konnte er der eigentlichen Oppositionspartei in Kleve und Mark das Wasser abgraben. Um so mehr erboste es Friedrich Wilhelm, daß der Kaiser noch immer mit der „illegalen“ Delegation auf dem Reichstag verhandelte. Jetzt endlich gelang es Waldeck, den Kurfürsten für seinen „großen Plan“ zu gewinnen. Doch bevor er verwirklicht werden konnte, ging der Reichstag überraschend schnell zu Ende.

Die Oppositionspartei der vereinigten Ständevertreter von Jülich und Kleve forderte vor allem auch die Auflösung der kostspieligen kurbrandenburgischen (aber auch der neuburgischen) Garnisonen. Gerade mit diesem Anliegen drang sie jedoch nicht durch. Friedrich Wilhelm hatte die Genugtuung, daß ein Reichstagsbeschluß erging, demzufolge alle Untertanen zur Unterhaltung der zur Verteidigung des Reiches notwendigen Garnisonen verpflichtet wurden.

Schon vorher hatten die klevischen Stände finanzielle Zugeständnisse gemacht. Sie zahlten dem Kurfürsten 50000 Taler zu dessen freier Verfügung. Dafür hatte ihnen Friedrich Wilhelm gestattet, jährlich einmal ohne Einberufung durch den Landesherrn zusammenzutreten und sogar eigenmächtig mit benachbarten ausländischen Mächten zu verhandeln. Ihm waren jetzt frei verfügbare Gelder wichtiger als „ständische

Rechte", die man zu gegebener Zeit wieder beschneiden konnte.

Durch diese Politik des Nachgebens ermutigt, wagten einige der nach Regensburg gereisten Ständevertreter sogar, nach der Beendigung des Reichstags im April 1654 dem Kaiser nach Wien zu folgen und dort noch – wirkungslose – Mandate gegen Friedrich Wilhelm zu erwirken. Doch da schlug der Kurfürst unerwartet zu. Er ließ den Anführer Wilich durch zwei hohe Offiziere mit Hilfe ausgeliehener (!) niederländischer Soldaten in der Nähe von Wesel handstreichartig verhaften und auf die kurmärkische Festung Spandau bringen. Dort sollte der Geheime Rat Schwerin ein Verfahren wegen Hochverrats einleiten.

Nun lärmten die klevischen Stände gewaltig, aber ein Hochverratsprozeß war nach Lage der Dinge gut zu begründen. Nach und nach gaben sie klein bei, zumal die von ihnen so dringlich geforderte Wiedervereinigung mit den Ständen von Jülich und Berg durch den Kaiser für die Protestanten in Kleve nicht ohne Probleme war. Sie bewilligten dem Kurfürsten weitere 150000 Taler für sein stehendes Heer, und dafür ließ dieser den Hochverräter Wilich im Frühjahr 1656 frei.

Auf dem überstürzt beendeten Reichstag war es zu der von Waldeck erhofften Fürstenunion, die die Macht des Kaisers stark einschränken sollte, nicht gekommen. Schweden hatte dafür gesorgt, daß die Vertreter der Landgrafschaft Hessen-Kassel und die Herzöge von Braunschweig-Lüneburg eine Partei gegen die Vormachtstellung der Kurfürsten bildeten. Waldecks Plan, trotz religiöser Gegensätze die „alte deutsche Einigkeit" zustande zu bringen, war damit nicht zu vereinbaren. Doch zwei Monate nach Beendigung des Reichstags, im April 1654, starb der dort gewählte Kaisernachfolger Ferdinand (IV.), so daß dem Kaiser für die Wahl seines zweiten Sohnes, Leopold, neue Verhandlungen bevorstanden.

Waldeck sah eine Chance, die Habsburger vom Kaiserthron zu verdrängen, aber auch die akute Gefahr der Einmischung fremder Mächte. Der Krieg zwischen Frankreich und Spanien war mit dem Westfälischen Frieden ja nicht beendet worden. Das habsburgische Kaiserhaus unterstützte die spanischen Habsburger und blieb damit Frankreichs Feind. Waldeck wollte zunächst Kursachsen, Kurpfalz und Schweden (für dessen deutsche Besitzungen), sodann auch das Gesamthaus Braunschweig-Lüneburg, Hessen-Kassel und Mecklenburg an die Seite Brandenburgs manövrieren, führte aber sogar schon geheime Bündnisverhandlungen mit Frankreich. Es ist fraglich, ob Friedrich Wilhelm über diese utopisch anmutenden Pläne überhaupt unterrichtet war. Als die Veröffentlichung seines „großen Planes" im Jahre 1869 bald darauf in der preußischen Geschichtsschreibung die „Erkenntnis reifen" ließ, er sei ein Vorläufer der Reichsgründung von 1871 gewesen, war das nur ein Beitrag zur Hohenzollernlegende.

Wirklich zustande gekommen ist in den anderthalb Jahren bis zum Schwedisch-Polnischen Krieg, in dessen Verlauf dann die jeweils aktuelle Richtung der brandenburgischen Politik neu festgelegt wurde, nur ein auf drei Jahre befristetes Verteidigungsbündnis mit den welfischen Herzögen von Wolfenbüttel, Celle (Lüneburg) und Calenberg (Hannover). Auch dieses Bündnis blieb ohne praktische Bedeutung. Es knüpfte aber doch erste Beziehungen zu einigen dieser Nachbarn, mit denen Friedrich Wilhelm sein Leben lang enge politische und auch familiäre Beziehungen unterhalten hat.

Friedrich Wilhelm und Luise Henriette

Als der junge Kurfürst von Brandenburg im Sommer 1646 seine politischen Hoffnungen, die mit dem Projekt der „schwedischen Heirat" verbunden waren, begraben mußte und sich kurzerhand nach Den Haag wandte, spielten sicherlich Jugenderinnerungen eine Rolle, doch standen dabei politische Absichten und Erwartungen ebenfalls im Vordergrund. Vor allem beim Erbstreit mit dem Hause Pfalz-Neuburg, aber auch beim Ringen um die Erbnachfolge in Pommern erhoffte er sich starken Rückhalt bei den mächtigen Oraniern, die durch das Erbstatthalteramt die Politik der führenden See- und Handelsmacht beeinflussen konnten.

Diese Spekulation hatte sich als irrig erwiesen, weil in den Vereinigten Niederlanden, dem ersten Staat, in dem die bürgerliche Revolution gesiegt hatte, schon sehr bald die Vertreter des Handelskapitals für zwei Jahrzehnte die Oberhand über die aristokratische Partei der Oranier gewannen. Friedrich Wilhelms Ehe, die also das Ergebnis eines politischen Irrtums war, entwickelte sich nichtsdestoweniger zu einer außerordentlich harmonischen Lebensgemeinschaft, wie sie in Fürstenhäusern zu dieser Zeit recht selten war.

Die zierliche, auf Bildern stets etwas melancholisch blikkende junge Oranierin hatte eigentlich einen französischen Edelmann heiraten wollen, der in der niederländischen Armee diente. Dieser führte aber nur den bedeutungslosen Titel eines „Prinzen von Tarent“ und war deshalb durchaus keine „gute Partie“ nach Gesichtspunkten oranischer Hausmachtpolitik. Luise Henriette hatte sich nur widerstrebend dem Wunsch ihrer Eltern gefügt und in die Ehe mit dem sieben Jahre älteren Brandenburger eingewilligt. Schon bald zeigte sie aber echte Zuneigung zu ihrem stattlichen, braven und gutmütigen Mann, der sich abmühte, die schwere Kunst des Regierens zu erlernen. Noch kurz vor seinem Tode hatte Fürst Friedrich Heinrich, ihr Vater, sie ermahnt, in der Heirat mit dem Kurfürsten Gottes Willen zu erkennen. Nun „müßt Ihr Euch seinem Willen unterwerfen und bedenken, daß Ihr, getrennt von Eurem Land und Eurer Familie, Trost und Zuflucht nirgends anders finden könnt als in der Liebe Eures Gatten“. Es war ein großes Glück für beide, stets aneinander „Trost und Zuflucht“ zu finden. Der von älteren Biographen des Kurfürsten manchmal vermutete Einfluß Luise Henriettes auf die „große Politik“

Friedrich Wilhelm und Luise Henriette. Gemälde von P. Nason

des Kurfürsten ist durch neuere Forschungen nicht bestätigt worden. Nur in Fragen oranischer „Familienpolitik“ konnte sie oft ihren Willen durchsetzen. Ihr Schwager Johann Georg von Anhalt, den sie an den brandenburgischen Hof zog, blieb auch dann noch ihr politisches Werkzeug, als er die Erbnachfolge im Fürstentum Anhalt-Dessau angetreten hatte. Doch das betrifft vor allem die Zeit nach 1660.

Während der ersten Jahre ihrer Ehe hatte der Kurfürst in Kleve residiert. Dort hatte beide schon früh ein harter Schicksalsschlag getroffen: Der 1648 geborene Kurprinz Wilhelm Heinrich starb bereits im folgenden Jahr; da mochte wohl keine rechte Lebensfreude aufkommen. Erst als der Hof 1652 endgültig nach Berlin verlegt worden war, konnte sich Luise Henriettes auffällige Begabung für praktisches Wirtschaften voll entfalten. Der Kurfürst hatte ihr die nördlich von Berlin gelegene Domäne Bötzow geschenkt. In wenigen Jahren entstand dort durch Übernahme niederländischer Vorbilder ein Mustergut, auf dem beachtliche Gewinne erwirtschaftet wurden. Im Ort Bötzow, ihr zu Ehren bald in „Oranienburg“ umbenannt, ließ sie am Havelübergang in den Jahren 1651 bis 1653 ein Schloß in niederländischem Baustil errichten. Sie und auch der Kurfürst hielten sich dort gern auf. Der niederländische Stil dieses Schlosses blieb typisch für alle kurfürstlichen Bauten während Friedrich Wilhelms Regierungszeit.

Die an größten Luxus gewöhnte Oranierin hat es sicherlich bedrückt, daß der Bau des vergleichsweise bescheidenen Schlosses in Oranienburg nicht ohne erhebliche Verschuldung möglich war. Sie ließ sich aber nicht entmutigen, führte eigenhändig Haushaltungs- und Rechnungsbücher wie eine vorbildliche märkische Gutsherrin und konnte bald wirtschaftliche Erfolge erzielen, die sie mit berechtigtem Stolz erfüllten. Ihre stattliche Mitgift von 120000 Reichstalern blieb ungeschmälert erhalten. Dieses „rein private“ Vermögen verwaltete der Geheime Rat Schwerin als ihr Haushofmeister. Er leitete auch die Aufteilung der Domäne Oranienburg in Bauernstellen.

Die aus den Niederlanden herbeigeholten Neusiedler lebten als freie Bauern unter besseren Bedingungen als die erbuntertänigen märkischen Bauern. Sie brachten unter anderem auch die entwickeltere Gartenbaukultur ihrer Heimat in die vom Kriege verwüstete Mark. Gemüse, Obst und Blumen bauten sie als erste in größerem Stil an. Der Spargel und die Kartoffeln wurden als fremdartige Gewächse bestaunt. Von einem „Siegeszug“ konnte zunächst nicht einmal bei der Kartoffel die Rede sein. Im kurfürstlichen Garten auf der Schloßinsel führte sie ein wenig beachtetes Dasein. Erst um die Mitte des folgenden Jahrhunderts eroberte sie sich auf den Äckern und in den Küchen ihren Platz als Grundnahrungsmittel.

Der eigentliche Einzug des Kurfürstenpaares ins Berliner Schloß fand erst im Herbst 1652 statt. Die Instandsetzungsarbeiten begannen recht mühsam und litten noch lange unter dem allgemeinen Geldmangel. Den Bürgern war streng befohlen worden, von nun an ihre Straßen und Gassen regelmäßig zu reinigen. Da der Bauschutt lange in die Spree geschüttet worden war, hatte sich der Fluß angestaut, so daß die Schloßinsel mehr und mehr versumpfte. Die Residenzstadt bestand fast ausschließlich aus ein- bis zweistöckigen Häusern, die noch oft – bei Grundstücken von Ackerbürgern – mit Staketenzäunen umgeben waren. Auch andere Einwohner fütterten, da vom Lande noch selten Fleisch in die Stadt geliefert wurde, in Bretterverschlägen hinter ihren Häusern Schweine und Kleinvieh. Die Auswirkungen auf die damals noch von niemandem besungene „Berliner Luft“ und die Sauberkeit der Gehwege kann man sich leicht vorstellen. Das bald nach 1620 in der Breiten Straße erbaute Haus des Hofbeamten von Ribbeck, das wir heute als letzten Zeugen der Baukunst dieser Zeit bewundern, gehörte seit 1665 zum kurfürstlichen Marstall. Welch Anblick sich um die Mitte des Jahrhunderts einem Reisenden darbot, der sich von Westen her über einen sandigen Feldweg näherte, zeigt das erste, um 1650 entstandene Stadtbild. Die im Vordergrund abgebildeten Baumreihen, Vorläufer der be-

Häuser in der Breiten Straße von Berlin, erbaut um 1665 bis 1670. Das viergieblige Ribbeckhaus wurde bereits 1624 errichtet.

rühmten Linden, wurden 1652 auf Wunsch Luise Henriettes angepflanzt.

An der Seite dieser mit ihm so gut harmonierenden Frau hat Friedrich Wilhelm die Reste von Schüchternheit und Unsicherheit fast völlig abgestreift. Nach der letzten Fehlgeburt von 1651 mußte das Kurfürstenpaar jedoch noch bis 1655 auf die Geburt eines Stammhalters warten, die den Vater dann mit überschwenglichem Stolz erfüllte. Wenige Monate später begann der Schwedisch-Polnische Krieg. In seinem Verlauf sollte sich erweisen, ob Friedrich Wilhelm hinfort in der europäischen Politik ein gewichtiges Wort mitreden würde oder ob er als der große Verlierer dieses Krieges in die Geschichte eingehen und zu politischer Bedeutungslosigkeit herabsinken müßte.

Um die Souveränität in Preußen

Das Dilemma

Kaum hatte Friedrich Wilhelm nach 1653 damit begonnen, brauchbare Soldaten für sein gerade erst bewilligtes stehendes Heer werben zu lassen und die höchst ungern gesehenen Dauergäste in die Bürgerhäuser ärmlicher märkischer „Garnisonstädte" einzuquartieren, da zogen am politischen Horizont Nord- und Osteuropas drohende Gewitterwolken herauf. Im Mai 1654 verzichtete Königin Christina von Schweden auf ihren Thron. Nachfolger wurde ihr Vetter Karl X. Gustav, Pfalzgraf von Pfalz-Zweibrücken, der schon lange als Generalissimus das schwedische Heer befehligt hatte.

Während Christina sich verpflichtet gefühlt hatte, den Frieden in Europa bewahren zu helfen, nahm Karl Gustav sogleich die Politik des 1632 bei Lützen gefallenen Königs Gustav Adolf wieder auf, die auf eine Beherrschung des ganzen Ostseeraumes abzielte. Mindestens alle Küstengebiete sollten schwedisch werden. Da konnte es nicht ausbleiben, daß auch die preußischen Seehäfen Gegenstand schwedischer Begehrlichkeit wurden.

Ein Krieg zwischen Schweden und Polen, dessen König Johann Kasimir aus dem schwedischen Hause Wasa sich seit seiner Wahl im Jahre 1648 auch „der Schweden, Goten und Wenden König" nannte und seit der Abdankung Christinas sogleich verstärkt Anspruch auf den schwedischen Thron erhob, ließ sich jederzeit leicht anzetteln. Der Friede, der 1635 während einer Periode schwedischer Schwäche zustande gekommen war, hatte von vornherein nur den Charakter eines Waffenstillstandes gehabt.

Als König Karl Gustav nun nach zwanzig Jahren beschloß, den Krieg gegen Polen neu beginnen zu lassen, war der eigentliche Anlaß dafür jedoch nicht der provokatorische Anspruch des polnischen Wasa auf den schwedischen Thron. An der Westlichen Dwina waren nämlich die Armeen des Zaren Alexei Michailowitsch aufmarschiert. Der Zar trat als Schutzherr der ukrainischen Kosaken auf, die schon seit acht Jahren gegen die Herrschaft des polnischen Königs rebellierten. Überfälle der Kosaken, die mit den Krimtataren verbündet waren, hatten große Teile Ostpolens verwüstet.

Die russischen Armeen bedrohten aus polnischer Sicht Gebiete in Belorußland und Litauen, aber aus schwedischer Sicht bedrohten sie auch das schwedische Riga. König Karl Gustav war entschlossen, einer solchen Entwicklung durch einen Angriffskrieg zuvorzukommen. Dafür hatte er aber auch noch einen anderen zwingenden Grund: Schweden konnte seine gefürchtete Streitmacht im Frieden nicht mit eigenen Mitteln finanzieren. Wenn seine Truppen nicht in Feindesland ernährt werden konnten, mußte ein großer Teil entlassen werden.

Einen Krieg gegen den Zaren vom Zaune zu brechen erschien jedoch nicht ratsam. Selbst wenn man die russischen Armeen zurückdrängen oder dem Zaren sogar eine schwere Niederlage beibringen könnte, würden die Polen davon profitieren. Sie brauchten dann nur eine günstige Gelegenheit abzuwarten, um die durch den Krieg geschwächten Schweden anzugreifen. Deshalb beschloß Karl Gustav, seine Position zunächst durch einen Sieg über Polen zu verbessern. Damit stand aber fest, daß dieser Krieg auch um die Herrschaft über Preußen geführt werden würde. Diese Erkenntnis brachte den Kurfürsten von Brandenburg als Herzog von Preußen in ein schweres Dilemma.

Wäre er nur Herzog von Preußen gewesen, so hätte er in dieser Lage keine andere Möglichkeit gehabt, als sein Schicksal mit dem seines Lehnsherrn, des Königs von Polen, zu verbinden. Wie dann der Krieg auch ausgegangen wäre: Der Sieger hätte drückende Forderungen stellen können, ohne daß Gegenwehr möglich gewesen wäre. Der Kurfürst von Brandenburg konnte jedoch als Herr über ein schlagkräftiges Heer von vornherein für militärische Hilfe Belohnung verlangen.

Der Graf von Waldeck, noch immer der einflußreichste Ratgeber, hielt ein Bündnis mit Schweden für den einzig erfolgversprechenden Schritt, da dessen militärische Überlegenheit offenkundig sei. Wenn man dafür den richtigen Zeitpunkt wähle, so könne man als Lohn eventuell die volle Souveränität in Preußen erlangen.

Dagegen erinnerte der Herr von Hoverbeck, ständiger brandenburgischer Botschafter in Warschau, eindringlich an die Lehnspflicht des Kurfürsten. Er wußte, wie schwer ein geschworener Eid bei seinem Herrn wog. Außerdem konnte er aber auch darauf verweisen, daß die Ehe des Königs Johann Kasimir kinderlos geblieben war und daß „dem Erretter vor schwedischer Knechtschaft" der polnische Thron nach dem Tode Johann Kasimirs so gut wie sicher wäre.

Doch Friedrich Wilhelm spürte gar keine Neigung, seine noch im Aufbau begriffene Armee sogleich ohne zwingenden Grund aufs Spiel zu setzen. Er beschloß, ein Bündnis mit der damals stärksten Seemacht, den Niederlanden, zu suchen, um damit den aggressiven Schweden von vornherein jedes Gelüst auf Preußen zu vergällen.

Nach dem frühen Tode Wilhelms II. von Oranien hatte ein Vertreter des niederländischen Handelskapitals, Jan de Witt, entscheidenden Einfluß auf die niederländische Ständevertretung, die Generalstaaten, gewonnen. Als „Großpensionär" (besoldeter Sekretär) der Stände von Holland, der bedeutendsten der sieben Provinzen, leitete er praktisch die Regierung des ganzen Landes. Er schloß mit dem Führer der bürgerlichen englischen Revolution von 1642, Oliver Cromwell, einen Friedensvertrag ab, der die Bestimmung enthielt, daß das Fürstenhaus Oranien für immer von der Regierung der Niederlande ausgeschlossen werde. Beim Tode Wilhelms II. war sein Erbe, der den Namen Wilhelm III. erhielt, noch gar nicht geboren. Die Mutter war eine Tochter des englischen Königs Karl I. aus dem Hause Stuart, der unter Cromwells Regierung 1649 enthauptet worden war. Ihr vor Cromwell geflohener Bruder Karl II. wurde von den Damen des Hauses Oranien ebenso unterstützt wie von Friedrich Wilhelm von Brandenburg.

Die bürgerliche Regierung der Niederlande sah die Interessen ihrer Handelsschiffahrt durch das Vordringen Schwedens ernstlich bedroht, denn der Ostseehandel hatte für den Wohlstand der Republik größere Bedeutung als ihr gesamter übriger Seehandel. Die niederländische Kriegsflotte war jedoch nicht mehr so schlagkräftig wie zur Zeit ihrer Siege über die Spanier in der ersten Hälfte des Jahrhunderts, und so traute ihr Jan de Witt ohne ein Bündnis mit England keinen Erfolg gegen die schwedische Flotte zu.

Da nun auch die Schweden ihrerseits ein Bündnis mit England anstrebten und Cromwell sich nicht abgeneigt zeigte, durch einen Krieg gegen das erzkatholische Polen „dem Papst ein Horn auszureißen“ (wie er sagte), sah Friedrich Wilhelm sich genötigt, Gesandte zu dem verhaßten „Königsmörder“ nach London zu schicken, um für ein gemeinsames Bündnis mit den Niederländern zu werben. Nachdem diese Gesandten mehrere Tage lang auf eine Audienz bei Cromwell hatten warten müssen, empfing sie der schon oft als Tyrann und Usurpator Beschimpfte nur, um ihnen einen Vortrag über die Notwendigkeit eines Bündnisses *aller* protestantischen Mächte zu halten. Das kam einer Abfuhr gleich.

Brandenburgische Gesandte sprachen zur gleichen Zeit auch noch in Paris, in Wien und in Moskau vor, um den drohenden Krieg zwischen Schweden und Polen zu verhindern. Während diese noch verhandelten, ritt am 15. Juli 1655 ein schwedischer Trompeter über die polnische Grenze, um den Wiederbeginn des vor zwanzig Jahren abgebrochenen Krieges anzusagen. Als am Tage darauf der schwedische Feldmarschall Wittenberg mit 17000 Mann die Oder überschritt und Durchzugsrecht durch Hinterpommern verlangte, blieb dem Kurfürsten nichts übrig, als zu deren Verpflegung täglich 40000 Pfund Brot und 200 Tonnen Bier (damals ein Hauptnahrungsmittel) zu bewilligen. Nach sechs Tagen hatten die Schweden polnisches Gebiet erreicht.

In der Mark Brandenburg sollten 15 Reiterregimenter mit 12000 Mann, 16 Infanterieregimenter mit 11600 Mann sowie 7 Dragonerregimenter (berittene Infanteristen) mit 2700 Mann möglichst schnell aufgestellt werden. Dazu kam noch Artillerie mit 100 Kanonen. Entsprechend dem damals allgemein üblichen Verfahren wurden die Soldaten von Offizieren, die schon seit 1653 „Wartegeld" bezogen, zu vereinbarten Preisen angeworben. Dabei spielte der „Ruf" des jeweiligen Regimentskommandeurs eine große Rolle.

Die Höhe der Werbegelder richtete sich danach, ob Söldner reichlich oder spärlich zur Verfügung standen. Im Durchschnitt wurden für einen Reiter 40, für einen Dragoner 20 und für einen Fußsoldaten 8 Reichstaler veranschlagt. Der monatlich zu zahlende Sold betrug für einen Leutnant etwa 35, einen Reiter 10 und einen Fußsoldaten 4 bis 7 Taler. Reiter mußten sich selbst kleiden und ihr Pferd mitbringen. Ihre Ausrüstung bestand im wesentlichen aus einem ledernen Wams, über das der Brustpanzer (Küraß) gezogen wurde, der Lederhose, einem Helm und einer schwarzweißen Schärpe. Bewaffnet waren sie mit einem langen Säbel und Pistolen. Dragoner trugen ebenfalls Lederkleidung. Sie führten kurze Säbel, kurze Musketen (Karabiner) oder eine leichte Pike.

Fußsoldaten waren im allgemeinen einheitlicher gekleidet als Reiter, aber auch sie waren noch nicht uniformiert. Erst gegen Ende der Regierungszeit Friedrich Wilhelms trugen alle Infanteristen über der Ärmelweste einen langschößigen Rock von unterschiedlich getönter blauer Farbe mit unterschiedlichen Knöpfen, dazu einen schwarzen Filzhut, in den ein eisernes Gestell eingebaut war. Die Kleidung eines Fußsoldaten kostete etwa fünf bis sieben Taler. Jeder dritte hatte als Hauptwaffe noch eine etwa fünf Meter lange Pike und trug zum Schutz gegen diese Stichwaffe aus der Landsknechtszeit einen Brustpanzer, dazu einen Helm, ein Seitengewehr und eine Pistole. Die Musketen hatten noch kein einheitliches Kaliber. Unteroffiziere führten Musketen und Pistolen, die unteren Offiziersränge neben dem Degen kurze Spieße (Partisanen) mit breitem Stichblatt.

Bestimmte Werbebezirke (Kantone) für einzelne Regimenter gab es im 17. Jahrhundert noch nicht. Wenn sich nicht genügend Freiwillige meldeten, so versuchten die Werber nicht selten, mit Gewalt „nachzuhelfen". Dabei sollten sie sich jedoch auf „Gesindel" beschränken, das sich auf den Straßen herumtrieb. Bauern und Bauernknechte durften ebensowenig zwangsgeworben werden wie die Knechte der Gutsbesitzer oder Einwohner der Städte, die sich als „Bürger" ausweisen konnten oder im städtischen Wirtschaftsleben benötigt wurden. Im ersten Jahrzehnt nach dem Dreißigjährigen Kriege scheint noch kein Mangel an Söldnern bestanden zu haben.

Die für Friedrich Wilhelms Werbungen im Jahre 1655 benötigten Gelder konnte die Kurmark allein nicht aufbringen. Angesichts der Bedrohung durch einen schwedischen Angriff war von den preußischen Ständen eine Sondersteuer von 600000 Talern bewilligt worden, und aus seinen rheinisch-westfälischen Besitzungen verschaffte sich der Kurfürst gegen den Widerstand der dortigen Stände noch beträchtlichere Zuschüsse. Die damit ermöglichte Anwerbung von etwa 18000 Mann wog aber wenig, als Waldeck in Stettin bei König Karl Gustav wegen eines Bündnisses anfragte. Die Schweden verfügten nämlich allein schon über etwa 40000 Mann, und da sie in Polen kaum auf Widerstand stießen, wurde aus Waldecks Bündnisplänen nichts.

Dafür kam nun ein Vertrag mit den Niederlanden zustande, demzufolge zum Schutze der preußischen Häfen 4000 Mann zur Verfügung gestellt werden sollten. Diese „Hilfe“ blieb jedoch ein leeres Versprechen, da der vorsichtige Jan de Witt zunächst den weiteren Verlauf des Krieges abzuwarten gedachte.

Inzwischen marschierte Karl Gustav mit seinen Streitkräften auf Warschau zu. Die Truppen Johann Kasimirs wichen überall nach geringem Widerstand zurück. Wo die Schweden erschienen, lief der polnische Adel zu ihnen über. So zog Karl Gustav schon bald als Sieger in Warschau ein, während Johann Kasimir mit den Resten seiner Armee nach Krakau floh.

Nun konnte der Schwedenkönig den Gesandten Friedrich Wilhelms für ein Zusammengehen Brandenburgs mit Schweden harte Bedingungen diktieren. Er verlangte freien Zugang zu den Häfen Memel und Pillau sowie die Hälfte der Erträge aller dort erhobenen Seezölle. Dafür sollte das Bistum Ermland, das tief ins Herzogtum einschnitt, mit Preußen vereinigt werden, doch ohne die wirtschaftlich wichtige Stadt Braunsberg. Friedrich Wilhelm lehnte empört ab. Er führte seine gesamte Streitmacht nach Preußen und versuchte, durch Verhandlungen mit den Magistraten der Städte Polnisch-Westpreußens seine Nachschubwege zu sichern. Währenddessen vertrieb Karl Gustav den Polenkönig ohne große Mühe aus Krakau. Johann Kasimir floh nach dem schlesischen Oppeln auf habsburgisches Gebiet und sandte verzweifelte Hilferufe in alle Welt.

Um in dieser Situation das nächste Marschziel der schwedischen Armeen vorauszusehen, brauchte Friedrich Wilhelm kein Prophet zu sein. Preußen stand eindeutig auf der Tagesordnung, und das für diesen Fall abgeschlossene Bündnis mit den Niederländern erwies sich nun als wertlos. Um nicht ganz ohne Verbündete dazustehen und weiterhin nur den Spott ausländischer Diplomaten auf sich zu ziehen, schloß Friedrich Wilhelm ziemlich unbesonnen ein Bündnis mit den Ständen Polnisch-Westpreußens. Dadurch sah Karl Gustav seinen Nachschub aus Schwedisch-Pommern gefährdet. Er ließ drei Armeen nach Westpreußen marschieren und besiegte die neuen Verbündeten des Kurfürsten, noch ehe das Bündnis voll in Kraft getreten war.

Dann drangen die Schweden wie selbstverständlich von Osten und von Westen her ins Herzogtum Preußen ein. Die brandenburgischen Truppen wichen kampflos vor ihnen zurück und legten einen Verteidigungsring um Königsberg. Nun mußte entschieden werden, ob sie in dieser äußerst ungünstigen Lage noch gegen die Schweden kämpfen sollten. Die hier vereinigten etwa 15000 Mann waren ja nach wie vor eine ansehnliche Streitmacht. Waldeck drängte den Kurfürsten zum Losschlagen, doch die Führer der preußischen Stände, die vier Oberräte, warnten eindringlich davor, denn die Bevölkerung stehe auf der Seite der Schweden. Die kurfürstlichen Söldner seien die größte Landplage. Man brauche keine Soldaten, man wolle Frieden. Auch die Kurfürstin warnte vor einem Krieg als dem größten aller Übel.

Der Kurfürst hoffte noch immer, durch ein Respekt gebietendes Bündnis mit dem Kaiser, mit Frankreich oder mit Rußland vor bedingungsloser Unterwerfung unter schwedische Herrschaft bewahrt zu bleiben, doch seine Unterhändler in Wien, Paris und Moskau konnten keine verbindlichen Zusagen melden. Inzwischen wurde der Schutzring um Königsberg von schwedischen Truppen eingekreist. Anfang Januar 1656 erschien der schwedische Kanzler Erik Oxenstierna in der Stadt und überbrachte ein noch härteres Angebot seines Königs. Karl Gustav verlangte die Anerkennung schwedischer Lehnshoheit, freien Durchzug für seine Truppen, Öffnung der Seehäfen und die Hälfte der dortigen Zolleinnahmen. Ermland sollte mit dem Herzogtum vereinigt werden. – Dem Kurfürsten blieb nun nichts übrig, als zuzustimmen. Am 17. Januar wurde der neue Lehnsvertrag unterzeichnet. Der Lehnseid sollte jedoch erst nach Ablauf eines Jahres geleistet werden. Friedrich Wilhelm glaubte aufatmen zu können, denn bis dahin konnte sich in Polen und in Europa noch so manches ändern.

Die unmittelbar drohende Kriegsgefahr war zunächst abge-

König Karl X. Gustav von Schweden

wendet. Was sollte nun aber mit der großen, noch immer „Gewehr bei Fuß“ stehenden brandenburgischen Armee im Gebiet um Königsberg geschehen? Die Bevölkerung beschwerte sich über das „tyrannische Regiment“ des Kurfürsten, für dessen Soldaten es in Preußen gar nichts mehr zu verteidigen gab. Friedrich Wilhelm erwog schon, die Hauptmasse seiner Truppen nach Kleve zu verlegen, um von dort aus dem Pfalzgrafen von Neuburg die von ihm regierten Länder Jülich und Berg zu entreißen. Dieser abenteuerliche Plan stammte von Waldeck. Um eine Einmischung Frankreichs zu verhindern, hatte der Kurfürst soeben mit diesem ein Verteidigungsbündnis abgeschlossen, das für sechs Jahre gelten sollte. Doch dann wurden aus Polen Vorgänge gemeldet, die in wenigen Wochen eine vollständige Umkehrung der bestehenden Machtverhältnisse herbeiführten.

Die Schweden hatten in alle größeren polnischen Städte Garnisonen gelegt, um das eroberte Land auf diese Weise unter Kontrolle zu halten. Sie konnten jedoch nicht verhindern, daß eine außerordentlich wirksame Agitation der katholischen Geistlichen, die von umherziehenden Jesuiten landesweit organisiert wurde, die gesamte Bevölkerung gegen die „schwedischen Ketzer“ mobilisierte. Die Wanderprediger verkündeten überall, daß am Bild der Schwarzen Madonna in Tschenstochau wundertätige Zeichen erschienen seien. Die Madonna habe damit kundgetan, daß die Schweden mit einem Kreuzzug aus dem Lande gejagt werden müßten, weil sie den katholischen Glauben in Polen vernichten wollten. An vielen Orten kam es schon zu Aufständen gegen die schwedischen Besatzungen.

Der mit den Schweden zusammenarbeitende Adel hielt es bald für zweckmäßig, wieder die Front zu wechseln, denn auch der Papst beteiligte sich jetzt am Kampf gegen die schwedischen „Ketzer“. Er sandte dem im schlesischen Exil wartenden König Johann Kasimir 100000 Gulden, so daß dieser neue Truppen anwerben konnte. Mit diesen kehrte er nach Polen zu-

König Johann Kasimir
von Polen

rück und schlug in Lemberg sein Hauptquartier auf. Dort weihte er alles Land, das er zurückerobern würde, feierlich der Jungfrau Maria.

Die schwedischen Besatzungen in der Krönungsstadt Krakau und in der Hauptstadt Warschau dachten aber noch keineswegs an Rückzug. Mitten im Winter zog Karl Gustav zum zweitenmal gegen den Polenkönig. Siegend drang er bis Lublin vor und wandte sich dann gegen Lemberg. Doch unterwegs wurde ihm gemeldet, daß die von ihm angeworbenen polnischen Truppen zu ihrem König übergelaufen seien. Da mußte er den Feldzug abbrechen. Seine Armee zählte nur noch 8000 Mann. Hunger, Seuchen und Überfälle polnischer Streifscharen behinderten den Rückzug, aber ungeschlagen langte er am 15. April 1656 in Warschau an. Auch die übrigen polnischen Festungsstädte waren in schwedischer Hand, nur Danzig leistete einer schwedischen Belagerungsarmee noch immer erfolgreich Widerstand.

Während Karl Gustav seine Hauptmacht auf die Belagerung Danzigs konzentrierte, verschlechterte sich seine gesamtstrategische Lage mehr und mehr. Eine russische Armee drang in das schwedische Estland ein, die Niederländer kamen zusammen mit den Dänen dem belagerten Danzig mit einer starken Flotte zu Hilfe, die Polen begannen, Krakau und Warschau zu belagern, und der Kaiser ließ in Schlesien weitere Hilfstruppen für Polen anwerben.

Sowohl der Zar als auch König Johann Kasimir boten Friedrich Wilhelm ein Bündnis an. Die polnischen Unterhändler versprachen ihm sogar die Nachfolge auf dem polnischen Thron, wenn er jetzt sein Heer ihrem König zuführen würde. Johann von Hoverbeck, stets zuverlässiger Verbindungsmann des Kurfürsten zum polnischen Hof, riet eindringlich, der immer stärker werdenden antischwedischen Front beizutreten, denn wenn er an der Seite des Schwedenkönigs geschlagen werde, sei Preußen für ihn ganz gewiß verloren. Diese Ansicht vertraten fast alle seine Berater mit großem Nachdruck. Nur Graf Waldeck warnte vor dieser am ungefährlichsten erscheinenden Lösung der nun unabweislich gestellten Bündnisfrage.

Mit derselben Leidenschaftlichkeit, mit der er drei Monate zuvor zum „Losschlagen" gegen die Schweden geraten hatte, warb er jetzt für ein Bündnis mit dem Schwedenkönig, der seinem Beinamen „der nordische Alexander" alle Ehre machte. Ihm könne man zutrauen, daß er wie einst Alexander der Große von Makedonien auch zahlenmäßig weit überlegene

Gegner besiege. Sein gewichtigstes Argument war diesmal, daß man den Katholiken nicht trauen dürfe. König Johann Kasimir habe in Lemberg geschworen, von nun an protestantische „Ketzer“ mit aller Kraft zu bekämpfen. Noch immer gelte bei den Katholiken der Grundsatz, daß man das einem Ketzer gegebene Versprechen nicht zu halten brauche. Schon jetzt seien polnische Reiterscharen in die Neumark und in Hinterpommern eingefallen. Als Verbündeter Johann Kasimirs könne man nur hoffen, Preußen ohne das katholische Ermland zu behalten. An der Seite der Schweden könne man jedoch nun endlich die polnischen Gebiete erobern und behalten, die Preußen von der Kurmark trennten.

In der Marienburg traf Waldeck mit König Karl Gustav zusammen, der von dort aus die Belagerung Danzigs leitete. Der Schwedenkönig bot für ein Bündnis und sofortige Unterstützung bei der Belagerung Danzigs große Teile Zentralpolens als zu erwartende Kriegsbeute an. Waldeck riet dem Kurfürsten dringend, sofort anzunehmen. Als dieser noch zögerte, forderte er seine Entlassung. Dazu kam es zwar nicht, doch Friedrich Wilhelm brauchte noch einige Tage, bis er sich – ohne Berater – in der Einsamkeit eines an der Küste gelegenen alten Ordensschlosses zu seinem ganz persönlichen Entschluß durchgerungen hatte: Er war nun bereit, als Verbündeter Schwedens den Besitz Preußens aufs Spiel zu setzen.

Als Verbündeter Schwedens

Am 25. Juni 1656 unterzeichnete Friedrich Wilhelm in der Marienburg den von Waldeck vorbereiteten Bündnisvertrag mit Karl Gustav von Schweden. Für den Einsatz seiner gesamten Streitmacht sollte ihm nach dem erhofften Sieg über Polen das Land an der Warta von Posen bis Tschenstochau zufallen, nicht aber das Gebiet zwischen Preußen und der Neumark.

Die Souveränität über Preußen war auch nicht zu erlangen gewesen.

Schon kurz darauf mußte der schwedische Feldmarschall Wittenberg in Warschau nach zweimonatiger Belagerung durch eine polnische Armee kapitulieren. Karl Gustav wollte die Stadt unbedingt sofort zurückerobern. Ende Juli vereinigten sich eine schwedische Armee unter dem Kommando des Königs und eine brandenburgische Armee, die Friedrich Wilhelm selbst anführte, in der Nähe von Warschau. Johann Kasimir war es noch kurz vorher gelungen, eine litauische Armee mit dem polnischen Hauptheer zu vereinigen. Auch etwa 20000 Reiter des mit den Polen verbündeten Khans der Krimtataren trafen rechtzeitig ein, so daß Johann Kasimir über 70000 bis 80000 Mann – fast ausschließlich Reiter – verfügen konnte. Schweden und Brandenburger brachten es zusammen nur auf etwa 18000 Mann. Das schwedisch-brandenburgische Fußvolk war mit 6400 Mann dem Fußvolk des Polenkönigs allerdings zahlenmäßig überlegen. Doch angesichts der überwältigenden Übermacht seiner Reiterei war Johann Kasimir von seinem Sieg in der bevorstehenden Schlacht um Warschau so fest überzeugt, daß er gegenüber dem französischen Gesandten prahlte, er habe den Tataren die Schweden zum Frühstück geschenkt, und den Kurfürsten wolle er in ein Loch stekken, wohin weder Sonne noch Mond scheine.

Zwei Wochen später sollte sich herausstellen, was von dieser Ankündigung des Königs zu halten war. Am Abend des 28. Juli traf die schwedische Vorhut am Warschau gegenüberliegenden Weichselufer auf starke polnische Reiterverbände, die aus Verschanzungen hervorbrachen und nur durch persönlichen Einsatz des Schwedenkönigs zurückgedrängt werden konnten. In der Nacht rückten alle in und um Warschau versammelten polnisch-litauisch-tatarischen Truppen über die einzige Warschauer Brücke hinter die breit angelegten Verschanzungen, vor denen Schweden und Brandenburger sorgenvoll ihr Biwak bezogen hatten.

Im nächtlichen Kriegsrat sprach sich Friedrich Wilhelm für Verhandlungen mit dem so viel stärkeren Gegner aus. Doch König Karl Gustav hatte sich eine gute Chance für einen Flankenangriff ausgerechnet und vertraute im übrigen auf die Feuerkraft und die Standhaftigkei seiner gut einexerzierten Truppen. Dem bisher ziemlich zaghaft aufgetretenen Kurfürsten gab er den Feldmarschall Wrangel, einen der berühmtesten Heerführer des Dreißigjährigen Krieges, als „Gehilfen" bei.

Am nächsten Morgen überzeugten sich die beiden Fürsten davon, daß ein Frontalangriff auf die polnischen Schanzen wirklich sinnlos war. Nur ein Umgehungsmanöver versprach Erfolg. Den Brandenburgern wurde befohlen, um einen Wald herum in die Flanke der Schanzen zu marschieren, als linker Flügel der Armee, die dann aus dem Walde hervorbrechen und ebenfalls die polnische Hauptmacht von der Seite her angreifen sollte.

Den Truppen des Kurfürsten glückte der Marsch in die neue Position. Ein Hügel wurde besetzt, und die brandenburgischen Geschütze nahmen die Schanzen unter Feuer. Doch die polnischen Geschütze erwiderten das Feuer, sogar vom anderen Weichselufer her, wo die Königin Louise Maria mit ihrem Hofstaat auf einem Hügel den Verlauf des Kampfes verfolgte. Das Mittagsmahl wurde ihr „stilecht" auf einer Trommel serviert.

Inzwischen wurden die noch im Schutze des Waldes wartenden Schweden von Tatarenschwärmen angegriffen. Auf ihren leichten, schnellen Pferden, fast nur mit Schaffellen bekleidet, beschossen die wilden Reiter die unerschütterlich ausharrenden Infanteristen mit Pfeilen, doch diese Angriffe brachen im wirkungsvollen Gewehrfeuer der gut gedrillten Schweden zusammen. Währenddessen mußten die brandenburgischen Truppen die Hauptlast des polnischen Gegenangriffs tragen. Alles, was König Johann Kasimir an Reitern zur Verfügung hatte, ließ er gegen den Hügel, auf dem die brandenburgischen Geschütze standen, immer wieder aufs neue anreiten. Es schien nur eine Frage der Zeit zu sein, wann die Brandenburger der polnischen Übermacht erliegen würden.

Da begann König Karl Gustav ein unerhört gewagtes, bisher beispielloses Unternehmen: Mitten in der Schlacht ließ er seine Schweden sich vom Feinde lösen und führte sie hinter der Front um den linken (brandenburgischen) Flügel herum, so daß der Kurfürst nun auf dem rechten Flügel kämpfte! Alles hing davon ab, ob die Brandenburger inzwischen ihre Stellung hielten. Mit Bewunderung sah Wrangel, wie perfekt das brandenburgische Fußvolk nach niederländischem und schwedischem Vorbild gedrillt worden war: Der Rhythmus von Laden und Schießen funktionierte auch in äußerster Bedrängnis durch heranpreschende Reiter wie auf dem Exerzierplatz. Mitten im Getümmel spornte der Kurfürst persönlich seine Truppen an.

Um vier Uhr nachmittags war die neue Schlachtlinie vollendet, keinen Augenblick zu früh, denn gerade jetzt erfolgte der entscheidende Angriff der polnischen Husaren, der Elitetruppe König Johann Kasimirs. Auch diese besonders tapferen Reiter konnten den Salven der nun vereinigten Schweden und Brandenburger nicht widerstehen. Sie wichen ebenso zu den Schanzen zurück wie die ihnen nachfolgenden Tataren. Dort trat ihnen der König selbst mit gezogenem Degen entgegen, um sie wieder gegen den Feind zu schicken; doch als es Abend wurde, war das ganze Heer des Polenkönigs auf der Flucht hinter die Schanzen.

In einem zerschossenen Dorf berieten König Karl Gustav und Friedrich Wilhelm den Angriffsplan für den nächsten Tag, denn der große Erfolg dieses Tages bedeutete noch nicht den Sieg. Morgens um vier Uhr verkündete ein Kanonenschuß, daß der Kampf wieder beginnen sollte. Die Truppen der Verbündeten waren in der Nacht ganz um die Schanzen herumgeführt worden, und nun stellte sich heraus, daß die Polen ihre alten Stellungen geräumt und sich in einem Wäldchen neu verschanzt hatten. Nach einigen Salven der Brandenburger räumten sie auch dieses Wäldchen. Für die Angreifer war der Weg zur Weichselbrücke frei. Zu nennenswertem Widerstand kam es nicht mehr, da den Polen inzwischen klargeworden war, daß sie ihre zahlenmäßig weit überlegenen Reiterverbände nur auf freiem Felde taktisch günstig verwenden konnten. Sie setzten die nach Warschau führende Brücke in Brand und zerstreuten sich am anderen Ufer in alle Winde. Die Schweden und Brandenburger gelangten über eine schnell zusammengestellte Schiffsbrücke ans Warschauer Ufer und konnten dann unbehindert als Sieger in die polnische Hauptstadt einziehen. König Johann Kasimir floh nach Lublin.

Die Schlacht von Warschau erregte als erste große Schlacht nach dem Dreißigjährigen Kriege in ganz Europa gewaltiges Aufsehen, nicht zuletzt auch wegen der sensationellen taktischen Leistung des Schwedenkönigs. Dieser nahm den ganzen Ruhm für sich in Anspruch und sorgte dafür, daß der Anteil Friedrich Wilhelms und seiner Brandenburger am gemeinsamen Erfolg in der Publizistik nicht angemessen gewürdigt wurde. Daraufhin verfaßte der Kurfürst eigenhändig eine geharnischte Gegendarstellung, die er in den Niederlanden drukken und in ganz Europa verbreiten ließ.

Das war aber nicht der entscheidende Grund für nun zutage tretende Mißhelligkeiten zwischen den Verbündeten. Beide hatten ja sehr unterschiedliche Kriegsziele. Der Schwede verlangte Waffenhilfe gegen eine neu aufgestellte polnische Armee, die an der Weichsel entlang nach dem noch immer von den Schweden belagerten Danzig zog. Friedrich Wilhelm mußte aber jetzt Preußen gegen die Angriffe sehr beweglicher Reiterverbände zu sichern versuchen. Die Litauer wurden zwar zurückgeworfen, doch plündernde Tatarenschwärme und die von ihnen eingeschleppte Pest ließen die Landbevölkerung jetzt das erleiden, was die Bauern der Kurmark während des Dreißigjährigen Krieges erlitten hatten.

Schon wurden in Preußen Stimmen laut, die zur Rebellion gegen Friedrich Wilhelm aufriefen, falls ein polnisches oder ein kaiserliches Heer (der Kaiser war mit Polen verbündet) den Rebellen Rückhalt bieten könnte. Das Bündnis mit Schweden erwies sich als schlimme Last. Um den Kurfürsten weiterhin bei der Stange zu halten, gab Karl Gustav am 20. November 1656 im Vertrag von Labiau nun endlich seinen Anspruch auf die Lehnshoheit über Preußen auf.

Die Macht der Schweden bröckelte jedoch im ganzen südlichen Ostseegebiet immer weiter ab. Dänemark erklärte Schweden den Krieg, und Karl Gustav mußte mit seiner Armee in Eilmärschen von Preußen nach Holstein ziehen. Der Kurfürst blieb in Preußen und mußte in seinem Königsberger Schloß hilflos Berichte entgegennehmen, wie schlimm draußen im Lande die Litauer und Tataren sengten und raubten. Zwar versprachen ihm gleich mehrere französische Gesandte viel Geld, wenn er weiterhin zu Schweden halten würde, aber alle seine Räte und vor allem „die Frauenzimmer" – neben der Kurfürstin auch deren Mutter und seine eigene Mutter – rieten dringlichst zur „Versöhnung" mit Polen. Luise Henriette, die erst vor kurzem einen zweiten Sohn geboren hatte, drohte öffentlich, daß sie sonst Preußen verlassen und für immer nach Den Haag übersiedeln werde. – Doch Friedrich Wilhelm ließ sich zu keiner bindenden Erklärung verleiten.

Trotz seiner ziemlich verzweifelten Lage erwartete er, daß Johann Kasimir ihm bedeutende Vorteile für einen Parteiwechsel anbieten werde. Von tatkräftiger Unterstützung Schwedens, wie sie der Vertrag von Labiau verlangte, konnte schon längst keine Rede mehr sein, zumal Österreich im Dezember 1656 auch offiziell an die Seite Polens trat. Die Aussicht, durch unverhüllte Terrorherrschaft in den noch besetzten Gebieten – wie sie die Schweden praktizierten – Polen zu einem für Schweden günstigen Frieden zwingen zu können, wurde immer geringer. Bei solchen Versuchen erlitt der Graf Waldeck, der Friedrich Wilhelm so eifrig zum Bündnis mit Schweden gedrängt hatte, schwere militärische Niederlagen. Er verlor dadurch seinen letzten Rückhalt beim Kurfürsten und mußte sich auf den unbedeutenden Ehrenposten des Statthalters in Minden und Ravensberg abschieben lassen. Bald darauf trat er in schwedische Dienste.

Eine entscheidende Wende bahnte sich erst an, als der Tod des Kaisers Ferdinand III. Anfang April 1657 Bewegung in die große Politik Europas brachte. Die Wahl des damals noch nicht ganz siebzehn Jahre alten Kaisersohnes Leopold zum Nachfolger auf dem Kaiserthron war keineswegs gesichert, denn die „Garantiemächte" des Westfälischen Friedens, Frankreich und Schweden, ließen erklären, daß die Kaiserwürde im Hause Habsburg nicht erblich werden dürfe. Das schmälere sonst die Rechte der Kurfürsten auf unerträgliche Weise. Inzwischen begannen französische Unterhändler bei den deutschen Kurfürsten für eine Kaiserkandidatur ihres Königs, Ludwigs XIV., zu werben. An Versprechungen fehlte es dabei nicht. Friedrich Wilhelm sah jedoch seine „Libertät" unter einem französischen Kaiser des „Heiligen Römischen Reiches Deutscher Nation" noch mehr gefährdet als durch die Wahl eines Habsburgers, und wartete nun auf ein Angebot aus Wien. Ein wirksames Druckmittel besaß er in der Drohung, seine Kurstimme dem Kurfürsten von Bayern zu geben, der dann bessere Aussichten hätte als der Habsburger.

Nach einem ersten erfolglosen Besuch im Januar 1657 erschien der kaiserliche Gesandte Baron Franz von Lisola – der nicht ohne Grund als der fähigste Diplomat dieser Jahrzehnte galt – Anfang Juli zum zweitenmal in Königsberg. Er hatte auf dem Weg von Wien in Warschau Station gemacht und dort Johann Kasimir davon überzeugt, daß er sich mit dem Brandenburger gütlich einigen müsse.

Schon wenige Tage später merkte der französische Unterhändler, daß seine Anwesenheit in Königsberg nun „völlig unnütz" geworden war. Bevor er – reich beschenkt – aus Preußen abreiste, durfte er noch an einem denkwürdigen Schauspiel mitwirken: Am 29. Juli hielt er in der Kapelle des Königsberger Schlosses gemeinsam mit Lisola den neugebornen Prinzen

Friedrich – den späteren ersten Hohenzollernkönig – über das Taufbecken. Friedrich Wilhelm hatte nämlich den wirklich „bühnenreifen" Einfall gehabt, die beiden Bewerber um den deutschen Kaiserthron, König Ludwig XIV. von Frankreich und den Kaisersohn Leopold, um Übernahme der Patenschaft zu bitten! So kam es, daß die beiden rivalisierenden Gesandten als katholische Paten für den kalvinistisch getauften Prinzen fungierten. (Für Friedrich Wilhelm selbst hatte einst neben bedeutungslosen Verwandten der kurfürstliche Statthalter in der Kurmark, Adam Gans zu Putlitz, als Pate genügen müssen.)

Dem scheidenden französischen Gesandten wurden dann noch zahlreiche Reliquien katholischer Heiliger, die von brandenburgischen Truppen in Polen „erbeutet" worden waren, als Geschenke für den „Allerchristlichsten König" – so lautete der offizielle Titel Ludwigs XIV. – mitgegeben, ohne daß dieser Bedenken wegen des hier offensichtlich vorliegenden Kirchenraubs äußerte...

Dann konnte der Schacher um den Frontwechsel Friedrich Wilhelms ohne weitere Störung zu Ende gebracht werden. Lisola hatte in Warschau Vollmacht bekommen, dem Kurfürsten „im äußersten Fall" die Souveränität über Preußen zuzugestehen. Er versuchte weisungsgemäß, den Übertritt billiger zu bekommen, fand aber seinen Verhandlungspartner trotz beschwörender Vorhaltungen der weiblichen Familienangehörigen höchst unnachgiebig. Erst als das Zauberwort „Souveränität im Herzogtum Preußen" fiel, änderte sich dessen Verhalten schlagartig. In wenigen Tagen waren alle die eben noch unlösbar erschienenen Probleme geregelt und der Vertrag unterschriftsreif formuliert.

Da kam dringende Botschaft aus Warschau: König Johann Kasimir wolle noch zusätzliche Bedingungen stellen. Doch Lisola unterzeichnete die Zusage uneingeschränkter Souveränität und ließ dem König dann mitteilen, sein Einspruch sei leider zu spät eingetroffen. Am 19. September 1657 wurde

Friedrich Wilhelm durch den Vertrag von Wehlau souveräner Herzog in Preußen und trat nun als „Freund und Bundesgenosse“ an die Seite des Königs von Polen.

Im Bündnis mit Polen

Es ist bezeichnend für die Verworrenheit der damaligen Bündnispolitik aller im Kampf um die Ostseeherrschaft beteiligten Mächte, daß Karl Gustav von Schweden vom Abschluß des Vertrags von Wehlau offenbar gar nicht Kenntnis nehmen wollte. So hatten die Versuche Friedrich Wilhelms, zwischen Schweden und Polen einen Kompromißfrieden zu stiften, der seinen Frontwechsel in milderem Lichte erscheinen lassen könnte, bei den Schweden zunächst nur Anzeichen gesteigerten Mißtrauens zur Folge. Einen Brief, in dem Karl Gustav die Nachricht vom „Neutralitätsvertrag“ zwischen Polen und Brandenburg übermittelt werden sollte, hatte dieser wegen eines unbedeutenden Formfehlers in der Adresse ungeöffnet zurückgehen lassen.

Am 6. November 1657 wurde der Vertrag von Wehlau bei einer betont freundschaftlichen Zusammenkunft des polnischen und des brandenburgischen Herrscherpaares in Bromberg ratifiziert. Friedrich Wilhelm unterhielt seit den Verhandlungen von Wehlau mit Königin Louise Maria einen hochpolitischen Briefwechsel, der noch jahrelang fortgeführt wurde. Die damals fünfundvierzigjährige, ehrgeizige und willensstarke Frau – man nannte sie nicht ohne Grund den eigentlichen König von Polen – zeigte sich durch die Verhandlungstaktik des Brandenburgers beeindruckt. Ihr Wunsch, ihn persönlich kennenzulernen, ließ sich in Bromberg leicht verwirklichen.

Auch Friedrich Wilhelm schätzte die kluge und charmante Französin aus dem Fürstenhause Gonzaga-Nevers sehr. Bei den zu Ehren des Kurfürstenpaares veranstalteten Festen er-

Luise Henriette. Gemälde von G. van Honthorst

Friedrich Wilhelm. Gemälde von G. van Honthorst

wies er sich als galanter Gesellschafter. Es wurden aber auch Verhandlungen geführt, in denen die Ratifizierung mehrmals sehr gefährdet erschien. Polnischerseits fand man, daß der Baron Lisola in Wehlau die Souveränität über Preußen „zu billig verkauft“ habe, und Friedrich Wilhelm stellte nun noch zusätzliche Gebietsforderungen im polnischen Westpreußen. Aus Paris war der Gesandte Des Noyers gekommen, um ein Bündnis zwischen Friedrich Wilhelm und dem Kaiser nach Kräften zu hintertreiben. Wenn dessen Intrigen die Hartnäckigkeit des Polenkönigs stärkten und der Brandenburger gefährlich aufbrauste, vermittelte Louise Maria geschickt, so daß schließlich der Vertrag doch ratifiziert werden konnte.

In einem Bericht, den Des Noyers damals nach Paris sandte, heißt es über den siebenunddreißigjährigen Friedrich Wilhelm und seine dreißigjährige Frau: „Er ist ein Fürst von stattlicher Figur, groß, mit kühnen Zügen, einnehmendem Äußeren, vollem Gesicht, großer Nase, schönen Augen; sehr höflich und weltgewandt, spricht gut über die öffentlichen Geschäfte und versteht sie trefflich; schnell in seinem ganzen Wesen.“ Die Kurfürstin fand der Franzose „sanfter und gesetzter, von melancholischem Temperament, wenig redend, aber was sie sagt, ist gut. Sie ist klein, doch wohl geformt, sehr fromm und eifrig in ihrer reformierten Religion. Sie hält sich nicht mit Kleinigkeiten auf und meint, die Frauen müßten an den Geschäften teilnehmen.“ Jeden Dienstag habe sie bis zum Abend gefastet, um damit das Andenken an ihren Bruder Wilhelm II. von Oranien zu ehren, der an einem Dienstag gestorben war.

Die Sorgen der Franzosen erwiesen sich als unbegründet: Ein Bündnis mit dem Kaiser wollte Friedrich Wilhelm so lange wie irgend möglich vermeiden, damit Brandenburg im Falle eines Angriffskrieges der Habsburger gegen Schweden nicht schwedischen Repressalien ausgesetzt würde. Günstiger schien ihm ein Bündnis mit Dänemark zu sein. Doch hier verrechnete sich Friedrich Wilhelm gründlich.

Nach dem im ganzen doch recht freundschaftlich verlaufenen Besuch in Bromberg begab sich Friedrich Wilhelm nach Berlin. Dort kam es Anfang des Jahres 1658 zu Verhandlungen mit Polen und Österreich, die einen Angriff auf Schweden zum Ziel hatten. Österreich zögerte wegen des damit verbundenen Risikos für die noch immer problematische Kaiserwahl – ein Angriffskrieg innerhalb des Reiches war im Westfälischen Frieden ausdrücklich untersagt –, bis dann der sensationell wirkende Sieg Karl Gustavs über Dänemark alle möglichen neuen Angreifer abschreckte. Mitten im Februar war der „nordische Alexander“ über das Eis des Kleinen und des Großen Belts marschiert, stets die ungeheuren Strapazen seiner Truppen teilend, und hatte schon am Ende des Monats dem Dänenkönig seine Friedensbedingungen aufgezwungen. Nun konnte Karl Gustav daran denken, mit seinem wankelmütigen „Bruder Fritz“ (von Brandenburg) gründlich abzurechnen. Dieser ahnte nichts Gutes, und er beeilte sich, mit Karl Gustav einen freundschaftlichen Briefwechsel zu beginnen.

Der Schwede ging auch scheinbar darauf ein, um Zeit zu gewinnen. Doch Gesandte, die Friedrich Wilhelm nach Holstein schickte, um möglichst diskret Friedensbedingungen zu erkunden, fanden dazu keine Gelegenheit. Als sie Anfang Juli versuchten, eine Audienz mit diplomatischen Mitteln zu erzwingen, wurde ihnen eine so grobe Abfuhr zuteil, daß sie sogleich abreisten.

Gegenüber dem französischen Gesandten erklärte der König zynisch: „Ich besitze wenig Geld und fürchte, lange Kriege führen zu müssen; deshalb wäre es mir unangenehm, diesen Kurfürsten zum Freunde zu haben, da ich seine Staaten für meine Truppen zum Quartier haben möchte.“ Und er fügte hinzu: „Auch ist der Kurfürst zu mächtig, ich muß seinem Ehrgeiz Grenzen setzen.“

Nun bestand über den Kriegszustand zwischen Schweden und Brandenburg kein Zweifel mehr. Das undiplomatische Verhalten des Schwedenkönigs hatte Friedrich Wilhelm jedoch eine hochwillkommene Gelegenheit gegeben, im publizisti-

Friedrich Wilhelm 1658. Gemälde von G. Flinck

schen Kleinkrieg der streitenden Parteien schweres Geschütz aufzufahren, dessen Donner die Zeitgenossen tief beeindruckte und dessen Widerhall noch heute aufhorchen läßt.

Unter der Überschrift „Churbrandenburgischer Gesandtschaft Verrichtung“ erschien eine Flugschrift in mehreren deutschen Auflagen sowie in einer französischen und einer englischen Übersetzung. Sie wurde sogar in die „Weltchronik“ des Jahrhunderts, das „Theatrum Europäum“, aufgenommen. Der Verfasser appellierte an „reichspatriotische“ Gefühle, für die es damals wahrlich wenig Nahrung gab, indem er eine „jeden ehrlichen Teutschen traurig stimmende“ Bilanz zog: „Wir haben unser Gut, wir haben unser Blut, wir haben unsere Ehre und Namen dahingegeben und nichts damit ausgerichtet, als daß wir uns schier zu Dienstknechten und fremde Nationes berühmt, uns des uralten hohen Namens fast verlustig und diejenige, so wir vorher kaum kenneten, damit herrlich gemacht haben. Was sind Rhein, Weser, Elbe und Oderstrom nunmehr anders als fremder Nationen Gefangene? Was ist deine Freiheit und Religion mehr, als daß andere damit spielen? Summa, alles verlor sich mit dem trefflichen Pommern, mit andern so stattlichen Ländern ... So gedenke ein jedweder, wer nur kein schwedisches Brot essen will, ... was er für die Ehre des teutschen Namens zu tun habe, ... Gedenke, daß du ein Teutscher bist.“

Es kam dem Verfasser, einem namentlich nicht bekannten engen Vertrauten Friedrich Wilhelms, darauf an, Schwedens und Frankreichs Behauptungen, daß sie nur um die Erhaltung des Westfälischen Friedens bemüht seien, als leeres Gerede abzuwerten. Dagegen sollte das Bestreben Brandenburgs, im Bündnis mit dem Kaiser die Schweden aus dem Reiche zu vertreiben, als „reichspatriotisch“ gerechtfertigt werden. Daß eine Eroberung Pommerns nur Brandenburg, das alte Erbansprüche geltend machte, zugute kommen würde, erschien hier als mit dem Interesse des Gesamtreiches gut vereinbar.

Am 18. Juli 1658 fand in Frankfurt die Kaiserwahl statt. Der

Leiter der französischen Politik, Kardinal Mazarin, konnte weder die Wahl Ludwigs XIV. noch (als Ersatz) die Wahl des bayrischen Kurfürsten Ferdinand Maria arrangieren; der Erzherzog Leopold, König von Böhmen und Ungarn, wurde einstimmig gewählt. Aber mit der Stimme Friedrich Wilhelms gelang es Mazarin, in die Vereinbarungen der Kurfürsten mit dem Kaiser die Klausel einzufügen, daß der habsburgische Kaiser die habsburgischen Spanier fortan nicht mehr militärisch unterstützen dürfe. Das entsprach zwar dem Interesse des Reichsfriedens, gab aber Frankreich nun endlich die Möglichkeit, 1659 den seit 1635 ununterbrochen anhaltenden Krieg mit Spanien erfolgreich zu beenden.

Im August verließ Karl Gustav mit Schiffen, die 8000 Soldaten an Bord hatten, den Kieler Hafen. Sein Ziel schien Preußen zu sein. Doch zur allgemeinen Überraschung steuerte er Kopenhagen an. Er wollte die Stadt im Handstreich überrumpeln und ganz Dänemark seinem skandinavischen Großreich einverleiben. Einen Proteststurm in der europäischen Öffentlichkeit hatte er ohne die geringsten Skrupel einkalkuliert; nun bereitete ihm aber die Kopenhagener Bürgerschaft eine unerwartete, höchst unangenehme Überraschung: Sie half der schwachen dänischen Garnison so wirksam bei der Verteidigung der Stadt, daß sich Karl Gustav zu einer zeitraubenden Belagerung genötigt sah.

Nun kam endlich der bereits im Februar vereinbarte Feldzug der antischwedischen Koalition nach Holstein und Jütland zustande. Friedrich Wilhelm übernahm den Oberbefehl. Das Gelingen oder Mißlingen des Unternehmens wurde damit für ihn auch zur Prestigefrage. Ihm unterstanden 15000 eigene, 8000 kaiserliche und 3000 polnische Soldaten. Damals soll übrigens das später so berühmt gewordene „Preußischblau" als Grundfarbe der Waffenröcke brandenburgischer Fußsoldaten zum erstenmal aufgefallen sein.

Der Marsch nach Holstein erreichte nicht das Tempo, mit dem Karl Gustav seine Truppen denselben Weg geführt hatte, aber er verlief ohne störende Zwischenfälle. Auch die Besetzung des schleswigschen und des jütischen Landes traf nur auf geringen Widerstand. Starke schwedische Kräfte konnten sich jedoch auf die dänischen Inseln zurückziehen, da die schwedische Flotte die Gewässer beherrschte. Friedrich Wilhelm glückte lediglich der von ihm selbst organisierte Übergang seiner Truppen auf die Insel Alsen. Um den Schweden auf die große Insel Fünen folgen zu können, fehlten die nötigen Schiffe. Die formal am Kampf beteiligten Niederlande verhielten sich sehr zögernd, als es um eine wirkliche Entscheidungsschlacht ging. Sie wollten Schweden nur geschwächt, nicht völlig besiegt sehen. Ein Gleichgewicht aller um die Ostseeherrschaft ringenden Mächte erschien ihnen günstiger als ein klarer Sieg des Brandenburgers, dieses Verwandten der von den Republikanern gefürchteten Oranier.

Es folgte ein milder Winter, so daß die Truppen der Verbündeten den Großen Belt nicht auf einer „Eisbrücke" überqueren konnten. Lange Monate vergingen ohne Entscheidung. Während dieser Zeit versuchte Mazarin, den Kurfürsten zu überreden, „zu den alten Grundsätzen seines Hauses zurückzukehren" (was eine höfliche Umschreibung kurbrandenburgischer „Wankelmütigkeit" war). Friedrich Wilhelm ließ dem Gesandten sagen: „Wenn meine Vorfahren es zum Grundsatz gehabt haben sollten, das Interesse anderer Fürsten der Erhaltung ihrer Lande vorzuziehen, so gestehe ich, daß ich mich von diesen Grundsätzen entferne, da ich mich in meinem Gewissen verpflichtet fühle, die Staaten zu verteidigen, die ich durch Gottes Gnade besitze."

Das waren kernige, in preußischen Geschichtsbüchern gern zitierte Worte. Dabei hätte Friedrich Wilhelm kaum gezögert, sich mit Frankreich gegen das Haus Habsburg zu verbünden, wenn die französischen Hilfsgelder nicht in die schwedische, sondern in seine eigene Kriegskasse geflossen wären. Denn für den Unterhalt einer großen Streitmacht war und blieb sein Land zu arm. Doch ein Sonderfrieden mit Schweden versprach ihm zur Zeit viel weniger als jener Kriegsplan, der jetzt aus Wien an ihn herangetragen wurde.

Schon im Herbst 1658 hatten die Österreicher angefragt, ob der Kurfürst sich etwa wegen des Westfälischen Friedens, der Schwedens Recht auf Vorpommern verbrieft habe, selber „mit Strohhalmen binden" wolle. Als im April nun ein kaiserlicher General als Gesandter einen Feldzug nach Vorpommern anregte, wurden damit bei Friedrich Wilhelm gefährliche Sehnsüchte wachgerufen.

Die Mehrzahl seiner Berater wies jedoch darauf hin, daß ein so eindeutiger Verstoß gegen den Westfälischen Frieden im Reich Gegenaktionen hervorrufen könnte. Schließlich entschloß sich Österreich, die Initiative zu ergreifen, während sich Brandenburg „nur beteiligte". Nun befürchtete Friedrich Wilhelm, daß er bei der Verteilung der zu erwartenden Beute nur anteilig berücksichtigt würde. Der in Vorpommern einmarschierende österreichische General verkündete indes beruhigend, er wolle das Land seinem „natürlichen Herrn, dem Kurfürsten von Brandenburg", zurückgewinnen.

Da beeilte sich der Hohenzoller, an der Eroberung „seines" Landes mit größerem Aufwand teilzunehmen. Bald hielten die Schweden nur noch Stettin, Stralsund, Greifswald und einige unwesentliche Teile Vorpommerns besetzt. Doch dann griff Kardinal Mazarin im Namen Frankreichs ein.

Am 7. November 1659 hatte Frankreich den 1635 begonnenen Krieg mit Spanien durch den sogenannten Pyrenäenfrieden beendet und konnte nun über seine Truppen beliebig verfügen. Schon am 5. Dezember stellte Mazarin dem Kurfürsten – und zwar nur ihm – ein Ultimatum: Wenn „im Reich" nicht bis zum Februar 1660 Frieden herrsche, dann würde Frankreich als Garantiemacht des Westfälischen Friedens mit Waffengewalt eingreifen. Die Aussicht auf einen dann unvermeidlich werdenden großen Krieg, in den neben den verbündeten „Reichsständen" auch Polen, Dänemark und die Niederlande sowie Rußland beteiligt sein würden, trug entscheidend dazu bei, daß die festgefahrenen Friedensverhandlungen zwischen Polen und Schweden schnell wieder in Gang kamen. Grundlage aller dieser Kämpfe war ja der 1655 begonnene Angriffskrieg Schwedens gegen Polen.

Mitte Dezember akzeptierte der inzwischen von Friedrich Wilhelms Verbündeten auf Fünen empfindlich geschlagene Schwedenkönig das bei Danzig gelegene Kloster Oliva als Verhandlungsort. Ob der jetzt in die Enge getriebene skrupellose Draufgänger, der sein Land an den Rand völligen Ruins gebracht hatte, ernsthaft an einem Kompromißfrieden interessiert war, mag fraglich erscheinen. Die Verhandlungen wurden jedenfalls dadurch erleichtert, daß Karl Gustav am Anfang des neuen Jahres schwer erkrankte und am 22. Februar 1660 sein abenteuerliches Leben im Alter von erst achtunddreißig Jahren beendete. Da der französische Vermittler von vornherein eine Schlüsselstellung innehatte, kam Schweden als Schützling Frankreichs schließlich recht gut davon. Es mußte nur auf seine Eroberungen in Westpreußen und Litauen verzichten. Daß es Vorpommern behielt, lag im Interesse Frankreichs, das Brandenburg nicht zu stark werden lassen wollte. Die brandenburgischen Versuche, darüber noch lange zu verhandeln, um wenigstens die Gebiete rechts der Oder zu ergattern, rief in der europäischen Öffentlichkeit Empörung hervor. Ein niederländischer Diplomat äußerte den Verdacht, daß sich der Kurfürst Pommern „im trüben erfischen" wolle.

Friedrich Wilhelm bekam im Friedensvertrag von Oliva am 3. Mai 1660 schließlich nur zugestanden, was ihm bereits in den Verträgen von Wehlau und Bromberg verbrieft worden war: die Souveränität im Herzogtum Preußen sowie eine gewisse Abrundung seines hinterpommerschen Besitzes. Das schien wenig zu sein, gemessen am greifbar nahe erschienenen Erwerb von Vorpommern; doch es bedeutete ja schon viel, daß der im internationalen Kräftespiel bisher nur geringgeachtete Brandenburger nicht zum großen Verlierer des Schwedisch-Polnischen Krieges geworden war.

Was der Kurfürst in Oliva darüber hinaus erreicht hatte, das war am Tage des Friedensschlusses noch nicht voll zu ermessen. Aber es war doch schon deutlich geworden, daß ihn europäische Großmächte nun als ernst zu nehmenden Partner gelten lassen mußten. Als souveräner Herzog in Preußen überragte er an Bedeutung alle übrigen Reichsfürsten. Alles kam nun darauf an, ob eine längere Friedenszeit eine spürbare Verringerung des gar zu kostspieligen Heeres erlauben und ein allmähliches Zusammenwachsen der noch stark auseinanderstrebenden, von eigenwilligen Ständevertretungen mitregierten „kurfürstlichen Staaten" ermöglichen würde. Das Verhalten der preußischen Stände gegenüber ihrem nun völlig souveränen Landesherrn verhieß in dieser Hinsicht wenig Gutes.

Rebellion in Preußen

Die Stände des Herzogtums hatten dem Polenkönig genau wie der Kurfürst den Lehnseid geschworen und vertraten nach Bekanntwerden des Vertrags von Oliva – von den Verhandlungen hatte sie ihr Landesherr wohlweislich ferngehalten – recht nachdrücklich die Ansicht, daß die Friedrich Wilhelm zuerkannte Souveränität in Preußen für sie nicht bindend sei. Die „Krone Polen" dürfe das Land nicht einfach „wie Äpfel und Birnen wegschenken". Überdies sei der Brandenburger durchaus kein Garant für die Bewahrung ihrer alten ständischen Freiheiten.

Am Altar des Königsberger Domes fand man einen Zettel, auf dem gefragt wurde:

„Was dünkt euch edle Preußen fein,
wollt ihr märkische Sklaven sein?"

Die lutherische Geistlichkeit unterstützte die sich hier äußernde Opposition nach Kräften, denn sie befürchtete, daß der neue Status des Landesherrn eine erhebliche Förderung der „kalvinistischen Ketzerei“ zur Folge haben werde. Der formell berechtigte Protest der Stände sollte auf einem Landtag vorgebracht werden, der – nach langem hinhaltenden Vertrösten von seiten des Kurfürsten – am 30. Mai 1661 begann.

Schon nach dem Vertrag von Wehlau hatte Friedrich Wilhelm für Preußen einen Statthalter ernannt, den litauisch-polnischen Fürsten Boguslaus Radziwill, mit dem er entfernt verwandt war. Dieser war, obwohl Kalvinist, von den Ständen unter Vorbehalten anerkannt worden. Radziwill mangelte es zwar nicht an der für diesen schwierigen Posten nötigen Geschicklichkeit, doch zur Eröffnung und Leitung des Landtages wurde eine noch gewichtigere Persönlichkeit entsandt, der 1657 zum Oberpräsidenten des Geheimen Rates ernannte Freiherr Otto von Schwerin.

Dieser stets um einen Interessenausgleich bemühte, immer verbindliche Umgangsformen wahrende wichtigste Berater des Kurfürsten erkannte schon nach wenigen Tagen, daß die meisten seiner adligen Standesgenossen – die den „Herzog von Preußen“ übrigens nur als einen von ihresgleichen ansahen(!) – zwar höchst widerwillig, aber in Anbetracht der realen Machtverhältnisse einem für sie günstigen Kompromiß zustimmen würden. Unbeugsamen Widerstand leistete zunächst nur ein Vertreter der Königsberger Bürgerschaft, Hieronymus Roth, Vorsitzender des Schöffengerichts der Königsberger Teilstadt Kneiphof.

Schwerin versuchte den „Schöppenmeister“ in einem gütlichen Gespräch zum Einlenken zu bewegen; doch dieser polterte sogleich los: „Wir Preußen sind freie Leute und, solange wir Christen gewesen, keines Potentaten unmittelbare Untertanen geworden!“ Roth bezog sich darauf, daß sich die preußischen Stände im Jahre 1454 freiwillig dem König von Polen unterstellt hatten. Doch aus landesfürstlicher Sicht war das Aufruhr gegen den damaligen Landesherrn, den Großmeister des Deutschritterordens, gewesen, und jede Berufung darauf basierte auf der Theorie, daß den Ständen ein Widerstandsrecht gegen eine „tyrannische Obrigkeit“ zustehe. Diesen umstrittenen Rechtsstandpunkt ließ Friedrich Wilhelm natürlich nicht gelten, und die Stände insgesamt argumentierten auch gar nicht auf dieser unsicheren Grundlage.

Wären sie geeint aufgetreten gegen den „Potentaten“, der sich ihren Befürchtungen zufolge absolute Gewalt aneignen wollte, gegen den „Kalvinisten“, der das lutherische Preußen mit reformierten Beamten regieren würde, gegen den „Fürsten von großen Ambitionen“, dem weitere kriegerische Verwicklungen zuzutrauen wären, so hätte sich ein blutiger Machtkampf kaum vermeiden lassen. Aber der Adel wußte, daß König Johann Kasimir am liebsten auf die Krone verzichtet hätte und daß von Versprechungen der ehrgeizigen und intriganten Königin nicht viel zu halten war. Allzu groß erschien die Gefahr, daß ausländische Mächte sich einmischen würden.

Als Schwerin den Schöppenmeister bei Verhandlungen mit den Ständevertretern der Verletzung schuldigen Respekts gegenüber dem Landesherrn bezichtigte, verlor dieser Sitz und Stimme im Landtag. Aber Roth gab nicht auf. Obwohl fanatischer Lutheraner, scheute er sich nicht, über einen Bruder, der Jesuit geworden war und in Polen lebte, direkte Beziehungen zum polnischen König anzuknüpfen. Er veranlaßte, daß „die Königsberger Bürgerschaft“ Johann Kasimir als „ihren König und Herrn“ um Hilfe gegen das „tyrannische Regiment des Kurfürsten“ bat. Der König antwortete „huldvoll“, daß er der treuen Stadt zu ihrem Recht verhelfen werde.

Die Predigten der lutherischen Geistlichen klangen nun immer drohender, die Ständevertreter äußerten sich noch selbstbewußter – da reichten Schwerins Verhandlungskünste offensichtlich nicht mehr aus. Im Juli verließ er Königsberg und kehrte nach Berlin zurück. Der Kurfürst hatte beschlossen, persönlich einzugreifen. Er zeigte jedoch keine Eile.

Als er gegen Ende Oktober in Königsberg eintraf, brachte er nur seine Leibgarde von 2000 Mann mit. Größere militärische

Aktionen versprachen kaum Erfolg. Inzwischen war von der Kanzel des Königsberger Domes während des Gottesdienstes eine Eidesformel verlesen worden, die dem König von Polen ewige Treue versprach. Das war Roths Werk. Fürst Radziwill hatte seine Festnahme befohlen, diese aber nicht vollziehen lassen können, da die Bürgerschaft mit offener Empörung drohte. Alle Steuerzahlungen waren bereits eingestellt worden, so daß den Truppen der Sold nicht mehr gezahlt werden konnte. Das hatte bei den Soldaten schon Unwillen hervorgerufen.

Nun wollte Friedrich Wilhelm Roths Verhaftung selbst in die Hand nehmen. Zweimal mußte der damit beauftragte Oberst unverrichteterdinge wieder abziehen, denn eine Menge Bürger strömte sogleich zum Schutze Roths zusammen, und Blutvergießen sollte vermieden werden. Am dritten Tage half eine List. An Roths Haus wurde ein von Reitern eskortierter Transport schwerer Lasten vorbeigeleitet. Als Roth sich neugierig zum Fenster hinauslehnte, zog ihn einer der Reiter blitzschnell auf sein Pferd, und dann ging's im Galopp aufs Schloß.

Nun war der gefährlichste Störenfried also verhaftet. Die Anklage konnte nur auf Landesverrat und Majestätsbeleidigung lauten. Der Kommission, die Friedrich Wilhelm zur Untersuchung der Schuldfrage einsetzte, gehörten lediglich zwei seiner engsten Mitarbeiter, im übrigen ausschließlich preußische Adlige und Bürger an. Ihr Urteil lautete, daß Roth zwar der ihm zur Last gelegten Verbrechen schuldig sei, doch nur dann, wenn man sich auf den Rechtsstandpunkt des Kurfürsten stelle. Aber dieser Standpunkt wurde von vielen energisch abgelehnt.Um von den Ständen als souveräner Herr anerkannt zu werden, durfte er sich jetzt nicht als ein „Tyrann“ erweisen, der sein Recht geltend machte, bevor es im Lande volle Gültigkeit erlangt hatte.

Die einzige Strafe, zu der sich die Kommission eventuell entschließen wollte, war eine Prügelstrafe mit anschließender Landesverweisung. Sollte Roth etwa als Märtyrer dorthin abgeschoben werden, wohin es ihn jetzt ziehen mußte und wo er am meisten schaden könnte: nach Warschau? Es blieb Friedrich Wilhelm nichts übrig, als ihn ohne Urteil in Haft zu behalten.

Die Vertreter der Bürgerschaft wurden am 8. November aufs Schloß befohlen. Auf dem Schloßhof standen 3000 Soldaten einsatzbereit. Die Kanonen des neuerbauten Forts Friedrichsburg waren auf Kneiphof gerichtet. Der Geheime Rat Friedrich von Jena, ehemals Professor für Staatswissenschaften an der Universität Frankfurt an der Oder, trat vor die eingeschüchterten Bürger und stellte ihnen bei künftigem Wohlverhalten „väterliche Milde" des Kurfürsten in Aussicht. Die Bürger begehrten zwar gar keine „Milde", sondern die Anerkennung der ihnen verbrieften alten Privilegien, aber von offenem Aufruhr war hinfort nicht mehr die Rede. Immerhin dauerte es noch ein halbes Jahr, bis eine neue landständische Verfassung ausgehandelt war. Am 1. Mai 1663 war es soweit. Die Stände brauchten der Souveränität nicht ausdrücklich zuzustimmen und erhielten doch die Zusicherung, daß der Kurfürst nur von ihnen bewilligte Steuern erheben, nur von ihnen gebilligte Verteidigungsmaßnahmen durchführen werde. Die Huldigung wollten sie jedoch nicht eher leisten, als bis polnische Kommissare sie von ihrer Lehnspflicht gegenüber Polen entbunden hätten. Für den Fall des Aussterbens der brandenburgischen Hohenzollern sollte das Herzogtum nämlich wieder an Polen fallen.

Auf das Eintreffen der polnischen Kommissare mußte noch bis Mitte Oktober gewartet werden. Dann fand im Hofe des Königsberger Schlosses die Erbhuldigung statt.

Als am 18. Oktober 1663 die Mittagsglocke ertönte, bestieg der Kurfürst das mit scharlachrotem Tuch bedeckte „Theatrum", eine an der Längsseite des Schlosses errichtete Bühne, und nahm auf dem mit rotem Samt ausgeschlagenen Thronsessel Platz. Die vier Oberräte des Landes Preußen hatten ihm die Insignien seiner Würde vorangetragen: Herzogshut, Schwert,

Erbhuldigung der preußischen Stände in Königsberg 1663

Zepter und Marschallstab. Die beiden Kommissare des Königs von Polen saßen ihm zur Seite. Im Hofe standen alle Mitglieder des preußischen Adels, die Abgeordneten der Städte und der Zünfte, alle Eigentümer eines Grundstücks sowie alle, die vom Kurfürsten Sold bezogen. Als der Kurfürst Platz genommen hatte, ergriff der Kanzler das Wort. Er würdigte kurz die Bedeutung des Tages. Dann verlas ein Sekretär die Eidesformel, mit der alle Anwesenden versprachen, sich „durch nichts, wie solches auch von Menschen erdacht werden mag“, von ihrem neuen einzigen, wahren und unmittelbaren Oberherrn abwendig machen zu lassen. Dann löste sie der polnische Abgesandte von ihrem alten Eide, und ein Krakauer Domherr nahm ihnen die „Eventualhuldigung“ ab, den Eid auf den König von Polen für den Fall des Aussterbens der brandenburgischen Hohenzollern.

Damit war der feierliche Akt beendet. Das am Tor wartende „gewöhnliche Volk“ durfte nun in den Schloßhof drängen, sich um goldene und silberne Denkmünzen balgen, die der Kämmerer in die Menge warf, und den ganzen Tag über von dem Wein trinken, der aus einem großen Adler floß. Die Stände wurden in den Festräumen des Schlosses an zwanzig Tafeln bewirtet.

Friedensjahre

Auf der Höhe des Lebens

Der Reichsgraf Georg Friedrich von Waldeck hatte bald erkennen müssen, daß seiner neuen Rolle als Vertrauter und einflußreicher Berater des selbstsicherer gewordenen Kurfürsten enge Grenzen gezogen waren. Bei seinen Versuchen, Regierung und Verwaltung neu zu organisieren, war es ihm nicht gelungen, die Stellung eines „Premierministers" zu erlangen, wie sie der von ihm verdrängte Burgsdorf innegehabt hatte.

Friedrich Wilhelm wollte unbedingt selbst regieren. Die Geheimen Räte sollten wirklich nur „geheim raten" und nicht selbständig „Ministerien" leiten. Die im 18. Jahrhundert aufkommende durchorganisierte Staatsverwaltung konnte sich der an ständische Selbstverwaltungsorgane gewöhnte Kurfürst wohl noch gar nicht vorstellen. Er präsidierte nur gelegentlich dem Plenum des Geheimen Rates und zog es vor, mit einzelnen Räten aus seinem Privatgemach, dem „Kabinett", zu regieren. Hier liefen alle wichtigen Angelegenheiten über den Schreibtisch des „Sekretärs" Otto von Schwerin, der auf diese Weise zum wirklichen Vertrauten und einflußreichsten Berater seines Herrn wurde. Dies durfte allerdings für Außenstehende nicht sichtbar werden.

Die dramatischen Entscheidungen Friedrich Wilhelms im Schwedisch-Polnischen Krieg konnte Waldeck nur noch bis 1657 zu steuern versuchen. Als der Kurfürst sich dann entschloß, „die polnische Karte zu spielen", mußte sich der Graf endgültig zurückziehen. Im September 1658 wurde Schwerin

Friedrich Wilhelm 1667. Nach einem Gemälde von P. Nason

zum Oberpräsidenten des Geheimen Rates ernannt und erlangte damit auch äußerlich eine Stellung, die Waldeck vergeblich angestrebt hatte. Bis zu seinem Tode (1679) ist Schwerin der erste Berater Friedrich Wilhelms geblieben. Die zwischen ihnen gewechselten Briefe – mehrere hundert sind überliefert – zeigen einen hohen Grad von Vertrautheit, doch die tiefe Kluft zwischen dem Herrn und dem Diener blieb dabei unverändert bestehen. Von der Furcht, daß ein besonders vertrauter Berater entscheidenden politischen Einfluß erlangen könnte, hat Friedrich Wilhelm sich nach dem grellen Mißklang, mit dem sein Verhältnis zu Burgsdorf endete, niemals mehr befreien können.

In Briefen an Standesgenossen neigte der selbstbewußte Fürst eher dazu, intime Züge seines Wesens zu offenbaren. Einige Beispiele dafür finden ihren Platz im jeweiligen Sachzusammenhang. Besonders aufschlußreich ist auch, was der dänische Diplomat Detlev von Ahlefeld, der als „Kenner geheimer Wissenschaften" Friedrich Wilhelms Freundschaft gewann, in seinen Lebenserinnerungen überliefert hat: „Ich habe einen großen Kurfürsten des Reiches gekannt, der in der Kunst der Dissimulation [des Sichverstellens] sehr geübt, und wenn er in guter Laune war, gegen mich mehr als einmal diese Worte erwähnt hat:

‚Niemand, der kennt meinen Sinn,
Ob ich Fuchs oder Hase bin.'"

Wo es um Machtzuwachs für seine Person und sein „Haus" ging, da war dieser „große Kurfürst des Reiches" in der Wahl seiner Mittel gewiß niemals zimperlich. Eine unverrückbare Grenze bestand allerdings in seinem religiösen Bekenntnis. Selbst durch sehr große Verlockungen war er nicht zu bewegen, sein „reformiertes" Christentum preiszugeben, das Gottes Willen im Erfolg oder im Mißerfolg menschlichen Strebens zu erkennen sucht. Tiefe Frömmigkeit war und blieb ein Grundzug seines Wesens und damit auch seines Machtstrebens.

Diese kalvinistische Frömmigkeit äußerte sich in starkem Pflichtgefühl und einem Arbeitseifer, der auch während der häufigen und langwierigen Erkrankungen nicht erlahmte. An seinem Krankenbett empfingen die Geheimen Räte ihre Weisungen, trugen fremde Diplomaten ihre Anliegen vor. Da ihn Steinbeschwerden oft quälten und auch Fieber verursachten, hat er seine Besucher gelegentlich heftig angefahren, was ihm den Ruf eines „Gewitterkopfes“ eintrug. Ein anderes Mal kam es wohl vor, daß er während einer langwierigen und schwierigen Beratung einschlief und damit den Schlußpunkt ins Protokoll des Geheimen Rates setzte. Die siebenbändige Reihe der „Protokolle und Relationen“ liefert dafür erstaunliche Beispiele.

Schon zu Beginn seiner Regierungszeit wunderten sich seine Räte darüber, daß der junge Herr nicht nur an den Sitzungen des Geheimen Rates regelmäßig teilnahm, sondern bei kontroversen Abstimmungen sich schweigend Notizen machte, um seine Entscheidung später allein oder mit einem Vertrauten zu treffen. Dieses Verfahren hat er bis zu seinem Ende beibehalten, ebenso die strenge Einteilung seines Arbeitstages. Er pflegte im Sommer wie im Winter um sechs Uhr früh aufzustehen und den Tag mit einem Gebet zu beginnen. Zum Frühstück gab es die altgewohnte Biersuppe. Erst in den achtziger Jahren kamen Kaffee oder Tee, die Modegetränke jener Zeit, auf seinen Tisch.

Den ganzen Vormittag über arbeitete er mit Geheimen Räten. Das Mittagsmahl nahm er gewöhnlich mit der Kurfürstin allein ein. Der Nachmittag wurde mit körperlicher Betätigung, am liebsten mit Arbeit in den Gärten oder mit Ausritten verbracht. Am Abend gab es Unterhaltung und Spiel, oft im Familienkreise, aber auch dann noch hatte Arbeit an dringenden Staatsgeschäften Vorrang. Der österreichische Gesandte Baron Lisola, der Friedrich Wilhelm während der Verhandlungen über die Souveränität in Preußen besonders vertraut geworden war, schrieb 1663 aus Berlin: „Ich bewundere diesen Kurfür-

Otto Freiherr
von Schwerin

sten, der seine Freude an langen Berichten mit allerkleinsten Einzelheiten findet und solche ausdrücklich von seinen Dienern verlangt; er liest, überlegt und expediert [erledigt] alles; eines verknüpft er mit dem anderen und vernachlässigt nichts."

Diese Vertrautheit mit allen Regierungsgeschäften hat dazu geführt, daß der Kurfürst nach dem Tode Schwerins im Herbst 1679 keinen neuen Oberpräsidenten des Geheimen Rates mehr ernannte und wie ein rechter Patriarch regierte. Rivalitäten unter seinen obersten Mitarbeitern förderte er geradezu.

Sein stets waches Mißtrauen veranlaßte ihn sogar, nur jeweils ausgewählte Mitarbeiter in die Geheimnisse seiner Schaukelpolitik zwischen Frankreich und dem Hause Habsburg einzuweihen. Er liebte es bis zuletzt, den Rat vieler, auch von Freunden und Verwandten, zu hören, doch die Entscheidung behielt er sich vor.

Als Schwerin 1661 die schwierigen Verhandlungen mit den preußischen Ständen einleiten mußte, vermißte Friedrich Wilhelm ihn im fernen Kleve schmerzlich und schrieb ihm ein seltenes Kompliment: „Ich wollte wünschen, daß Ihr zwene Leiber itzo hättet, damit der eine bei mir und der andere in Preußen sein möchte." Auch der Kurfürstin blieb Schwerin nicht nur als Verwalter ihrer persönlichen Güter, sondern auch als vertrauter Berater unentbehrlich. Trotz der ungeheuren Arbeitslast seiner vielen Ämter fand dieser noch Zeit für recht erfolgreiche Versuche als Dichter und Schriftsteller. Auch außerhalb der Grenzen Brandenburg-Preußens wurde sein Talent gerühmt. Er blieb aber stets brav im Rahmen des Geschmacks seiner kalvinistisch-frommen Gönnerin und ihrer Hofdamen. Mit Liedern wie „Jesus, meine Zuversicht" ließ sich in Berlin ein richtiger Musenhof nicht begründen.

Porträts dieses so vielseitig begabten Mannes zeigen einen auffällig sanften Gesichtsausdruck, und es war wohl sein gleichbleibend freundliches Wesen, das ihn bei Hofe so beliebt machte. Drei reiche Heiraten – aus den ersten beiden gingen sechzehn Kinder hervor – ließen ihn wirtschaftlich unabhängig werden. Das machte es ihm wohl leichter, die damals üblichen „Geschenke" fremder Diplomaten grundsätzlich zurückzuweisen. Außer ihm war nur noch der Feldmarschall Derfflinger für diese Enthaltsamkeit bekannt.

Nach dem Abschluß des Westfälischen Friedens hatte der Kaiser Schwerin in den Rang eines Reichsfreiherrn erhoben, weil es dem stets um Ausgleich der Interessen bemühten Berater gelungen war, den heißblütigen jungen Kurfürsten beim Streit um Pommern zum Einlenken zu bewegen. Seine gesellschaftliche Stellung blieb aber doch deutlich unter der jener Herren von hohem Reichsadel, die Friedrich Wilhelm nach und nach als „Puffer“ zwischen sich und rebellische Landstände stellte, um mit Hilfe „standesgemäßer“ Statthalter regieren zu können.

In Berlin und in Potsdam, wo nach 1660 im neuerrichteten Stadtschloß eine Nebenresidenz entstand, wurde Johann Georg II. von Anhalt, Schwager der Kurfürstin, Fürst von Anhalt-Dessau und Statthalter in der Kurmark, zweifellos als wesentliche Bereicherung der Hofgesellschaft angesehen. Es war damals offenbar nicht leicht, die neu erlangte Souveränität des „Herzogs von Preußen“ auch in der Kurmark durch vermehrten Glanz zu repräsentieren. Wie tief hier bis in die achtziger Jahre die Kluft zwischen Wollen und Können war, beleuchten nur wenige Schlaglichter, die sich aus spärlichen Berichten von Gästen ergeben.

Eigentlich widersprach das Wesen des arbeitsamen Herrschers einem umständlichen täglichen Hofzeremoniell so entschieden, daß „feierliches Gepränge“ wohl auf besondere Anlässe beschränkt blieb. Dessenungeachtet wirkte seine äußere Erscheinung zweifellos imponierend. Obwohl nur wenig mehr als mittelgroß, gab ihm sein massiger Körperbau ein stattliches Aussehen. Daß Friedrich Wilhelms Geschmack überwiegend holländisch geprägt war, kam auch in seiner Kleidung zum Ausdruck. Zum langschößigen, bis zur weißleinenen Halsbinde geschlossenen Rock trug er einen schmucklosen Hut mit breiter Krempe. Die Hosen steckten in großen, oben umgeschlagenen „Stulpenstiefeln“. Dichtes dunkles Haar wallte so lang über die Schultern, daß man es für eine Allongeperücke halten konnte. Über die Oberlippe zog sich ein schmaler Schnurrbart elegant zu den Mundwinkeln hin. Das kühn, aber auch listig wirkende fleischige Gesicht mit dunkelblauen, scharf blickenden Augen wurde von einer mächtigen Adlernase beherrscht. – Im Kriege diente dieselbe Kleidung, ergänzt durch eine über die Schulter gelegte blauseidene Offiziersschärpe und ein reich verziertes Gehänge für den kostbaren Degen, dem Heerführer als „Uniform“.

Um das Zeremoniell eines großen Hofes wenigstens äußerlich zu wahren, ernannte Friedrich Wilhelm 1660 einen Hofmarschall, Raban von Canstein. Dieser war jedoch „hauptberuflich“ Präsident der Hofkammer, ein müder, verknöcherter Bürokrat, der sich zum Zeremonienmeister und damit zum Hofmarschall überhaupt nicht eignete. Bis 1674, als er alle seine Ämter nach einem Gerichtsverfahren verlor, scheint er als Hofmarschall auch nur dann aufgetreten zu sein, wenn Geld beschafft werden mußte, notfalls aus seinem eigenen Vermögen. Die dabei wohl kaum vermeidbaren „Unregelmäßigkeiten“ haben ihn schließlich seine Ämter gekostet.

Im Januar 1678, als der Kurfürst mit seinem Heer in Preußen den fliehenden Schweden nachjagte und in kümmerlichen Bauernhütten ganz gewiß kein „höfisches Zeremoniell“ entfaltet werden konnte, begleitete ihn ein „Hofmarschall Canitz“, von dem nichts Näheres bekannt ist. Doch als im Oktober 1680 Prinz Wilhelm III. von Oranien nach Berlin kam, wurde Friedrich Wilhelms Prestigebedürfnis offenbar voll befriedigt. Es wird von einer „an den damaligen deutschen Höfen unerhörten Pracht“ berichtet. Alle Diener bekamen neue gold- und silberverbrämte Livreen, der französische Gesandte Graf Rébenac zählte vierundzwanzig Trompeter sowie vierzig Pagen, die den Hofdienst versahen, und in den kurfürstlichen Marställen sollen mehr als fünfhundert Pferde gestanden haben.

Zwei Jahre später berichtete ein anderer Franzose: „Der Hof des Kurfürsten ist freigebiger als irgendein anderer in Deutschland, und obgleich dem Kurfürsten der Titel eines Königs fehlt, werden diese Ansprüche doch nicht vermißt, wenn man von einem königlichen Hofe nach Berlin kommt.“ Angesichts der noch immer sehr großen Armut in allen Landesteilen und der zusätzlichen Verschuldung während der Kriegsjahre von 1672 bis 1679 mit mindestens 900000 Talern wirkt dieser Pomp zumindest befremdend. Die Ausgaben für die Hofhaltung wurden um die Mitte der achtziger Jahre mit jährlich etwa 370000 Talern veranschlagt. Das machte ungefähr den siebenten Teil der Einnahmen aller zentralen Kassen aus. Ausgaben für Schloßbauten sind allerdings darin enthalten.

Als Ehemann und Vater führte Friedrich Wilhelm während dieser Jahrzehnte ein unverändert vorbildliches Leben. Die Erziehung seiner beiden Söhne, Karl Emil und Friedrich, hat er 1662 dem Oberpräsidenten Schwerin anvertraut. In vielen Briefen zeigte er sich um ihr Wohlergehen besorgt, und oft überzeugte er sich persönlich von Fortschritten in ihrer Ausbildung.

In einem der Briefe, die er 1663 an Schwerin schrieb, lobt er „die Sorgfalt, so Ihr fur meine Kinder traget undt Euch deszhalben bei zeitten wegen der Pocken von Berlin nach Spandau begeben habt. Es bekümmert mich aber nicht wenig, dasz die Kinder alda solche grosse Kalte leiden. Wo Ihr Euch aber alda schon ingerichtet und vermeinen wurdet, dasz Ihr nuhmehr wegen der grossen Kalte ohne Schaden auszhalten und mit den Kindern woll verbleiben konttet, undt es nicht von notten wegen der grossen Kalte einen anderen Ohrt zu nehmen, so hette es sein bewenden; daferne aber Ihr einen anderen ohrt nehmen woltet, so habt Ihr auff sothanen Fall nach Potzdam zu begeben, iedoch zu vorderes Euch zu erkundigen, ob etwa auch dergleichen ansteckende Kranckheiten weren, den zu Potzdam die Gemacher kleiner und wermer sein als zu Spandau. Auff die Kinder hab Ihr wegen der grossen Kalte fleissige acht zu geben, insonderheitt fur den iungsten, welcher sehr zahrt ist."

Im August 1663 erkrankte der Kurprinz an den Kinderpokken. Obwohl die Krankheit sich als harmlos erwies, zeigte Friedrich Wilhelm sich tief bekümmert, „undt erwahrtte ich die morgende post mit hofnung der besserung, auch mitt grosser furcht, das es schlimmer worden ist. Der hochste wolle ihn erhalten, damitt er Ihme undt seiner Kirche dienen, undt ich im alter meine freude ahn Ihn erleben moge. ... Ihr kunt leicht gedencken, wie sehr es mich verlangen thut, bisz ich von der besserung undt das er ausser gefahr ist, nachricht haben moge. Der hochste wolle mich so unglucklich nicht machen, das ich bosse Zeittung von Ihm vernehme, es wurde gewisz mein todt sein. Ich will fleiszig zu Gott bitten, das er Ihn mir erhalte."

Aus einer Tagebuchnotiz Schwerins vom 25. August 1666 geht hervor, daß diese väterliche Fürsorge nicht nur von tiefer Frömmigkeit, sondern auch von handfestem Aberglauben bestimmt sein konnte. Es heißt dort: „Da dem Kurprinzen ein Unglück von einem Astrologo angekündigt, haben Seine Kurfürstliche Durchlaucht ihn nicht ausgehen lassen wollen. An eben demselben Tage sind vier Edelleute mit den Pferden gestürzt, davon der eine noch ohne Hoffnung darnieder liegt, und hat der Astrologus gesagt, wenn der Kurprinz mitgekommen, würde ihm ganz gewiß ein Unglück begegnet sein."

Gute Leistungen seiner Söhne belohnte Friedrich Wilhelm mit kleinen Geschenken oder mit einem gemeinsamen Ausflug zu einer der von ihm so geliebten Jagden. Den Kurprinzen Karl Emil, der ihm offenbar sehr ähnelte, bevorzugte er deutlich, so daß Luise Henriette sich genötigt sah, gelegentlich zugunsten des schwächlichen, infolge eines Unfalls etwas verwachsenen Friedrich einzugreifen.

Doch die Kurfürstin litt an Tuberkulose. Fünf Geburten – 1664 kamen Zwillinge zur Welt, die schon nach wenigen Tagen starben – und mehrere Fehlgeburten schwächten sie so sehr, daß sie sich nach der Geburt des dritten Sohnes, Ludwig, im Sommer 1666 nicht mehr erholte. Im nächsten Frühjahr kehrte sie todkrank von einem Besuch in den Niederlanden nach Berlin zurück. Friedrich Wilhelm reiste ihr, aufs höchste besorgt, bis Halberstadt entgegen.

Bald darauf verfaßte er eigenhändig eine Urkunde, in der er gelobte, ein Armenhaus zu stiften und es großzügig zu versorgen, wenn ihm seine Frau erhalten bliebe. Als Luise Henriette im Juni 1667 starb, war er tagelang für niemanden zu sprechen. Gott war auf das von ihm vorgeschlagene „Geschäft" nicht eingegangen – da fühlte sich der Witwer auch nicht verpflichtet, ein Armenhaus einzurichten.

Bereits Anfang 1668 äußerte er wieder Heiratsabsichten, und im Juni heiratete er kurz entschlossen die dreiunddreißigjährige Witwe des Herzogs Christian von Lüneburg, Dorothea, eine recht robuste und geschäftstüchtige Dame. Damals schrieb Friedrich Wilhelm an Fürst Johann Moritz, seinen Statthalter in Kleve: „Ich bin so gantz alleine, das ich umb geselschaft zu haben es habe thun müssen." Ohne Frau konnte und wollte dieser Mann nicht leben, und das damals sehr verbreitete Mätressenwesen entsprach nicht seinen sittlichen Grundsätzen.

Die zweite Lebensgefährtin hat er sich ganz ohne politische Nebenabsichten ausgesucht. Mit ihrem verstorbenen Mann war er befreundet gewesen. Dorothea besaß kaum geistige Interessen oder Sinn für höfische Kultur, aber sie war unternehmungslustig und tatkräftig. Sie begleitete den Kurfürsten auf die Jagd, ja sogar in den Krieg, und auch an Trinkgelagen nahm sie gelegentlich teil. Am Hofe ihres ersten Mannes war es oft besonders feucht-fröhlich zugegangen.

Die neue Kurfürstin galt nicht ohne Grund als raffgierig und berechnend. An den Hof kommende Diplomaten wurden mehrmals ziemlich plump veranlaßt, ihr kostbare Geschenke zu „verehren". Besonders die französischen Gesandten zeigten sich da nicht kleinlich. Dorothea war aber klug genug, ihren in dieser Hinsicht besonders empfindlichen, leicht aufbrausenden Gemahl nur in politischen Entschlüssen zu bestärken, die seine eigenen waren. Die Ehegatten verband lebenslang eine tiefe Zuneigung. Wenn Friedrich Wilhelm erkrankte, übernahm seine Frau selbst die Pflege. Sie zögerte allerdings auch nicht, den Kurfürsten zwischen 1680 und 1686 wiederholt zu neuen Testamenten zu überreden, um ihre vier Söhne und drei Töchter, die aus der zweiten Ehe hervorgingen und bis auf eine Tochter am Leben blieben, „standesgemäß" – das heißt die Söhne mit „abgetrennten Herrschaften" – zu versorgen.

Das hat in den achtziger Jahren zu schweren Zerwürfnissen mit den überlebenden Söhnen aus der ersten Ehe geführt. Diese Streitigkeiten kündigten sich schon an, als durch die neue Heirat eine testamentarische Verfügung Friedrich Wilhelms in Frage gestellt wurde. Nach dem Tode Luise Henriettes hatte dieser für den Fall seines vorzeitigen Todes seinen Schwager Fürst Johann Georg II. von Anhalt-Dessau vom Vormund seiner Söhne und zum Regenten für den minderjährigen Kurprinz Karl Emil bestellt. Johann Georg sah voraus, daß diese Bestimmung nun zugunsten Dorotheas geändert werden würde, und versuchte, einer dadurch zu befürchtenden Benachteiligung seiner Neffen entgegenzuwirken.

Diese Bemühungen waren vergeblich und trugen dem Fürsten nur den noch lange nachwirkenden Groll seines kurfürstlichen Schwagers ein. Da Friedrich Wilhelm ungeachtet seiner häufigen Gedanken an einen frühen Tod ein verhältnismäßig hohes Alter erreichte, sind seine frühen Testamente nur Absichtserklärungen geblieben. Doch eine sehr eindrucksvolle persönliche Aufzeichnung, die als sein Politisches Testament bezeichnet wird, verdient als Zwischenbilanz des damals sechsundvierzigjährigen Herrschers besondere Beachtung.

Das Politische Testament

Die starke seelische Erschütterung Friedrich Wilhelms durch die schwere, zum Tode führende Erkrankung Luise Henriettes ist nicht nur durch sein kurzlebiges Gelübde zur Stiftung eines Armenhauses dokumentiert; im Mai 1667 verfaßte er eigenhändig, und ohne sich mit jemandem zu beraten, jenes umfangreiche Schriftstück, das als „Politisches Testament" eine Tradition im Hause Hohenzollern begründet hat. Es enthält Ratschläge für seinen damals erst zwölf Jahre alten Sohn Karl Emil, weil er glaubte, daß er bald sterben werde. Der Ton dieser Ausführungen ist aber keineswegs von Wehleidigkeit oder Resignation geprägt, sondern der Kurfürst blickt mit sichtlicher Genugtuung auf das von ihm Erreichte zurück. In Anbetracht der sicherlich großen Trauer über den unabweislich nahenden Verlust seiner Frau darf man wohl von einer gewissen Tapferkeit des Herzens sprechen, die wir bei Friedrich Wilhelm in Zeiten schwerer seelischer Belastungen öfters beobachten können, nachdem er eine Phase tiefster Niedergeschlagenheit überwunden hatte.

So entstand die längste und bedeutendste Äußerung höchst persönlicher Anliegen, die wir von ihm besitzen. Schwerpunkte bilden Probleme der Kirchenpolitik, der inneren Staatsverwaltung, der Außenpolitik und des Militärwesens, doch werden diese Themen nicht systematisch abgehandelt. Am Anfang und am Schluß stehen formelhaft klingende religiöse Ermahnungen, an deren Ernsthaftigkeit jedoch kein Zweifel bestehen kann. Gottvertrauen gilt ihm als höchste politische Weisheit. Der Nachfolger soll Gottes Willen im Gebet zu ergründen suchen und danach handeln, stets in der Gewißheit, daß er eines Tages für alle seine Taten Rechenschaft geben muß.

Die Verbreitung seines reformierten Bekenntnisses zu fördern, sah Friedrich Wilhelm als eine selbstverständliche Pflicht an. Bei der Vergabe öffentlicher Ämter hat er seine Glaubensbrüder stets bevorzugt. Das soll der Nachfolger beibehalten. Wo der Kurfürst als Kirchenherr (Patron) evangelisch-lutherische Pfarrer selbst einsetzen darf, soll der Nachfolger nur Geistliche auswählen, die sich an der in Kurbrandenburg noch weitverbreiteten Diffamierung der Reformierten durch lutherische Theologen nicht beteiligen. Friede zwischen allen Konfessionen auf der Grundlage der ihnen garantierten Rechte wird als das oberste Ziel der kurfürstlichen Kirchenpolitik bezeichnet. In den westlichen Landesteilen gab es zahlreiche Katholiken, die ausdrücklich in diesen Kirchenfrieden einbezogen wurden.

In der Innenpolitik soll ganz allgemein der Grundsatz „gnädiger Fürsorge“ für alle Untertanen beachtet werden, wobei der nur oberflächlich überbrückte Gegensatz zu den Landständen der einzelnen kurfürstlichen „Staaten“ gar nicht erwähnt wird. Offenbar soll alles vermieden werden, was nach einer eventuell notwendig werdenden Vormundschaftsregierung die spätere Regierungsübernahme durch den Kurprinzen erschweren könnte. Die Mahnung, eine unparteiische Rechtspflege zu garantieren und sich landesherrlicher Eingriffe in schwebende Verfahren strikt zu enthalten, war – wie Friedrich Wilhelms eigene Regierungsweise zur Genüge lehrt – wohl ein gar zu frommer Wunsch. Die bewährte Praxis, die Arbeit mit dem Plenum des Geheimen Rates und die Arbeit mit einzelnen Räten nach Bedarf zu verbinden, wird zur Nachahmung empfohlen. Dabei wird nachdrücklich betont, daß einem einzelnen Mitarbeiter niemals eine Vorrangstellung zu Lasten der Autorität des Landesherrn eingeräumt werden dürfe.

In der Außenpolitik sollen die Sicherung des Erreichten und die Bewahrung des Friedens entschieden Vorrang vor lockenden Eroberungszielen haben. Dabei soll der Nachfolger niemals vergessen, daß nur jederzeit einsatzbereite militärische Macht die wünschenswerte „Balance“ – das Gleichgewicht der politisch entscheidenden Mächte Frankreich und Österreich – sichern hilft und daß passives Abwarten verhängnisvoll sein kann. Oft halte „ein Schwert das andere in der Scheide“. Das Gleichgewicht der Kräfte in Europa sei für Brandenburg geradezu lebenswichtig. Daher biete auch ein – oberflächlich betrachtet – nachteiliger Kompromiß, der diesem Ziel diene, Brandenburg entscheidende Vorteile.

Als „natürlicher Verbündeter“ der brandenburgischen Hohenzollern wird der Kaiser bezeichnet. Ein Bündnis mit einer ausländischen Macht gegen das Reichsoberhaupt sei nur gerechtfertigt, wenn es um die Verteidigung der Verfassung des Reiches gehe. Damals war Friedrich Wilhelm mit Schweden verbündet. Dieser Zustand sollte Brandenburg jedoch nur gegen einen Überfall von seiten der nordischen Großmacht schützen. Die Beziehungen zu den Niederlanden sieht Friedrich Wilhelm vor allem unter dem Aspekt der gemeinsamen reformierten Konfession.

Beim Thema „Truppen und Festungen“ ist der Kurfürst sichtlich in seinem Element. Für alle Garnisonen kann er die im Falle eines Krieges erforderlichen Besatzungsstärken nennen, er weiß, wo dringliche Bauten erforderlich sind und was zur Auffüllung der Magazine veranlaßt werden muß. Die „Außenbastion Preußen“ bereitet dabei offenbar noch besondere Sorgen. Er geht hier auf ihre spezifischen Probleme ein und läßt dabei die enge Verzahnung der allgemeinen Landesverwaltung mit den Belangen des Militärs erkennen. Die preußischen Stände versuchten nämlich mit allen Mitteln, ihren Anteil am stehenden Heer ihres Landesherrn durch eine Neuordnung der alten landständischen Heeresorganisation, der Landmiliz, zu ersetzen. Diese militärisch fragwürdige Truppe wäre einem im Lande ansässigen „Landesobristen“ unterstellt gewesen und hätte für die kurfürstliche Machtpolitik praktisch gar keinen Wert besessen. Daher hält es Friedrich Wilhelm für dringend geboten, die Verwaltung der landesherrlichen Einkünfte aus Domänen und Regalien (Einnahmen aus Hoheitsrechten, wobei es sich in Preußen vor allem um die Seezölle handelte) neu zu ordnen, um gegenüber den Ständen kraftvoller auftreten zu können.

Das noch sehr problematische Verhältnis des Landesherrn zu den jeweiligen Ständen wird sonst nur noch im Zusammenhang mit Magdeburg erwähnt und hier auffällig verharmlost. Im Juni 1666 hatte Friedrich Wilhelm die Stadt unter Androhung militärischer Gewalt gezwungen, ihren noch zäh behaupteten Anspruch, als Reichsstadt dem Kaiser direkt unterstellt zu sein, aufzugeben und eine brandenburgische Garnison aufzunehmen. Damit wurde die Stadt endlich in das „Herzogtum Magdeburg“ integriert, das noch bis 1680 von einem in Halle residierenden sächsischen Administrator (als ehemaliges Erz-

Friedrich Wilhelm 1672.
Medaillonbildnis von
G. Leygebe

bistum) regiert wurde. Dieses höchst riskante Unternehmen war über Erwarten glatt verlaufen, und so war es verständlich, daß Friedrich Wilhelm sein Verhältnis zu den magdeburgischen Ständen nicht nachträglich trüben wollte.

Seine hier zutage getretene Neigung zu „absolutistischer“ Gewaltpolitik bestimmte noch keineswegs sein Verhältnis zu den Ständen. Erst gegen Ende seines Lebens, in den achtziger Jahren, wird der typische Wesenszug des frühen brandenburgisch-preußischen Absolutismus – die Entwicklung zentralistisch organisierter Verwaltungsorgane – deutlicher sichtbar.

Was es mit der im Politischen Testament so sehr betonten

Treue zum Kaiser in der realen Politik der nächsten Jahrzehnte auf sich hatte, muß ebenfalls späteren Betrachtungen vorbehalten bleiben. Geradezu verblüffend wirkt jedoch ein etwa zwei Jahre später entstandenes Dokument zu diesem Thema, das als Zusatz zum Politischen Testament verstanden werden kann. Zunächst lag es viele Jahrzehnte lang in einem vergessenen Schreibpult, bis es der Enkel, der „Soldatenkönig“ Friedrich Wilhelm I., bei einem Besuch auf dem Vorwerk Ruhleben bei Spandau durch einen Zufall fand.

Es handelte sich um einen detailliert ausgearbeiteten Plan zur Eroberung der habsburgischen Provinz Schlesien im Falle des Aussterbens der Habsburger. Der von diesen Darlegungen höchst angetane glückliche Finder jubelte: dieser Fund sei ihm mehr wert als ein Geschenk von 100000 Dukaten (Goldmünzen, ungefähr dem Reichstaler entsprechend). Im Politischen Testament hatte es noch geheißen: „Hütet euch, daß ihr durch Appetierung [Angriffe auf] mehrere Lande nicht großen Neid und Feindschaft auf euch ladet und dadurch auch, was ihr schon habet, in Gefahr setzet.“ Dieses Sichbescheiden mit den Ergebnissen des Westfälischen Friedens erscheint ihm jedoch schon 1669 unzweckmäßig, ja geradezu unstatthaft.

Inzwischen hatte der junge König Ludwig XIV. nach dem Tode des Kardinals Mazarin (1661) die Leitung der französischen Politik selbst übernommen. Dabei konnte er sich auf besonders fähige Minister und Heerführer stützen. Ludwig XIV. ließ keinen Zweifel daran, daß er Frankreich die Vorherrschaft in Europa sichern wollte und dabei vor Angriffskriegen nicht zurückschreckte. Die „Balance“ zwischen Österreich und Frankreich war also aufs ärgste bedroht und mit ihr der Frieden im Reich.

In dieser Situation glaubte Friedrich Wilhelm als überzeugter Kalvinist, nun doch mit *allen* Mitteln für die Vermehrung seines Erbes wirken zu müssen. Gott sei mit einem Eroberungskrieg einverstanden, wenn es gelte, „seine Kirche aus der Drangsal des Papsttums zu erretten“. In Schlesien, wo die reformierte Kirche hart bedrängt war, sah Friedrich Wilhelm in dieser Hinsicht zweifellos eine Aufgabe, zumal wenn er bedachte, „auf was [für] schwachen Füßen das Haus Österreich bestehe“. Bei einer sich ergebenden Aufteilung der österreichischen Länder sei Kurbrandenburg zweifellos der nächste Anwärter auf Schlesien, da gewisse Erbansprüche, die er sorgsam aufzählt, ihm rechtlich gut fundiert erschienen. Aber schließlich ist doch nur von einer handfesten Eroberung die Rede. Ausführlich wird dargelegt, wie diese zu bewerkstelligen sei.

Die rechte „Konjunktur“, in der sich eine günstige „Occasion“ [Gelegenheit] ausnutzen ließe, hat sich dann zu Friedrich Wilhelms Lebzeiten aber offenbar nicht ergeben. Erst sein Urenkel Friedrich II. entdeckte und nutzte sie auf seine Weise, indem er sogleich bei seinem Regierungsantritt 1740 den ersten Schlesischen Krieg vom Zaune brach, die reiche Provinz eroberte und den Raub in drei schweren Kriegen verteidigte.

Friedrich Wilhelms kalvinistische Religiosität, die so friedfertig aus seinem Politischen Testament von 1667 spricht und dann um 1669 als Deckmantel für die theoretische Begründung eines Eroberungskrieges dient, führte in den sechziger Jahren zu erheblichen innenpolitischen Spannungen. Sie gab aber auch den Ausschlag bei der weitreichenden Entscheidung, ob der Kurfürst im Herbst 1668 als Mitbewerber um den vakant werdenden polnischen Königsthron auftreten sollte.

Religion und Politik

Es fällt schwer, sich vorzustellen, wie hart in der zweiten Hälfte des 17. Jahrhunderts die Gegensätze zwischen den beiden „evangelischen“, also ausschließlich auf der Bibel fußenden Konfessionen in der Kurmark Brandenburg aufeinanderprallten. Sozusagen vor der Haustür des Kurfürsten, in der Doppelstadt Berlin-Kölln, wurde der Streit besonders lautstark ausgetragen. Hier sollte nach dem Willen Friedrich Wilhelms gleich nach dem Frieden von Oliva damit begonnen werden, die „feindlichen Brüder“ mit sanfter Gewalt zu zwingen, christliche Toleranz zu üben und einen sicheren „Kirchenfrieden“ – wie der Kurfürst sagte – zu stiften.

Daß Luther und der schweizerische Reformator Zwingli – der Vorgänger Calvins – ihre Meinungsverschiedenheiten im entscheidenden Religionsgespräch zu Marburg (1529) nicht überwinden konnten, hatte letztlich sozialpolitische Ursachen. Ihre bitter verfeindeten Nachfahren hielten sich jedoch an unterschiedliche Auffassungen über das Sakrament des Abendmahls. Sozialökonomische Unterschiede, wie sie in Frankreich zwischen den dortigen Anhängern der Lehren Calvins, den Hugenotten, und den von der Staatsgewalt unterstützten Katholiken bestanden, spielten in der ärmlichen Mark Brandenburg eine wesentlich geringere Rolle.

Im Berlin der sechziger Jahre zeigten sich die Lutheraner felsenfest davon überzeugt, daß mit der Abendmahlsoblate der Leib Christi „mündlich und übernatürlich“ genossen werde, während sich die Reformierten nicht so kämpferisch, aber ebenso bestimmt darauf beriefen, daß die Evangelien über eine derart übersinnliche Bedeutung der letzten gemeinsamen Mahlzeit Jesu Christi mit seinen Jüngern nichts berichteten. Die lutherische Lehre könne also nicht als „evangelisch“ bezeichnet und anerkannt werden.

Da aber die lutherischen Theologen behaupteten, daß durch den Genuß der Oblate der Glaube der Gläubigen immer aufs neue bekräftigt werde und daß nur dadurch die ewige Seligkeit erlangt werden könne, war an diese Lehre die Existenz der Konfession gebunden. Die schon früher erwähnte „Konkordienformel“ von 1577, auf die jeder lutherische Prediger seinen Amtseid schwor, war entsprechend scharf antikalvinistisch formuliert. Aus ihr stammten auch die Argumente, mit denen Friedrich Wilhelms amtliche Vermittler immer wieder konfrontiert wurden: Jemand, der nicht glaubt, daß im Abendmahlsbrot der Leib Christi genossen wird, kann nicht in Gottes Himmel kommen. Nur wer glaubt, empfängt die Oblate als den Leib Christi. Ein Reformierter, der diesen Glauben ablehnt, gibt sich als Ungläubiger zu erkennen. Seine Auffassung, das heilige Abendmahl sei nur als Akt des Gedenkens an den Opfertod Christi zu verstehen, macht ihn geradezu zum Sakramentschänder.

Im Juni 1662 untersagte Friedrich Wilhelm in einem Edikt den Lutheranern eine solche Verketzerung der Reformierten, und zwei Monate später ernannte er zwei Männer seines Vertrauens, den Oberpräsidenten Schwerin und den Hofprediger Stosch, zu seinen Vertretern bei offiziellen „Religionsgesprächen" mit führenden lutherischen Theologen. Das Ergebnis war wenig ermutigend. Die Lutheraner beriefen sich darauf, daß die „Konkordienformel" in der Mark Brandenburg als Bekenntnisschrift seit langem anerkannt sei. Der als Dichter sehr beliebter Kirchenlieder außerordentlich populäre Prediger Paul Gerhard, der sich bisher stets mäßigend geäußert hatte, sagte dem um Vermittlung bemühten Oberpräsidenten unverblümt: „Daß unter den Reformierten Christen seien, gebe ich gern zu, aber daß die Reformierten *als solche* Christen und also meine Mitbrüder seien, das ist es, was ich bestreite."

Von ihrer Behauptung, die Reformierten seien Anhänger einer Irrlehre, wollten die Lutheraner sich nicht abbringen lassen. Als 1664 ein zweites „Toleranzedikt" erlassen wurde, das auch den Reformierten Angriffe auf die evangelischen Konkurrenten untersagte, waren es vor allem Berliner Lutheraner, die sich weigerten, eine strikte Beachtung dieser Edikte schriftlich zu geloben. Ein Propst, der den Revers unterschrieben hatte, wurde in Predigten und Briefen als Abtrünniger geschmäht. Wenige Wochen später erlag er einem Schlaganfall. Ein Archidiakon, der wegen hartnäckiger Verweigerung sein Amt verlor und des Landes verwiesen wurde, wanderte nach Leipzig aus, wo er sogleich ein Pfarramt und bald darauf eine theologische Professur erhielt. Auch der harmlose Paul Gerhard, der sich durch seinen Amtseid an die „Konkordienformel" gebunden fühlte, verlor seine Pfarrstelle an der Nikolaikirche zu Berlin. Vergeblich bemühte sich Friedrich Wilhelm persönlich, ihn wenigstens zu einer formalen Versicherung seiner fraglos vorhandenen Friedfertigkeit zu bewegen. Unerschütterlich entgegnete der fromme Mann: „Wer die Konkordienformel zu verlassen, zu verleugnen und abzuschaffen hilft, derselbige versündigt sich an Gott und seiner himmlischen Wahrheit, an der ganzen lutherischen Kirche und an seinem selbsteigenen Gewissen aufs äußerste."

So mußte Friedrich Wilhelm einsehen, daß er den angestrebten Kirchenfrieden nicht mit Toleranzedikten erzwingen konnte. Sein auf die Kurmark beschränktes „Religionsgespräch" hatte auch in den anderen Landesteilen Unruhe und Mißtrauen ausgelöst. Schließlich kam es ihm nur noch darauf an, daß die Stände überall bereit waren, das Nebeneinander von zwei evangelischen Bekenntnissen hinzunehmen. Gegen einzelne kompromißlos eifernde Vertreter lutherischer Orthodoxie mußten allerdings auch in späteren Jahren noch harte Maßnahmen ergriffen werden. – Eine formale Vereinigung der lutherischen und der reformierten Kirche zur sogenannten Altpreußischen Union kam erst im Jahre 1817 zustande.

Was uns als widerwärtiges Pfaffengezänk erscheint, beruhte wohl nicht ausschließlich auf der so laut bekundeten Glaubenstreue. Dahinter standen auch handfeste ökonomische Interessen. Durch eine staatlich geförderte Ausbreitung der noch sehr kleinen reformierten Kirche wären die Pfründen und Privilegien vieler Prediger der lutherischen „Landeskirche" in Frage gestellt worden. Die im Politischen Testament von 1667 empfohlene Bevorzugung kalvinistischer Bewerber bei Einstellungen in den Staatsdienst stand im Widerspruch zu dem dort ebenfalls zu findenden Satz: „Ewere von Gott untergebene unterthanen musset Ihr *ohne ansehung der religion* als ein rechter Landes vatter lieben."

Da war es nicht verwunderlich, daß Friedrich Wilhelms Bemühungen um den „Kirchenfrieden“ nicht selten als Deckmantel verstanden wurden, der nur dazu dienen sollte, seiner eigenen Konfession zum Siege zu verhelfen. Andere wieder meinten, der Kurfürst sei ein entschieden politisch und damit weltlich gesinnter Fürst, der sich – nach einem Ausspruch seines ehemaligen Günstlings Burgsdorf – „wegen seiner Religion nicht hängen ließe“ und in erster Linie an den inneren Frieden in seinen weit verstreuten Ländern denke.

Ob religiöses Gefühl oder nüchternes politisches Denken seine Entscheidungen stärker beeinflußt hat, mag für ihn selbst manchmal ein Rätsel gewesen sein. Emotional leicht erregbar, ist er durch politischen Ehrgeiz (den seine auf irdischen Erfolg orientierte Konfession ja keineswegs verdammte) sicherlich viel häufiger zu Aktionen gedrängt worden als durch religiöse Beweggründe. Es kam aber auch vor, daß eine sehr wichtige politische Entscheidung in letzter Instanz als religiöse Entscheidung zur „Gewissensfrage“ wurde. Dafür liefern die sechziger Jahre ein besonders interessantes Beispiel.

Während der Bromberger Verhandlungen über die Ratifizierung des Wehlauer Vertrages hatte sich – wie schon erwähnt – zwischen der Königin Louise Maria und dem Kurfürsten ein Freundschaftsverhältnis entwickelt, das einen jahrelangen Briefwechsel zur Folge hatte. Die ehrgeizige Französin erwies sich aber als hinterhältig und intrigant, als ihr Gatte schon kurz darauf Abdankungsabsichten äußerte und die Frage der Nachfolge zu einem europäischen Politikum ersten Ranges wurde.

Nach dem Frieden von Oliva versuchte Louise Maria durch Ermunterung der preußischen Ständeopposition, aber mehr noch durch eine französisch-schwedische Allianz zur Unterstützung der Kandidatur eines französischen Prinzen für die bevorstehende Wahl eines neuen Königs die Souveränität Friedrich Wilhelms in Preußen aufs neue in Frage zu stellen. Langwierige und komplizierte diplomatische Gegenmaßnahmen des mit Recht sehr beunruhigten Kurfürsten bestimmten einen großen Teil seiner offiziellen Außenpolitik jener Jahre; doch nach seinem Tode sind Briefe bekannt geworden, die er mit seinem bewährten Diplomaten in Warschau, dem zum Geheimrat ernannten Herrn von Hoverbeck, und Otto von Schwerin in einer streng geheimen Angelegenheit gewechselt hat, über die Frage, ob er sich selbst um die Krone Polens bewerben solle.

Der Anstoß dazu war vom polnischen Krongroßmarschall Fürst Lubomirski gekommen. Dieser hatte schon 1658 angefragt, ob Friedrich Wilhelm selbst an einer Kandidatur interessiert sei. Die Aussichten seien vorzüglich, jedoch nur unter der Voraussetzung, daß gleichzeitig ein Übertritt zum Katholizismus erfolge. Es sei ja nur nötig, ein paarmal die Messe zu hören. Die religiöse Überzeugung zu wechseln werde keineswegs verlangt.

Damals hatte Friedrich Wilhelm überhaupt nicht reagiert. Doch 1661 schickte er Hoverbeck zu einem allgemeinen Gespräch über die Kandidatenfrage zum Großmarschall, der als Führer oppositioneller Adelskreise eine bedeutende Rolle spielte. Hoverbeck berichtete, daß Lubomirski eine Thronkandidatur Friedrich Wilhelms noch immer für aussichtsreich halte, den religiösen Vorbehalt allerdings noch stärker betont habe. Daraufhin eröffnete der Kurfürst dem überraschten Hoverbeck in tiefstem Vertrauen: „Wenn mich Gott hierzu berufen würde und ich bei meiner Religion bleiben kann, so halte ich dafür, daß keiner sein würde, der der Krone Polen mehr Avantage [Vorteile] zubringen könnte als ich."

Er ist – neben anderen Zugeständnissen – sogar bereit, das Lehnsverhältnis Preußens wiederherzustellen, doch Kalvinist will er unbedingt bleiben. Die vielzitierte Begründung dafür lautet: „Wie kuntte Ich Ihnen treu sein, da ich meinem Gott nicht treu were." Das machtpolitische Denken des Kalvinisten Heinrich von Navarra, der 1589 mit der leicht hingeworfenen Bemerkung, Paris sei eine Messe wert, zum Katholizismus übertrat und als Heinrich IV. französischer König wurde, scheint diesem Hohenzollern fremd gewesen zu sein. Kurfürst Friedrich August I. (August der Starke) von Sachsen hatte keine Skrupel, als er 1697 durch Übertritt zum Katholizismus (und reichliche „Wahlgeschenke“) die polnische Krone erlangte.

Offenbar hat Friedrich Wilhelm in jenen Tagen wirklich damit gerechnet, daß seine unwahrscheinlich klingende Preisgabe aller Errungenschaften des Friedens von Oliva polnischerseits so hoch veranschlagt würde, daß ihm der Religionswechsel erspart bliebe, denn er zog auch Schwerin ins Vertrauen. Auch ihm gegenüber betonte er seine religiöse Standhaftigkeit, „denn ich das Zeitliche nimmer für das Ewige begehre“. Ein Gerücht von diesen sensationellen Ambitionen erreichte die darüber entsetzte Kurfürstin Luise Henriette, die strenggläubige Kalvinistin. Ihr Vertrauter Schwerin konnte sie jedoch beruhigen. Er habe dem Kurfürsten geschrieben, daß er „das Bewußte“ keinesfalls ohne „diese Bedingung“ bekommen werde. „Und so hoffe ich, daß nicht mehr die Rede davon sein wird.“

Angesichts so übermächtiger Gegenspieler wie Frankreich und Schweden konnte selbst ein so vorsichtiger Mann wie Schwerin sich zur Frage einer offiziellen Kandidatur seines Herrn sehr bestimmt äußern. Das weitere Verhalten Friedrich Wilhelms im Tauziehen um die polnische Königswahl wird etwas später noch in anderem Zusammenhang zu schildern sein.

Wie lange der Wunsch nach einer Königskrone für sein Haus und die Pflicht zur „Treue gegenüber Gott“ in der Seele Friedrich Wilhelms miteinander rangen, wird bei der schon 1673 erforderlich gewordenen nächsten Königswahl in Warschau abermals deutlich. Diesmal lockt die Hoffnung, den nun achtzehnjährigen Kurprinzen Karl Emil als Kandidaten zum Erfolg gelangen zu lassen. Von Schwerin angeknüpfte Verhandlungen scheitern aber wiederum an der Klippe „Religionswechsel“. Auch der Sohn darf einen „Verrat an Gott“ gar nicht ernsthaft erwägen.

Hier ist also eine Grenze sichtbar geworden, die der Politik

Friedrich Wilhelms durch die Religion gezogen wurde. Da sprach sein „Gewissen“ ein Machtwort. Es wird interessant sein zu beobachten, wie dieses kalvinistische Gewissen bei anderen Anlässen reagiert hat. Denn es steht fest, daß das Prinzip „höchster und absoluter Regierungsgewalt“, das sich in der Person dieses Kurfürsten mehr und mehr verkörperte, die Religion nur noch als Dienerin der Politik gelten ließ.

Um „höchste und absolute Regierungsgewalt“

Die Aussicht auf eine Königskrone scheint Friedrich Wilhelm eine Zeitlang regelrecht berauscht zu haben, denn nüchterner Betrachtung hielten die damit verbundenen Vorteile nicht stand. Schwierigkeiten, wie sie ihm die Ständevertretungen seiner eigenen Länder nach wie vor bereiteten, hätten ihm als König von Polen in noch weit höherem Maße das Leben schwer gemacht.

Das Land war ja kein Königreich im üblichen Sinne, sondern seit dem 16. Jahrhundert eine „Adelsrepublik“. Die Schlachta (niederer Adel) und die Magnaten (hoher Adel) wählten seit 1572 in freier Wahl meistens ausländische Fürsten zu Königen. Diese konnten nur in sehr beschränktem Umfang über staatliche Einnahmen verfügen und hatten gegenüber der Ständevertretung im Reichstag eine schwache Position. Dort konnten bindende Beschlüsse leicht durch den Einspruch einer Minderheit – durch das sogenannte Liberum Veto – verhindert werden.

Die hemmungslose Ausbeutung der Bauern durch den polnischen Adel rief eine Reihe von Aufständen hervor, besonders in der Ukraine und in Belorußland, die das Land in eine tiefe wirtschaftliche Krise stürzten. Der 1654 begonnene Krieg mit Rußland dauerte bis 1667, der Schwedisch-Polnische Krieg von 1655 bis 1660 führte ebenfalls zu schweren Verwüstungen, und die Arbeit der Verwaltungsorgane wurde durch sich bekämpfende Adelsparteien noch zusätzlich desorganisiert. Bezeichnenderweise war Fürst Lubomirski, der die Thronkandidatur Friedrich Wilhelms unterstützen wollte, 1665 Führer eines Magnatenaufstandes gegen die königliche Zentralgewalt.

Als 1669 weder der von Frankreich noch der vom Kaiser noch der von Friedrich Wilhelm unterstützte Thronbewerber von der polnischen Schlachta zum König gewählt wurde, sondern der unbedeutende Magnat Michael Wiesniowecki, war der Kurfürst zunächst sehr erbost, weil er eine habsburgische Intrige gegen den Kandidaten seiner Wahl vermutete. Die nun anhaltende innenpolitische Schwäche Polens kam ihm jedoch schon bald bei Schwierigkeiten zugute, die ihm 1669 und in den folgenden Jahren aus seiner chronischen Finanznot in Preußen erwuchsen. Das einst reiche Herzogtum hatte sich von den Verheerungen des Schwedisch-Polnischen Krieges nicht wieder erholt. Infolge Friedrich Wilhelms kurzsichtiger Zoll- und Steuerpolitik blieb auch die Stadt Königsberg weit hinter ihrem früheren Wohlstand zurück.

Der Kurfürst ließ sich zu Gewaltmaßnahmen hinreißen, die den Ständen Anlaß zu berechtigten Klagen gaben. Mißernten und Viehseuchen verschlimmerten die Not des Landes noch erheblich. Die Führer der Ständeopposition trugen sich bereits mit dem Plan, im Herbst 1670 eine Delegation zum Reichstag nach Warschau zu entsenden, um dort Unterstützung gegen den „Tyrannen“ zu erbitten. Ein in seinen Folgen unabsehbarer Konflikt schien unvermeidlich bevorzustehen, denn der neue König Michael hatte sich bisher geweigert, die Souveränität des Kurfürsten anzuerkennen.

In Warschau arbeitete nicht nur der Sohn des ohne Urteil in einer märkischen Festung inhaftierten Schöppenmeisters Roth für einen offenen Aufstand in Preußen, sondern auch der ehemalige Oberst Christian Ludwig von Kalckstein. Dieser war Anfang 1670 vor rechtlich nicht genügend begründeter Strafverfolgung aus Preußen nach Polen geflohen. Da er im Oktober dem polnischen Reichstag eine Klagschrift gegen den Kurfürsten einreichte und sogar behauptete, im Namen der preußischen Stände zu sprechen, hielt Friedrich Wilhelm die von Kalckstein drohende Gefahr für wesentlich größer, als sie nach Lage der Dinge sein konnte. Er forderte von König Michael die Auslieferung des „Hoch- und Landesverräters".

Als der König hinhaltend reagierte, ließ der aufgebrachte Souverän den Störenfried unter Bruch des Völkerrechts aus Warschau entführen und nach Memel schaffen. Beim Verhör wurde Kalckstein sogar der Folter unterworfen (was das preußische Landrecht bei Angehörigen des Adels verbot). Im Januar 1672 kam ein fragwürdiges Todesurteil zustande, und im September wurde das Urteil als abschreckendes Beispiel vollstreckt.

Im Politischen Testament von 1667 lesen wir: „Die liebe Justicie lasset Euch in allen Eweren Landen hochlichen befollen sein, undt sehet dahin, damitt so woll den Armen als Reichen ohne ansehung der persohn, recht verschaffet werde." Das Verfahren gegen Kalckstein spricht eine andere Sprache. Von diesem Prozeß ist aber nur deshalb so viel Aufhebens gemacht worden, weil ausnahmsweise einmal ein Angehöriger des Adels gefoltert worden war. Bei Einhaltung des „ordentlichen" preußischen Gerichtsweges hätte er hoffen können, von Juristen abgeurteilt zu werden, die nicht immer unbestechlich waren.

Zum Erscheinungsbild des absolutistischen Staates, das damals in schwachen Umrissen sichtbar wurde, gehört auch der Machtspruch des absoluten Herrschers, der Angehörige der herrschenden Klasse nicht schonte, wenn es seinen politischen Zielen nützte. Im Falle Roth wurde das formale Recht nicht weniger rücksichtslos gebeugt. Der Kurfürst hatte den von seinem Recht überzeugten Mann zunächst mit lebenslanger Haft bestrafen wollen, vertagte dann aber die Entscheidung auf fast ein Jahr. Inzwischen hatte sich sein Zorn gelegt. Er wollte den Schöppenmeister freilassen, wenn dieser ein Schuldbekenntnis ablegen und um Gnade bitten würde. Das tat Roth jedoch nicht. Aus einer dennoch angekündigten Begnadigung wurde nichts, da der noch immer ohne Urteil Inhaftierte erleichterte Haftbedingungen dazu benutzte, den Kurfürsten in heimlich geführter Korrespondenz scharf zu kritisieren. So mußte dieser Märtyrer ständischen Denkens und Handelns, dessen Einfluß auf die Königsberger Bürgerschaft Friedrich Wilhelm noch immer fürchtete, 1678 sein Leben als Gefangener in der Festung Peitz (bei Cottbus) beschließen.

Als König Johann Kasimir 1660 in Preußen durch Flugblätter verbreiten ließ, daß er dem Kurfürsten von Brandenburg die „höchste und absolute Gewalt übertragen" habe, waren die Gemüter der Ständevertreter wegen der Frage, ob er das überhaupt dürfe, in Wallung geraten. Ob Johann Kasimir eine solche Gewalt jemals selbst besessen habe, stand übrigens gar nicht fest. In Polen galt das ungeschriebene Gesetz, daß der König zwar herrsche, aber nicht regiere. Ein Herrscher dieser Art war den preußischen Ständen als „Souverän" gerade recht gewesen. Nun waren sie jedoch an einen Landesherrn geraten, der den feinen Unterschied zwischen „herrschen" und „regieren" gar nicht zu kennen schien, weil er beides wie selbstverständlich als Einheit praktizierte.

Anders als in seinen anderen „Ländern" glaubte der Kurfürst in Preußen eine allgemeine Grundsteuer („Schoß", Kontribution) auf alle Hufen, also auch auf Grundbesitz des Adels legen zu können. Mehr als dürftige Teilerfolge waren ihm auf Dauer aber nicht beschieden. Erst der Enkel, König Friedrich Wilhelm I., hat schon zu Beginn seiner Regierung (1714) diesen „Generalhufenschoß" mit Gewalt durchgesetzt und dabei die bekannten „ehernen" Worte zu Papier bringen lassen: „Ich komme zu meinem Zweck und stabilisiere die Souveränität und setze die Krone fest wie [einen] Rocher de Bronze [Fels von Erz] und lasse den Herren Junkern den Wind von Landtag." Wer so sprach, konnte wohl als „absolut" herrschender Fürst angesehen werden, als deutscher Nachahmer des großen Vorbildes Ludwig XIV. (1643–1715). Kurfürst Friedrich Wilhelm blieb zeit seines Lebens auf Kompromisse mit den Ständen seiner Länder angewiesen. Doch das Ziel, dort überall „höchste und absolute Gewalt“ zu erringen, hat er niemals aus dem Auge verloren.

In den westlichen Landesteilen kam es den machtpolitischen Bestrebungen des kurfürstlichen Landesherrn sehr zugute, daß 1666 der provisorische Teilungsvertrag für das jülichklevische Erbe durch einen Kompromiß mit dem Pfalzgrafen von Neuburg in einen endgültigen umgewandelt wurde. Dadurch verloren die Stände von Kleve, Mark und Ravensberg ihren Rückhalt bei den Standesgenossen in Jülich und Berg, und auch ihr traditioneller Rückhalt bei den niederländischen Generalstaaten schwand infolge kriegerischer Auseinandersetzungen der Niederlande mit England und später mit Frankreich immer mehr.

Als 1665 die Niederlande abermals in einen Krieg mit England verwickelt wurden, konnte Friedrich Wilhelm durch Zusicherung seiner Neutralität nicht nur beträchtliche Hilfsgelder zur Unterhaltung seiner Armee, sondern auch Vorteile für seine Stellung in Kleve aushandeln. Im Frieden von Kleve, wo der streitlustige Bischof von Münster seine Angriffsabsichten gegen die Niederlande (als „Englands Festlandsdegen“) aufgeben mußte, fiel Friedrich Wilhelm die schmeichelhafte Rolle eines Friedensstifters zu. Er selbst brauchte den Frieden besonders dringend, um seinen von den Kriegslasten schwer mitgenommenen Ländern eine längere Phase wirtschaftlicher Erholung zu sichern.

Das Hauptproblem dabei war, daß die kräftezehrenden Rüstungslasten für ein stehendes Heer im Frieden nur reduziert, nicht aber so weitgehend beseitigt werden konnten, wie es selbst die gutwilligen brandenburgischen Stände verlangten. Als günstigster Ausweg aus diesem Dilemma erschien dem Kurfürsten und seinen Räten eine Neuverteilung der Steuerlast. Die herkömmliche Kontribution sollte durch ein System von Verbrauchssteuern – mit dem französischen Namen „Akzise“ benannt – ersetzt werden. Ob dieser Plan durchführbar war, sollte sich zuerst in der Kurmark erweisen.

Die sehr engen Beziehungen zwischen Wirtschafts- und Militärpolitik haben der gesamten Innenpolitik und dem Verwaltungsapparat Brandenburg-Preußens typische Züge aufgeprägt. Auch in Friedenszeiten erinnerte der aus dem Dreißigjährigen Krieg stammende Name „Kriegskommissariat“ daran, daß die Steuern zum weitaus größten Teil direkt in die Kriegskasse flossen. Die Wirtschaftspolitik war ausschließlich auf eine Erhöhung des Steueraufkommens und damit vor allem auf militärische Interessen orientiert.

Der Militärstaat

Im Politischen Testament von 1667 hat Friedrich Wilhelm gemahnt, daß Bündnisse zwar gut, starke eigene Truppen aber besser seien, denn oft halte „ein Schwert das andere in der Scheide“. Hätte er 1655 noch völlig ungerüstet zwischen Polen und Schweden gestanden, so wäre durch Truppenwerbungen alten Stils schwerlich eine Armee zusammenzubringen gewesen, die eine vollständige Okkupation Preußens durch die sieggewohnten Schweden verhindert hätte.

Nach der Bewilligung eines stehenden Heeres durch den kurmärkischen Landtag von 1652/53 war jedoch seit 1653 eine Kaderarmee im Aufbau begriffen, die schnell vergrößert werden konnte. Sie war nach den besten europäischen Vorbildern – zunächst niederländischen und schwedischen, später französischen – organisiert und bot durch das überall spürbare persönliche Engagement des Landesherrn tüchtigen Offizieren und bewährten Söldnern auch in Friedenszeiten, wo nicht viel zu verdienen, das heißt: zu erbeuten war, genügend Anreiz zum Bleiben.

Seit 1654 gab es ein gedrucktes Exerzierreglement, das

einem niederländischen Vorbild folgte. Die einzelnen Gewehrgriffe hatte ein niederländischer Künstler in Aquarellen dargestellt, die Friedrich Wilhelm in seiner Bibliothek wie einen Schatz aufbewahrte. Die damals vor allem in den Garnisonstädten noch sehr problematische Disziplin sollten militärische Gerichte festigen helfen, deren Urteile dem 1656 erschienenen Gesetzbuch „Kurfürstlich großbrandenburgisches Kriegsrecht oder Artikelbrief" entsprechen mußten. Vorbild war hier das vom Schwedenkönig Gustav Adolf im Dreißigjährigen Krieg nach niederländischem Vorbild formulierte Kriegsrecht.

Die bisherige Selbständigkeit der Regimentskommandeure, die nicht nur Soldaten auf eigene Rechnung anwarben, sondern auch die Offiziersstellen nach Gutdünken besetzten und die Gerichtsbarkeit über alle Regimentsangehörigen ausübten, schränkte Friedrich Wilhelm nach und nach immer mehr ein.

Während des Krieges war das für die Besoldung der Truppen notwendige Geld mit äußerst drakonischen Mitteln aus allen Landesteilen herausgepreßt worden. Preußen hatte darunter besonders zu leiden, aber auch die fernen rheinisch-westfälischen Gebiete mußten hohe Kriegskontributionen aufbringen. Da die Stände sich grundsätzlich gegen Sondersteuern sperrten, hatten die Hauptlast stets die untersten und ärmsten Schichten zu tragen. Oft ließ der Kurfürst bei nichtadligen Grundbesitzern, kleinen Städten und den unmittelbaren Untertanen auf den Domänen erbarmungslos Steuerexekutionen durchführen. Bei Verweigerungen wurden Steuerstrafen bis zur vierfachen Höhe des geschuldeten Betrages verhängt. Die Ständevertreter wurden praktisch ausgeschaltet, und die kurfürstlichen Kommissare nahmen das Geld dort, wo sie es fanden. Wer dabei übersehen wurde, kam ungeschoren davon. Doch Teuerung, Armut und Hungersnöte führten immer häufiger zur Flucht aus dem Lande.

Nach dem Frieden von Oliva forderten alle Stände mit besonderem Nachdruck, die allgemeine Rechtsunsicherheit zu beseitigen. Friedrich Wilhelm zeigte nämlich wenig Neigung,

Brandenburgische Infanterie. Musketier, Pikenier, Offizier

sein Heer so radikal zu verkleinern, wie es die notleidenden Untertanen gehofft hatten. Der ständig schwelende Brandherd eines neuen Krieges der europäischen Großmächte, den die ungelöste Frage der Thronkandidatur in Polen darstellte, ließ den Kurfürsten nur sehr zögernd abrüsten. Wenn eventuell ein Franzose auf den polnischen Thron gelangte und dieser die ihm von Schweden traditionsgemäß gewährte Unterstützung auf Kosten Brandenburgs mit der „Überlassung“ des Herzogtums Preußen an Schweden belohnen wollte, so mußte sehr schnell eine schlagkräftige brandenburgisch-preußische Armee zur Verfügung stehen. Es war also unbedingt nötig, nicht nur

Festungstruppen, sondern auch eine kleine Feldarmee als Kadertruppe ständig zu unterhalten.

Bis 1663 wurde die Zahl der Kompanien immerhin von 348 auf 68 verringert. Zu einer kriegsstarken Kompanie gehörten etwa 200 bis 400 Mann und eine „Prima Plana", „auf dem ersten Blatt eingeschriebene" Offiziere und Soldaten, die nicht in Reih und Glied standen: Hauptmann, Leutnant, Fähnrich, zwei oder drei Sergeanten, Waffenmeister, Profoß, Schreiber, Feldscher, Pfeifer und Trommler. Ein Regiment bestand aus fünf bis zehn Kompanien, Reiterregimenter setzten sich aus Kornetts (Schwadronen) zusammen und waren kleiner. Was dem Kurfürsten im Ernstfall an marschbereiten Truppen sofort zur Verfügung stand, geht aus einem Dokument von 1667 hervor: 8000 „aktive" Soldaten. Diese Truppe konnte jedoch innerhalb weniger Wochen auf 20000 Mann verstärkt werden, da die erforderlichen Offiziere und auch die nötige Artillerie vorhanden waren.

Die finanziellen Voraussetzungen dafür zu schaffen war Friedrich Wilhelms wichtigstes Anliegen in diesen Friedensjahren. Überzählige Offiziere wurden in Festungen angestellt, wo sie höhere Dienstränge und Bezüge erhielten, als die vorhandenen Besatzungen eigentlich rechtfertigten. Andere bezogen Wartegeld, das hoch genug war, um sie vom Übertritt in andere Heere abzuhalten. Entlassene Soldaten, vor allem Reiter, wurden bei der Neubesetzung wüster Bauernstellen auf den kurfürstlichen Domänen bevorzugt. Ihnen wurden auch besondere Vergünstigungen gewährt. Schon Anfang 1663 konnte Friedrich Wilhelm jederzeit etwa 6000 kriegserfahrene Reiter „zur Fahne rufen".

Genaue Angaben über seine Festungen konnte der Kurfürst offenbar seinem Gedächtnis entnehmen, wie die entsprechenden Passagen im Politischen Testament von 1667 vermuten lassen. Bei der Artillerie wurde die Stückzahl der Geschütze erhöht und durch Umgießen älterer oder als Kriegsbeute erworbener Stücke eine Vereinheitlichung des Kalibers erreicht.

Zu den Festungen gehörte seit 1658 auch Berlin-Kölln. Wahrscheinlich hat damals das Erscheinen polnischer Streifscharen in der Neumark die beschleunigte Anlage eines Schutzwalls um die Residenzstadt mit veranlaßt. Für die Schanzarbeiten wurden nicht nur die seit 1657 in der Doppelstadt ständig einquartierten 1500 Soldaten aufgeboten, sondern auch der vierte Teil aller arbeitsfähigen Bürger. Erst 1683 waren die an eine holländische Wasserfestung erinnernden Verteidigungsanlagen fertiggestellt. Im Norden Berlins mußte dafür ein breiter Graben – später Königsgraben genannt – angelegt werden. Auf seinem zugeschütteten Bett verläuft heute die S-Bahnstrecke zwischen den Bahnhöfen Jannowitzbrücke und Marx-Engels-Platz.

Der vor den Wasserläufen liegende Wall war acht Meter hoch und oben sechs Meter breit. Er wurde durch dreizehn Bollwerke (Bastionen) gesichert. Die Festung hatte sechs Tore. Da sich die mit so großem Aufwand geschaffenen Anlagen aber bald als „zu sandhaltig" erwiesen, wurden sie schon fünfzig Jahre nach ihrer Fertigstellung wieder eingeebnet. Inzwischen war die Stadt noch weit über den Wall hinausgewachsen. Zwischen 1648 und 1670 stieg die Einwohnerzahl kaum über 7000 an (vor dem Dreißigjährigen Krieg soll sie etwa 12000 betragen haben!), doch dann setzte eine lebhafte Zuwanderung ein. Am Ende der Regierungszeit Friedrich Wilhelms, 1688, zählte man bereits etwa 20000 Einwohner, von denen jeder achte allerdings ein Soldat war.

Dieser Militarisierung des städtischen Lebens durch ständige Einquartierung von Soldaten entsprach eine nicht weniger augenfällige Militarisierung des gesamten öffentlichen Lebens durch die kurfürstliche Steuerbehörde, die Kriegskommissariate. In der Kurmark konnte sich der gesamtstaatliche Verwaltungsapparat am frühesten entfalten, da hier die Stände am wenigsten Widerstand leisteten. Auch hier blieben aber mehrere Steuer- und Finanzbehörden nebeneinander bestehen: 1. die alten ständischen Einrichtungen, das sogenannte Kredit-

„Wusterhausener Bär". 1718 erneuerter Rest der 1658-1683 angelegten Stadtbefestigung

werk, mit dem die Abgaben für bäuerliche Grundstücke (Hufenschoß), das Biergeld und die Kassen der in ständischem Besitz befindlichen, dem Kurfürsten also nur mittelbar unterstellten „Mediat“städte verwaltet wurden; 2. die Amtskammern zur Verwaltung der Einnahmen aus den kurfürstlichen Domänen; 3. die neuen Kommissariatsbehörden, auf die hier noch näher eingegangen wird, und schließlich 4. die Kämmereien der dem Kurfürsten unmittelbar unterstehenden „Immediat“städte.

Als nach 1660 das Feldheer erheblich verkleinert werden mußte, betraf das natürlich auch die für das Militär zuständige Behörde, das Generalkriegskommissariat. Unmittelbar war und blieb diese Zentralinstanz nur für die Mark Brandenburg zuständig. In den übrigen Landesteilen arbeiteten Kommissariatsbehörden zwar nach Weisungen, die vom Generalkriegskommissar kamen, doch ein selbständiges Kommissariat gab es nur in Preußen. Nach 1660 war es nur noch mit einem einzigen Rat und einem Kanzleibeamten besetzt!

Alle übrigen Kommissariatsbehörden waren Bestandteile der von den Ständen beherrschten Verwaltungsapparate. Wenn in Kleve, aber auch in Preußen die Stände es wagten, die üblichen Steuern nicht zu bewilligen, so wurden die hier zuständigen Kommissariate faktisch arbeitslos. Mit Unterstützung von seiten des Kurfürsten konnte der Generalkriegskommissar in einer solchen Lage nicht unbedingt rechnen. Friedrich Wilhelm ging bei Streitigkeiten mit den Ständen oft noch den Weg des geringsten Widerstandes und ließ seine eigene Zentralbehörde dabei im Stich. Das gefährdete jedoch nur das jeweilige Steueraufkommen, nicht die auf längere Sicht wirksame Tendenz zur konsequenten Zentralisation des Verwaltungsapparates. Die zentral geleiteten Kriegskommissariate wurden zur wirksamsten Klammer für die noch immer auseinanderstrebenden Landesteile.

Noch nachhaltiger wirkte in dieser Hinsicht die eigentliche Heeresverwaltung. Sie war für regelmäßige Musterung der Truppen, Beschaffung von Quartier und Ausrüstung zuständig.

Die eigene Rechtsprechung der Kriegskommissariate betraf Vergehen in der Truppe ebenso wie Steuervergehen. Im Laufe der Jahre nahm dieser Teil der landesherrlichen Rechtsprechung an Umfang und Bedeutung erheblich zu. Sie überflügelte die vom kurfürstlichen Kammergericht in Berlin und vom Geheimen Rat repräsentierte „eigentliche" Rechtspflege.

Erst seit 1659 wurde die Verwaltung der landesherrlichen Einnahmen aus Domänen, Zöllen und Regalien (Hoheitsrechten wie Münzprägung u. a.) zentral organisiert und einem „Hofkammerpräsidenten" unterstellt. Die materielle Sicherung des von Friedrich Wilhelm nach dem Frieden von Oliva in Berlin und Potsdam wohl noch recht bescheidenen „höfischen Gepränges" – Ausdruck seiner neuen internationalen Geltung als souveräner Fürst – war die Hauptaufgabe des schon oben erwähnten Hofkammerpräsidenten Raban von Canstein. Wenn das vorhandene Geld für die Bedürfnisse des Hofes nicht ausreichte, mußte Canstein aus seinem Privatvermögen vorschießen. Von einem wohlgeordneten Staatshaushalt war man damals noch weit entfernt.

Es zeigte sich schon bald, daß Canstein den Ämtern nicht gewachsen war. Gelegentliche Versuche, Einnahmen und Ausgaben ordentlich zu planen, scheiterten am Fehlen zuverlässiger Unterlagen. Anstatt die Berichterstattung der nachgeordneten Behörden zu organisieren und ihre Tätigkeit zu kontrollieren, verzettelte Canstein seine Arbeitskraft mit bürokratischem Kleinkram. Wenn der Kurfürst Geld verlangte, so wurden ganz unsystematisch Kassen in Anspruch genommen, die gerade über Geld verfügten. Das sprunghafte Wesen seines Herrn trug nicht dazu bei, diesen alten schlechten Brauch abzuschaffen. Ihm zufällig bekannt werdende Mißstände in der Domänenverwaltung suchte Friedrich Wilhelm manchmal durch spontane Entscheidungen zu beseitigen, was jedoch das herrschende Durcheinander nur noch vermehrte. An eine schnelle und nachhaltig wirksame Behebung der Finanzmisere war unter solchen Voraussetzungen gar nicht zu denken.

Links: Vorderseite eines Zwölftel-Reichstalers. Kupfer-Silber-Prägung. 1685. Durchmesser 2,7 cm
Rechts: Rückseite eines Sechs-Groschen-Stücks. Kupfer-Silber-Prägung. 1658. Durchmesser 2,1 cm

Um das kurbrandenburgische Finanzwesen auf eine solidere Grundlage zu stellen, mußten aber nicht nur Einnahmen und Ausgaben sorgfältiger ausgeglichen werden. Das gesamte Münzwesen bedurfte dringend einer Reform. Die schon 1651 begonnene Verringerung des Silbergehalts der in Berlin geprägten Münzen war während des Schwedisch-Polnischen Krieges beibehalten worden. Das hatte zur Folge, daß die brandenburgische Währung in den Nachbarländern nicht mehr als Zahlungsmittel anerkannt wurde. Die dadurch notwendig gewordene Rückkehr zum Prägen vollwertiger Münzen war ohne eine empfindliche Abwertung des umlaufenden Geldes und der Darlehen nicht möglich.

Diese schmerzhafte Operation überließ Friedrich Wilhelm den märkischen Ständen. 1661 übernahmen diese die Berliner Münzstätte für sechs Jahre in eigene Regie; doch wegen des erheblich gestiegenen Preises für Silber konnten die für das ganze Reich verbindlichen Normen nicht ohne Verlust für den Prägeberechtigten eingehalten werden. Friedrich Wilhelm, der seit 1664 in Krossen wieder eine eigene Münzstätte betrieb, nahm Verhandlungen mit dem Kurfürsten Johann Georg II. von Sachsen auf, um diesem Dilemma zu entrinnen. Obwohl Kursachsen im Erzgebirge über ertragreiche Silberbergwerke und deshalb über preiswerteres Münzmetall verfügte, ließ sich Johann Georg überreden, den Silbergehalt der Landeswährung zusammen mit Friedrich Wilhelm herabzusetzen. 1667 unterschrieben beide Kurfürsten (im Anschluß an ein politisches Gespräch über gemeinsames Auftreten gegen die friedensgefährdende Politik Frankreichs) kurzerhand eine entsprechende „Münzkonvention". Der nach dem Tagungsort Zinna bei Jüterbog benannte „Zinnaische Münzfuß" zeigt, wie sehr die politische Bedeutung Friedrich Wilhelms seit dem Westfälischen Frieden gewachsen war: Außer ihm war damals kein deutscher Fürst in der Lage, eine von Reichstagsbeschlüssen abweichende Währungspolitik zu erzwingen.

Im folgenden Jahr schlossen sich die welfischen Herzöge von Braunschweig-Lüneburg dem Vertrag von Zinna an, obwohl auch sie ertragreiche Silberbergwerke (im Harz) besaßen. Einerseits lockte sie der unmittelbare Gewinn beim Prägen, andererseits wurde damit der grenzüberschreitende Handel durch die einheitliche Währung erleichtert. Das Vertrauen in den neuen „Münzfuß" wurde aber schon bald durch betrügerische Manipulationen des brandenburgischen Obermünzdirektors Gilli erschüttert. Dieser bewährte sich als tüchtiger Fachmann, bereicherte sich aber auf so unverschämte Weise durch minderwertigere Prägungen, daß es 1674 zu einem Finanzskandal kam, in den auch Canstein – als verantwortlicher Ressortchef – hineingezogen wurde. Canstein konnte sich von einer Anklage freikaufen, doch verloren beide ihre Ämter.

Auch unter Cansteins nächstem Nachfolger trat keine grundlegende Besserung der brandenburgischen Finanzmisere ein. Erst als 1683 der friesische Freiherr Dodo zu Inn- und Knyphausen das schwierige Amt übernahm, wurde jene vorbildliche Finanzverwaltung geschaffen, die für Friedrich Wilhelms letzte Regierungsjahre charakteristisch war.

Eine wichtige Voraussetzung für die erfolgreiche Finanzreform der achtziger Jahre war die Einführung eines neuen Systems von Verbrauchssteuern, der Akzise, im städtischen Wirtschaftsbereich. Schon 1658, als Berlin-Kölln die Kosten für die neuen Befestigungsanlagen aufbringen mußte, hatte Friedrich Wilhelm den Versuch unternommen, die ihm aus den Niederlanden wohlbekannte Akzise in seiner Hauptstadt einzuführen. Ohne eine entsprechende Regelung für das Umland mußte dieser Versuch jedoch scheitern. Daß mit Verbrauchssteuern eine gerechtere Verteilung der Steuerlast ermöglicht würde, lag zwar auf der Hand, der Adel protestierte aber heftig gegen jeden Versuch, seine Steuerfreiheit zu beseitigen.

Erst 1667 kam es auf einem Deputationstag der märkischen Stände zu einer Kompromißregelung: Auf dem Lande blieb es bei der alten Steuerform, der Kontribution; nur in den Städten konnte der festgelegte Beitrag zur Kontribution durch die Akzise aufgebracht werden. Zu diesem Zweck mußten sich die Städte gegen das flache Land mit einer Mauer abgrenzen. Trotz anfänglicher Widerstände von seiten der städtischen Oberschicht, die ihren Beitrag zur Kontribution wie der Adel auf die ärmere Bevölkerung abgewälzt hatte, schlossen sich immer mehr Städte dem Beispiel der Hauptstadt an, wo 1667 die Akzise eingeführt wurde. Schon bald lagen die Steuereinnahmen in den Städten weit über dem früheren Aufkommen, ohne daß Nachteile für die städtische Wirtschaft spürbar wurden.

Mit der Akzise wurden nicht nur Lebensmittel, sondern alle Kaufmannswaren belegt. In Berlin-Kölln war die bisherige Steuerfreiheit des Hofstaats und des Adels aufgehoben worden. Im Jahre 1671 wurde in die Turmspitze der Nikolaikirche in lateinischer Sprache eine Mitteilung an künftige Generationen eingemauert, die besagte: „Zum Trost der elenden und verarmten Bürger wurde die überaus schlechte, vernichtende Art der Steuererhebung von den Gebäuden und Wohnungen, durch die fast in jedem Monat und Jahr die Bürger jammervoll ausgesogen wurden und ihre Häuser verfielen, abgeschafft und dafür zu ihrem großen Vorteil und Nutzen die Verbrauchssteuer oder Akzise eingeführt. Daher wurden im Laufe von zwei Jahren über 200 verfallene Häuser wiederhergestellt oder zu einem nicht zu verachtenden Teil neu erbaut."

Aus der städtischen Steuerverwaltung wurde in den folgenden Jahren und Jahrzehnten eine staatliche. „Kriegs- und Steuerräte" kontrollierten das gesamte städtische Leben in zunehmendem Maße. Die Übertragung der märkischen Regelung auf die übrigen Landesteile war eine wichtige Etappe bei der Beseitigung der alten Ständeherrschaft. Steigende Akziseerträge, wie sie aus Berlin gemeldet wurden, hatten jedoch eine unabdingbare Voraussetzung: Belebung des städtischen Handels und der städtischen Gewerbe durch wirksame staatliche Förderung.

Maßnahmen zur Belebung der Wirtschaft

Bereits im 16. Jahrhundert war versucht worden, die wirtschaftliche Entwicklung der Mark Brandenburg durch den Bau eines Kanals zwischen Oder und Spree zu fördern. Damals war das Projekt am heftigen Widerstand der Stadt Frankfurt gescheitert. Die Frankfurter Kaufleute machten nachdrücklich darauf aufmerksam, daß ein südlich ihrer Stadt von der Oder abzweigender Kanal einen großen Teil der aus Schlesien kommenden Waren über Berlin leiten würde. Ihr altes Privileg, daß alle auf der Oder in Richtung Stettin transportierten Waren in Frankfurt zum Kauf angeboten werden müssen, sei dann nicht mehr viel wert.

Da die Hohenzollern hofften, bald ganz Pommern zu erben

und dann über Stettin selbst verfügen zu können, und die Kosten des Kanalbaus beträchtlich waren, kamen die Frankfurter damals noch mit dem Schrecken davon. Eine Verbindung zwischen Oder und Havel wurde zwar schon um 1620 durch den Ausbau der Finow fertiggestellt, doch während des Dreißigjährigen Krieges verfiel dieser erste Finowkanal wieder völlig. Als Stettin im Westfälischen Frieden den Schweden zugesprochen worden war, holte Friedrich Wilhelm die alten Pläne wieder hervor; er gab des Projekt aber schnell auf, als der schwedische Reichskanzler sein Mißfallen wegen des dann drohenden Rückgangs des Stettiner Zolls äußerte. Es kennzeichnet Friedrich Wilhelms inzwischen sehr gewachsenes Selbstbewußtsein, daß er nach dem Frieden von Oliva sogleich mit Vermessungsarbeiten für den Kanalbau beginnen ließ, ohne die abermals vorgebrachten Einwände Schwedens zu beachten. Mit der Leitung der Arbeiten wurde 1662 der italienische Ingenieur Philipp de Chièze beauftragt.

Bis zum Müllroser See konnte ein kleiner Fluß benutzt werden, die Schlaube. Sie mündet etwa zehn Kilometer südlich von Frankfurt in die Oder. Dann mußte bis zur Spree ein etwa zehn Kilometer langer Kanal gegraben werden. Die Hauptschwierigkeit bestand darin, daß dabei ein Höhenunterschied von fast zwanzig Metern zu überwinden war. Ein aus den Niederlanden geholter Schleusenbauer benötigte dazu nicht weniger als elf Schleusen, die beträchtlichen Aufwand erforderten. Bauholz kam zwar aus kurfürstlichen Wäldern, und die Erdarbeiten wurden größtenteils von Soldaten verrichtet, doch die Kosten bereiteten dem Kurfürsten dennoch erhebliche Sorgen.

Er ließ sich die Akten vorlegen, wie persönliche Eintragungen erkennen lassen, und erschien auch öfters auf den Bauplätzen, um den Fortgang der Arbeit zu kontrollieren. Als 1668 das Werk vollendet war, reiste er mit großem Gefolge in die Müllroser Gegend und würdigte das große Ereignis mit einem Festmahl.

Die südpolnischen und schlesischen Fernhändler, die ihre

für Nordwesteuropa bestimmten Waren zunächst nach Breslau schafften, hatten diese bisher von dort aus auf dem Wasserweg über Stettin oder auf dem Landweg über Leipzig nach Hamburg oder Amsterdam transportieren lassen. Es kam nun darauf an, ihnen die neue Wasserstraße über Berlin schmackhaft zu machen. Friedrich Wilhelm erließ nur die technisch zweckmäßige Vorschrift, daß in Berlin alle Waren von den Oderkähnen auf die größeren Elbkähne umgeladen werden mußten. Dabei entwickelte sich am Umschlagplatz ein reger Handel, vor allem mit schlesischem Garn. Belastungen des neuen Handelsweges durch Zölle oder sonstige Abgaben wurden strikt vermieden. Diese Maßnahmen hatten schon sehr bald den gewünschten Erfolg. Die Frankfurter mußten sich mit Steuersenkungen und erweiterten Privilegien für die in ihrer Stadt abgehaltenen Handelsmessen begnügen.

Friedrich Wilhelms Bemühungen, nun auch die Elbe als Handelsweg attraktiver zu machen, indem alle Anliegerstaaten ihre Zölle senkten, führten erst 1672 zu einem – nur bescheidenen – Erfolg. Seine Partner, vor allem Hamburg, forderten, daß die kurfürstliche Zollstelle in Lenzen beseitigt werden sollte. Friedrich Wilhelms Räte stimmten für eine freiwillige erhebliche Herabsetzung dieses Zolls, denn die zu erwartende Zunahme des Schiffsverkehrs hätte den finanziellen Verlust mehr als ausgeglichen. Der Kurfürst betrachtete ein Nachgeben in dieser Angelegenheit jedoch offenbar als einen Prestigeverlust. Als 1672 eine Kompromißregelung zustande kam, setzte er den Lenzener Zoll nur unter der Bedingung herab, daß dies nicht als Ergebnis der Verhandlungen erscheine.

In der Schlußphase des Schwedisch-Polnischen Krieges war versucht worden, den hinterpommerschen Hafen Kolberg auszubauen und damit als Konkurrenten für Stettin leistungsfähiger zu machen. Doch dieser Hafen versandete nach wie vor, und außerdem fehlten auch kapitalkräftige Unternehmer. Der Mangel an bürgerlichem Kapital in seinen Ländern veranlaßte den Kurfürsten, selbst als Unternehmer aufzutreten. Wie stark er nach wie vor von dem Wunsch beseelt war, durch Seehandel zu Reichtum zu gelangen, wurde im Jahre 1664 besonders deutlich.

Damals ließ Friedrich Wilhelm in den Niederlanden zwei Kriegsschiffe bauen, die auch als Handelsschiffe verwendet werden konnten. Mit niederländischer Besatzung, aber unter brandenburgischer Flagge, mit Pässen des Kurfürsten versehen, fuhren sie nach Norwegen, um dort auf Rechnung Friedrich Wilhelms Holz zu laden, das nach dem spanischen Hafen Cadiz transportiert werden sollte. Bei der Fahrt durch den Ärmelkanal wurden sie jedoch in einem englischen Hafen festgehalten. Da England sich im Krieg mit den Niederlanden befand, erregten die niederländischen Schiffsbesatzungen Verdacht. In den kurfürstlichen Pässen sah man nur einen Trick, mit dem niederländische Kriegsschiffe durch den Kanal geschleust werden sollten. Es bedurfte langwieriger diplomatischer Interventionen Friedrich Wilhelms und schließlich sogar scharfer Repressalien gegen englische Handelsschiffe in Königsberg, um die beiden Schiffe freizubekommen. Bei der Rückfahrt von Cadiz wiederholten sich im Kanal dieselben Schikanen. Für Friedrich Wilhelm endete das Geschäft mit einem Verlust von 240000 niederländischen Gulden (annähernd 90000 Talern).

Seine guten Erfahrungen mit jüdischen Geschäftsleuten veranlaßten den Kurfürsten 1671, aus Wien vertriebene wohlhabende Juden – 50 Familien – unter seinen Schutz zu stellen. Seit dem Beginn der Regierungszeit des Kurfürsten Johann Georg (1571–1598), die mit schweren Pogromen und der Vertreibung aller Juden eingeleitet worden war, hatte es in Brandenburg-Preußen keine Juden mehr gegeben. Für befristete Aufenthaltsgenehmigungen mußten die jüdischen Zuwanderer jährlich hohe „Schutzgelder“ und weitere Abgaben entrichten. Von einer rechtlichen Gleichstellung mit den christlichen Untertanen konnte dabei natürlich noch keine Rede sein. Immerhin durften sie am Wohnort, aber auch auf Messen, Wochen-

und Jahrmärkten anderer Städte ihre Handelsgeschäfte betreiben, wobei der Handel mit Geld (Wechsel- und Verleihgeschäfte) eine nicht unbedeutende Rolle spielte. Die Lebensbedingungen für Juden scheinen in Brandenburg-Preußen vergleichsweise günstig gewesen zu sein, denn bis zum Ende des Jahrhunderts stieg ihre Zahl auf etwa 8000.

Die im Lande herrschende chronische Geldknappheit war durch die Aufnahme der ersten wenigen jüdischen Kaufmannsfamilien jedoch kaum wesentlich zu lindern. Mangel an Geld für staatliche Investitionen wirkte sich auch sehr hemmend auf Versuche aus, die enormen Bevölkerungsverluste aus dem Dreißigjährigen Krieg durch planmäßige Anwerbung von Neusiedlern auszugleichen. Die üblichen Vergünstigungen für Bewerber um Bauernstellen: Lieferung von Bauholz und Abgabenfreiheit für sechs Jahre, reichten meist nicht aus. Sehr oft mußten wüste Hofstellen ja nicht nur neu bebaut, sondern auch mit Vieh und Gerätschaften ausgestattet werden. Für solche Anschaffungen waren Kredite erforderlich, doch in dieser Hinsicht waren Friedrich Wilhelms Möglichkeiten sehr beschränkt. So wurde ein 1662 begonnener Versuch, ein ganzes Domänenamt mit Kolonisten aus der Schweiz zu besiedeln, schon 1664 wegen Geldmangels aufgegeben. Die Schweizer hatten für die märkische Weidewirtschaft als Vorbilder wirken sollen.

Auch Bemühungen, alte Eisenwerke in der Mark Brandenburg wieder in Betrieb zu nehmen, neue zu errichten und das im Lande gefundene Raseneisenerz an Ort und Stelle zu verhütten, standen unter keinem guten Stern. Fachleute mußten im Harz oder in Schweden angeworben werden. In Zehdenick betätigten sich von 1665 bis 1668 zwei Wallonen als Unternehmer, die sich schließlich als Betrüger entpuppten. Immerhin war Friedrich Wilhelm 1666 in der Lage, die Einfuhr von schwedischem Eisen und Stahl zu verbieten – mit Ausnahme besonders hochwertiger Sorten, denn der Waffen- und Munitionsbedarf des Heeres konnte im eigenen Lande nicht voll-

Tuchmacher

ständig befriedigt werden, obwohl die Eisenverarbeitung in der Grafschaft Mark bemerkenswerte Fortschritte machte. Dort fand das Gewerbe der Klingenschmiede eine solide, zukunftsträchtige Grundlage.

Obzwar stellenweise bescheidene Erfolge bei der Förderung bürgerlicher Gewerbe erzielt wurden, konnte von einem allgemeinen wirtschaftlichen Aufschwung noch keine Rede sein. Im Gegenteil, reiche Länder wie die Herzogtümer Kleve und Preußen verarmten mehr und mehr. Die Bedeutung der klevischen Hafenstädte am Niederrhein ging infolge wirtschaftlicher Schwierigkeiten in den Niederlanden und der Verlagerung traditioneller Handelswege zurück, ohne daß wirtschaftspolitische Maßnahmen Friedrich Wilhelms dafür einen

Ausgleich schaffen konnten. In Preußen wirkten sich die Verwüstungen im Schwedisch-Polnischen Krieg noch lange aus, auch hinsichtlich des Handels mit Polen und Litauen. Anstatt das Wirtschaftsleben Königsbergs, der einzigen bedeutenden Stadt des Herzogtums, durch Senkung der in Pillau erhobenen Seezölle zu fördern, blieb diese Belastung unverändert bestehen. Dabei spielte das gespannte Verhältnis des Kurfürsten zur Bürgerschaft, die noch immer mit dem verhafteten Schöppenmeister Roth sympathisierte, sicherlich eine nicht unwesentliche Rolle.

Daß sich die Lage in der Kurmark seit den sechziger Jahren insgesamt unproblematischer darstellte, hatte wohl vor allem seinen Grund darin, daß vom Müllroser Kanal nicht nur die Hauptstadt profitierte. Dort fiel die Stadterweiterung besonders ins Auge. Zwischen dem Kupfergraben und der heutigen Ober- bzw. Niederwallstraße entstand der neue Stadtteil Friedrichswerder. Er wurde sogleich in die Festungsanlagen einbezogen. Der damals angelegte Festungsgraben ist längst zugeschüttet. Doch jeder Kraftfahrer, der die „Linden" oder die Mohrenstraße entlangfährt, spürt in Höhe des Kastanienwäldchens oder zwischen den Kolonnaden vor dem Haus der Akademie der Wissenschaften deutlich eine Wölbung des Straßenbelags: Dort führten Brücken über den Festungsgraben vor dem Friedrichswerder. Bis 1666 zählte man in der neuen „Stadt" erst 92 Häuser, von denen 47 Angehörigen des Hofes gehörten. Dann belebte 1667 die Einführung der Akzise die Bautätigkeit so sprunghaft, daß noch in demselben Jahr 150 neue Häuser hinzukamen. Auf dem Werderschen Markt entstand 1672 das Rathaus. Es enthielt nicht nur das Stadtgericht, das Gefängnis, die Folterkammer, die Volksschule und eine Bierstube (den Ratskeller), sondern auch Verkaufsstände für Brot und Fleisch. Konnte eine fürsorgliche Obrigkeit für ihre Bürger noch mehr tun?

Kurz darauf erhielt die Kurfürstin Dorothea von ihrem Gemahl das vor dem Wall zwischen dem Lustgarten und dem

Tiergarten an der Spree gelegene Waldstück als Geschenk. Sie ließ es abholzen, sumpfige Stellen trockenlegen, planieren, parzellieren und schließlich mit Häusern bebauen, die sie an Schiffbauer sowie andere Handwerker und Gewerbetreibende verpachtete. Als nach der Schlacht von Fehrbellin die Schwedengefahr abgewendet war, florierte das Geschäft. Weitere Parzellen wurden als Baustellen verkauft, halb so teuer wie die auf dem Friedrichswerder. Der Kurfürst verlieh 1674 der „Neuen Vorstadt vor dem Friedrichswerder“ das Stadtrecht, behielt sich aber Rechtsprechung und Verwaltung vor. Zwei Jahre später erhielt diese vierte „selbständige“ Stadt neben Berlin den Namen ihrer Gründerin: „Dorotheenstadt“.

Die geschäftstüchtige Kurfürstin verschaffte ihren „Kunden“ zehnjährige Befreiung von allen direkten Steuern, unentgeltliche Lieferung von Bauholz und sogar unversteuerten Handel mit Bier in die drei angrenzenden „Städte“. Am Ende der Regierungszeit Friedrich Wilhelms gab es zwischen der heutigen Behrenstraße und der Spree schon 150 Häuser. Die Hauptstraße war jene breite Lindenallee, die bereits nach 1650 von der Kurfürstin Luise Henriette angelegt worden war. In sechs Reihen standen dort abwechselnd Linden und Nußbäume. Um bei der Ernte der Walnüsse unerwünschte Konkurrenz durch Schweine von den angrenzenden Grundstücken auszuschließen, mußte die damals „Neustädtische Allee“ genannte Straße durch feste Zäune begrenzt werden. Auch diese neue Stadt wurde mit Wall und Graben versehen, die ja gleichzeitig das Akzisegebiet bestimmten.

Für die Rolle Berlins als aufstrebende Handelsstadt, Regierungs- und Verwaltungszentrum waren gute Verkehrs- und Nachrichtenverbindungen mit den weit entfernten westlichen und östlichen Landesteilen von sehr großer Bedeutung. Der wichtigste Postkurs, der von Kleve nach Königsberg, wurde schon zu Beginn der fünfziger Jahre eingerichtet. Friedrich Wilhelm fand einen hervorragenden Fachmann in Michael Matthias, der bis zu seinem Ausscheiden im Jahre 1684 die

Kurfürstin Dorothea

brandenburgische Staatspost mit großem Geschick ausbaute. Für die Strecke von Kleve nach Berlin benötigten seine Kutschen sechs Tage, von Berlin nach Königsberg vier Tage, von Berlin nach Wien sechs Tage. Der Kurs wurde zweimal wöchentlich befahren. Schon 1654 richtete der Kurfürst auch eine eigene Post nach Hamburg ein. Das in Danzig errichtete Postamt mußte er aufgeben, da Polen ein eigenes Postwesen aufbaute. Als polnische Postreiter in Hinterpommern erschienen, ließ Friedrich Wilhelm sie durch Militär festnehmen und ihre Pferde für seine Kavallerie beschlagnahmen. Er verlangte sogar, daß der Organisator der polnischen Post bestraft werden sollte. Durch geschicktes Verhandeln konnte er selbst aber in Leipzig ein brandenburgisches Postamt einrichten. Als der Graf von Thurn und Taxis, dem der Kaiser das gesamte Postwesen des Reiches übertragen hatte, 1660 die recht ertragreichen brandenburgischen Postverbindungen in eigene Regie übernehmen wollte und bei seinen Forderungen vom Kaiser unterstützt wurde, wies Friedrich Wilhelm dieses Ansinnen energisch zurück.

Am Ende seiner Regierungszeit gab es in Brandenburg-Preußen siebzig Postämter und sechzehn große Postlinien. Für den Warenverkehr hatten die hier verkehrenden Kutschen und Paketwagen nur sehr geringe Bedeutung. Noch lange sollten Flüsse und Kanäle die zuverlässigsten und bequemsten Handelswege für Massenwaren bleiben.

Kulturelle Leistungen

Das seit dem Frieden von Oliva erheblich gestiegene Bedürfnis Friedrich Wilhelms nach höfischer Repräsentation äußerte sich wohl am deutlichsten im Bau des Potsdamer Stadtschlosses, wo er nun ausländische Diplomaten wie ein wirklich souveräner Herrscher empfing. Der holländische Architekt Gregor Memhardt hatte sich das erst vor kurzem fertiggestellte Palais

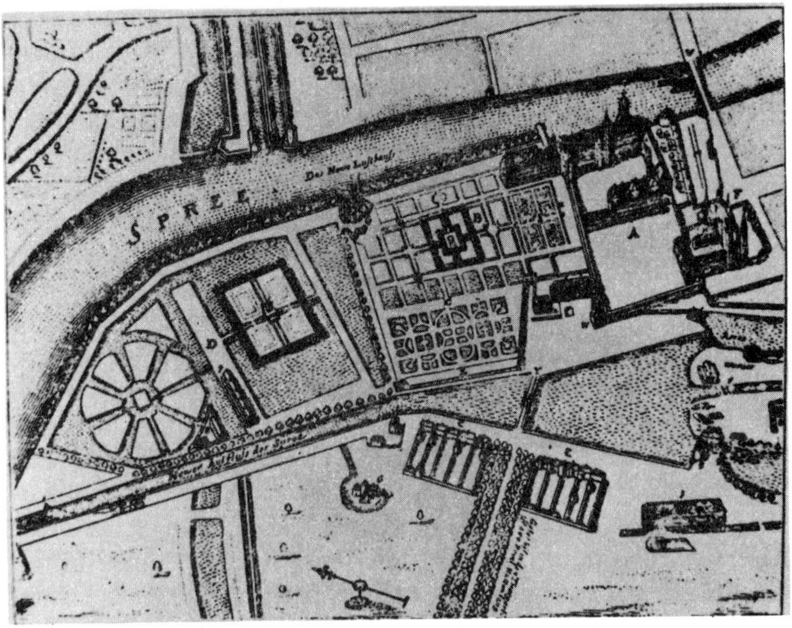

Der Lustgarten in Berlin

der Schwiegermutter Friedrich Wilhelms, Amalie von Oranien, in Den Haag zum Vorbild genommen. Während dieses „Huis tem Bosch“ (Haus am Wald) heute der niederländischen Königin als Wohnsitz dient, ist das Potsdamer Stadtschloß bekanntlich wie das Berliner Schloß dem zweiten Weltkrieg zum Opfer gefallen.

Der zwischen 1660 und 1682 entstandene einfache Putzbau mit hohen Ziegeldächern war zur Stadt hin hufeisenförmig geöffnet. Nach der anderen Seite schlossen sich ein Park und ein großes Tiergehege für Rotwild an. Für Gartenanlagen interessierte sich der Kurfürst lebenslang viel mehr als für Gebäude. Schon 1650 war Memhardt zur Gestaltung des Lustgartens nach Berlin geholt worden. Der Naturforscher Elsholtz, Begründer des Botanischen Gartens in Berlin, beschaffte seltene Pflanzen, wobei ihn Friedrich Wilhelm sehr oft mit großem Sammeleifer unterstützte. Sogar aus Übersee kamen exotische Pflanzen und Muscheln, mit denen eine Grotte ausgeschmückt wurde.

Anlage und Pflege der Gärten war auch in Potsdam das eigentliche „Hobby" des kurfürstlichen Bauherrn. Er ließ dort sogar Weingärten anlegen und beteiligte sich selbst an der Traubenlese. Im Jahre 1668 soll die Ausbeute 848 Tonnen (etwa 95 000 Liter) Wein betragen haben! Die Qualität des märkischen Rebensaftes, der ja auch in Berlin gewonnen wurde, konnte verwöhnteren Gaumen allerdings nicht genügen. Ein hannoverscher Gesandter, der in Berlin am kurfürstlichen Hof Ende 1675 große Kontaktschwierigkeiten hatte, weil man seinem Herzog das (nach der Schlacht von Fehrbellin zerbrochene) Bündnis mit Schweden noch übelnahm, schrieb damals: Er sei völlig ratlos! Selbst der Weg über die sonst hilfreiche Einladung zu einem Gelage sei nicht gangbar, „weil der Wein so schlimm und kalkicht, daß einer allemahl beim halben Rausch ein Vierteljahr am Leben zuzusetzen besorgen muß."

Französische oder andere außerdeutsche Weine kamen am Berliner Hof grundsätzlich nicht auf den Tisch. Für die kurfürstliche Tafel sowie für die Prinzen und den Oberhofmarschall – also einen sehr kleinen Personenkreis – gab es Rheinwein. Kammerjunker, Hofbeamte und sonstige Bedienstete mußten sich mit dem erwähnten heimischen Landwein begnügen, ungeachtet der „Gefahr für Leben und Gesundheit", die der Hannoveraner so drastisch in Aussicht gestellt hatte.

Von den kleinen Lustschlössern, die Friedrich Wilhelm um diese Zeit bei Potsdam erbauen ließ, ist das in Caputh erhalten geblieben. Dieses einstöckige Gebäude mit hohem Kellergeschoß und zweiarmiger Freitreppe vermittelt heute wohl die beste Anschauung von der damaligen Bauweise. Es entstand 1662 unter der Leitung von Philipp de Chièze, der auch Bau-

Das Stadtschloß zu Potsdam, Gartenseite

meister des von Memhardt entworfenen Potsdamer Stadtschlosses war. Seine „große Zeit“ hatte Caputh aber erst nach dem Tode der Kurfürstin Dorothea (1689), der das Schlößchen zuletzt als persönlicher Besitz gehört hatte. Der neue Kurfürst Friedrich III. erwarb es sogleich, um es seiner Gattin Sophie Charlotte zu schenken. Die prachtliebende Hannoveranerin ließ es so aufwendig ausgestalten, daß es auch nach ihrem frühen Tode (1705) vom nunmehrigen König Friedrich I. vornehmen Gästen noch gern als märkisches Juwel gezeigt wurde. Im Jahre 1709 wurden dort König Friedrich IV. von Dänemark und Friedrich August I. von Polen („August der Starke“, Kurfürst von Sachsen) mit besonders kostspieligen Festen bewirtet. – In den sechziger und siebziger Jahren, als das Schloß entstand, konnte von einem so luxuriösen Hofleben noch keine Rede sein.

Das das höfische Zeremoniell zur Zeit Friedrich Wilhelms

an späteren Maßstäben kaum gemessen werden darf, beweist die bereits erwähnte Tatsache, daß der mit Problemen der Geldbeschaffung mehr als genügend beschäftigte Hofkammerpräsident von Canstein nebenher als Hofmarschall über Rangfragen und Etikette zu wachen hatte. Als Oberkämmerer mußte der Oberpräsident des Geheimen Rates, der Freiherr von Schwerin, ebenfalls überfordert sein. Die vornehmen und reichen französischen Gesandten, die damals nach Potsdam kamen, mögen angesichts des ärmlichen „Pompes" wohl mitleidig gelächelt haben. Man konnte sie in Potsdam nicht standesgemäß unterbringen, so daß ihnen nach einer Übernachtung im Schloß die Rückkehr nach Berlin zugemutet werden mußte.

Ein Hofadel, wie er in Paris und Versailles am Hofe des „Sonnenkönigs" Ludwig XIV. ein müßiggängerisches Leben führte, war in Brandenburg-Preußen gar nicht denkbar. Hier gab es ja keine reichen und mächtigen Adelsgeschlechter, die der Landesherr durch Hofämter von unerwünschter politischer Tätigkeit fernhalten mußte. Für die wenigen Herren aus dem Reichsadel, die bei Hofe mit fürstlichen Namen hätten glänzen können, waren genügend Statthalterposten vorhanden, wo sie durchweg recht nützliche Arbeit leisteten.

Einer von ihnen, Fürst Johann Moritz von Nassau-Siegen, ließ 1664 das Schloß in Kleve zum Teil auf eigene Kosten ausbauen und mit den prächtigen Parkanlagen des Tiergartens umgeben. Für seine Sammlungen wertvoller Antiquitäten, die Friedrich Wilhelm erben sollte, entstand ein besonderes Gebäude. Johann Moritz hatte von 1637 bis 1641 als Statthalter der Niederländisch-Westindischen Compagnie in Brasilien kulturgeschichtlich bedeutende Sammlungen angelegt, die ebenfalls zum Teil in den Besitz des Kurfürsten übergegangen sind. Aus Kleve gelangten auch viele Bücher naturwissenschaftlich-technischen oder militärwissenschaftlichen Inhalts sowie optische Instrumente nach Berlin. Der Briefwechsel Friedrich Wilhelms mit dem Fürsten läßt beiderseitige Zuneigung und familiäre Vertrautheit erkennen. Als 1660/61 in Potsdam eine Quelle gesucht wurde, mit der man einen Springbrunnen betreiben könnte, beteiligte sich Johann Moritz intensiv daran.

Friedrich Wilhelms Interesse für Bücher führte bald zu einem starken Anwachsen der Bibliothek. Großzügige Spenden des Landesherrn und gesicherte Einkünfte aus Strafgeldern, die von den Gerichten überwiesen wurden, erlaubten laufend Neuanschaffungen, manchmal den Ankauf ganzer Sammlungen. Viele Autoren widmeten dem Kurfürsten ihre Werke, weil sie dann mit einem Geschenk rechnen konnten. Unter den Sendungen des Fürsten Johann Moritz befand sich der großformatige, etwa einhundertfünfundzwanzig Kilogramm schwere Weltatlas, der heute als „Kurfürstenatlas" in der Kartenabteilung der Deutschen Staatsbibliothek in Berlin ausgestellt ist. Zahlreiche Gemälde vom Tier- und Pflanzenreich Brasiliens, Vorlagen für Wandteppiche, wurden in Berlin zu vier Bänden vereinigt.

Um alle Belange seiner Bibliothek kümmerte sich Friedrich Wilhelm besonders intensiv, vor allem um Anschaffungen für seine Interessengebiete Militärwissenschaften, Geometrie und Mathematik, Botanik, Gartenbau sowie orientalische und asiatische Sprachen. Fremde Sprachen schätzte er allerdings nur als Hilfsmittel für Handelsgeschäfte. Der Bibliothek wurden im Berliner Stadtschloß große, helle Räume zugewiesen. Neben dem großen Büchersaal gab es auch ein Handschriften- und ein Raritätenkabinett (als Vorstufe der späteren Staatlichen Museen) sowie ein Lesezimmer. Seit 1661 war die kurfürstliche Bibliothek nämlich für Gelehrte, Beamte und andere gebildete Besucher zugänglich.

Die alte Universität Frankfurt (Oder), die preußische Landesuniversität in Königsberg und die 1655 von Friedrich Wilhelm zur Förderung kalvinistisch orientierter Studien gegründete Universität Duisburg erfreuten sich zwar ebenfalls kurfürstlichen Wohlwollens, nicht aber so zuverlässiger Geldquellen wie die Berliner Bibliothek. Ein Geldbetrag, der für die Gründung der Universität Duisburg bereitgestellt worden war, wurde von Friedrich Wilhelm kurzfristig für dringliche politische Zwecke verwendet und stand nach sechs Jahren noch immer nicht wieder zur Verfügung. Auch in den Friedensjahren kam es hier zu keinem grundlegenden Wandel. Nur in Einzelfällen griff der Kurfürst helfend ein. Angesichts so schlechter Arbeitsbedingungen nahmen viele Professoren ihre Lehrverpflichtungen nicht sehr ernst, und eine entsprechend laxe Moral der Studenten ließ die „Burschen" zum Schrecken des wohlanständigen Bürgertums der Universitätsstädte werden. Edikte des Landesherrn und Kontrollbesuche der verantwortlichen Räte konnten da kaum eine Besserung bewirken. Unter diesen Voraussetzungen war es sehr schwierig, tüchtige Hochschullehrer zum Bleiben zu bewegen oder neue zu gewinnen.

Dennoch scheint Friedrich Wilhelm in den Jahren 1666/67 ernsthaft daran gedacht zu haben, in Tangermünde eine „Universal-Universität" zu gründen. Sie sollte hervorragenden Wissenschaftlern, die in ihren Heimatländern aus religiös-weltanschaulichen Gründen verfolgt wurden, eine sichere Heimstatt bieten. Dieser abenteuerliche Plan stammte von dem Schweden Benedikt Skytte. Der Kurfürst war durch seinen Leibarzt Bonnet, der mit Skytte bekannt war, wohl zu der Illusion verleitet worden, daß dabei erhebliche Vorteile für die Wiederbesiedlung seiner Länder und für die noch immer sehr kümmerlich entwickelte Wirtschaft zu erwarten seien. Nach einem Gespräch mit dem sehr gewandt und sicher auftretenden Schweden verwies er diesen an Geheime Räte, die über genügend Sachkenntnis verfügten.

Dabei stellte sich heraus, daß Skytte außer Ideen noch nichts anbieten konnte. Dessenungeachtet forderte er aber für sich – als zukünftigen Direktor – erhebliche finanzielle Zuwendungen. Sein Vater, Johann Skytte, schwedischer Reichsrat und Kanzler der Universität Upsala, hatte mit dem berühmten tschechischen Pädagogen Johann Amos Comenius über eine weltumspannende Wissenschaft, eine „Weltsprache“ und eine „Weltreligion“ korrespondiert. Im Rahmen dieser utopischen Vorstellungen war auch die Idee einer „Universal-Universität“ aufgetaucht. Der in dieser Gedankenwelt aufgewachsene Sohn war bei Versuchen, aus so nebulosen Vorstellungen Kapital zu schlagen, in Schweden auf entschiedene Ablehnung gestoßen. Nun setzte er alle Hoffnung auf den ehrgeizigen Kurfürsten von Brandenburg.

Um Benedikt Skytte Gelegenheit zu geben, den Wert seiner Theorie durch Erfolge in der Praxis zu erhärten, ließ Friedrich Wilhelm eine Gründungsurkunde drucken, die an geeignete Gelehrte versandt werden sollte. Für den Fall, daß sich genügend prominente Bewerber melden würden, war eine erste, recht bescheiden anmutende Aufbaustufe vorgesehen. In der verkehrsgünstig gelegenen Stadt an der Elbe sollten provisorische Unterkünfte und feste Gehälter für zwei Professoren zur Verfügung stehen. Auch für später konnte von großzügiger Bautätigkeit bei einem Gesamtetat von 15000 Talern kaum die Rede sein. Die von Kaiser Karl IV. gegen Ende des 14. Jahrhunderts zur Residenz ausgebaute Burg von Tangermünde, die nach weiteren Umbauten den ersten brandenburgischen Hohenzollern als Regierungssitz gedient hatte, war 1640 abgebrannt, so daß der naheliegende Gedanke, die „Universal-Universität“ dort unterzubringen, nicht zu verwirklichen war. Über eine andere Lösung brauchte nicht lange nachgedacht zu werden, da Skytte überhaupt keine Wissenschaftler fand.

Es ist für Friedrich Wilhelm bezeichnend, wie schnell er sich von diesem phantastischen Plan trennte, der in seiner letzten Stufe nicht nur den Gelehrten, sondern allen Bewohnern von Tangermünde Steuerfreiheit und wirtschaftliche Sonderrechte versprochen hatte. In Kriegszeiten sollte die Stadt sogar einen allgemein respektierten neutralen Status erhalten. Als im Frühjahr 1668 noch eine verspätete Anfrage von der Königlichen Akademie in London kam, ob Wissenschaftler aufgenommen werden könnten, die mit der englischen Hochkirche in Konflikt gekommen seien, warnte der brandenburgische Geschäftsträger in London gleichzeitig vor den hier gemeinten Sektierern (Quäkern und Mennoniten). Der Kurfürst winkte nachdrücklich ab. Reformierte Handwerker würde er sehr gern in seinen Ländern ansiedeln; doch solche Bewerber gab es in London nicht.

Mit seiner Bereitschaft, auf Pläne gerissener Spekulanten und utopischer Weltverbesserer einzugehen, erwies sich Friedrich Wilhelm auch bei anderer Gelegenheit ganz als Kind seines Zeitalters, des Barock. Doch schneller als bei manchem Zeitgenossen siegte bei ihm der ihm angeborene Sinn für das wirtschaftlich und politisch Mögliche. Das wurde noch deutlicher gegen Ende seines Lebens sichtbar, als er sich mit der Aufnahme hugenottischer Flüchtlinge in seine „Lande“ ein bleibendes Denkmal setzte.

Während der relativ langen Friedenszeit konnte Friedrich Wilhelm sein Interesse auch wieder verstärkt der Geschichtsschreibung zuwenden. Erste Ansätze auf diesem Gebiet waren in den fünfziger Jahren, als der aus Kleve stammende Diplomat Joachim Hübner eine Geschichte der brandenburgischen Hohenzollern schreiben sollte, ohne nennenswerte Ergebnisse geblieben. Hübners Ehrgeiz blieb auf eine diplomatische Karriere gerichtet, so daß ihm Ende 1658 sein Gehalt als kurfürstlicher Bibliothekar und Historiograph gesperrt werden mußte. Erst 1664 fand der Kurfürst in dem niederländischen Philosophen und Philologen Martin Schook (Schookius) einen geeigneteren Hofhistoriographen. Schook kam von der niederländischen Universität Deventer, hatte aber vorher an der berühmteren Universität Leiden gewirkt. Sein Sohn Isaak erhielt 1665 eine Professur an der Universität Frankfurt (Oder).

In Leiden hatten übrigens mehrere Leibärzte Friedrich Wilhelms, sein Hofprediger Bartholomäus Stosch und so wichtige politische Berater wie der Generalkriegskommissar Claus Ernst von Platen und der Geheime Rat Paul Fuchs studiert. Söhnen brandenburgischer Beamter, die in den Niederlanden studieren wollten, gewährte der Kurfürst Stipendien. Angesichts so vielfältiger und enger Beziehungen zum Geistesleben der Niederlande ist versucht worden, weltanschauliche und politische Auffassungen Friedrich Wilhelms von Grundlinien der dort vorherrschenden philosophischen Lehre des „Neustoizismus" herzuleiten.

Die stoische Philosophie im antiken Griechenland empfahl, Leidenschaften der Vernunft zu unterwerfen und in allen Wechselfällen des Lebens eine „stoische" Ausgeglichenheit des Gemüts zu bewahren. Der von 1579 bis 1591 in Leiden lehrende Philosoph Justus Lipsius hatte als Philologe die Philosophie der Stoa (eine Säulenhalle in Athen, von der aus diese Lehre verbreitet wurde) wiederentdeckt. Er verbreitete seiner Zeit angepaßte „neustoizistische" Lehrsätze durch Publikationen in weiten Teilen Europas. In Romanen und Dramen wurden diese Ideen in christlichem Sinne interpretiert und popularisiert, so daß sie unter Gebildeten weit verbreitet waren. Kernsprüche Friedrich Wilhelms wie der von der „Notwendigkeit, die stärker ist als Gesetze", oder die Befürwortung aktiver Außenpolitik ohne abwartende Neutralität sind aber durchaus ohne direkte niederländische Vorbilder denkbar. Der Einfluß der an niederländischen Universitäten ausgebildeten hohen Beamten und die persönliche Vorliebe Friedrich Wilhelms für alles Niederländische waren jedoch lange so stark, daß erst in den achtziger Jahren die Erfolge des merkantilistischen Wirtschaftssystems in Frankreich neue Leitbilder in der Staatsverwaltung wie auch in Bereichen der Kultur entstehen ließen. Bis dahin sollten äußerst gefährliche außenpolitische Entwicklungen den Staat Friedrich Wilhelms aber noch schweren Bewährungsproben aussetzen.

Ganz im Sinne einer Politik der „Balance“ zwischen dem Kaiser und Frankreich sowie dessen Parteigänger Schweden, wie sie noch im Politischen Testament von 1667 empfohlen wurde, steuerte Friedrich Wilhelm nach dem Friedensschluß von Oliva einen vorsichtigen außenpolitischen Kurs. Seinen „angestammten Platz“ sah er noch an der Seite des Kaisers, und er schien fest entschlossen zu sein, sich keinesfalls auf Unternehmungen einzulassen, „die den alten Reichsverfassungen und dem Herkommen entgegenlaufen“. Andererseits durfte er nicht ignorieren, daß Frankreich seinen Anspruch auf die Vormachtstellung in Europa auch mit Mitteln verfolgen würde, die ihm sehr schaden könnten, wenn er sich offen als Gegner dieses Anspruchs zu erkennen gab. Den Leitgedanken seiner Politik drückt wohl am besten ein Satz aus, den er im Dezember 1662 an Schwerin schrieb: „Gott wolle uns vor ferneren Kriegen bewahren.“ Behutsames Lavieren zwischen den Interessen der Großmächte sollte ihm dazu verhelfen.

1658 hatte Frankreich die Gründung eines sogenannten Rheinbundes zum Schutze der Interessen deutscher Fürsten für seine Zwecke ausgenutzt. Ursprünglich sollte der Rheinbund vor allem ein erneutes Bündnis Österreichs mit Spanien verhindern, das sich gegen Frankreich gerichtet und somit den Frieden bedroht hätte. Dieser frankreichhörigen Vereinigung gehörten an: die Kurfürsten von Mainz, Köln, Trier und Bayern, der Bischof von Münster, der Pfalzgraf von Neuburg, der König von Schweden (für seine deutschen Besitzungen), der Landgraf von Hessen-Kassel und die Herzöge von Braunschweig-Lüneburg sowie Frankreich selbst. Als Frankreich nach 1660 nicht aufhörte, sich um den Beitritt Brandenburgs zu bemühen, äußerte sich Friedrich Wilhelm gelegentlich recht unwirsch: „Ich will lieber in des Türken Protektion sein als in französischer Dienstbarkeit!“ Doch schließlich gab er nach. Als ihm Ludwig XIV. nicht nur den Besitz aller seiner

Länder, sondern auch speziell die Unantastbarkeit der Souveränität in Preußen verbürgt hatte, gab er Frankreich sein Bündnisversprechen. Offiziell trat er erst 1665 in den Rheinbund ein, als dieser schon Auflösungserscheinungen zeigte.

Dem Reichsoberhaupt stellte er 1664 ein kleines Hilfskorps für den Krieg gegen die Türken in Ungarn zur Verfügung, ohne dafür trotz zäher Verhandlungen mehr zu erlangen als die Übernahme der Soldzahlungen durch den Kaiser. Doch dafür konnte er im niederländisch-englischen Krieg von 1665 bis 1667 eine für ihn um so schmeichelhaftere Rolle spielen. Als im November 1665 dem Bischof von Münster im „Frieden von Kleve" die gegen die Niederlande erhobenen Waffen aus der Hand genommen wurden, konnte sich Friedrich Wilhelm als Helfer der Republik feiern lassen, weil er – wie schon in anderem Zusammenhang erwähnt – diesen Frieden geschickt vermittelt hatte. Mit deutlich gehobenem Selbstgefühl schrieb der nun von England und Frankreich umworbene Kurfürst wenige Monate später sein Politisches Testament.

Doch schon in den Tagen, in denen dieses für die Persönlichkeit Friedrich Wilhelms so aufschlußreiche Dokument entstand, unternahm der junge König von Frankreich seinen ersten Raubzug gegen ein Territorium des Reiches: Im sogenannten Devolutionskrieg überfiel er die offiziell zum Deutschen Reich gehörenden Spanischen Niederlande, um sie unter dem Vorwand brabantischen Erbrechts („Devolutionsrecht", bei dem seine Gattin als Tochter des verstorbenen spanischen Königs Philipp IV. aus erster Ehe vor Kindern aus zweiter Ehe erbte) dem französischen Staatsgebiet einzuverleiben. Friedrich Wilhelm hatte im Politischen Testament soeben gefordert, daß Brandenburg berufen sei, zwischen Österreich und Frankreich „die rechte Balance" zu halten. Deshalb sah er sich jetzt geradezu genötigt, Schritte zur Wiederherstellung des gestörten Gleichgewichts zu unternehmen. Dem Anspruch Frankreichs auf Vorherrschaft in ganz Europa sollte sofort energisch entgegengetreten werden.

Nicht ohne Grund las Friedrich Wilhelm immer und immer wieder in einem 1667 erschienenen Buch des Pariser Advokaten Aubery „Über das Recht des Königs von Frankreich auf das ganze Reich“. Von dem Franken Karl dem Großen wurde der Anspruch „Frankreichs“ auf den größten Teil Deutschlands – der zu diesem Reich gehört hatte – hergeleitet. Die „Allemannen“ (so nannten die Franzosen die Deutschen) seien unwürdige Erben der Kaiserkrone, die sie den Nachkommen des Kaisers Karl entwunden hätten. Der Kaiser habe im Reich ja gar nicht mehr zu bestimmen. „Wenn die sogenannten Kaiser von heute nicht selber erbliche Herrschaftsgebiete hätten, dann wären sie nur in ihrer eigenen Einbildung Souveräne!“ Daher komme nicht nur die Königsgewalt, sondern auch die Gewalt im Römischen Reiche den Königen der Franken, den Franzosen, zu. Diese würden von den Päpsten ja doch nicht ohne Grund seit zwei Jahrhunderten mit dem Titel „Allerchristlichster König“ geehrt.

In Frankreich gebe es – so tönte es von Paris her – längst nicht mehr jene gotisch-barbarische „Libertät“ der Fürsten, die des Herrschers Machtbefugnisse den „Reichsständen“ überantwortete. Hier habe der König das, was ein echter Kaiser haben müsse: absolute Autorität. – Aus dieser Sicht waren die Kriege, die Ludwig XIV. nun zu führen begann, nur Maßnahmen des rechtmäßigen Herrschers zur Wiederherstellung der vollen Gewalt in seinem Reich. Der Griff nach den Spanischen Niederlanden sollte nur der Anfang sein.

Am 21. Mai 1667 marschierten die Franzosen in die Spanischen Niederlande ein. Frankreich war sehr daran interessiert, daß der Kurfürst von Brandenburg nichts dagegen unternehme und zumindest neutral bliebe. Doch die brandenburgische Diplomatie entwickelte vielfältige Aktivitäten. Friedrich Wilhelm traf sich mit dem Kurfürsten von Sachsen, um diesem zu helfen, sich aus der Abhängigkeit von französischen Hilfsgeldern zu lösen. So verfolgte er auch mit der schon erwähnten „Zinnaischen Münzkonvention“, die bei dieser Gelegenheit abgeschlossen wurde, eine unmittelbar politische Absicht. Johann Georg II. von Sachsen wollte jedoch seine Beziehungen zu Frankreich nicht grundlegend ändern. Seine Gewinne aus der Münzverschlechterung von 1667 flossen zum größten Teil in die Kassen der Augsburger Juweliere, deren Arbeiten heute im Grünen Gewölbe der Dresdner Kunstsammlungen bewundert werden.

Auch innerhalb des Rheinbundes bemühten sich die brandenburgischen Diplomaten vergeblich um eine antifranzösische Front. Die Beratungen des Reichstags hatten ein ähnliches Ergebnis. Es kam so, wie der Oberpräsident Schwerin von Anfang an prophezeit hatte: Wenn der Kurfürst ernsthaft zugunsten Spaniens eingriffe, so liefe er Gefahr, von allen übrigen deutschen Mächten im Stich gelassen zu werden. Doch bis zum Dezember 1667 blieb Friedrich Wilhelms Haltung in dieser seine politischen Grundsätze berührenden Angelegenheit eindeutig antifranzösisch.

Am Kaiserhofe kam es damals zu heftigen Kontroversen, ob man sich der französischen Aggression widersetzen oder ob man sich mit Frankreich arrangieren solle. Die Niederlande und England hatten inzwischen ihren Krieg beendet und ein Bündnis gegen Frankreich geschlossen. An diesem Bündnis beteiligte sich im Januar 1668 auch Schweden, das wegen eines ernsten Zerwürfnisses mit Frankreich an die Seite Brandenburgs getreten war. Die Zusammenarbeit von Schweden und Brandenburg trug entscheidend dazu bei, daß sich der Rheinbund von 1658 Anfang 1668 auflöste. In der Frage der für Friedrich Wilhelm besonders wichtigen polnischen Königswahl war die Haltung Schwedens aber noch unsicher, die Gefahr, daß es dort den französischen Kandidaten unterstützte, war nach wie vor groß. Wenn Frankreich seine Polenpolitik änderte, so konnte es von Friedrich Wilhelm dafür große Zugeständnisse erwarten.

In Paris sah man in diesen Monaten im Brandenburger einen recht lästigen Widersacher. Der französische Botschafter in Berlin deutete an, daß man im Falle strikter Neutralität Brandenburgs im französisch-spanischen Krieg die Unterstützung des französischen Thronkandidaten in Polen einstellen würde. Auf dieser Grundlage kam im Dezember 1667 auch tatsächlich ein Vertrag zustande. Frankreich verpflichtete sich darin sogar, die Kandidatur des Pfalzgrafen von Neuburg (den Friedrich Wilhelm protegierte) zu unterstützen.

Im Mai 1668 wurde in Aachen ein Kompromißfrieden zwischen Frankreich und Spanien geschlossen, der Ludwig XIV. zwar nicht ans Ziel seiner Wünsche brachte, ihm jedoch einen wichtigen Teil Westflanderns zusprach. Einen solchen Frieden konnte der ehrgeizige junge König nur als Waffenstillstand betrachten. Der Baron von Lisola, wichtigster Berater des Kaisers, sah deutlich voraus, daß sich der nächste Stoß gegen die Republik der Niederlande – einen traditionellen Verbündeten Frankreichs – richten würde. Als im spanischen Teil von Burgund geborener „Franzose“ durchschaute er klar die Absichten der französischen Politik und richtete an den Kaiser beschwörende Appelle: „Es handelt sich darum, das Geschick Europas zu entscheiden, über seine Freiheit oder seine Sklaverei das Urteil zu sprechen.“

Dagegen versuchte ein Deutscher, Fürst Wilhelm von Fürstenberg, die deutschen Fürsten gegen den Kaiser aufzuwiegeln und sie zu freiwilliger Angliederung an ein französisch-römisches Kaisertum zu bewegen. Als Berater des Kurfürsten von Köln hatte er in diesem zwischen feindlichen Nachbarn eingekeilten Kurfürstentum die Ohnmacht kaiserlicher Gewalt oft genug erfahren. Überdies war er leidenschaftlicher Katholik und hoffte als solcher, daß ein starker König nicht nur Ruhe und Frieden, sondern sogar die Alleinherrschaft der katholischen Religion wiederherstellen könnte. Die „ketzerische“ Macht der Niederlande war ihm besonders verhaßt. Und gegen diese Macht hatten die spanischen Habsburger sich nicht durchzusetzen vermocht. Was sollte er da vom schwächlichen Kaiser Leopold erhoffen?

Der Kaiser hatte Anfang Januar 1668 mit Ludwig XIV. einen Geheimvertrag geschlossen, demzufolge die Spanischen Niederlande im Fall des Aussterbens der spanischen Habsburger an Frankreich fallen sollten. Im Frühjahr 1669 erfuhr Friedrich Wilhelm davon. Nun wußte er, warum Leopold während des Devolutionskrieges sein Drängen auf Maßnahmen gegen Frankreich nur hinhaltend behandelt hatte. Sein Mißtrauen gegen das Haus Österreich bekam neue Nahrung. – Daß König Karl II. von Spanien, ein sehr schwächliches Kind, noch bis zum Jahre 1700 leben und der Kampf um das spanische Erbe also erst lange nach dem Tode des Kurfürsten Friedrich Wilhelm ganz Europa erschüttern würde, ahnte damals noch niemand.

In den ersten Tagen des Jahres 1670 reiste Wilhelm von Fürstenberg nach Berlin, um den Kurfürsten auf die Seite Frankreichs zu ziehen. Es gehe nur noch darum – so behauptete er –, sich am Verteilen der Beute zu beteiligen; am Siege Frankreichs über die Generalstaaten sei nicht zu zweifeln. Friedrich Wilhelm reagierte recht ungehalten. Er habe zwar vor wenigen Tagen einen Freundschaftsvertrag mit Frankreich geschlossen, doch nur, um seine eigenen Länder vor Angriffen zu schützen. Von den Niederlanden drohe ihm keine Gefahr. Warum sollte er nun helfen, diesen blühenden Staat zu vernichten? Der König von Frankreich werde hoffentlich einsehen, daß der Friede erhalten bleiben müsse.

Doch die Berichte der brandenburgischen Unterhändler aus Paris klangen immer düsterer. Die französischen Kalvinisten, die Hugenotten, seien schlimmen Verfolgungen ausgesetzt. Man lege ihnen so lange Dragoner ins Quartier, bis sie zur katholischen Kirche zurückkehrten. Diese „Dragonaden“ würden vom Kriegsminister, der sich wie ein Ketzerverfolger aufführe, persönlich geleitet. Einen Gesandten des Franzosenkönigs empfing Friedrich Wilhelm in Potsdam sehr zurückhaltend. Die Unterbringungskalamitäten im engen Stadtschloß der ärmlichen „Nebenresidenz“ gaben ihm willkommenen Anlaß, den verwöhnten Grafen schon am nächsten Tage nach Berlin zurückzuschicken. Dort behandelten seine Räte die Frage eines Kriegsbündnisses weisungsgemäß nur hinhaltend. Auch erneute Versuche Ludwigs XIV., den Brandenburger zumindest als Gegner auszuschalten, führten nur dazu, daß Friedrich Wilhelm seine Mahnung zu friedlicher Verständigung wiederholte. Andererseits hatten aber auch Verhandlungen mit Jan de Witt, dem Leiter der niederländischen Politik, kein anderes Ergebnis, als daß Friedrich Wilhelms Vermittlungsangebot stolz zurückgewiesen wurde. Der Niederländer sah noch immer keine Gefahr für sein Land.

Als der Sommer des Jahres 1671 vergangen war, konnte es jedoch keinen Zweifel mehr daran geben, daß Ludwig XIV. im kommenden Jahr die Niederlande angreifen würde. Nun mußte sich der Kurfürst von Brandenburg für oder gegen die Generalstaaten entscheiden. Neutral wollte er nicht bleiben.

Die Situation ähnelte der zu Beginn des Schwedisch-Polnischen Krieges. Auch diesmal standen sich am Hofe des Kurfürsten zwei gegensätzlich argumentierende Parteien gegenüber. Die „holländische Partei" warb für ein Kriegsbündnis mit den bedrohten Glaubensgenossen. Auf dieser Seite standen der neuernannte Feldmarschall Fürst von Anhalt, des Kurfürsten Schwager, der General Georg von Derfflinger, seit 1655 Lehrmeister des brandenburgischen Heeres, und der Geheime Rat Friedrich von Jena, dieser aber nur unter der Voraussetzung, daß aus den Niederlanden reichlich Hilfsgelder in die leere brandenburgische Kriegskasse flössen. Das erwies sich als eine trügerische Hoffnung.

Die sogenannte „französische Partei" sprach sich nicht etwa für ein Bündnis mit Frankreich aus, sondern nur für eine Politik des versöhnenden Ausgleichs bei Wahrung der brandenburgischen Neutralität. Es war die bisherige Politik des Kurfürsten, die hier ihre Fürsprecher fand. Am gewichtigsten waren die Stimmen des Oberpräsidenten Schwerin und der Kurfürstin Dorothea. Beide beschworen Friedrich Wilhelm, sein

Land und sich selbst nicht den unabsehbaren Gefahren eines Krieges auszusetzen. Warum gegenüber diesen „Stimmen der Vernunft" unwägbare Gefühle des Kurfürsten für seine geistige Heimat, die Niederlande, dennoch so starken Einfluß auf sein politisches Handeln nehmen konnten, wie zu Beginn des Jahres 1672 offenbar wurde, das blieb sein Geheimnis. Die offizielle Politik der Generalstaaten bot zunächst noch keinen Anlaß zu emotional bedingter Opferbereitschaft. Das wurde erst etwas anders, als der inzwischen herangewachsene Prinz Wilhelm von Oranien die militärische und politische Macht in den Niederlanden zurückerlangte, die Jan de Witt dem Hause Oranien „für alle Zeit" abgesprochen hatte. Im Sommer 1671 hatte der Prinz zum erstenmal seine niederländische Heimat verlassen und bei seinem Onkel in Berlin besonders freundliche Aufnahme gefunden. Die damals begründete persönliche Freundschaft sollte jedoch noch harten Bewährungsproben ausgesetzt werden.

Im März 1672 überfiel die englische Kriegsflotte ohne Kriegserklärung im Kanal niederländische Handelsschiffe. Es war zu erwarten, daß die französische Kriegserklärung nicht mehr lange auf sich warten lassen würde. König Karl II. von England, wie Friedrich Wilhelm ein Onkel des oranischen Prinzen, hatte sich durch sehr hohe französische Hilfsgelder zu diesem Angriffskrieg bewegen lassen. Dem Kurfürsten waren von Frankreich allein schon für seine Neutralität höhere Summen versprochen worden, als die Generalstaaten für ein Kriegsbündnis boten. Doch es scheint, daß Friedrich Wilhelm schließlich durch helle Empörung über die französische Kombination von Raub- und Religionskrieg dazu getrieben worden ist, alle Grundsätze der fürstlich-egoistischen „Staatsräson" außer acht zu lassen. Die Gefahr einer französischen Universaldespotie über ganz Deutschland, vor der Lisola eindringlich gewarnt hatte, erschien ihm nun riesengroß, noch verstärkt durch den Herrschaftsanspruch der katholischen Kirche. Wenn Ludwig XIV. sein Ziel erreichte, dann würde wohl bald kein deutscher Staat mehr vorhanden sein, dessen „Staatsräson“ zu beachten wäre. Allein schon den französischen Eroberungen tatenlos zuzusehen schien ihm Selbstaufgabe zu bedeuten.

Am 6. April ließ König Ludwig den Niederlanden seine Kriegserklärung durch einen Trompeter überbringen. Der Kurfürst von Köln schloß sich wenige Tage später an, der Bischof von Münster und der König von England befanden sich bereits im Kriegszustand mit den Generalstaaten. Da verbündete sich Friedrich Wilhelm trotz der warnenden und beschwörenden Stimmen an seinem Hofe am 6. Mai mit den Angegriffenen. Doch erst nach langem Feilschen um dringend benötigte Hilfsgelder konnte dieses Bündnis im Sommer auch ratifiziert werden. Inzwischen hatten die Franzosen bereits Utrecht erobert, die münsterischen Truppen standen vor Deventer und Zwolle.

Von 20000 Mann brandenburgischer Truppen wollten die mißtrauischen Niederländer nur die Hälfte mit ihren Hilfsgeldern finanzieren. Sie trauten dem einsamen Verbündeten, der noch mit wachsender Verzweiflung Mitstreiter suchte, nicht recht. Bei so unzureichender finanzieller Unterstützung war von vornherein abzusehen, daß Friedrich Wilhelm sich bald nach einem großzügigeren Geldgeber würde umsehen müssen. Von einem Parteiwechsel war allerdings noch nicht die Rede. Andererseits konnte der Kurfürst wirklich nicht wagen, ohne weiteren Verbündeten gegen Frankreich vorzugehen.

Erst als Anfang Juni der französische Siegeszug am Niederrhein, dem auch die klevischen Festungen zum Opfer fielen, in Wien Sorgen erregte, ließ sich Kaiser Leopold von den brandenburgischen Unterhändlern und seinem Berater Lisola davon überzeugen, daß nun ein Bündnis zum Schutze des Reichsgebiets geschlossen werden müsse. Zu einem gemeinsamen Bündnis mit den „ketzerischen“ Niederlanden war der fromme Monarch nicht zu bewegen. Der französische Gesandte in Wien konnte es wagen, den Kaiser mahnend zu fragen: „Was werden die Patres [Beichtväter] Miller, Donellan und Emmerich sagen, wenn Ihro Kaiserliche Majestät meinen

König in der angefangenen Propagierung der katholischen Religion wegen des Kurfürsten von Brandenburg Privatinteresse also verhindern wollte?“

Seine „Gewissensräte“ fürchtete Leopold so sehr, daß er dem König Ludwig von Frankreich mitteilen ließ, seine Truppen hätten Befehl, französische Truppen nur anzugreifen, wenn diese auf Reichsgebiet vorstoßen würden. Davon hatte Friedrich Wilhelm jedoch keine Ahnung. Er war davon überzeugt, daß nun der Kampf zur Befreiung der Niederlande und zur Bewahrung des Reiches vor französischem Herrschaftsanspruch beginnen könne.

Neue Kriege

Krieg ohne Schlacht

Obwohl Friedrich Wilhelm bereits im März 1672 mit Kriegsvorbereitungen begonnen hatte, indem er die vorhandenen Regimenter auffüllte und Truppen aus Preußen und der Kurmark in seine westlichen Territorien verlegte, brachte ihn der überraschend schnelle Siegeszug Frankreichs und seiner Verbündeten im Juni von vornherein in eine sehr schwierige Lage. Der Kaiser hatte zwar dem Wunsche des Brandenburgers entsprochen und den berühmten Türkenbezwinger Graf Montecuccoli mit der Führung der kaiserlichen Armee beauftragt, doch bis dessen 16000 Mann bei Halberstadt zu den brandenburgischen Truppen stießen, wurde es September.

Eine Vereinigung mit der niederländischen Armee, zu deren Befehlshaber inzwischen Wilhelm III. von Oranien ernannt worden war, konnte nur noch als Fernziel betrachtet werden. Die Niederländer hatten nämlich ein weiteres Vordringen der Franzosen, Kurkölner und Münsteraner nur verhindern können, indem sie auf breiter Front Schleusen öffneten, Deiche durchstachen und die restlichen Küstengebiete mit den für sie besonders lebenswichtigen Häfen nun wie eine Wasserfestung verteidigten. Jan de Witt mußte schon Anfang August angesichts der von ihm zu verantwortenden, höchst unzulänglichen Verteidigungsvorbereitungen sein Amt als Großpensionär aufgeben. Das allgemeine Entsetzen darüber, daß Feinde so tief in das Land eingedrungen waren, ließ ihm keine andere Wahl.

Wilhelm III. von Oranien

Die sonst so nüchtern-zurückhaltenden Niederländer konnten sich das beschämende Versagen ihrer Streitmacht nur mit schändlichem Verrat in der Führung erklären. Noch ehe ein gegen Jan de Witt eingeleitetes Ermittlungsverfahren ordnungsgemäß durchgeführt werden konnte, wurden er und sein Bruder Cornelius von aufgebrachten Bürgern in Den Haag erschlagen. Nun triumphierten die Anhänger der oranischen Partei im ganzen Lande. Niemand machte Wilhelm III. die ihm von Jan de Witt vorenthaltenen Ämter und Titel mehr streitig: Als Erbstatthalter in allen sieben Provinzen und Generalkapitän der Streitkräfte gewann er entscheidenden Einfluß auf die Politik der Generalstaaten. In der Person dieses Neffen hatte Friedrich Wilhelm nun einen niederländischen Verhandlungspartner, dessen diplomatisches Geschick, Zähigkeit und Intelligenz auch die europäische Politik entscheidend mitbestimmten.

Das war aber auch der einzige Lichtblick in den politischen und militärischen Ereignissen der nächsten Wochen und Monate. Zu Beginn der Rüstungen hatte der Oberpräsident Schwerin über die Lage der brandenburgischen Finanzen an seinen Herrn geschrieben: „Die Haare stehen mir zu Berge!" Die Kassen des Kaisers waren ebenfalls leer, und in Ungarn drohten neue Angriffe der Türken. Der Schutz des Reichsgebiets vor französischer Aggression, erklärtes Ziel des Bündnisses, war überdies durch Gegenbündnisse Ludwigs XIV. mit deutschen Fürsten höchst problematisch geworden. Friedrich Wilhelm konnte in seinem Antwortbrief an den Präsidenten seines Geheimen Rates nur an dessen Gottvertrauen appellieren. Als einziger Helfer hatte sich der Reichsgraf von Waldeck mit einem selbstgeworbenen Reiterregiment der brandenburgischen Armee angeschlossen.

Bei ersten Verhandlungen mit Wilhelm von Oranien hatte Friedrich Wilhelm diesem zugesichert, daß brandenburgische Truppen durch Westfalen marschieren und den Niederländern direkt zu Hilfe kommen sollten. Die Hauptkräfte der Brandenburger wollte der Kurfürst jetzt zusammen mit den Kaiserlichen in Richtung Bonn führen, um den französischen Nachschub zu unterbinden. Später sollte dort auch die Vereinigung mit der Armee Wilhelms III. erfolgen. Das geheime Einvernehmen zwischen Österreich und Frankreich, demzufolge die kaiserliche Armee „um die Apparition zu salvieren [um den Schein zu wahren]“ in den Krieg zog, machten diese Absprachen jedoch völlig wirkungslos.

Als Montecuccoli Friedrich Wilhelm im September vorschlug, gemeinsam in Richtung Koblenz zu marschieren, um dort den gegnerischen Nachschub abzuschneiden und eine Verbindung mit der niederländischen Armee anzustreben, durchschaute der Kurfürst das verräterische Spiel der Österreicher noch nicht. Er sandte einen Oberst zum Oranier, um diesen über die neue Variante des alten Planes zu unterrichten.

Schon zu Beginn des Zuges der Verbündeten von Westfalen zum Rhein kam es zu einem Zwischenfall, der für die damalige militärische Disziplin kennzeichnend ist: Als der Fürst von Anhalt zum Oberbefehlshaber der 12000 Brandenburger (fast ausschließlich Reiter) ernannt wurde, fühlte sich der Generalfeldmarschall Derfflinger so gekränkt, daß er sich auf sein Gut Gusow bei Seelow am Rande des Oderbruchs zurückzog. Friedrich Wilhelm blieb zwar bei diesen Truppen – der Rest wurde zum Schutze der westfälischen Festungen benötigt –, doch bei dem anhaltend schlechten Wetter setzte ihm die Gicht derart zu, daß er die Führung nicht selbst übernehmen konnte.

Die Wege durch das Tal der Leine, zur Werra, zur Fulda und an die Lahn waren durch wochenlange Regenfälle aufgeweicht. Der von den Österreichern verzögerte Marsch ging dadurch noch langsamer vonstatten. Überall waren die hessischen Bauern mit ihren Vorräten und ihrem Vieh in die Berge geflüchtet. Verpflegung war durch Zusammenarbeit mit den örtlichen Behörden kaum zu beschaffen. Es wurde geraubt und geplündert, was die Moral der Truppen keineswegs hob. Der

Oberpräsident Schwerin sah noch immer in Verhandlungen mit Frankreich das beste Mittel, dieses aus seiner Sicht völlig aussichtslose militärische Abenteuer zu beenden. Das konnte nicht dazu beitragen, die Stimmung des kranken Kurfürsten zu heben.

Die Achtung vor der großen Erfahrung des Grafen Montecuccoli, der auch als Militärschriftsteller hohes Ansehen genoß, hinderte den Kurfürsten zu lange daran, ihm gegenüber seinen Willen durchzusetzen und den nicht weniger berühmten Gegenspieler auf französischer Seite, den Marschall Vicomte de Turenne, zur Schlacht zu stellen. Dieser – wie Friedrich Wilhelm ein Verwandter der Oranier – hatte ebenfalls in den Niederlanden beim Fürsten Friedrich Heinrich das Kriegshandwerk erlernt. Der geniale Heerführer war übrigens erst 1668 vom Kalvinismus zum Katholizismus übergetreten.

Für Turenne war es ein leichtes, durch geschicktes, schnelles Manövrieren die Zwangslage Montecuccolis (die er besser kannte als Friedrich Wilhelm) zu strategischen Vorteilen auszunutzen. Bei wochenlangen vergeblichen Versuchen, den Rhein im Herrschaftsbereich der Kurfürsten von Trier oder von Mainz mit Einverständnis dieser Herren, die Frankreichs Vergeltung fürchteten, zu überschreiten, zogen sich die sinnlos hin und her marschierenden Verbündeten den Spott der Zeitgenossen zu. Wilhelm III. fragte recht verstimmt an, warum man denn eigentlich nicht durch Westfalen zum Rhein marschiert sei? Das habe Turenne doch gar nicht verhindert. Die Niederlande warteten gewiß schon lange genug auf wirksame Hilfe. Das Land habe durch die Überschwemmungen schweren Schaden erlitten und könne die Hilfsgelder nicht dafür zahlen, daß die brandenburgischen Truppen den Rhein hinaufzögen. Jetzt sei die Gelegenheit noch einmal günstig, die Franzosen bei Bonn in die Zange zu nehmen, er werde mit seiner Armee unverzüglich auf Bonn zu marschieren.

Als Friedrich Wilhelm diesen durchaus realistischen Plan vortrug, konnte Montecuccoli nicht gut ablehnen. Er ging scheinbar darauf ein, doch beim nutzlosen Bau von Brücken verging kostbare Zeit. Der Oranier wartete bei Bonn vergeblich. Nun verlor der Kurfürst endlich die Geduld. Er schien das betrügerische Hinhalten zu durchschauen. Da offenbar der Übergang auf das linke Rheinufer für die Österreicher zu gefährlich sei, könne man ja – so schlug er energischer als bisher vor – auf dem rechten Ufer nach Westfalen marschieren und dort die Franzosen zur Schlacht zwingen. Die Verwüstung des Landes sei dafür freilich ein hoher Preis.

Diesmal äußerte der österreichische Heerführer nicht die geringsten Bedenken. Der Main wurde kurz vor Weihnachten in Richtung Norden überschritten. In Hessen gab es nun aber noch weniger Lebensmittel als zuvor. Krankheiten griffen um sich, die Soldaten desertierten in Massen. Mit wachsender Verzweiflung sah Montecuccoli seinen guten Ruf schwinden. Zorn und Reue wegen seines langen Zögerns peinigten den Kurfürsten. Als die restlichen Truppen das Land um Bielefeld erreicht hatten, brauchten sie einen ganzen Monat, um sich einigermaßen zu erholen. Nur noch etwa 14000 Mann zählten die Verbündeten, als sie dann in Richtung Westen aufbrachen. Turenne kam ihnen vom Rhein her mit seiner Armee entgegen. Bei Soest, in der Grafschaft Mark, stießen die Brandenburger auf die französische Vorhut, die ersehnte Schlacht schien greifbar nahe.

Am 5. Februar, einem grimmig kalten Sonntag, stellte Friedrich Wilhelm seine Truppen in Schlachtordnung auf. Mit Ansprachen den Kampfgeist der arg strapazierten Truppe belebend, ritt er die Front seiner Regimenter ab. Nun sollten die Franzosen für die lange Zeit der Demütigungen zahlen! Doch die frierenden Soldaten bekamen den Feind nicht zu Gesicht. Turenne hatte seine Armee hinter einen uralten Schutzwall geführt, an dem einer Sage zufolge dereinst die letzte große Schlacht vor dem Weltuntergang stattfinden sollte. Das Volk nannte den Wall „Am Birkenbaum“. Hier also warteten die Franzosen auf die Verbündeten wie die Verbündeten bei Soest auf sie. Brandenburger und Österreicher waren sich aber darin einig, daß ein Sturmangriff auf dem glattgefrorenen Boden unmöglich sei. Turenne konnte Verstärkungen heranziehen, seine ermatteten Soldaten durch ausgeruhte Festungstruppen ersetzen und schließlich sogar zahlenmäßige Überlegenheit erreichen. Die Gelegenheit zu einer Entscheidungsschlacht war Friedrich Wilhelm auf den vereisten Feldern bei Soest buchstäblich entglitten. Montecuccoli war erkrankt und hatte das Kommando seinem Stellvertreter überlassen. Dieser neigte noch weniger zu riskanten Unternehmungen, und so blieb den Brandenburgern nichts übrig, als sich im Fürstentum Halberstadt Winterquartiere zu suchen. Nach vergeblichen Bemühungen, in der Nähe der Brandenburger ebenfalls Quartiere zu finden, mußten die Österreicher im April nach Böhmen abziehen. Von einem Plan, noch einmal gemeinsam gegen Marschall Turenne vorzugehen, der Kleve und Mark besetzt hielt, war offenbar gar nicht mehr die Rede.

Politisches Wechselfieber?

Daß er sich politisch und militärisch in eine Sackgasse manövriert hatte, war Friedrich Wilhelm schon lange vor dem Debakel von Soest klargeworden. Schwedische Diplomaten waren bereits seit Monaten bemüht, einen allgemeinen Waffenstillstand vorzubereiten. Dabei zeigten sich im Januar 1673 Ansatzpunkte für eine Waffenruhe zwischen Brandenburg und Frankreich. Seit Dezember 1672 waren die niederländischen Hilfsgelder ausgeblieben, so daß der Kurfürst den für diesen Krieg zusätzlich geworbenen Soldaten ihren Sold schuldig bleiben mußte.

In den dringend erwünschten Waffenstillstand wollte Friedrich Wilhelm die Niederlande einbezogen wissen; doch Ende Februar war er schon bereit, ihn notfalls allein mit Frankreich abzuschließen. Die militärische Lage war hoffnungslos. Turenne konnte jederzeit weiter nach Osten vorrücken. Die besetzten Länder Kleve und Mark konnte Ludwig XIV. aber auch an deutsche Parteigänger „verschenken", falls diese bei offenbar bevorstehenden Friedensverhandlungen mit den Niederlanden nicht ganz auf ihre Kosten kommen sollten. Angesichts solcher Gefahren erschien dem Kurfürsten ein Sonderfrieden mit Frankreich mehr und mehr als ein Akt der Selbsterhaltung, den ihm niemand verübeln dürfe.

In einer eigenhändig verfaßten Denkschrift vom 16. März argumentierte er in diesem Sinne: „Mit meinen ruin ist niehmandt gedienet." Diese Ansicht vertrat er ebenso nachdrücklich in den folgenden beiden Monaten vor seinem Geheimen Rat. Schwerin fühlte sich dadurch in seinem ständigen Mahnen zu einer Politik ausgleichender Verständigung bestätigt, vor allem wegen der sehr großen Geldsorgen. Andere Räte warnten eindringlich vor einem Waffenstillstand oder gar einem Separatfrieden, weil Frankreich dadurch zu erneuten Übergriffen auf Gebiete des Reiches ermuntert würde. Diese Warnungen sollten sich als begründet erweisen. Im Augenblick glaubte Friedrich Wilhelm jedoch, ohne Kriegserklärung des Kaisers an Frankreich (die ja trotz des Zusammenstoßes mit Turenne in Westfalen noch immer nicht erfolgt war) nicht länger durchhalten zu können. Und eine radikale Änderung der bisherigen österreichischen Politik größtmöglicher Zurückhaltung gegenüber Frankreich konnten die brandenburgischen Unterhändler in Wien bis Ende April 1673 nicht erkennen.

Unter dem Eindruck von Gerüchten, daß der Kurfürst von Brandenburg notgedrungen bereits heimlich mit Frankreich verhandele, entschlossen sich die Generalstaaten, die im Dezember gesperrten Hilfsgelder weiterzuzahlen. Dadurch wurden Friedrich Wilhelms Finanzkalamitäten aber keineswegs behoben. Als er im März 1673 in seiner Denkschrift vorsorglich die Argumente zur Entschuldigung eines Sonderfriedens aufzählte, hieß es dort: „Weill auch die subsidien [Hilfsgelder] von Hollandt nicht zureichen und Ich auß meinen besten Landen nichts mehr ziehen kann, so mus ich auch vorhero wissen, wie viell Ich monatlich von Spanien zu erwahrtten habe undt wo die Bezahlung erfolgen soll. Es erfordert auch, daß Ich versichert werde, daß Spannien brechen moge [den Krieg erklären wird], wie auch das Dennemarck undt das Hauss Braunschweig undt Luneburg mitt engagiret [beteiligt] werde, den ausser diesen Ich nicht sehen kann, wie der Krieg mit bestandt continuiret [fortgesetzt] werden kan, undt wan ich vorhero über diesse Dinge versichert bin, so kan ich mich alsdan resolviren [einen Entschluß fassen], da Ich mein gemühdt undt vorige resolution nich geendert, werde auch ohne dem, es gehe auch, wie es wolle, mich von Ihrer Kayserlichen Mayestät undt den Reiche nicht separiren, sondern bey denselben bis ahn mein Ende feste und bestendig halten."

Doch ebendieser Kaiser schien ihn ja nun im Stich zu lassen, indem er ihn mit billigen „Durchhalteparolen" abspeiste. Von einem entscheidenden Umschwung in Wien, wo Ende April die „Kriegspartei" unter den Räten des Kaisers endlich die Oberhand gewann, erfuhr Friedrich Wilhelm erst, nachdem er sich fest für einen Sonderfrieden mit Frankreich entschlossen hatte. Er nutzte die guten Beziehungen zum Pfalzgrafen von Neuburg, „seinem" Kandidaten für den polnischen Königsthron, und ließ Ende März durch dessen Vizekanzler in Paris über Friedensbedingungen verhandeln. Schon am 10. April kam ein Vorvertrag zustande.

Daß Turenne den Brandenburgern nicht über die Weser gefolgt war, beruhte vor allem auf Bemühungen Schwedens um einen allgemeinen Friedenskongreß. Dieser begann auch tatsächlich im Mai in Köln, doch gab es dort zunächst kaum Fortschritte. Durch das nun vorbehaltlose Eingreifen Österreichs in den Krieg wurden die republikanischen Niederlande für Frankreich nämlich bald zum Nebenkriegsschauplatz. Alle Verhandlungspartner glaubten, durch den Fortgang des Krieges ihre Ausgangspositionen verbessern zu können. Nur der

Kurfürst von Brandenburg war nun nicht mehr dabei: König Ludwig XIV. war es gelungen, „Monsieur de Brandebourg" – wie er Friedrich Wilhelm spöttisch nannte – zu neutralisieren. Das jämmerliche Finale seiner so selbstbewußt angestimmten Kriegsfanfare für den Kampf an der Seite der niederländischen Glaubensgenossen hat ihn zweifellos mehr bedrückt, als er öffentlich eingestehen wollte. Daß die Niederländer wieder aufatmen konnten und einem Friedensschluß mit Frankreich schon mit Zuversicht entgegensahen, rechnete ihm die europäische Öffentlichkeit ja nicht als sein Verdienst an, obwohl das kampflose – kopflos erscheinende – Marschieren seiner Truppen starke französische Kräfte gebunden hatte.

Die ihm von Ludwig XIV. gebaute goldene Brücke war folgendermaßen zustande gekommen: Frankreich erklärte sich im Vorvertrag vom 10. April bereit, alle von Turenne besetzten kurfürstlichen Gebiete zurückzugeben. Vorher war Kleve bereits dem Pfalzgrafen von Neuburg als Köder für dessen Übertritt an die Seite Frankreichs angeboten worden, doch dieser hatte abgelehnt. Minden und Ravensberg hatten Truppen des Bischofs von Münster besetzt. Das hatte den wehrlosen Kurfürsten besonders gereizt. Frankreichs Vertragsangebot versprach nun neue Sicherheit. Im Geheimen Rat stimmten Schwerin und Meinders, der seit 1669 Generalkriegskommissar war, für sofortige Ratifizierung. Canstein prophezeite düster, ein solcher Verrat an den Niederlanden sei der erste Schritt zur völligen Entmachtung Deutschlands durch die dann noch übermütiger werdenden Franzosen. Friedrich Wilhelm glaubte jedoch, seinen Ausflug ins Reich idealer Verhaltensnormen teuer genug bezahlt zu haben, und war fest entschlossen, nur noch seinen Vorteil wahrzunehmen. Zusammen mit dem pfalz-neuburgischen Vermittler reiste Meinders nach Belgien, wo sich das französische Hauptquartier befand. Er sollte den vom Kurfürsten bereits ratifizierten Vertrag aber erst übergeben, wenn er noch weitere Zugeständnisse ausgehandelt hätte.

Hier erfuhr der Brandenburger von dem hinterhältigen Neutralitätsvertrag des Kaisers vom 1. November 1671 und von der Absprache, daß die kaiserlichen Truppen Turenne auf dem linken Rheinufer nicht angreifen sollten. Dennoch versuchte Meinders weisungsgemäß – aber vergeblich –, die Interessen des Kaisers in dem Vertrag zu berücksichtigen. Im endgültigen Text vom 26. Juni, der in Vossem bei Brüssel unterzeichnet wurde, erklärte Frankreich sich bereit, Brandenburg bei seiner Forderung an die Niederlande, noch ausstehende Hilfsgelder nachzuzahlen, beim Friedensschluß zu unterstützen (!) und seinerseits Hilfsgelder an Friedrich Wilhelm zu zahlen, durch die der Verlust der niederländischen mehr als ausgeglichen werden sollte.

Die für Brandenburg damit erzielten Gewinne waren beträchtlich. Nebenbei erlangte es dank der zeitweiligen französischen Besetzung Kleves nun endlich auch die Verfügungsgewalt über die klevischen Festungen zurück, die seit dem Dreißigjährigen Kriege als Pfänder für alte brandenburgische Schulden von niederländischen Truppen besetzt gewesen waren. Über solche Vorteile vermochte Friedrich Wilhelm sich aber nicht recht zu freuen. Obwohl er sich im Vertrag von Vossem vorbehalten hatte, bei einem Angriff Frankreichs auf das Reich wieder zu den Waffen zu greifen, fühlte er sich doch durch Ludwig XIV. gedemütigt. Bei seinem anspruchsvollen Versuch, als „dritte Macht“ die „Balance“ zwischen Österreich und Frankreich zu wahren, hatte er eindeutig Schiffbruch erlitten.

Sogar für den Status bewaffneter Neutralität, den er auf so problematische Weise gewonnen hatte, reichten seine finanziellen Möglichkeiten – auch mit französischen Hilfsgeldern – kaum aus. Trotzdem war er nicht bereit, Truppen in größerem Umfange zu entlassen, denn er hoffte, schon bald wieder an der Seite seiner ehemaligen Verbündeten weiterkämpfen zu können. Als die vereinbarten französischen Zahlungen infolge der auch in Frankreich herrschenden Geldknappheit stockten, schrieb er an seinen Vertrauten Schwerin: „Ich bin recht erfreut darüber. Denn wenn sie ihr Versprechen nicht halten, so bin ich auch nicht schuldig, dem meinigen nachzukommen."

Im Juli 1673 erschien ein mit den dortigen Verhältnissen bereits vertrauter französischer Gesandter in Berlin, um mit reichlich bemessenen Bestechungsgeldern – für die auch die Kurfürstin Dorothea ganz ungeniert Interesse zeigte – eine günstige Atmosphäre für ein noch nicht näher festgelegtes Kriegsbündnis mit Frankreich zu schaffen. Friedrich Wilhelm war in dieser Hinsicht jedoch zu keinem Zugeständnis bereit. Er bedauerte offenbar längst, den Vertrag von Vossem abgeschlossen zu haben, denn es ist überliefert, daß er im Juli beim Eintreffen der Nachricht vom Vormarsch kaiserlicher Truppen gegen Frankreich ausgerufen habe: „Ach! Warum hat man diesen Entschluß nicht früher gefaßt!" Dem Vertreter der Niederlande versicherte er, daß er bei einiger Aussicht auf Erfolg sofort wieder an die Seite der Generalstaaten treten werde, wenn die in Köln begonnenen Friedensverhandlungen nicht bald zu einem allgemeinen Frieden führen würden.

Er versuchte anderen und wohl auch sich selbst einzureden, daß der für ihn doch recht vorteilhafte Sonderfriede von Vossem im Interesse dieser Friedensbemühungen gelegen habe. Bald mußte er allerdings einsehen, daß sein Ausscheiden aus dem Krieg nur Frankreichs Position gestärkt hatte. Wenn Ludwig XIV. diesen Vorteil schlecht nutzte, indem er seine Truppen im Juli in das Kurfürstentum Trier einmarschieren ließ und damit den Kaiser veranlaßte, sich zum Schutze der Interessen des Reiches mit den Niederlanden, Spanien und dem von Frankreich vertriebenen Herzog von Lothringen zu verbünden, so war das gewiß nicht Friedrich Wilhelms Verdienst. Doch nun arbeitete die Zeit für den Brandenburger.

Von einer Entwicklung der internationalen Lage zu seinen Gunsten sah und hörte Friedrich Wilhelm zunächst jedoch nichts. Mißtrauisch und verbittert mag er wohl in Gesprächen mit Schwerin und Meinders die Macht und das Ansehen Ludwigs XIV. mit den Verhältnissen im Heiligen Römischen

Reich Deutscher Nation und im Hause Habsburg verglichen haben. Der junge Kaiser Leopold hatte keinen Sohn, und dem kinderlosen, kränkelnden König Karl II. von Spanien traute niemand ein langes Leben zu. Dagegen stand das französische Königshaus in voller Blüte, bereit, die Erbschaft der Habsburger anzutreten und das Reich einer französisch-katholischen Universalmonarchie einzuverleiben. Offenbar konnte ein aus Überzeugung evangelischer Fürst wie Friedrich Wilhelm nur noch versuchen, von diesem gefräßigen Ungeheuer „als letzter verspeist" zu werden.

Als im Herbst 1672 brandenburgische und kaiserliche Truppen „zur Rettung Hollands" aufgebrochen waren, hatte der damalige Sekretär des Kurfürsten, Paul Fuchs, eine Flugschrift zur Begründung dieser überall größtes Aufsehen erregenden „tapferen Haltung" seines Herrn veröffentlicht. Fuchs gehörte zu jenen engeren Mitarbeitern Friedrich Wilhelms, die in den Niederlanden studiert hatten. In seiner Propagandaschrift argumentierte er mit einem Gleichnis, das der Odyssee des Homer entlehnt war: Brandenburg wolle nicht das Schicksal erleiden, das der menschenfressende Riese Polyphem dem Odysseus zugedacht hatte. Dieser sollte nämlich „aus Gnade" als letzter verspeist werden. Die „Gnade des Polyphem" zitierte Friedrich Wilhelm gern, wenn er glaubte, sein Verhalten gegenüber Frankreich rechtfertigen zu müssen.

In der politisch interessierten Öffentlichkeit Europas sah man aber nur die „Wankelmütigkeit" des Kurfürsten von Brandenburg, der seinen Verbündeten immer wieder mehr versprach, als er verwirklichen konnte – oder wollte. Vor seinem Bündnis mit den Generalstaaten von 1672 hatte ihm der Verfasser einer Flugschrift in den Mund gelegt: „Wer im Gewinn ist, mit dem halt ich's."

Auch der junge Philosoph und Universalgelehrte Leibniz, der damals im Dienst des Kurfürsten von Mainz sein berühmtes Gutachten über die Erhaltung der Sicherheit des Reiches verfaßte, vertrat die Ansicht, Friedrich Wilhelm von Brandenburg verbünde sich stets mit dem, der ihn am besten bezahle. Nach dem Sonderfrieden von Vossem sprach alle Welt vom „Wechselfieber" des Kurfürsten.

Wie bei der Malaria das Fieber periodisch wiederkehrt, so sah man den Brandenburger periodisch *wechselnd* immer wieder im Solde Frankreichs. Für diese politisch-medizinische Diagnose gab es später noch weitere Belege. – Daß man im Verlaufe politischer Entwicklungen seine Verbündeten wechselte, galt allgemein als selbstverständlich und wurde nicht verübelt. Und daß insbesondere die deutschen Territorialstaaten, die auf Grund eines Reichstagsbeschlusses von 1653 eigene stehende Heere unterhalten durften, schlagkräftige Armeen nicht aus eigenen Mitteln finanzieren konnten, war ebenfalls eine Binsenwahrheit. Für französische politische Ziele flossen französische „Subsidien" nach Bayern, Sachsen, Hannover, Bonn (Kurköln) und Münster – um nur die bekanntesten Beispiele zu nennen –, ohne daß davon viel Aufhebens gemacht wurde. Doch die dortigen „Pensionäre" Ludwigs XIV. waren längst nicht so eng in die vielfältigen Konflikte West-, Nord- und Osteuropas verstrickt wie der Brandenburger, dessen „Lande" im Osten an die Memel, im Westen an die Maas grenzten.

Daß man ihn nun offenbar zu ebendiesen „Pensionären" zählte, kränkte Friedrich Wilhelm besonders tief. Sehnsüchtig wartete er darauf, politisch-militärisch wieder für voll genommen zu werden. Wilhelm von Oranien und der Kaiser glaubten zunächst aber noch, ohne einen so „wankelmütigen" Verbündeten auskommen zu können. Im September 1673 erklärte Österreich, nachdem es sich mit den Generalstaaten, Spanien und dem Herzog von Lothringen verbündet hatte, endlich Frankreich den Krieg. Montecuccolis Feldherrnruhm leuchtete wieder hell auf. Turenne mußte sich über den Rhein zurückziehen, und der kaum weniger berühmte Marschall Fürst von Condé, ein Verwandter Ludwigs XIV., wurde von Wilhelm III. aus den Niederlanden vertrieben. Doch die Verhandlungen des

Friedenskongresses in Köln schienen davon unberührt zu bleiben.

Dort wirkte Fürst Wilhelm von Fürstenberg noch immer als Sachwalter Frankreichs. Sein eigentlicher Gegenspieler am Kaiserhof, der Baron Lisola, haßte ihn als „die Pestbeule am Körper des Reiches" ganz besonders. Nachdem die Franzosen auch das Kurfürstentum Köln geräumt hatten, geschah am 14. Februar des neuen Jahres etwas Unerhörtes: Der Fürstenberger wurde bei der Rückkehr vom Stelldichein mit seiner Mätresse (er war geistlichen Standes) von kaiserlichen Reitern überfallen und zunächst nach Bonn, dann nach Wien entführt.

Die Friedensverhandlungen stockten. Frankreich forderte sofortige Freilassung des „Gesandten"; der Kaiser lehnte ab, er habe Fürstenberg nie als Gesandten anerkannt. Daraufhin verließen die Franzosen Köln, der Friedenskongreß war aufgeflogen, Lisola hatte sein Ziel erreicht. Der Kurfürst von Köln und der Bischof von Münster liefen eiligst zur Kaiserpartei über. Auch die welfischen Herzöge von Celle, Wolfenbüttel und Osnabrück schlossen sich der Partei des Kaisers an, während der katholisch gewordene Welfe in Hannover mit Frankreich verbündet blieb. England arrangierte sich mit den Niederlanden. Nun war der allgemeine Friede in weite Ferne gerückt. Als französische Truppen plündernd in die Kurpfalz eindrangen, nahm die antifranzösische Stimmung auf dem Regensburger Reichstag derart zu, daß am 24. Mai der allgemeine Reichskrieg gegen Frankreich proklamiert werden konnte.

Nun war Ludwig XIV. natürlich ganz besonders daran interessiert, Brandenburg zusammen mit Schweden und Hannover auf seine Seite zu ziehen. Doch seit der Verkündung des Reichskrieges fühlte sich Friedrich Wilhelm nicht mehr an die Vereinbarungen von Vossem gebunden. Als ihm von den Niederlanden und vom Kaiser nach langem Feilschen ausreichende Subsidien zugesichert wurden, trat er am 1. Juli 1674 dem Bündnis gegen Frankreich bei. Er ahnte nicht, daß ihm die wohl bittersten Monate seines Lebens bevorstanden.

Schon während der langen Monate bis zur Erneuerung des Bündnisses mit dem Kaiser und den Niederlanden, dem Spanien und Dänemark beitraten, hatten die anhaltenden politischen, vor allem aber auch finanzielle Schwierigkeiten Friedrich Wilhelm seelisch so stark belastet, daß er durch Krankheit wochenlang ans Bett gefesselt war. Damals machten sich neben den gewohnten Gichtanfällen zum erstenmal Nierensteine bemerkbar, die ihn dann lebenslang oft quälten. Ende Mai berichtete der französische Gesandte seinem König, daß der Kurfürst sehr schlecht aussehe und einen geradezu hinfälligen Eindruck mache. Seine Tatkraft schien davon aber unberührt zu bleiben.

König Michael von Polen war 1673 nach kaum vierjähriger Regierungszeit gestorben. Im Mai 1674 wurde ein neuer König gewählt: der Kronfeldherr Jan Sobieski. Friedrich Wilhelm hatte seinen Versuch, den Kurprinzen Friedrich als Mitbewerber auftreten zu lassen, geheimhalten können, so daß sein Verhältnis zum neuen König dadurch nicht belastet wurde. Jan Sobieski, der mit einer Französin verheiratet war, galt als Parteigänger Frankreichs. Da auch die schwedische Politik stark durch Frankreich beeinflußt wurde, mußte Friedrich Wilhelm Vorsorge für Angriffe aus dieser Nachbarschaft treffen.

Eine enge Bindung an den Kaiser, Spanien und die Niederlande schien genügend Sicherheit zu bieten, obwohl die von Brandenburg dringend benötigten Hilfsgelder nur spärlich flossen. In den Beistandspakt wurde auf Wunsch Friedrich Wilhelms die Klausel aufgenommen, daß jeder Partner selbständig Frieden schließen dürfe, sofern dies ohne Schaden für die Verbündeten geschehe und diese beizeiten über den beabsichtigten Schritt informiert worden seien. Beim Kaiser und den Niederländern bestärkte dies den Verdacht, daß der Brandenburger dem Bündnis keine lange Dauer zugedacht habe.

Als Ludwig XIV. sah, daß Brandenburg ernsthaft gegen ihn

Georg von Derfflinger

rüstete, setzte er die auf französische Hilfsgelder angewiesenen Schweden vorsorglich unter Druck, indem er die Zahlungen unterbrach. Er wollte Schweden damit nötigen, die von Frankreich besoldeten Truppen gegebenenfalls auch im Interesse Frankreichs einzusetzen. Zwischen Schweden und Brandenburg bestand nämlich ein Nichtangriffspakt, dessen Klauseln mit den Plänen Ludwigs XIV. kaum zu vereinbaren waren. Außerdem hoffte Friedrich Wilhelm, daß dänische und braunschweigische Truppen die Schweden notfalls in Schach halten könnten, bis der Reichskrieg gegen Frankreich durch schnelle Schläge der Verbündeten siegreich beendet sein würde.

Zum Befehlshaber der bei Halberstadt zusammengezogenen Brandenburger wurde Derfflinger ernannt. Der bei den Truppen beliebte, schon achtundsechzig Jahre alte Haudegen war wieder als Feldmarschall eingesetzt worden, nachdem sein Rivale, der Fürst von Anhalt, als Heerführer völlig versagt hatte. Zu Beginn des neuen Feldzuges erhob der Kaiser ihn, den Sohn eines österreichischen Bauern, in den Reichsfreiherrnstand. Derfflinger hatte seine Soldaten inzwischen vorzüglich einexerziert und eine für Söldner ungewöhnliche Kampfbegeisterung gegen Frankreich zu erzeugen vermocht. Die Stimmung war ausgezeichnet, ganz anders als im vorigen Jahr, „wo man nach Hause schlich, als hätte man seinem Nachbarn die Bratwürste und Schinken aus dem Schornstein gezogen“.

Anstatt der vereinbarten 16000 Mann hatte Friedrich Wilhelm mindestens 18000 aufgeboten, und die Werbungen wurden noch energischer fortgesetzt. Den Oberbefehl hatte er sich selbst vorbehalten. Kaiser Leopold hatte ihm auch seinen neuen Feldherrn, den Herzog von Bournonville, formal unterstellt. Nach altem Brauch wurde jedoch über alle militärischen Operationen durch Mehrheitsbeschluß im Kriegsrat entschieden. Und ob dieses schwerfällige Konsilium für schnelle, das Risiko nicht scheuende Angriffe, wie sie Friedrich Wilhelm und Derfflinger im Sinne hatten, stimmen würde, erschien von vornherein als sehr fraglich.

Immerhin ließ sich der Feldzug zunächst recht gut an. Die Freie Reichsstadt Straßburg öffnete den Truppen des Kaisers ihre Rheinbrücke. Es war zwar schon Mitte Oktober, als die Brandenburger in der Nähe von Straßburg zum Hauptheer stießen, doch nun waren die Streitkräfte der Verbündeten etwa 50000 Mann stark, so daß man hoffen konnte, das schwächere französische Heer noch vor Einbruch des Winters aus dem Elsaß zu vertreiben.

Wo die von Straßburg nach Westen führende Hauptstraße am Fuße der Vogesen anlangt, bei Marlenheim, hatte Turenne ein festes Lager bezogen. Friedrich Wilhelm und Derfflinger drängten stürmisch zum Angriff, doch schon während des Vormarsches wurden sie von Bournonville gebremst. Dadurch mißtrauisch geworden, beschloß der Kurfürst, durch einen Angriff aus günstiger Position vollendete Tatsachen zu schaffen und die übrigen Truppen der Verbündeten mitzureißen.

Vor dem durch Schanzen geschützten französischen Lager ließ Derfflinger einen Hügel besetzen, von dem aus die feindliche Stellung mit Artillerie beschossen werden konnte. Am nächsten Morgen hätten die Franzosen versuchen müssen, diesen von ihnen vorher nicht genügend beachteten Hügel zu erstürmen. Dabei hätten sie nach menschlichem Ermessen die Schlacht verloren. Doch kurz vor dem Angriff erschien der Herzog von Holstein-Plön, der Befehlshaber der Braunschweiger, und verlangte die Räumung des Hügels, da der Kriegsrat dieses taktische Vorgehen nicht gebilligt habe. Damit war eine nicht wiederkehrende Chance vertan. Weiteres Zögern Bournonvilles ermöglichte es Turenne, während der Nacht abzurükken und eine günstigere Stellung zu beziehen. Wieder und wieder wurde ein entscheidender Angriff vertagt, und schließlich konnte das französische Heer das Elsaß verlassen, ohne daß die Verbündeten sagen konnten, wo es geblieben sei.

Gegen den Willen Friedrich Wilhelms, der den Krieg fortsetzen wollte, wurden im November im Oberelsaß Winterquartiere bezogen. Da viele der dort verbleibenden etwa 36000 Soldaten ihren Proviant selbst kaufen mußten – die in Magazinen eingelagerten Vorräte reichten bei weitem nicht aus –, traten bald ernste Versorgungsschwierigkeiten auf. Es kam zu Plünderungen und auch zu Seuchen. Während bei den Österreichern Mißwirtschaft in der Militärverwaltung zutage trat, konnte der brandenburgische Generalkriegskommissar Meinders selbst hier noch für relativ geordnete Verhältnisse sorgen.

Auf dem Marsch in die Winterquartiere erlitt Friedrich Wilhelm einen außerordentlich schweren Verlust: Der Kurprinz Karl Emil, der ihn ebenso wie die Kurfürstin Dorothea ins Feld begleitete und bereits eine vorzügliche Begabung für das Soldatenhandwerk gezeigt hatte, starb Anfang Dezember nach kurzer Krankheit in Straßburg. Den frühen Tod seines Lieblingssohnes hat Friedrich Wilhelm nie ganz verwunden.

Wenige Tage später starb auch sein wichtigster Verbündeter am Kaiserhof, Lisola, kurz bevor er das Amt des Reichsvizekanzlers übernehmen konnte. Mit wachsendem Zorn hatte dieser die Nachrichten aus dem Elsaß vernommen und durchzusetzen versucht, daß dem Brandenburger nicht nur der formelle, sondern der wirkliche Oberbefehl zugestanden würde. Doch der Kaiser und seine Räte zogen halbe Niederlagen Bournonvilles einem glänzenden Sieg des wegen seiner „Ambitionen“ gefürchteten Kurfürsten entschieden vor. So war der weitere klägliche Verlauf des Feldzuges gewissermaßen schon vorherbestimmt.

Turenne war mit seinem Heer um die Vogesen herum marschiert und drang nun überraschend von Süden her ins Elsaß ein. Das scheuchte die Verbündeten aus ihren Quartieren. Zwischen Kolmar und Türkheim stellten sie sich mit nur noch 20000 Mann zur Schlacht, die Bournonville abermals rein defensiv führen wollte. Der als Heerführer überlegene französische Marschall richtete den Hauptstoß seiner Armee gegen die schon besonders demoralisierten Österreicher. Diese vermochten Türkheim nicht zu halten. Als Friedrich Wilhelm mit den Brandenburgern zu Hilfe kam, war es zu spät, um die gemeinsame Niederlage zu verhindern. Der gute Ruf seiner Truppen blieb zwar erhalten, und seine persönliche Tapferkeit wurde wieder einmal gerühmt, doch da die Truppen der Verbündeten formal seinem Oberbefehl unterstanden, mußte er auch das nun unvermeidlich gewordene Scheitern des ganzen Feldzuges verantworten.

Am 13. Januar 1675 hasteten die letzten deutschen Truppen wie auf der Flucht über die Straßburger Rheinbrücke. Die Soldaten waren mißmutig und hungrig, die gar zu vielen Befehlshaber gaben sich gegenseitig die Schuld, der Stern des Kurfürsten stand so tief wie noch nie. Während des demütigenden Rückzugs auf das rechte Rheinufer hatte er eine Nachricht erhalten, die so recht geeignet erschien, den Kelch seiner Leiden zum Überlaufen zu bringen: Die Schweden waren unter dem Vorwand, Winterquartiere beziehen zu müssen, in die Mark Brandenburg eingefallen und führten sich dort ohne Kriegserklärung wie Feinde auf.

Es war offenkundig, daß Friedrich Wilhelm auf diese Weise indirekt von Frankreich gezwungen werden sollte, seine Verbündeten abermals im Stich zu lassen. Man brauchte nicht sehr viel Phantasie, um sich auszumalen, welche Rolle er in den „Fliegenden Blättern" des Frühjahrs 1675 spielen sollte, wie seine zahlreichen Feinde ihn mit Spott und Hohn überschütten würden.

Fürs erste war es nun aber nötig, den erschöpften und deprimierten Soldaten eine längere Erholungspause zu gönnen. In der Gegend um Schweinfurt in Franken bezogen die Brandenburger ihre Winterquartiere. Sie zählten immerhin noch 15000 Mann und stellten den diszipliniertesten Teil des Heeres der Verbündeten dar. Über diesen relativ guten Zustand war Friedrich Wilhelm so erfreut, daß er Derfflinger, dem er das Hauptverdienst daran zumaß, 10000 Taler schenkte. Ob und wie bei der brandenburgischen chronischen Finanzmisere eine solche Summe aufgebracht werden konnte, ist nicht bekannt.

Fahne von Bauernpartisanen 1675

Von Schweinfurt aus begann der trotz allem gar nicht entmutigt wirkende Kurfürst mit einer Reihe sehr zielstrebiger Maßnahmen, deren Kern am deutlichsten in einem Brief an Schwerin zu erkennen ist: „Derhalben werde Ich Mich mit der Hülfe Gottes suchen, solange ich lebe, zu revanchieren, *bis Ich der Nachbarschaft los werde*, es mag Mir darüber gehen, wie immer es wolle.“ Sein Ziel war also, bei dieser Gelegenheit den Schweden Vorpommern mit Stettin für immer zu entreißen.

Daß diesem Ziel nicht nur die Schweden selbst im Wege standen, hat er lange, gar zu lange nicht wahrhaben wollen.

Die Spesen für dieses Wunschdenken mußten die von den Schweden drangsalierten Kurmärker zahlen. Der Kurfürst ließ zwar überall im Lande verkünden, daß er unverzüglich mit seinen kampferprobten Truppen herbeieilen werde, doch in den ersten Monaten des Jahres 1675 wurden nur die Garnisonen der befestigten Städte verstärkt. Im übrigen sollte der Statthalter einen „Selbstschutz" der Bevölkerung organisieren. Recht unrealistisch verlangte Friedrich Wilhelm von seinen Märkern – „sowohl Adel als Unadel" –, daß sie die Eindringlinge „niedermachen und ihnen die Hälse brechen, auch kein Quartier geben [keine Gefangenen machen]" sollten. Immerhin entstanden an der Elbe und in der Altmark regelrechte Verbände von Bauernpartisanen. Diese konnten schwedische Streifscharen daran hindern, die Elbe zu überschreiten.

Der Held von Fehrbellin

Friedrich Wilhelm hatte sich darauf verlassen, daß Schweden nicht wagen würde, seine Kurmark anzugreifen. Der junge König Karl XI. und seine Reichsräte waren zunächst auch nur bereit, auf Kosten Frankreichs Truppen anzuwerben und diese in Schwedisch-Pommern drohend zu stationieren. Ein offener Krieg erschien ihnen zu riskant. Da sorgten französische Kontrolleure dafür, daß in Vorpommern mehr Soldaten angeworben wurden, als das Land ernähren konnte.

Überdies war in Schweden der Eindruck entstanden, daß die Kaiserlichen im Elsaß „erfolgreich vorrückten", so daß man befürchten müsse, nach der Niederlage Frankreichs mit einem wenig friedfertigen Kurfürsten von Brandenburg zu tun zu haben. Es erschien also sehr wünschenswert, ihn möglichst schnell an den Verhandlungstisch zu zwingen. Nach langem

Zögern hielt man „friedliche Einquartierung bei einem benachbarten Reichsstand“ für das beste Mittel, einen offenen Krieg zu vermeiden.

An den Reichsfeldherrn Wrangel erging im Dezember 1674 ein entsprechender Befehl, dem jedoch ein Gegenbefehl folgte. Weitere Befehle und Gegenbefehle zeigten nur zu deutlich, daß beim König und seinen Räten wieder aufs neue Bedenken die Oberhand gewannen. Schließlich führte Wrangel in den letzten Tagen des Jahres seine 20000 Soldaten eigenmächtig über die brandenburgische Grenze, zunächst in die Uckermark. Er war bereits Sold schuldig geblieben und konnte die hungernden Männer sonst nicht länger zusammenhalten.

Die Forderungen der Schweden an ihre unfreiwilligen Quartiergeber gingen sogleich über normale Proviantlieferungen hinaus. Wrangel wollte Magazine anlegen und ließ nicht nur Getreide, sondern auch Fleisch zum Einpökeln mit Gewalt eintreiben. Aus den Grenzgebieten war ein großer Teil der Bevölkerung geflohen, so daß von geordneter Einquartierung keine Rede sein konnte. Plünderung von Kirchen und Grabschändungen schadeten dem Ruf des schwedischen Heeres sehr. Berichte von „Schwedengreueln“, die denen aus dem Dreißigjährigen Kriege glichen, gaben antischwedischen Stimmungen in ganz Deutschland neue Nahrung. Noch am 19. Juni 1675 veröffentlichte eine handgeschriebene Berliner „Zeitung“ folgenden Bericht aus Ruppin:

„Etliche Häuser sind gar ausgeplündert und zerstöret, und viel Bürger, die nicht Geld geben wollen und können, sind jämmerlich mit Stricken umb den Kopff, und auff andere grausame Weise gemartert worden. Für dasjenige, daß wir uns gewehret, und einen Dragoner erschossen, und 5 blessiret, haben wir 600 Reichsthaler an den Obristen Wangelin zahlen müssen, und damit solches Geld erfolgete, sind die fürnehmsten Bürger, die doch zum theil an dem erschießen undschuldig gewesen, gestöcket und geblöcket [die Füße in einen Holzblock geschlossen und eingesperrt] worden. ... Überall auff dem Lande, wo der Armee march [Marsch] gegangen, ist gleicher Schade an dem lieben Korn zu sehen, darzu kömmet noch, daß die Straßen mit todtem Viehe, an Pferden und Füllen, Ochsen, Kühen und Kälbern, Schweinen, Schaafen, Gänsen, Endten, Hünern, und dergleichen Vieh, das aus Übermuth erschlagen worden, gleichsam bedecket sind. Die Kirchen sind gantz zerstöret, und man hat an verschiedenen Orten in die zinnerne Kelche hofieret [uriniert] und so wieder auf den Altar gesetzet. Die Menschen, so sie angetroffen, sind erbärmlich tractiret worden. Die gemeine Bauer-, auch Predigerweiber sind geschändet, wie denn der Prediger von Hackenberg diesem spectacul an seiner eigenen Frauen zusehn, und noch 50 Thaler dazu hergeben müssen ... Was man von Bauern und andern Churfürstlichen Unterthanen in Büschen und Wäldern angetroffen, hat man wie Hunde erschossen, allermassen das Gebrüche [Sumpfgebiet] bey Linum solches zeugen kann ... Man hat auch Leute lebendig bis an den Hals in die Erde gegraben, unter andern eine sehr alte Frau..., so nach an ihr verübeter Schande an die drei Stunden lebendig in der Erde sitzen müssen. Etlichen hat man Riemen lebendig aus dem Rücken geschnidten ... Ja es haben für dieser Grausamkeit die Todten in der Erden nicht ruhen mögen, sondern man hat sie ausgegraben, gespolyret [beraubt], und für die Hunde geworffen; und hat unter andern der General Major Trott, so zu Badingen begraben, dieses leiden müssen, dann auch ein Rittmeister im Ruppinischen, so unlängst begraben gewesen. Ja es sol dieses noch an vielen andern geschehen seyn, wie die Herren Schweden selber erzehlen."

Während im Dreißigjährigen Krieg das gemeinsame lutherische Bekenntnis noch gewisse Sympathien der Bevölkerung für die Schweden ermöglicht hatte, da die „Papisten" in der Mark womöglich noch übler hausten, war angesichts der Kirchenschändungen davon schon längst nichts mehr zu spüren.

Trotz weitverbreiteter antischwedischer Stimmung waren die Verbündeten Friedrich Wilhelms jedoch nicht zu bewegen, militärisch gegen Schweden vorzugehen. Sie erkannten, daß des Kurfürsten Sinnen und Trachten vor allem auf die Eroberung von Schwedisch-Pommern gerichtet war, und dafür sollte der Brandenburger zumindest den ersten Schlag führen. Nachher wollte man weitersehen.

Nachdem in einer Beratung von Vertretern aller Verbündeten in Den Haag, bei der Friedrich Wilhelm persönlich anwesend war, die Notwendigkeit des gemeinsamen Kampfes gegen die Schweden bekräftigt worden war, brach die kurbrandenburgische Armee am 5. Juni in Franken auf. In den folgenden zwanzig Tagen wurden über vierhundert Kilometer zurückgelegt – eine Marschleistung, wie sie ähnlich nur von einer schwedischen Armee aus dem Dreißigjährigen Krieg bekannt war. Als die Kavallerie und ein kleiner Teil des Fußvolkes in Magdeburg ankamen – die Infanterie folgte im Abstand von zwei Tagesmärschen –, meldeten Kundschafter, daß die Schweden von diesem sensationellen Marschtempo nichts ahnten.

Friedrich Wilhelm nutzte die Chance für einen überraschenden Vorstoß gegen das Zentrum der schwedischen Armee, die entlang der Havel zusammengezogen worden war. Sie sollte bei Havelberg die Elbe überschreiten und sich mit den Truppen des Herzogs Johann Friedrich von Hannover vereinigen, der sich als Parteigänger Frankreichs Hoffnungen auf die kurbrandenburgischen „Länder“ Halberstadt und Minden machte. Diese ehemaligen Bistümer hatten die welfischen Herzöge bis zum Westfälischen Frieden stets als ihr „Interessengebiet“ betrachtet. Nun trennte der Gewaltmarsch der brandenburgischen Reiterei, die der Feldmarschall Derfflinger anführte, die Hannoveraner von den Schweden. Bei nebligem Regenwetter gelangten die Brandenburger unbemerkt bis in die Nähe der Rathenower Brücke. Der Kurfürst, wieder einmal von einem Gichtanfall geplagt, begleitete seine Truppen in einer Kutsche.

Auf Bauernwagen wurden einige Boote mitgeführt, außerdem etwa 200 Infanteristen. Diese überquerten in der Nacht die Havel und legten sich am Rathenower Stadttor in einen Hinterhalt. Im Morgengrauen des 25. Juni ritt der Feldmarschall persönlich mit wenigen Begleitern als „schwedischer Offizier, der von Brandenburgern verfolgt wurde“, an die Zugbrücke heran und verlangte, daß diese schleunigst herabgelassen würde. Er bringe eine wichtige Nachricht für den Oberbefehlshaber.

Dem diensthabenden Korporal der Brückenwache war jedoch befohlen worden, die Zugbrücke auf gar keinen Fall herunterzulassen. Er sandte deshalb einen seiner Leute zum Kommandeur des in Rathenow einquartierten Regiments und wollte dessen Entscheidung abwarten. Als dann aber zwei weitere angebliche Schweden heransprengten und schrien, daß ihnen die Brandenburger unmittelbar auf den Fersen seien, und als der „fremde Offizier“ nun ein kriegsgerichtliches Verfahren androhte, wenn der Korporal ihn und die Kameraden dem Feinde ausliefere, wurde dieser unsicher und ließ schließlich die Brücke herab.

Im Nu stürmten die auf der Lauer liegenden brandenburgischen Dragoner heran und bemächtigten sich des Brückenhauses, das auf einer Flußinsel lag. Dabei alarmierten sie nun allerdings die Wache am zweiten Teil des Flußübergangs, der zum Stadttor führte. Musketenschüsse zwangen die Brandenburger, Deckung zu suchen. Inzwischen begannen die Schweden, die Brücke unpassierbar zu machen, indem sie die Bohlen des Bodenbelags ins Wasser warfen. Vom Stadttor her kamen ihnen Angehörige der Torwache zu Hilfe. Darauf hatten die heimlich übergesetzten brandenburgischen Infanteristen nur gewartet. Sie besetzten das offene Stadttor und schnitten der Brückenwache damit den Rückzug ab. Da gab diese den Widerstand auf.

Die abgeworfenen Bohlen wurden schnell aus dem träge fließenden Fluß gefischt, und dann stürmten mit lautem „Hurra!“

Derfflinger vor der Zugbrücke von Rathenow. 25. Juni 1675

lange Reiterkolonnen ans andere Ufer. Vor dem Stadttor mußten die Dragoner allerdings absitzen, denn die unsanft aus dem Schlaf gerissenen Schweden fühlten sich offenbar ihrem Ruf, die besten Soldaten der Welt zu sein, auch in aussichtsloser Lage noch verpflichtet. Haus für Haus, Straße für Straße wurden zäh verteidigt. Erst nach mehreren Stunden ergaben sich die letzten Schweden, und die völlig erschöpften Brandenburger konnten sich einige Stunden Ruhe gönnen. Friedrich Wilhelm hielt mit Derfflinger und dem Befehlshaber der Vorhut, Landgraf Friedrich von Hessen-Homburg, einen kurzen Kriegsrat. Der glänzende Erfolg des riskanten Unternehmens ließ ihn die Gichtbeschwerden überwinden: Hoch zu Roß inspizierte er am Nachmittag seine siegreichen Dragonerregimenter und drängte zu baldigem Aufbruch.

Mit 21000 Mann war der Kurfürst aus Franken abmarschiert, um 20000 Schweden aus seinem Land zu vertreiben. Wäre es den Schweden gelungen, kurz vor seinem Eintreffen die Kurmark zu verlassen, so hätten die Brandenburger außer dem Schaden wohl auch noch Spott hinnehmen müssen.

Ein bei Brandenburg zusammengezogenes starkes schwedisches Korps, das der Stiefbruder des Reichsfeldherrn, Wolmar Wrangel, befehligte, war bereits auf dem Wege zum Sammelplatz bei Havelberg gewesen, als Derfflingers Handstreich von Rathenow alle schwedischen Pläne über den Haufen warf. Nun zog sich Wrangel in Richtung Nauen zurück, wo ein fester Weg durch das Havelländische Luch führte. Inzwischen waren die wenigen Truppen, mit denen der Fürst von Anhalt die befestigten Städte zu schützen versucht hatte, nicht untätig geblieben. Sie hatten von Berlin aus bei Oranienburg und bei Kremmen zwei der Engpässe besetzt, die aus der märkischen Sand- und Sumpflandschaft nach Norden herausführten. Wrangel war also auf die Rhinbrücke bei Fehrbellin angewiesen.

Entgegen dem Rat Derfflingers, der nach den Grundsätzen damaliger Kriegführung den Feind mit den Reitern umgehen und aufhalten wollte, bis das von Magdeburg nachkommende

Fußvolk die vollständige Vernichtung der schwedischen Armee ermöglicht hätte, entschied sich Friedrich Wilhelm für Verfolgung und sofortigen Angriff. Die Erfolgschancen für herkömmliches Vorgehen waren ihm zu gering. Da er den Feind vor der Klinge hatte, sollte dieser jetzt „Haare oder Federn lassen". Von diesem Rachedurst waren auch viele seiner Reiter erfüllt, die ja größtenteils aus der Kurmark stammten.

Den Nauener Damm passierten Wrangels Truppen noch unbehelligt. Die zurückgelassene Nachhut konnte die brandenburgischen Reiter aber nur kurze Zeit aufhalten. Am frühen Morgen des 28. Juni meldete der vorausgerittene Landgraf von Hessen-Homburg dem Kurfürsten, daß der Feind in Sichtweite sei. Als Besitzer des Städtchens Neustadt an der Dosse war ihm das Gelände um Fehrbellin besonders vertraut. Da ein Vorauskommando am Vortage die sechsundfünfzig Meter lange Rhinbrücke zerstört hatte, riet der Reitergeneral zu sofortigem Angriff auf den „festgenagelten" Feind und konnte durch seinen Elan den Kurfürsten trotz aller Bedenken Derfflingers mitreißen. Der dramatische Kern des Schauspiels „Prinz Friedrich von Homburg" von Heinrich von Kleist beruht also auf „dichterischer Freiheit".

Wer heute auf der Autobahn von Berlin nach Rostock dicht am Schlachtfeld vorbeifährt, kann sich das damalige mühsame Vordringen durch tiefen Sand oder Morast, wodurch besonders der Transport von Geschützen erschwert wurde, kaum vorstellen. Als Wrangel südlich von Linum, etwa zehn Kilometer vor Fehrbellin, „Feindberührung" mit ungefähr 3000 brandenburgischen Reitern gemeldet wurde, richtete er sich zwar auf Verteidigung ein, setzte seinen Rückzug aber noch zweimal fort, bis ihn beim Dorfe Hakenberg die Nachricht erreichte, daß die Rhinbrücke unpassierbar gemacht worden sei. Da baute er quer zur Straße die übliche Schlachtordnung auf und ritt zunächst nach Fehrbellin, um die Wiederherstellung der Brücke selbst anzuleiten.

Wie wenig er an eine richtige Schlacht dachte, zeigt die

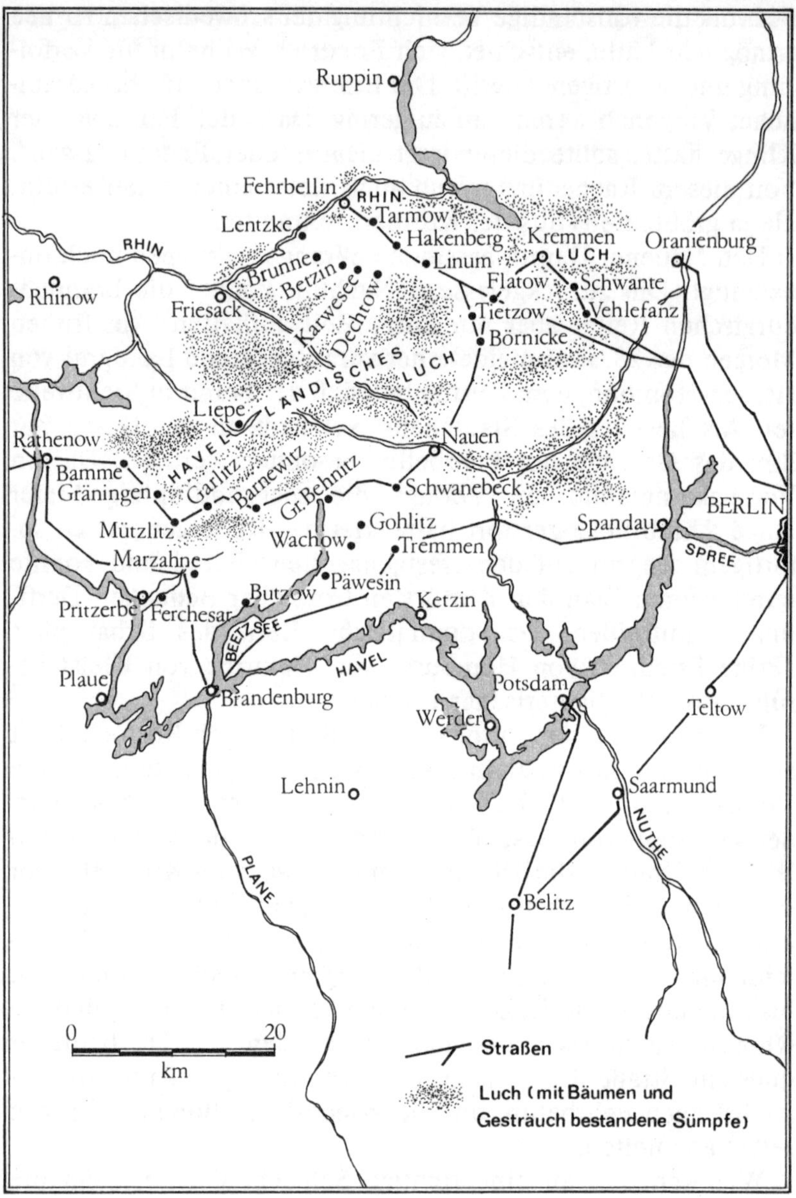

Übersichtskarte zur Schlacht von Fehrbellin

Maßnahme, daß er alle seine achtunddreißig Geschütze vorausschickte, um schneller nachrücken zu können, wenn eine erfolgreiche Abwehr des zu erwartenden, taktisch ziemlich aussichtslosen Reiterangriffs die Fortsetzung des Rückzugs erlaubte. Daß sich an seinem rechten Flügel im Morgennebel einige Sandhügel verbargen, war ihm offenbar entgangen. Doch Friedrich Wilhelm hatte sich seit der Schlacht von Warschau und der bitteren Erfahrung am Fuße der Vogesen auf den taktischen Vorteil, der mit günstig aufgestellter Artillerie zu erzielen war, geradezu spezialisiert. Als seine insgesamt dreizehn Geschütze angelangt waren, ließ er sie auf diese Hügel bringen und durch zwei Regimenter Dragoner notdürftig schützen.

Das plötzlich an ihrer rechten Flanke einsetzende Artilleriefeuer war für die Schweden eine böse Überraschung. Wrangel änderte sein taktisches Konzept trotzdem nicht: Der linke Flügel und das Zentrum sperrten weiterhin die Straße, während die den rechten Flügel bildenden Regimenter nacheinander zum Sturm auf die brandenburgische Batterie geführt wurden. Das war nun allerdings nicht das erwartete Reiterscharmützel. Die abgesessenen brandenburgischen Dragoner verteidigten als Musketiere die heftig feuernde Batterie gegen die in altbewährter Schlachtordnung heranrückenden Schweden – voran Pikeniere mit langen Landsknechtsspießen (Piken) zum Schutz für die Musketiere, die im Vorgehen feuerten und sich dann zum Laden hinter die Pikeniere zurückzogen, an beiden Seiten Reiter, um Flankenangriffe abzuwehren.

Die zahlenmäßig weit unterlegenen Dragoner vermochten dieser siegessicher herannahenden Kriegsmaschinerie, die noch immer für die beste ihrer Zeit galt, nicht lange standzuhalten; die Batterie geriet in äußerste Gefahr. Da hielt der Kurfürst persönlich mit soeben eingetroffener Verstärkung die Fliehenden auf, führte sie selbst wieder gegen den Feind, rettete die Geschütze. Auch Derfflinger befand sich mitten im Kampfgetümmel, mußte aus schwedischer Übermacht herausgehauen werden. Wolmar Wrangel setzte neue Reiterregimenter ein, und das berühmte Infanterieregiment Dellwig wurde abermals gegen die so hartnäckig verteidigte Artilleriestellung geführt, bis nur noch achtzig Mann übrig waren. Auf beiden Seiten fielen Regimentskommandeure. Erst nach und nach trafen die letzten brandenburgischen Reiterregimenter auf dem Schlachtfeld ein, so daß insgesamt etwa 6000 Reiter zum Einsatz kamen. Die Anzahl der Schweden wird in der schwedischen Literatur mit 7000, von deutschen Autoren mit 11000 bis 12000 angegeben. Wrangel hatte aber offensichtlich gar nicht die Absicht, die schon völlig abgekämpften Brandenburger durch den Einsatz seiner noch intakten Hauptmacht vernichtend zu schlagen. Er verhielt sich wie ein vorsichtiger Unternehmer, der den größten Teil seiner Kriegsmaschine unbeschädigt in Sicherheit bringen wollte.

Als gegen zehn Uhr die Sonne den Morgennebel endgültig vertrieb, bemerkten die noch erbittert kämpfenden Brandenburger, daß der linke Flügel und das Zentrum der Schweden in vorbildlicher Ordnung abzurücken begannen. Wrangel hatte Nachricht erhalten, daß die Rhinbrücke wieder passierbar sei. Friedrich Wilhelm blieb nun nichts übrig, als dem Gegner in respektvollem Abstand in Richtung Fehrbellin zu folgen. Brandenburgische Reiter, die eine Verfolgungsjagd beginnen wollten, gerieten in unerwartetes Geschützfeuer. Dabei verlor Friedrich Wilhelm seinen Stallmeister Froben. Die in Schulbüchern verbreitete Geschichte, daß Froben den Schimmel des Kurfürsten geritten habe, um die seinem Herrn geltenden Schüsse auf sich selbst zu lenken, ist nur eine der Legenden, die über diese merkwürdige, aber gewiß auch denkwürdige Schlacht in Umlauf gesetzt wurden. Es fand sich auch ein Maler, der „Frobens Opfertod" verherrlichte.

Während der Nacht konnte der größte Teil der Truppen Wrangels über die notdürftig reparierte Brücke abziehen. Am nächsten Morgen erwies sich jedoch, daß die von den Schweden noch beim geordneten Abmarsch vom Schlachtfeld ge-

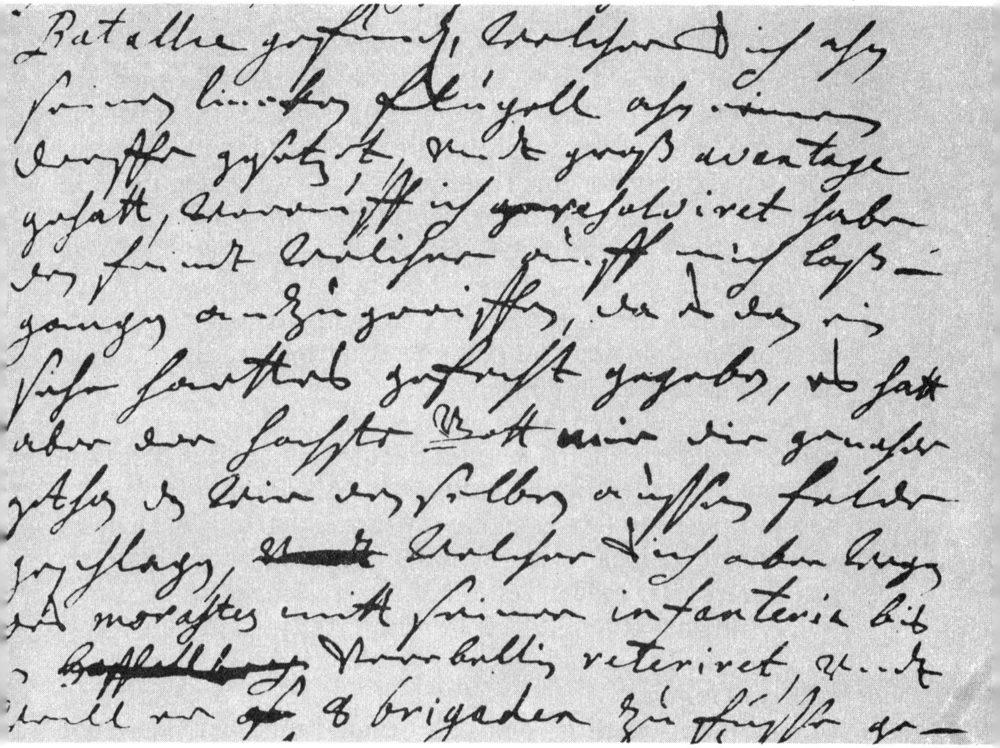
Bataille gefunden, welcher d[illegible] ich ahn
seinem linken Flügell ahn einem
Berge gesetzt, und groß avantage
gehabt, worauff ich resolviret habe
den feindt welcher auff mich loß-
gangen anzugreiffen, da d[illegible] den ein
sehr harttes gefecht gegeben, es hatt
aber der hochste Gott mir die gnade
gethan daß wir den selben auß dem felde
geschlagen, welcher sich aber langs
des morastes mitt seiner infanteria bis
Fehrbellin retteriret, und
stehen wir [illegible] 8 brigaden zu fusse ge-

Einige Zeilen des eigenhändigen Schreibens Friedrich Wilhelms an Fürst Johann Georg von Anhalt am Tage der Schlacht von Fehrbellin (28. Juni 1675) aus Linum

zeigte Kaltblütigkeit nur vorgetäuscht war. Als Friedrich Wilhelm nach der unbedingt notwendigen Nachtruhe die Fehrbelliner Brücke angreifen ließ, wurde diese von den fliehenden Schweden hastig zerstört. Dadurch geriet die schwedische Nachhut in Gefangenschaft, und auch ein Teil der Artillerie fiel den Brandenburgern in die Hände. Spätestens zu diesem Zeitpunkt war klar, daß ein bedeutender Sieg errungen worden war.

Das völlig unverständliche und ungerechte Verhalten Friedrich Wilhelms gegenüber einigen seiner Offiziere, denen er Mangel an Umsicht und Tapferkeit vorwarf, läßt erkennen, daß die nervöse Überreizung, in der er sich während langer Monate befunden hatte, noch tagelang ihren Tribut forderte. Andererseits schrieb er schon am Tage der Schlacht an seinen in Berlin gebliebenen Schwager, den Statthalter, in geradezu überschwenglicher Siegesfreude, der Feind sei „außen Felde geschlagen". Sein erster Zorn wich bald der Erkenntnis, daß seine vom Kampf in Rathenow und der ruhelosen Verfolgung erschöpften Soldaten viel mehr geleistet hatten, als von Söldnern erwartet werden durfte.

Die unmittelbaren Auswirkungen der „Schlappe von Fehrbellin" auf das militärische und damit auch auf das politische Prestige Schwedens waren verheerend. Als der nun in den Ruhestand tretende Reichsfeldherr Wrangel im Juli in Demmin seine letzte Truppenschau hielt, fehlte mehr als die Hälfte seines Heeres. Der größte Teil war einfach davongelaufen. Friedrich Wilhelms Ruhm erstrahlte desto heller, und seine antischwedische Propaganda kam in der deutschen Publizistik nun voll zur Geltung.

Wie beim Appell an den „Ehrlichen Teutschen" von 1656, so hat er auch an der Anfang 1675 erschienenen Flugschrift „Teutschlands wahrhaftes Interesse bei jetzigen Konjunkturen" persönlich mitgearbeitet. Frankreich und Schweden werden als die eigentlichen Feinde Deutschlands an den Pranger nationaler Entrüstung gestellt. Die Schweden seien „schöne Befreier" und nur „vermeintliche Verteidiger des evangelischen Glaubens". Das zielte auf Erfahrungen im Dreißigjährigen Krieg. „Mit teutschem Blute und Gute sein die Schweden groß worden", und Frankreich sei ebenso gefährlich, wenn es das Reich „mit Ruten peitsche", als wenn es „Karessen" (Zärtlichkeiten) anbiete.

In vier deutschen, einer lateinischen und einer niederländischen Auflage wurde so schon vor dem Sieg von Fehlbellin die öffentliche Meinung für eine Revision des Westfälischen Friedens bearbeitet, die allerdings höchstens durch eine wirklich „gesamtnationale“ Erhebung zu bewerkstelligen gewesen wäre. Nun pries ein anonymes Lied aus dem Elsaß den „weltberühmten großen Held von Brandenburg“ als Vorkämpfer für einen solchen Befreiungskampf an:

Der große Kurfürst ging mit Macht,
Um Frieden zu erlangen.
Bald kam der Schwed aus Mitternacht,
Durch Frankreichs Geld getrieben,
Mit seiner Lapp- und Finnenmacht,
Ließ sehr viel Bosheit üben
In dem Kur- und Brandenburger Land
Mit Kirchenraub und Plündern.

Es ward verjaget Mann und Weib,
Das Vieh ward durchgeschossen,
Man macht es, daß nichts überbleibt,
Daß viele sehr verdrossen;
Bis daß zuletzt der große Held
Sich plötzlich eingefunden,
Und seinen Namen in der Welt,
Noch höher aufgebunden. …

Solche Nachrichten waren die beste Medizin für den kranken Kurfürsten, der nur mit gewaltiger Energie die Strapazen der Märsche ertragen hatte und in der Schlacht mühsam aufs Pferd gehoben werden mußte, weil er kaum eine Treppe ersteigen konnte. Am 6. Dezember 1675 vermerkte ein Kammerherr erstaunt in seinem Tagebuch, sein Herr sei nach seiner Ankunft in Berlin nach langer Zeit zum erstenmal wieder ohne fremde Hilfe und ohne Ruhepause die Treppe im Schloß hinaufgegangen.

Mit Fehrbellin hatte für Friedrich Wilhelm eine Zeit lange

ersehnter Erfolge begonnen. Er war davon wie berauscht, so daß er offenbar gar nicht danach fragte, welche Früchte er schließlich ernten würde.

Nutzlose Siege

Nach diesen schnellen und eindrucksvollen Erfolgen Friedrich Wilhelms kam der allgemeine Reichskrieg gegen die Schweden in Gang. Die „reichspatriotische" Begleitmusik war zwar auch „im Namen" des Hauses Habsburg angestimmt worden, doch der Ruhm des „Großen Kurfürsten" klang in den Ohren der Verbündeten von vornherein zweifellos zu grell. Ihre eigenen Erfolge gegen Frankreich wurden durch überraschende Vorstöße französischer Generäle, bei denen die straffere Heeresorganisation und das bessere Versorgungssystem des großen, zentralisierten Staates voll zur Geltung kamen, wieder in Frage gestellt. Ludwig XIV. verlor dabei aber seinen fähigsten Heerführer, Marschall Turenne, der in einer Schlacht fiel. Sowohl Montecuccoli als auch Wilhelm von Oranien behielten ihre überwiegend defensive Art der Kriegführung bei, so daß eine schnelle Entscheidung nicht in Sicht war.

Friedrich Wilhelm gelang es, den Dänenkönig Christian V. zur Teilnahme am Krieg gegen Schweden und Frankreich zu bewegen, indem er ihm – „schweren Herzens" – Teile von Vorpommern sowie Rügen versprach. Die aus der Prignitz über mecklenburgisches Gebiet geflohenen Schweden hatte der Kurfürst, sobald seine Infanterie nachgekommen war, bis Wismar verfolgen lassen und damit ihre Nachschubwege aus den schwedischen „Herzogtümern" Bremen und Verden unterbrochen. Mecklenburg wurde hinfort als Aufmarsch- und Quartiergebiet benutzt. Immer wieder zeigte sich hier, wie wenig unbewaffnete Neutralität bewirken konnte. Zu größeren Kämpfen kam es bis zum Winter nicht mehr, da sich der neue Befehlshaber der Schweden, Graf Otto von Königsmarck, zunächst auf hinhaltende Verteidigung der Hafenstädte beschränkte. Nur Wolgast konnte im November von den Verbündeten erobert und damit der einzige noch freie Zugang zum Stettiner Haff gesperrt werden. Die Eroberung der starken Festung Stettin war für 1676 vorgesehen.

In den Jahren 1676/77 wurde aber immer deutlicher, daß weder Österreich noch die Generalstaaten an einem solchen außerordentlichen Machtzuwachs für Brandenburg interessiert waren. Nur Dänemark konnte sich von einer gemeinsamen Eroberung Vorpommerns bleibenden Gewinn versprechen. Die Niederlande unterbrachen im Winter 1675/76 die Zahlung der vereinbarten Hilfsgelder, da Friedrich Wilhelms Beteiligung am Kampf gegen Frankreich auf dem westlichen Kriegsschauplatz als nicht ausreichend befunden wurde. Spanien hatte seine Zahlungen wegen Geldmangels schon früher eingestellt. Der Kurfürst mußte Domänen im Werte von 600000 Talern verpfänden, um seine Truppen besolden zu können. Dennoch kam es zu Meutereien, die Friedrich Wilhelm hart unterdrückte, indem er einige Soldaten hängen ließ. Er hatte also gewiß Anlaß zu der Feststellung in einem Brief: „Itzo gehet mir das Wasser an den Mund.“

Dessenungeachtet hielt die Eifersucht der Verbündeten auf seinen so schwer erkämpften Kriegsruhm an. In einem Gedicht aus dieser Zeit heißt es:

> Dahero geschah es in Teutschland,
> Daß man brach neydisch loß,
> Schaut, unser Freund wird groß;
> Es möchten die Progressen,
> Uns endlich selber fressen;
> Man muß bey Zeiten machen
> Und Hinderung ihm schaffen.
> Dies lehrt die Politique
> Nach heutiger Practique.

Eine lebensgefährliche Erkrankung Derfflingers erschwerte die Vorbereitungen auf den neuen Feldzug 1676 nicht unerheblich. Die geplante Eroberung Stettins konnte erst auf die Tagesordnung gesetzt werden, nachdem die Inseln Usedom und Wollin mehrmals den Besitzer gewechselt hatten. Da es Königsmarck gelang, den Kurfürsten mit der Belagerung anderer Festungen noch lange hinzuhalten, wurde schließlich auch 1676 aus der Einnahme von Stettin noch nichts. Infolgedessen wartete der Kaiser vergeblich auf die brandenburgische Kavallerie, die Friedrich Wilhelm anschließend nach dem Oberrhein schicken wollte. Immerhin wurde Stettin nun auch von See her blockiert. Dabei konnten brandenburgische Kriegsschiffe ein beschädigtes schwedisches Kriegsschiff erobern, das im Triumph nach Kolberg gebracht wurde. Insgesamt bestand die 1675 gegründete brandenburgische Kriegsflotte aus dreizehn Schiffen, von denen allerdings sechs noch Privateigentum des holländischen Reeders Benjamin Raule waren. Dieser war als „Marinedirektor“ in den Dienst des Kurfürsten getreten.

Im Sommer 1677 begann dann die entscheidende Belagerung von Stettin. Neben den brandenburgischen waren auch Truppen der Verbündeten beteiligt. Friedrich Wilhelm ließ die Stadt mit dem größten Aufgebot an Artillerie beschießen, von dem man jemals gehört hatte. Dabei wurde sie fast vollständig zerstört, doch die Einwohner unterstützten die schwache schwedische Besatzung mit wahrem Opfermut. Lutherische Propaganda gegen den kalvinistischen Kurfürsten soll dabei eine große Rolle gespielt haben. Die terroristische Beschießung der Wohnviertel und die dabei erfolgte Zerstörung mehrerer Kirchen waren allerdings auch wenig geeignet, Sympathien für den Belagerer zu wecken.

Erst nach verlustreichen Kämpfen, bei denen Friedrich Wilhelms beispielgebende Tapferkeit wieder großen Eindruck machte, kapitulierten die wenigen Verteidiger am 1. Januar 1678 vor der erdrückenden Übermacht. Der Kurfürst war stolz und überglücklich. Doch schon wenige Tage später schlug Königsmarck vor Stralsund brandenburgische und dänische Truppen vernichtend. Außerdem schienen Schweden und Polen einen Überfall auf Preußen vorzubereiten, so daß schleunigst ein Korps an die Ostgrenze Preußens dirigiert werden mußte. Ein Ende des Krieges war also noch immer nicht in Sicht.

Die eigentliche Gefahr drohte aber nicht im Osten, sondern im Westen. Frankreich schickte sich an, dem Krieg durch eine ungeheure Kraftanstrengung die entscheidende Wende zu seinen Gunsten zu geben. Es erhöhte die Gesamtzahl seiner Streitkräfte auf 300000 gut ausgerüstete und kriegserfahrene Soldaten, von denen es im März einen großen Teil in Flandern einmarschieren ließ.

Die Generalstaaten verlangten von Friedrich Wilhelm dringend Hilfe. Dieser verkannte jedoch den Ernst der Lage gründlich. Er begnügte sich damit, das alte Verteidigungsbündnis zu erneuern, wobei er beachtliche Vorteile für sich herausschlug, und glaubte, sich nun wieder ganz auf die Eroberung Pommerns konzentrieren zu können. Als ihn im April die Nachricht von Friedensverhandlungen zwischen den Generalstaaten und Frankreich erreichte, war er daher zunächst von diesem vermeintlichen Verrat der Niederländer wie gelähmt.

Es dauerte aber gar nicht lange, bis er nun auch seinerseits heimlich Kontakt mit Ludwig XIV. aufnahm, um zu erkunden, zu welchen Bedingungen Brandenburg einen Sonderfrieden erlangen könne. Auf Vorpommern wollte er natürlich nicht verzichten. In Paris zeigte man ihm jedoch die kalte Schulter. Diesmal kam der „wankelmütige" Kurfürst zu spät, Frankreich hatte selbst genügend Söldner geworben, um seine Gegner zum Aufgeben zwingen zu können. Als Friedrich Wilhelm in seiner Not Karl II. von England um Vermittlung bitten wollte, erlebte er abermals eine Enttäuschung. König Karl hatte zwar mit den Niederlanden Frieden geschlossen, hielt heimlich jedoch noch zu Frankreich. Ganz im Sinne Ludwigs XIV. ließ er dem bei ihm „anklopfenden" Kurfürsten sagen: Stettin müsse auf jeden Fall schwedisch bleiben.

Anstatt seine Lage nun realistischer einzuschätzen, verfiel Friedrich Wilhelm in wütenden Trotz. Er schien völlig vergessen zu haben, daß in den grundlegenden Bündnisvertrag vom 1. Juli 1674 auf seinen eigenen Wunsch ein Paragraph aufgenommen worden war, der jedem der Vertragspartner erlaubte, nach vorheriger Ankündigung einen Sonderfrieden abzuschließen. Dabei hatte er wohl an eine Hintertür nach dem Muster von Vossem gedacht; daß ein solcher Weg dann auch anderen offenstand, paßte gar nicht in sein Konzept. Obwohl nun alle seine Räte dringend einen sofortigen Verständigungsfrieden mit Frankreich und Schweden empfahlen, wollte er weiterkämpfen.

Dem Separatfrieden der Niederlande folgte bereits im September das Ausscheiden Spaniens. Von seinen wichtigsten Verbündeten verlassen, mußte es ungünstige Friedensbedingungen akzeptieren. Auch diese Hiobsbotschaft hielt den Kurfürsten nicht davon ab, zusammen mit den Dänen noch ganz Pommern zu erobern. Trotz seines wieder einmal sehr schlechten Gesundheitszustandes feierte er Anfang Dezember mit dem Dänenkönig in Doberan ein feucht-fröhlich beginnendes und rührselig endendes Siegesfest. Dann kehrte er als Triumphator ins festlich geschmückte Berlin zurück. Er kam jedoch nicht dazu, den vermeintlichen Triumph in Ruhe zu genießen. Aus dem ohne Schutz gebliebenen Preußen erreichten ihn jetzt höchst dringliche Hilferufe.

Ende November waren völlig unerwartet etwa 16000 schwedische Söldner von Livland her in das Herzogtum eingefallen. Was das vom Kriege erschöpfte Schweden niemals zustande gebracht hätte – französisches Geld machte es möglich. Königsberg war bereits in größter Gefahr.

Die eingedrungenen Schweden litten sehr unter grimmiger Kälte. Sie waren mehr auf einen Raubzug als auf Krieg eingestellt. So konnte ein eiligst herangeführtes brandenburgisches Korps, 4300 ausgesuchte Soldaten, die Hauptstadt notdürftig schützen. Gleichzeitig eilte Friedrich Wilhelm selbst trotz

Gicht und Asthma, wieder von Dorothea und dem nunmehrigen Kurprinzen Friedrich begleitet, mit etwa 9000 Mann in größtmöglicher Heimlichkeit herbei, um die verhaßten Räuber zu stellen und vernichtend zu schlagen. Es kam aber nur zu Gefechten mit der Nachhut, da die überraschten Schweden ihr Heil in wilder Flucht suchten.

Mit der „wunderbaren Poesie“ dieses Winterfeldzugs auf Schlitten, beflügelt von den begeisternden Klängen mitgeführter Pauken und Trompeten, sind die Gemüter preußischer Patrioten noch lange gelabt worden. Realistischer schildert ein unbekannter Offizier aus dem Gefolge des Kurfürsten in seinem Tagebuch Einzelheiten der dramatischen Verfolgungsjagd: „Wir setzten unsern Marsch [am 22. Januar] fort und kamen in ein Dorf, wo ich dem Kurfürsten zu bleiben riet, ein andrer aber riet ihm ab; wir gingen noch weiter und hatten nur die Garde du Corps [Leibgarde] und zwei Regimenter Dragoner bei uns. Wie wir 1000 Schritt weiter marschiert waren, so zeigte ich dem Kurfürsten, daß, wenn uns der Feind in der Flanken attaquierte, er uns gewiß über den Haufen werfen würde ...

Dieses fand Derfflinger auch; wir machten also halt und schickten die Quartiermeister zurück, um das Dorf, welches wir passiert hatten, zu besichtigen; sie kamen zurück und sagten, der Ort sei gut genug, und die Leute wollten uns gerne aufnehmen; allein ein Herr, der machte, daß der Kurfürst nach ... ging, den schlechtesten Ort, den ich jemals gesehen habe; es waren einige Hütten darin, die wie Schweineställe gebaut waren, die Türen waren nur drei Fuß hoch und ebenso breit, so daß der Kurfürst nur mit aller Mühe hereinkommen konnte.

Es war bei unserem Elend noch eine Freude, den Hofmarschall Canitz hineingehen zu sehen: dieser blieb darin stecken, und konnte eine halbe Stunde lang weder vor noch rückwärts kommen; ich fand endlich noch ein etwas besseres Haus für den Kurfürsten, wo wir wenigstens bequem aus und ein gehen konnten. Es stieß der rechte Flügel der Kavallerie zu uns, und alles mußte unter freiem Himmel bei der entsetzlichsten Kälte bleiben; der Kurfürst blieb angezogen; ich blieb vor das Ofenloch des Kurfürsten sitzen, es waren gottlose Einwohner; der Wirt des Generals Derfflinger wollte sein Haus selbst anzünden ...

Den 23. Januar erwarteten wir unsere Infanterie und den linken Flügel der Kavallerie; unterdessen war unsre Armee in den elendesten Umständen, unsre Leute hatten seit zwei Tagen kein Brot gehabt und es war auch nichts vor Geld zu haben; bei der entsetzlichen Kälte verloren die Soldaten ganze Glieder, und einige erfroren selbst während der Nacht. Als dieses der Kurfürst und die Generals sahen, so beschloß der Kurfürst zurück zu gehen, um nicht seine ganze Armee zu ruinieren."

Die brandenburgische Reiterei blieb den Schweden aber noch auf den Fersen. Nur mit großer Mühe und in übelstem Zustand glückte etwa 3000 von den in Preußen eingedrungenen 16000 Mann die rettende Flucht in die Festung Riga. Der militärische Ruhm des „Großen Kurfürsten" erreichte seinen Höhepunkt. Im fernen Kleve schrieb Friedrich Wilhelms Statthalter, Fürst Johann Moritz von Nassau: „... insonderheit reden die frantzösische hohe und niedrige Officiere allhie mit großem Lob eintzig und allein von E[uer] Ch[urfürstlichen] D[urchlaucht] und von niemandt mehr, welches mir eine hertzliche Freud erwecket. Männiglich sowohl Freunde als Feinde erkennen, daß der Allmechtige Gott augenscheinlich E[uer] Ch[urfürstlichen] D[urchlaucht] Wapffen [Waffen] und desseinen [Pläne] gnädig gesegenet hat ..."

Wenn französische Militärfachleute sich höchst anerkennend über diesen Winterfeldzug und insbesondere über die persönliche Tapferkeit und das Feldherrntalent des Kurfürsten von Brandenburg äußerten, so gerieten sie damit keineswegs in einen Gegensatz zur Meinung der französischen Politiker. Denen kam es vor allem darauf an, daß Friedrich Wilhelm seine Heldentaten in Pommern und im fernen Preußen, nicht aber am Niederrhein oder im Elsaß an der Seite seiner Verbündeten vollbrachte. Sie wußten – was Friedrich Wilhelm noch immer nicht wahrhaben wollte –, daß es nicht genügte, wenn Gott „augenscheinlich" seine Waffen *und* (damit) seine Pläne gesegnet hatte, wie der Freund in Kleve mit ehrlicher Bewunderung schrieb. Seinen Plänen fehlte nämlich der „Segen" des „Sonnenkönigs" Ludwig XIV. Ohne diesen waren alle brandenburgischen Eroberungen in Schwedisch-Pommern „zum Teufel".

Es bedurfte noch sehr schmerzlicher Erfahrungen, bis Friedrich Wilhelm diese harte Lektion lernte. Am 16. Februar 1679 feierte er in Siegerlaune seinen neunundfünfzigsten Geburtstag. Als ihm kurz darauf mitgeteilt wurde, daß der Gesandte des Kaisers in Nimwegen und die welfischen Herzöge in Celle ihren Frieden mit Frankreich geschlossen hatten, hielt er dies zunächst für Falschmeldungen. Besonders die ihn betreffenden Zusatzvereinbarungen waren schockierend. Falls er an der Seite der Dänen den Krieg weiterführen würde, sollten der Kaiser und die welfischen Herzöge verpflichtet sein, ihn mit Waffengewalt daran zu hindern. Seine „reichspatriotische" Propaganda, daß eine Vertreibung der Schweden aus dem Reich und die Vereinigung Schwedisch-Pommerns mit Brandenburg ein „gesamtnationales Anliegen" sei, hatte sich als wirkungslos erwiesen.

Die Republik der Niederlande und auch Dänemark mußten viel mehr daran interessiert sein, sich selbst die Vorherrschaft im Ostseeraum zu sichern, als Brandenburg eine Vormachtstellung zu verschaffen. Und dem Kaiser war an der Herrschaft eines neuen „Vandalenkönigs" in Pommern – den Worten seines Hofkanzlers Baron Hocher zufolge – ebenfalls nichts gelegen. Unter „Vandalen" verstand man jene „Wenden", als deren „Herzog" Friedrich Wilhelm in seinem „großen Titel" bezeichnet wurde. Andere deutsche Fürsten, wie die welfischen Herzöge, neideten dem Hohenzollern zumindest eine solche Machterweiterung, die ihn vielleicht zum Bewerber um die Kaiserkrone werden ließ.

Seit dem Westfälischen Frieden spielte Brandenburg in der französischen Politik die Rolle eines „Pfahles im Fleische des Hauses Habsburg“. Als es sich mit Österreich verbündete, um Frankreich daran zu hindern, seine Ostgrenze an den Rhein vorzuschieben, war es sozusagen „aus der Rolle gefallen“. Zur Strafe hatte Ludwig XIV. die Schweden in die Mark Brandenburg und später nach Preußen „beordert“. Das war den Schweden schlecht bekommen; aber Schwedens Niederlage war nicht Frankreichs Niederlage. Wie hätte Frankreich nun dulden können, daß sein glückloser, aber treuer Verbündeter für seine Waffenhilfe mit dem Verlust Vorpommerns büßte?!

Schon im Sommer 1678 hatte Friedrich Wilhelm seinen Frankreich-Spezialisten Franz Meinders heimlich nach Nimwegen geschickt. Dieser sollte in Kontakten mit französischen Diplomaten signalisieren, daß sein Herr „um jeden Preis“ zu einem Separatfrieden bereit sei, der ihm Vorpommern belasse. Als Meinders in dieser Hinsicht nichts erreichen konnte, wurde er angewiesen, in Paris weiterzuverhandeln. Doch alle Bemühungen blieben vergeblich. Um für die demnächst zu erwartenden offiziellen Friedensverhandlungen ein Faustpfand für das besetzte Vorpommern zu bekommen, ließ Ludwig XIV. im März französische Truppen in das Herzogtum Kleve einmarschieren. Nur mit Mühe erreichte Meinders einen vierwöchigen Waffenstillstand.

Friedrich Wilhelms verzweifelte Versuche, durch Meinders den französischen Außenminister, Simon Arnauld Marquis de Pomponne, und sogar die Mätresse Ludwigs XIV., Frau von Montespan, bestechen zu lassen, um durch deren Fürsprache im Besitz Vorpommerns zu bleiben, konnten kaum ernst genommen werden. An den Höfen Europas wurden darüber schadenfroh unrealistisch klingende Anekdoten verbreitet. Am hannoverschen Hof notierte sich der durch seinen sehr umfangreichen Briefwechsel mit Gelehrten und Diplomaten stets besonders gut informierte Leibniz damals (auf französisch): „Als Meinders bei Verhandlungen mit Herrn von Pomponne

Franz von Meinders

diesem 100000 Taler für diesen selbst und 200000 Taler für Frau von Montespan anbot, lachte dieser schallend, als von Frau von Montespan die Rede war. Weiter sagte er dazu nichts. Doch was ihn selbst betraf, sagte er: ‚Ich wäre schön dumm, wenn ich ein solches Angebot annehmen würde. Ich beziehe ja jährlich eine Million Livres [etwa 330000 Taler] an Vergütungen von meinem König, die ich dann ganz gewiß verlieren würde. Ich werde dem König von Ihrem Angebot berichten, und alles, was Sie dabei gewinnen, ist, daß ich mich in Zukunft weniger für Sie einsetzen werde.‘“

Als die Franzosen auch in der Grafschaft Mark zu plündern begannen, welfische Truppen Anstalten trafen, in die Kurmark einzufallen, und durch Pariser Bankiers vertrauliche Informationen an Meinders und Friedrich Wilhelm gelangten, daß ein neuer Überfall der Schweden auf Preußen finanziert werden sollte, unterzeichnete Meinders am 29. Juni 1679 in Saint-Germain-en-Laye (bei Paris) den brandenburgisch-schwedischen Friedensvertrag zu den von Frankreich diktierten Bedingungen. Diese waren in Anbetracht der Zwangslage Friedrich Wilhelms erstaunlich mild. Vorpommern mußte zwar an Schweden zurückgegeben werden, doch die schwedischen Okkupationen in Hinterpommern, die nicht dem Westfälischen Frieden entsprachen, wurden rückgängig gemacht. Frankreich erklärte sich sogar bereit, an Stelle Schwedens 300000 Taler „Kriegsentschädigung" an Brandenburg zu zahlen!

Als Friedrich Wilhelm im Juli diesen von Meinders in Saint-Germain ausgehandelten Vertrag ratifizieren mußte, bäumte sich sein Temperament noch einmal gegen die unabänderliche Realität auf, bevor er unterzeichnete. Um diese Zeit schrieb Schwerin an den in Paris gebliebenen Meinders: „Es ist zum Erbarmen, ihn zu sehen, wenn er von Stettin redet."

Die damals öffentlich bekundete Verzweiflung war gewiß echt und angesichts der nutzlos gebrachten schweren Opfer an Gut und Blut zweifellos begründet. Doch Friedrich Wilhelm blieb nichtsdestoweniger der „Fuchs", der niemals aufgab und der auch jetzt zu seinen Vertrauten sagte, daß über Stettin das letzte Wort noch immer nicht gesprochen sei.

Das heimliche Bündnis mit Frankreich

Krumme Wege

Noch während Friedrich Wilhelm in seinem Potsdamer Schloß laut mit Gott und aller Welt haderte, weil er das mit so großen Opfern eroberte Vorpommern wieder herausrükken mußte, ließ er durch den in Paris verbliebenen Meinders an die Minister Ludwigs XIV. mit geradezu plumper Aufdringlichkeit mehrere Bündnisanträge gelangen. Er war jetzt sogar bereit, einen seiner Söhne als Bürgen für künftige Vertragstreue mit einer standesgemäßen Leibgarde zur Erziehung nach Versailles zu schicken. Der von diesen Anbiederungsversuchen selbst peinlich berührte Gesandte mußte sich sagen lassen, daß man von der Zuverlässigkeit seines Herrn leider keine hohe Meinung habe. Seinen Hinweis, es wäre doch sicherlich vorteilhafter, in der Bündnisangelegenheit die Initiative Frankreich zu überlassen, beachtete der Kurfürst gar nicht. Doch auf prinzipielle Bedenken des Oberpräsidenten des Geheimen Rates, Schwerin, ging er in einem Brief ausführlich ein.

In diesem sehr aufschlußreichen Dokument legte er dar, warum er mit so bedenklich erscheinendem Eifer um Frankreich warb. Er hoffte, den „Sonnenkönig", um den „sich alles drehte", nun endlich von Schweden trennen zu können. Dann würde er in Vorpommern freie Hand bekommen. Eine starke Armee müsse er auf jeden Fall unterhalten, denn nur so könne er seine Länder vor raubgierigen Nachbarn schützen. Seine eigenen Mittel reichten dazu aber nicht aus, und genügend hohe Hilfsgelder seien nur von Frankreich zu erlangen. Dann folgte die eigentliche Begründung für den auf lange Sicht geplanten Kurswechsel:

„Wie der Kaiser und das Reich mit uns gehandelt, lieget am Tage, und weil selbige uns zum ersten abandonnieret [im Stich gelassen] und unserer Feinde Willen überlassen, haben wir dasselbe weiter nicht zu konsiderieren [beachten], als so viel unser eigen Interesse mit sich bringet. Gegen Frankreich haben wir, wie bekannt, wohl nicht Ursache, einige sonderliche Affektion [Zuneigung] zu haben, weniger desselben Aggrandissement [Vergrößerung] zu befördern, weil uns das französische Joch wohl bekannt. Es ist aber durch die Separation [Trennung] der Alliierten, insonderheit des Kaisers, der Krone Spanien und der Niederlande, soweit gekommen, daß Frankreich nunmehro das Arbitrium [die Herrschaft] in Händen hat, also daß menschlichem Ansehen nach bei so gestellten Sachen keiner seine Sicherheit und Konvenienz [Ruhe] finden wird, als in Frankreichs Freundschaft und Allianz."

Als kurz darauf der Kaiser durch einen Gesandten in Berlin anfragen ließ, was zur Sicherung des „lieben teutschen Vaterlandes" zu tun sei, antwortete Friedrich Wilhelm mit bitterem Hohn: „Weil Ihre Kaiserliche Majestät zu Nimwegen ihren Frieden geschlossen und dabei sonder Zweifel dero eigene und des Heiligen Römischen Reichs Sicherheit beobachtet, so muß ich glauben, daß man sich nichts zu befahren [befürchten], und wenn der von Ihrer Kaiserlichen Majestät geschlossene Friede dem Römischen Reiche keine genugsame Sicherheit geben sollte, so müßte Ich gestehen, daß dieser Punkt von großem Gewicht und schwerer Deliberation [schwer zu entscheiden], weil Ich leider erfahren, daß Ihre Kaiserliche Majestät und mit derselbigen des Reichs konjugierte [zusammengefaßte] Macht und deren Alliierte das Reich nicht einmal in seiner vorigen Sicherheit und Harmonie [haben] erhalten können, vielmehr dasselbige und dessen getreue und Ihrer Kaiserlichen Majestät beständige Alliierten in den bekannten Zustand geraten. Dieser Punkt gehöret auch zu weiterem Nachdenken."

Das Ergebnis „weiteren Nachdenkens“ war noch im selben Monat ein geheimes Bündnis mit Frankreich vom 25. Oktober 1679, in dem Friedrich Wilhelm sich verpflichtete, bei der nächsten Kaiserwahl für Ludwig XIV. zu stimmen. Obwohl der Kurfürst von Bayern schon neun Jahre früher und der Kurfürst von Sachsen drei Wochen nach dem Geheimvertrag Friedrich Wilhelms dieselbe Verpflichtung übernommen haben, war die Trotzreaktion des Brandenburgers auf den „Verrat“ des Kaisers in Nimwegen seinen königlichen Erben später so peinlich, daß die Geschichtswissenschaft erst 1860 von diesem Dokument erfahren hat. – Eine Kaiserwahl stand 1679 zwar nicht bevor, und selbst für diesen Fall hatte der raffinierte Meinders vorsorglich eine Hintertür eingebaut, doch solche Zugeständnisse der mächtigsten Reichsfürsten waren an und für sich schon geeignet, Ludwigs Expansionsdrang Vorschub zu leisten.

Das geheime Bündnis war von seiten Brandenburgs nur eine – allerdings sehr kompromittierende – Geste, es wurde aber auch nur als eine solche honoriert: mit 100 000 Livres (33 000 Talern) jährlich. Mit diesem bescheidenen Zuschuß zu seinem Militärbudget kam Friedrich Wilhelm nicht aus. Um Frankreich zu veranlassen, höhere Subsidien zu zahlen, begann er laut mit dem Säbel zu rasseln, indem er sich bereit erklärte, sofort gegen den Kaiser zu Felde zu ziehen. Da ihm auch Spanien (wie der Kaiser) vom letzten Kriege her noch Hilfsgelder schuldete, wollte er gegen Spanien kämpfen.

Die Besetzung des südlich an Kleve grenzenden Herzogtums Geldern, das zu den Spanischen Niederlanden gehörte, wurde sogleich durch entsprechende Kriegspropaganda in der brandenburgischen Armee vorbereitet. Seinem Marinedirektor Raule stellte der Kurfürst Kaperbriefe zur Wegnahme spanischer Schiffe aus. Das führte zu einem Überraschungserfolg: An der niederländischen Küste wurde das spanische Kriegsschiff „Carolus Secundus“ mit einer kostbaren Ladung Brüsseler Spitzen an Bord gekapert. Dieser Piratenakt veranlaßte den Kaiser, die Generalstaaten und den König von England, im Interesse Spaniens Gesandte zu Friedrich Wilhelm zu schicken, um diesen zur Herausgabe des Schiffes (das den Namen des spanischen Königs Karl II. führte) zu bewegen. Nun verstand es der Kurfürst geschickt, diese diplomatische Intervention seinen französischen Gönnern als eine Kriegsdrohung darzustellen, der nur mit sofortiger Aufrüstung begegnet werden könne. Eine Herausgabe des Schiffes komme gar nicht in Frage.

Kaum hatte Ludwig XIV. seinem so kriegslüsternen Verbündeten, dessen Eifer zur Zeit schlecht in das französische Konzept „friedlicher" Eroberungen paßte, durch hinhaltende Zusage eines engeren Bündnisses den Rücken gestärkt, da wollte der Kurfürst zum Entsetzen seiner Räte schon wieder gegen Schweden rüsten. Er hatte nämlich bemerkt, daß sich zwischen Schweden und Frankreich durch Probleme der Erbfolge in pfälzischen Territorien ein folgenschwerer Interessengegensatz anbahnte. Von diesem immer deutlicher hervortretenden Gegensatz nährte er jahrelang – vergeblich – seine Hoffnungen. – Auch in neueren Geschichtswerken ist noch die Legende anzutreffen, nach dem Frieden von Saint-Germain habe Friedrich Wilhelm eine Gedenkmünze prägen lassen, mit der er die Gewinnung Vorpommerns seinen Erben anbefahl. Die lateinische Inschrift (ein Vers des Vergil) soll besagt haben: „Möge aus meinen Gebeinen der Rächer erstehen." Um diese Zeit haben häufigere Todesahnungen den kränkelnden Kurfürsten zwar in zunehmendem Maße veranlaßt, den ungeliebten, schwächlichen Kurprinzen Friedrich mit den Regierungsgeschäften vertraut zu machen, doch die endgültige Eroberung von Stettin blieb sein höchst persönliches Anliegen.

Zu dem alten Erbanspruch auf ganz Pommern, dessen Verwirklichung nicht nur Frankreich, sondern Friedrich Wilhelms Überzeugung zufolge nicht weniger der Neid des Hauses Habsburg im Wege stand, kam noch ein neuer gewichtiger Erbanspruch: Auf Grund einer „Erbverbrüderung" vom Jahre 1539 sollten nach dem 1675 erfolgten Aussterben der schlesischen Piastenherzöge die schlesischen Herzogtümer Brieg, Liegnitz

König Ludwig XIV. von Frankreich

und Wohlau an Brandenburg fallen. Der Kaiser hatte sie jedoch als „erledigte böhmische Lehen" eingezogen. Darin sah Friedrich Wilhelm einen Grund mehr, sich mit dem „Erbfeind" des Hauses Habsburg auf lange Sicht zu verbünden. Und Ludwig XIV. tat alles, um ihn in dieser Auffassung zu bestärken. Er plante gegenüber dem Reich eine Politik, bei der es nicht nur um die nächste Kaiserwahl ging.

Eigentlicher Urheber dieser Politik war der Bruder des fast allmächtigen Finanzministers Colbert. Dieser Charles Colbert de Croissy, Friedrich Wilhelm bereits als französischer Gesandter gut bekannt, wurde 1679 Außenminister Ludwigs XIV. und begann sogleich seine Politik der „Reunionen" („Wiedervereinigungen"). Diese besagte, daß Frankreich Anspruch auf alle Besitzungen erheben durfte, die ehemals zu Territorien gehört hatten, in deren Besitz es durch die Friedensschlüsse von Münster (1648) und Nimwegen (1678) gelangt war, also vor allem Gebiete im Elsaß. Spezielle Gerichtshöfe in Metz, Breisach und Besançon, deren Urteile stets zugunsten Frankreichs ausfielen, sollten den auf dieser Grundlage erfolgenden gewaltsamen Okkupationen zumindest den Schein der Rechtmäßigkeit verleihen.

Während des Jahres 1680 war Friedrich Wilhelm vollauf damit beschäftigt, kriegerische Unternehmungen gegen den Kaiser und gegen Spanien vorzubereiten. Er zog im Klevischen Truppen zusammen und versprach demjenigen 10000 Taler, der ihm die Nachricht von einem spanischen Angriff auf sein Gebiet überbringen würde. Doch die Spanier ließen sich nicht provozieren. Erst als im Dezember Verhandlungen über ein engeres Bündnis Brandenburgs mit Frankreich kurz vor dem Abschluß standen, kamen Friedrich Wilhelm Bedenken wegen der überall im Reich aufflammenden Empörung über die französischen Reunionen. Graf Rébenac, seit Ende 1679 ständiger französischer Gesandter in Berlin, verteidigte die „gerechte Sache" seines Herrn aber sehr geschickt. Da Friedrich Wilhelm seine Ansprüche auf Teile Schlesiens, Ostfriesland und Geldern ebenfalls mehr durch militärische Überlegenheit als durch formales Recht verwirklichen wollte, kam im Januar 1681 ein neues, engeres Bündnis mit Frankreich zustande. Der brandenburgische Gesandte in Paris, Ezechiel Spanheim, ein angesehener Kenner alter Münzen, erfuhr übrigens weder von diesem Bündnis noch von dem Vertrag vom Oktober 1679. Diese Geheimdiplomatie gegenüber seinen engsten Mitarbeitern war und blieb charakteristisch für das mißtrauische Wesen des Kurfürsten.

Der Inhalt des neuen Bündnisses war aber auch bedenklich genug. Beide Seiten verpflichteten sich darin für zehn Jahre zur Waffenhilfe, ohne daß geprüft werden sollte, ob der Bundesgenosse den Krieg verschuldet habe. Damit erhielt Frankreich einen Freibrief für noch hemmungslosere Okkupationspolitik im Elsaß, an der Mosel und im Luxemburgischen. Die letzten Bedenken des Kurfürsten hatte die Befürchtung beseitigt, Frankreich könne sich sonst mit Schweden verbünden.

Nun wurde auf dem (seit 1663) „immerwährenden" Reichstag zu Regensburg aber endlich der Ruf nach wirksamen Maßnahmen gegen die französischen Räubereien laut. Der Kaiser beantragte die Aufstellung eines stehenden Reichsheeres. Friedrich Wilhelm ließ seinen Gesandten gegen diesen Plan arbeiten, doch die Welle patriotischer Entrüstung, die in ganz Deutschland aufbrandete, bedrückte das Gemüt des von Frankreich Gekauften mehr, als er selbst wahrscheinlich wahrhaben wollte. Die Erhöhung der Hilfsgelder auf 100 000 Reichstaler jährlich wirkte einigermaßen tröstend. Als er aber im Sommer 1681 nach Bad Pyrmont gereist war, um dort Linderung seiner durch Gicht und Nierensteine verursachten Beschwerden zu suchen, kam es anschließend dennoch fast zum Bruch mit Frankreich. In Pyrmont war er gesellschaftlicher Mittelpunkt eines Kreises von Angehörigen deutscher Fürstenhäuser gewesen, in dem das maßlose Machtstreben seines heimlich Verbündeten entschieden verurteilt wurde. Aus Frankreich kamen Nachrichten über noch verschärfte Maßnahmen gegen die Hugenotten, und wenn er über Rébenac Angriffspläne gegen gemeinsame Feinde übermittelte, so wurden diese in Versailles schnell entschärft. Dem Gesandten fiel es immer schwerer, den Kurfürsten zu besänftigen.

Doch sowie Friedrich Wilhelm eine Chance für „seinen" Krieg gegen Schweden zu sehen glaubte, blieb für ihn das Bündnis mit Frankreich wichtiger als alle moralischen Bedenken. Sogar als Ende September 1681 die lange vorbereitete Okkupation Straßburgs erfolgte und auch am brandenburgischen Hof die Wogen nationaler Erregung hoch gingen, brauchte Rébenac nur wenige Tage lang dem Kurfürsten aus dem Wege zu gehen. Dann traf in Potsdam die Nachricht ein, daß zwischen Schweden und den Niederlanden ein Bündnis gegen Frankreich geschlossen worden sei. Diese neue Konstellation zerstreute den „reichspatriotischen Zorn" des Kurfürsten im Nu. Er sah sich bereits als Verbündeten Frankreichs an der Spitze seiner Armee in Stettin einziehen und versuchte sogleich, über Rébenac den von wütenden Protesten in der deutschen Öffentlichkeit nur wenig beeindruckten Franzosenkönig für eine wirksame Unterstützung seiner vorpommerschen Ambitionen zu gewinnen.

Der Gesandte hat es offenbar verstanden, Friedrich Wilhelms euphorische Stimmung für eine Weile zu festigen, denn wenige Tage nach der betont freundlichen Audienz schenkte ihm der Kurfürst einen mit Diamanten besetzten Degen „als Ausdruck freundschaftlicher Gefühle", als ob ihm Frankreich bereits zu Vorpommern verholfen hätte. Daß dies gar nicht beabsichtigt war, wußte Rébenac nur zu gut. Nachdem er einige Tage lang befürchtet hatte, man werde ihn in Berlin oder Potsdam die Okkupationspolitik seines Königs entgelten lassen und ihn vielleicht sogar mit Steinen bewerfen, schrieb er angesichts der Diamanten an seinem Ehrengeschenk triumphierend nach Paris: „Das sind die Steine, mit denen man mich hier bewirft!"

Es dauerte dann aber nicht mehr lange, bis der Kurfürst

merkte, daß er wieder einmal einer Illusion erlegen war. Frankreich wollte es noch immer nicht völlig mit Schweden, dem traditionellen Verbündeten, verderben und war nur daran interessiert, so lange wie möglich ein geschlossenes und entschlossenes Auftreten des Reichstags gegen seine Reunionspolitik zu verhindern. Brandenburg war zwar auf Hilfsgelder für sein stehendes Heer angewiesen, doch die allgemeine Reaktion auf die Okkupation Straßburgs ließ es Ludwig XIV. geboten erscheinen, Friedrich Wilhelm in einem erneuerten Bündnisvertrag zu versichern, daß er nun keine neuen Reunionen mehr beabsichtige. Die Subsidien wurden auf 133000 Reichstaler erhöht und sollten im Kriegsfall auf 300000 Reichstaler ansteigen. Mit diesem Vertrag von Januar 1682 glaubte Frankreich, das Bündnis der Niederländer mit Schweden, dem sich später noch der Kaiser und Spanien beigesellten, kompensieren zu können. Daß der Brandenburger bei den Beratungen des Reichstags nun seine ganze Autorität einsetzte, um kriegerisches Vorgehen gegen Frankreich zu verhindern, ja sogar eifrig bemüht war, einen dauerhaften Frieden mit Frankreich zu vermitteln, kam Frankreich sehr zustatten. Der Kaiser war vorerst aber noch nicht zum Einlenken zu bewegen.

Währenddessen betrieb Friedrich Wilhelm sein ureigenstes Anliegen, Machterweiterung durch Gebietserwerb, mit unverminderter Energie weiter, ohne dabei allerdings zu greifbaren Erfolgen zu gelangen. Anfang 1683 schien sich Frankreich tatsächlich an einem Angriff Brandenburgs und Dänemarks auf das finanziell geschwächte Schweden beteiligen zu wollen; doch schließlich „vertagte“ Ludwig XIV. auch dieses Unternehmen auf unabsehbare Zeit. Erst als auch diese schon sehr konkret gewesene Hoffnung zunichte geworden war, hat Friedrich Wilhelm dem Drängen seiner Räte nachgegeben und sein Verhältnis zu Frankreich gründlich revidiert. Einen offenen Bruch hat er aber stets vermieden, Rébenac blieb bis 1688 mit den ihm zur Verfügung stehenden Bestechungsgeldern in Berlin ein beachtlicher politischer Faktor, und bis dahin zahlte Frank-

Paul von Fuchs

reich – wenn auch unregelmäßig und nur als Prämie für Wohlverhalten – an Friedrich Wilhelm Subsidien. Insgesamt flossen aus Frankreich in den zwei Jahrzehnten von 1668 bis 1688 etwa 4 Millionen Livres (1,4 Millionen Reichstaler) in die Kriegskasse Friedrich Wilhelms, eine Summe, die Kurbayern allein in den Jahren 1670 bis 1673 erhielt.

Daß sich ein Umschwung in der brandenburgischen Politik anbahnte, war äußerlich schon daran zu erkennen, daß der Franzosenfreund Meinders – er wurde 1682 vom Kaiser geadelt – 1683 seine Position als wichtigster Ratgeber verlor. An seine Stelle trat der mehr auf die Niederlande orientierte Geheime Rat Paul Fuchs. Noch im selben Jahr erhielt dieser ebenfalls den Adelstitel. Der entscheidende Anstoß für den Sinneswandel des Kurfürsten kam von der Bedrohung des Reiches durch die Türken. Im Frühjahr 1683 brach der türkische Großwesir Kara Mustafa die Waffenstillstandsverhandlungen mit dem Kaiser ab und setzte ein riesiges Heer gegen Wien in Bewegung. Mitte Juli begann er die Belagerung der Hauptstadt. Der Kaiser war nach Passau geflohen. Wenn Brandenburg Truppen zu Hilfe schickte, so gab es dafür auch Hilfsgelder. Und wo Hilfsgelder gezahlt wurden, da gab es für den Kurfürsten von Brandenburg eine reale Verhandlungsgrundlage für einen Ausweg aus der Sackgasse, in die er durch das geheime Bündnis mit Frankreich geraten war.

Auf der Suche nach neuen Verbündeten

Da der Angriff der Türken das ganze Reich bedrohte, waren für einen Kurfürsten Verhandlungen mit dem Kaiser selbstverständlich geworden. Friedrich Wilhelms Argumente, mit denen er auch Rébenacs Vorwürfen begegnen konnte, sind einem Schreiben aus dieser Zeit zu entnehmen. „In was [für] großer und noch nie vorhin erlebter Gefahr das liebe Vaterland anjetzo stehet, solches bedarf keines weitläufigen Anführens, und würden Wir es nie Unserm Gewissen, vor Gott und der werten Posterität [Nachkommenschaft] verantworten können, sondern Uns vielmehr eine immerwährende Blame [Rüge] vor der ehrbaren Welt zuziehen, auch wider Unser eigen Interesse arbeiten, wenn Wir des Reiches so gefährlichen Zustand durch Beförderung einer innerlichen Unruhe gar desperat [hoffnungslos] machen wollten.“

Er beauftragte seinen Schwager, den mit dem Kaiser sympathisierenden Fürsten von Anhalt, in Wien Truppenhilfe gegen die Türken anzubieten. Unabdingbare Voraussetzung sollte aber sein, daß sich der Kaiser friedlich mit Frankreich einige, da ein Zweifrontenkrieg für das Reich nur mit einer Katastrophe enden könne. Als der Gesandte in Passau dann einen Vertrag aushandelte, der Frankreich an die Ergebnisse des Friedens von Nimwegen binden sollte und zur Wiederherstellung des damaligen Zustandes (also ohne die Reunionen) dem Kaiser militärischen Beistand des Kurfürsten zusicherte, geriet der durch Geheimverträge an Frankreich gebundene Brandenburger in größte Verlegenheit. Er mußte die Ratifizierung ablehnen und dem Gesandten weitere Vollmacht entziehen. So wurde aus dem Versuch einer Annäherung zunächst eine gesteigerte Entfremdung. Und das zu einem Zeitpunkt allergrößter Gefahr für das Weiterbestehen des Reiches. Ludwig XIV. stand ja schon bereit, den Türken mit einem gewaltigen Heer entgegenzutreten und als „Retter des christlichen Abendlandes vor dem Ansturm der Heiden“ dann seine „Universalmonarchie“ zu errichten.

Bald darauf, am 12. September, wurde Wien jedoch durch das rechtzeitige Erscheinen bayrischer, sächsischer und polnischer Hilfstruppen unter dem Oberbefehl des Königs Jan Sobieski von Polen gerettet. In der Schlacht am Kahlenberg wurden die Türken besiegt. Im polnischen Kontingent kämpften zwar auch etwa 1200 Dragoner und Infanteristen, die Friedrich Wilhelm auf Grund älterer Vereinbarungen mit dem Polenkönig entsandt hatte, doch am Ruhm dieses welthistorischen Sieges hatte der ehrgeizige „Held von Fehrbellin“ nun gar keinen Anteil. Es war vielmehr die Frage, ob er sich nicht „immerwährende Blame“ – im Sinne seiner oben zitierten Ausführungen – zugezogen hatte.

Vorerst war seine Politik noch ganz darauf abgestellt, einen Reichskrieg gegen Frankreich zu verhindern. Ebenso ging es ihm darum, auch die niederländischen Generalstaaten von den Vorteilen eines langfristigen Waffenstillstands mit Frankreich zu überzeugen. Die noch immer bestehende „Assoziation" Schwedens und der Niederlande, der inzwischen neben dem Kaiser und Spanien auch Hannover, Bayern und Sachsen beigetreten waren, hätte Wilhelm von Oranien viel lieber für einen Rachekrieg gegen Frankreich genutzt.

Der allgemeine Waffenstillstand, von Friedrich Wilhelm so intensiv propagiert, kam um die Mitte des Jahres 1684 tatsächlich zustande. Am 15. August bestätigten „Kaiser und Reich" den Franzosen – zunächst für zwanzig Jahre – den Besitz der bis 1681 vorgenommenen Reunionen und auch der Stadt Straßburg mit dem Brückenkopf auf rechtsrheinischem Gebiet bei Kehl. An dieser nachhaltig wirkenden Demütigung des Reiches hatte Friedrich Wilhelm von Brandenburg nicht geringen Anteil. Der erhoffte Lohn war jedoch ausgeblieben. Ludwig XIV. hatte es immer wieder verstanden, seinen „Kostgänger" mit Illusionen im Bündnis zu halten. Gerade um die Zeit, als in Regensburg der Waffenstillstand unterzeichnet wurde, schien eine Bündniskombination im Reich Friedrich Wilhelm noch einmal eine günstige Gelegenheit zum Überfall auf Schweden zu bieten, doch da Frankreich keine Hilfsgelder zahlte, resignierte er auch dieses Mal.

Immerhin scheint er Genugtuung darüber empfunden zu haben, daß seine Politik nach dem Friedensschluß von Saint-Germain dazu beigetragen hat, die „Verräter von Nimwegen" zu „bestrafen". Ihr erneuertes Bündnis gegen Ludwig XIV. mußten sie mit einem demütigenden Waffenstillstand beenden. Allmählich sammelte sich bei Friedrich Wilhelm aber so viel neuer Groll über die Hinhaltetaktik Ludwigs XIV. an, daß er in größter Heimlichkeit eine gründlichere Umorientierung seiner Politik begann.

In der ersten Hälfte des Jahres 1685 ereigneten sich zwei Todesfälle, die diese Neuorientierung entscheidend beeinflußten. In England folgte dem König Karl II. sein katholisch gewordener Bruder Jakob II. auf den Thron, obwohl ein Parlamentsbeschluß von 1673 die Vergabe öffentlicher Ämter an Katholiken verbot. Einzige protestantische Thronerbin wäre die protestantisch gebliebene Tochter des katholischen Königs Jakob, Maria, gewesen, die mit Wilhelm von Oranien verheiratet war. Da Jakob II. den Katholizismus sogleich stark förderte, bildete sich eine Gegenpartei mächtiger Protestanten, die von der Auflösung des katholischen Kirchenbesitzes profitiert hatten und nun um ihre bisherige Machtstellung fürchteten. Dadurch entstand eine gute Chance für Wilhelm III. von Oranien, im Namen seiner Frau den König Jakob vom Thron zu verdrängen. Ein neues Bündnis mit dem Oranier konnte die Akzente der brandenburgischen Politik also erheblich verschieben.

Der zweite historisch bedeutsame Todesfall betraf das pfälzische Kurfürstentum. Auch hier folgte einem protestantischen Herrscher ein Katholik, Friedrich Wilhelms Nachbar Philipp Wilhelm von Pfalz-Neuburg. Die kalvinistischen Untertanen mußten zwar mit scharfen Katholisierungstendenzen rechnen, die viele Familien aus der Heimat treiben würden, doch eine Bedrohung des europäischen Friedens war davon nicht zu befürchten. Diese kam erst dadurch zustande, daß Ludwig XIV. von Frankreich im Namen seines Bruders Philipp, Herzog von Orléans, der die durch ihre kulturgeschichtlich interessanten Briefe berühmt gewordene „Liselotte von der Pfalz“ geheiratet hatte, Ansprüche auf pfälzische Landesteile erhob.

Daraus entstand allerdings erst einige Monate nach dem Tode Friedrich Wilhelms der bis 1697 währende dritte Raubkrieg des Franzosenkönigs, der Pfälzische Erbfolgekrieg, in dem die Pfalz furchtbar verwüstet wurde. Doch schon im Herbst 1684 trat Friedrich Wilhelm den Ansprüchen Frankreichs auf diese Gebiete des Reiches als einer der Testamentsvollstrecker (der verstorbene Kurfürst war sein Neffe) energisch entgegen und zog sich damit den Zorn des „Sonnenkönigs“ zu. Es erschien also ratsam, an Gegenbündnisse zu denken, die nach Lage der Dinge allerdings ebenso geheim bleiben mußten wie das noch immer gültige Bündnis mit Frankreich. Die Notwendigkeit einer solchen Absicherung wurde noch zwingender, als der Kurfürst sich entschloß, zahlreiche Hugenotten, die trotz schärfster Strafandrohung zur Flucht aus Frankreich bereit waren, in seine Länder zu holen. Vor aufsehenerregenden Maßnahmen in dieser Angelegenheit, bei der nicht nur religiöse Gefühle, sondern auch sehr handfeste wirtschaftliche Interessen beteiligt waren, schloß Friedrich Wilhelm vorsichtshalber am 23. August 1685 ein Bündnis mit den Niederlanden. Unterhändler war sein „Spezialist für die Niederlande", der Geheime Rat Paul von Fuchs. Dieser regelte auch die Frage der Hilfsgelder für Brandenburg sehr vorteilhaft.

Friedrich Wilhelm war wieder sehr bemüht, dieses eindeutig gegen Frankreich gerichtete Bündnis als reine Verteidigungsabsprache zu verharmlosen. Das wurde immer schwieriger, als Ludwig XIV. im Oktober 1685 das 1598 verkündete „Edikt von Nantes", das den Hugenotten volle Religionsfreiheit zugesichert hatte, offiziell aufhob und damit die längst begonnenen Verfolgungen der französischen Protestanten aufs äußerste steigerte. Der Kurfürst reagierte darauf spontan mit dem „Edikt von Potsdam" vom 8. November 1685, mit dem er den Verfolgten in seinen Ländern eine neue Heimstatt anbot. Der brandenburgische Gesandte in Paris sowie „Agenten" (Diplomaten zweiter Klasse) in den Niederlanden, in Köln, Frankfurt am Main und Hamburg wurden angewiesen, die Flüchtlinge bei der Übersiedlung tatkräftig zu unterstützen. Ludwig XIV. bezeichnete dies nicht ohne Grund als „Einmischung in innere Angelegenheiten Frankreichs". Er ließ die Zahlung der Subsidien unterbrechen, drohte einerseits, Schweden und die Welfenherzöge zu Lasten Brandenburgs zu unterstützen, lockte andererseits wieder einmal mit dem „Köder Stettin", doch diesmal bewirkte er damit nur eine entscheidende Wende in der brandenburgischen Politik: Friedrich Wilhelm beschloß, Schweden in die mit den Niederlanden geschlossene „evangelische Allianz" einzubeziehen.

Als Ludwig XIV. Ansprüche auf Teile der Pfalz erhob, hatte er wohl kaum beachtet, daß seit 1654 in Schweden Könige herrschten, die „nebenbei" Pfalzgrafen von Zweibrücken waren. Da seit 1680 der schwedische Reichstag im Interesse des Bürgertums und der Bauernschaft König Karl XI. gegen den parasitären Egoismus des Hochadels unterstützte, konnte eine grundlegende Reform des Staatshaushalts durchgeführt werden. Das Land wurde von französischen Hilfsgeldern unabhängig, und damit verlor Frankreich seinen bisher zuverlässigsten nordischen „Söldner". Als Friedrich Wilhelm nun den Plan seiner „evangelischen Allianz" den Schweden unterbreitete, mußte er zunächst sehr tief eingewurzeltes Mißtrauen überwinden. Sein unentwegtes Streben nach dem Besitz von Stettin hatte bei den letzten Verhandlungen über die Grenzregulierung nach dem Vertrag von Saint-Germain (1679), die sich bis zur Jahreswende 1684/85 hinzogen, diesem Mißtrauen noch einmal neue Nahrung gegeben. Doch gutes Zureden von seiten der Niederlande und neue Streitigkeiten mit Frankreich führten einen Umschwung herbei. Im Februar 1686 kam ein Verteidigungsbündnis zwischen Schweden und Brandenburg zustande, und im April wurde das Bündnis zwischen den niederländischen Generalstaaten und Brandenburg auf Schweden ausgedehnt.

Nun war es höchste Zeit, auch die Beziehungen zum Kaiser entscheidend zu verbessern. Auf diesbezügliche Versuche im Spätherbst 1685 hatte Ludwig XIV. sehr gereizt reagiert. Friedrich Wilhelm sollte ihm versprechen, weitere Verpflichtungen nur noch nach Billigung durch Frankreich einzugehen. Der Kurfürst hatte entgegnet, daß sich eine solche Bevormundung mit seiner Ehre nicht vereinbaren lasse, doch damit war der Sonnenkönig nicht zu beruhigen gewesen. Erst als der sich gedemütigt fühlende Brandenburger in einem nach langem Ringen zustande gekommenen Schreiben wenigstens allgemeine Freundschaftsversicherungen abgegeben hatte, die freilich in krassem Gegensatz zu seiner neuen antifranzösischen Linie standen, waren wieder französische Subsidien nach Berlin geflossen.

Dennoch war Friedrich Wilhelm nun fest entschlossen, sich enger an das Reichsoberhaupt zu binden. Unter den deutschen Fürsten, deren politische Winkelzüge ihm dabei zu schaffen machten, spielte Herzog Ernst August von Hannover eine besondere Rolle. Im Herbst 1684 heiratete dessen Tochter Sophie Charlotte den brandenburgischen Kurprinzen. Die sich daraus ergebenden Beziehungen zum Welfenhaus haben auf die letzten Lebensjahre Friedrich Wilhelms so manchen Schatten geworfen.

Zwischen den Hohenzollern und den Welfen bestand eine „natürliche" Rivalität um die Vorherrschaft im Nordwesten des Reiches. Dort waren dem Brandenburger mit den ehemaligen Bistümern Halberstadt und Minden im Westfälischen Frieden Gebiete zugesprochen worden, deren Bischofsstühle bislang welfische Prinzen standesgemäß versorgt hatten. Seither waren Eifersüchteleien und Grenzstreitigkeiten an der Tagesordnung geblieben. In den Kriegsjahren 1672/73 hatten Durchzüge brandenburgischer Truppen welfische Gebiete nachhaltig geschädigt. Die Aussicht auf eine Okkupation der Fürstentümer Halberstadt und Minden war 1674/75 der Köder gewesen, mit dem Frankreich das Bündnis des Hannoveraners mit Schweden zustande gebracht hatte. Nach Friedrich Wilhelms Sieg bei Fehrbellin war es damit allerdings schnell vorbei.

Andererseits gab es mit den Welfen auch immer wieder erfreulichere, freundschaftliche Kontakte, vor allem mit Georg Wilhelm von Celle. Doch als nach dem Frieden von Celle (1679, im Rahmen des Nimweger Friedens) die mit Friedrich Wilhelm verbündet gewesenen Welfenherzöge dem Franzosenkönig sogar Waffenhilfe gegen den bisherigen Freund angeboten hatten, wirkte die Verstimmung lange nach. Wenn Friedrich Wilhelm seine rheinisch-westfälischen Besitzungen besuchte, vermied er stets, in Hannover oder Celle einzukehren. Lieber übernachtete er in einem Heidedorf. Die beiden Herrscherhäuser waren aber in vielen gemeinsam interessierenden Fragen aufeinander angewiesen, so daß die Gegensätze immer wieder überbrückt wurden. Ihre vereinigten Streitkräfte hätten im damaligen Europa einen Machtfaktor ersten Ranges dargestellt. Es lag nur zu oft im Interesse Frankreichs, sie gegeneinander auszuspielen. Die unklare Haltung Friedrich Wilhelms, der sich seit dem Neubeginn des Türkenkrieges wieder mehr dem Kaiser zuwandte, ohne jedoch das Bündnis mit Ludwig XIV. aufzukündigen, schuf in dieser Hinsicht neuen Zündstoff.

Als Friedrich Wilhelm seit dem Sommer 1687 die Annäherung Ernst Augusts an Frankreich beobachtete, erregte ihn das sehr. Auf den daraus entstandenen, im Februar 1688 ratifizierten Vertrag zwischen Hannover und Frankreich reagierte er so wütend, daß ein Krieg mit Hannover unmittelbar bevorzustehen schien. Frankreich, das an Ernst August nun hohe Subsidien zahlte, konnte vermittelnd eingreifen, und auch die Beilegung des letzten großen Streites mit dem Kurprinzenpaar, in den Hannover verwickelt war, trug dazu bei, das Äußerste zu verhindern. Friedrich Wilhelm selbst war jedenfalls fest entschlossen, die Zukunft Brandenburg-Preußens jetzt entgültig auf vorteilhafte Kompromisse mit dem Kaiserhaus zu gründen.

Der Patriarch

An der Seite des Kaisers

Auch nach dem Scheitern der Mission des Fürsten von Anhalt in Passau zur Zeit der Belagerung Wiens durch die Türken blieb Friedrich Wilhelm mit dem Kaiserhof in ständiger Verbindung. Der Türkenkrieg ging ja weiter, und der Kaiser war gezwungen, sich vor allem bei den Reichsfürsten um Hilfstruppen zu bemühen. Die übrigen Mitglieder der unter dem Protektorat des Papstes gegründeten Heiligen Liga gegen die Türken – Polen und die Republik Venedig – hatten ebenfalls Schwierigkeiten, genügend Hilfstruppen anzuwerben.

Brandenburgische Truppen, deren Kampfwert hoch eingeschätzt wurde, waren ohne großzügiges Eingehen des Kaisers auf Geld- und Landforderungen Friedrich Wilhelms nicht zu bekommen. Das hatten die 1683 gescheiterten Verhandlungen klar erkennen lassen. Aber zur Rückgabe des Herzogtums Jägerndorf, das am Anfang des Dreißigjährigen Krieges einem Großonkel Friedrich Wilhelms aberkannt worden war, wollte sich der Kaiser ebensowenig nötigen lassen wie zur Anerkennung des neuerdings aktuell gewordenen Erbrechts auf weitere schlesische Herzogtümer. Immerhin schickte der Kaiser einen neuen Gesandten, den Baron von Fridag, nach Berlin, als der Kurfürst im Herbst 1684 in einem eigenhändigen Schreiben ein starkes Hilfskorps für die Kämpfe in Südosteuropa anbot. Kaiser Leopold wollte ja zumindest ganz Ungarn vom Türkenjoch befreien.

Als Fridag die Verhandlungen begann, sah er sich sogleich

wieder mit den alten Forderungen nach den schlesischen Herzogtümern konfrontiert. Die kaiserlichen Räte vermuteten nicht ohne Grund, daß die Kurfürstin Dorothea ihren Mann in diesen Ansprüchen bestärkte. Dorothea wollte für ihre in zweiter Ehe geborenen Kinder eigene Fürstentümer „beschaffen". Innerhalb der bisherigen brandenburgisch-preußischen Grenzen waren diesbezügliche testamentarische Bestimmungen des Kurfürsten auf heftigen Widerstand des Kurprinzen Friedrich gestoßen.

Die Wiener Räte meinten, Friedrich Wilhelm werde nicht mehr lange leben, und deshalb sei es gar nicht nötig, ihm besondere Zugeständnisse zu machen. „Er thue sich beeden theilen verkauffen, aber keinem extradiren [sich ganz ausliefern]." Von seinem Nachfolger sei eine prinzipiell kaiserfreundliche Politik wesentlich billiger zu erlangen. Ihr Ärger über Friedrich Wilhelms Schaukelpolitik zwischen Wien und Versailles war so groß, daß sie für seine Persönlichkeit wie für seine Handlungsweise Ausdrücke gebrauchten, die nachträglich so „undiplomatisch" wirkten, daß sie das betreffende Gutachten dem Kaiser nicht vorzulegen wagten.

Dennoch kam es im Verlaufe des Jahres 1685 zu einer weitgehenden Annäherung der Standpunkte. Die spätere Lösung des Schlesien-Problems durch Irreführung des Kurfürsten wurde schon um die Mitte des Jahres in Gesprächen zwischen Fridag und dem Kurprinzen ins Auge gefaßt. Sie wurde jedoch erst verwirklicht, als der Kaiserhof selbst herabgesetzten Forderungen des Hohenzollern unüberwindlich erscheinenden Widerstand entgegensetzte. Friedrich Wilhelm wollte schließlich auf die schlesischen Herzogtümer verzichten, wenn ihm der schlesische Kreis Schwiebus zugesprochen werde. Dort wohnten überwiegend Protestanten. Offenbar sollte Schwiebus mit dem benachbarten „Herzogtum Krossen" zu einer „abgetrennten Herrschaft" für einen der nachgeborenen Söhne Dorotheas vereinigt werden.

Als die kaiserlichen Räte ihre Zustimmung verweigerten

Kaiser Leopold I.

und die schon weit gediehenen Verhandlungen doch noch zu scheitern drohten, griffen Kurprinz Friedrich und der Gesandte Fridag im Einvernehmen mit dem Fürsten von Anhalt zur bereits abgesprochenen Notlösung: Anfang März 1686 verpflichtete sich der von Geldsorgen bedrückte Kurprinz für ein „Geschenk" von 10000 Dukaten in einer streng geheimen Abmachung, den vom Kaiser formal abzutretenden Kreis Schwiebus nach dem Tode seines Vaters wieder zurückzugeben! Kurz darauf wurde ein allgemeines Verteidigungsbündnis Brandenburgs mit Österreich abgeschlossen. Die Öffentlichkeit, insbesondere Frankreich, durfte davon nichts erfahren. Deshalb kam es zu Scheinverträgen, mit denen sogar kurfürstliche Räte wie der Franzosenfreund Meinders irregeführt werden sollten. Der Aufpasser Ludwigs XIV., Rébenac, konnte nur ahnen, daß hier gegen den Inhalt des Bündnisses Friedrich Wilhelms mit seinem Herrn verstoßen wurde, Genaues erfuhr er nicht. Was hätte Ludwig XIV. wohl zu der Verpflichtung Brandenburgs gesagt, für den Fall einer Besetzung pfälzischen Gebiets durch französische Truppen dem Kaiser Waffenhilfe zu leisten?!

Zu einer ehrlichen Loslösung von Frankreich war der Brandenburger noch immer nicht bereit. Zu hart drückten die Schwierigkeiten bei der Finanzierung der noch immer großen Armee, als daß er freiwillig auf französische Subsidien verzichtet hätte. Der Kaiser wollte in Friedenszeiten nur 100000 Gulden (etwa 66000 Taler), im Kriegsfall 100000 Taler jährlich zahlen. Für das brandenburgische Hilfskorps, das im Sommer 1686 nach Ungarn marschierte, waren schon vorher speziell Subsidien vereinbart worden. Auf diesen letzten Kriegszug brandenburgischer Truppen zur Zeit Friedrich Wilhelms wird im nächsten Kapitel eingegangen.

Um den so landgierigen Kurfürsten von Schlesien abzulenken, war den Wiener Räten noch ein anderes Mittel eingefallen: Sie wollten eine Schuldverschreibung auf ein Gebiet in Ostfriesland auf Friedrich Wilhelm übertragen lassen. Dadurch konnte sich für Brandenburg die Möglichkeit ergeben, an der Nordseeküste Fuß zu fassen. Diese Aussicht mußte dem auf Kolonialhandel versessenen Kurfürsten sehr verlockend erscheinen. Die Verwirklichung ließ dann aber – sehr zum Ärger Friedrich Wilhelms – auf sich warten.

Wie sehr sein Denken in den Tagen des umfassenden Geheimabkommens mit dem Kaiser, das für zwanzig Jahre gelten sollte, von „reichspatriotischen" Gefühlen bestimmt war, zeigt ein großer Kriegsplan gegen Frankreich. Er soll angeblich vom Kurfürsten, der ungern selbst schrieb, eigenhändig verfaßt worden sein. Darin wurde vorgeschlagen, „nach gemachtem Frieden mit den Türken, Frankreichs weitaussehende Desseins [Pläne], wie auch desselben Appetit, mehr Conquesten [Eroberungen] im Reich und anderswo zu machen, zu verhindern und demselben Widerstand und wirklichen Abbruch zu thun". Der Kaiser, die Reichsstände, Spanien und die Niederlande sollen zusammen fast 200 000 Mann aufbringen. Davon werden am Oberrhein drei Heere zu Vorstößen nach Lothringen und Burgund formiert, während Brandenburger und Niederländer unter der Führung Wilhelms von Oranien „den graden Weg nach Frankreich und auf Paris gehen" und damit den Krieg entscheiden können.

Um zu verhindern, daß der Marsch nach Paris ebenso am Widerstand der Bevölkerung scheitere wie ein gleichartiges Unternehmen des kaiserlichen Generals Gallas gegen Ende des Dreißigjährigen Krieges, müsse unbedingt auf straffe Führung und untadelige Manneszucht geachtet werden, „maßen ich versichert bin, daß mehr römisch-catholische als evangelische sein, so von der Tyrannei, damit sie itzo tractiret werden, frei zu werden verlangen; selbige würden alsdann die Lebensmittel, wie auch Geld, gern hergeben".

So unrealistisch wie die Erwartung, bei einem Vorstoß auf Paris von innenpolitischen Gegnern des „Sonnenkönigs" als Befreier begrüßt zu werden, war angesichts der militärischen und politischen Realitäten jener Zeit dieser ganze Plan. Er ist aber so detailliert und mit so deutlich erkennbarem Eifer ausgearbeitet worden, daß er als biographisches Dokument besonderes Interesse verdient. In seinen letzten Wunschträumen sah sich der kranke, alt gewordene „Gewitterkopf" weder im Solde Frankreichs noch unmittelbar an der Seite des Kaisers, sondern als siegreiches Mitglied der neu gebildeten „evangelischen Partei" Europas, als deren Vorkämpfer Wilhelm von Oranien klar herausgestellt wurde. Dem alten Rivalen Schweden war in diesem Plan nur die Aufgabe zugedacht, Dänemark und Polen, die eventuell von Frankreich „gekauft" werden könnten, militärisch in Schach zu halten.

Ungeachtet des „vernichtenden" Kriegsplans gegen Frankreich, der ja erst nach siegreicher Beendigung des Türkenkrieges verwirklicht werden könnte, trat Friedrich Wilhelms Gesandter in Regensburg bei Beratungen des Reichstags stets im Sinne Frankreichs für die Erhaltung des Friedens ein. Dieser Gesandte, Friedrich von Jena, wurde über den neuen Kurs seines Herrn so unzulänglich informiert, daß er im Frühjahr 1687 eine frankreichfreundliche Initiative der Vertreter von Kurmainz und Kurköln zu auffällig unterstützte. Der Kurfürst sah sich gezwungen, ihn durch Abberufung zu „bestrafen". Doch als nun Frankreich verärgert reagierte und der Gesandte sein Verhalten energisch verteidigte, wurde ihm erlaubt, noch einige Monate lang in Regensburg zu bleiben und damit „sein Gesicht zu wahren".

Neben diesem diplomatischen Hauptkriegsschauplatz, auf dem sich Österreich und Frankreich unmittelbar gegenüberstanden, mußte Friedrich Wilhelm in seinen letzten Lebensjahren auch einen wichtigen Nebenkriegsschauplatz im Auge behalten, der mit den Namen „Gottorp" und „Hamburg" charakterisiert werden kann. Auch hier praktizierte der Kurfürst seine Politik des Gleichgewichts mit Erfolg, als Streitigkeiten zwischen Dänemark, den welfischen Herzogtümern und Schweden um Erweiterung ihres Einflusses in Jütland und wiederholte Angriffe auf die Freie Reichsstadt Hamburg die Interessensphäre Brandenburgs erheblich störten.

Dänemark hatte 1684 die Gebiete des Herzogs von Gottorp in Schleswig okkupiert, Schweden und die Welfenherzöge wollten dem Gottorper wieder zu seinem Besitz verhelfen. Hinter Dänemark stand Frankreich; Schweden und die Welfen konnten mit Beistand von seiten der Niederlande und des Kaisers rechnen. Auch Friedrich Wilhelm stand auf der Seite des Gottorpers, doch wollte er einerseits einen neuen Krieg der Großmächte vermeiden, und andererseits wäre ihm auch eine Machterweiterung Schwedens durch den sehr wahrscheinlichen Sieg über Dänemark sehr unangenehm gewesen. Nach langen und wechselvollen Auseinandersetzungen, in die auch Hamburg einbezogen wurde, erschien König Christian V. von Dänemark plötzlich mit Truppen und Artillerie vor der Freien Reichsstadt. Er gedachte sie genauso zu okkupieren, wie Frankreich kurz zuvor die Freie Reichsstadt Straßburg okkupiert hatte.

Da griff Friedrich Wilhelm energisch ein. Durch einen überraschenden Truppenaufmarsch vor der Stadt zwang er den Dänenkönig, der vergeblich auf französischen Beistand gehofft hatte, seine Ansprüche friedlich am Verhandlungstisch vorzutragen. Dabei wurden die alten Verhältnisse wiederhergestellt. Die Gottorper Frage blieb allerdings bis zum Tode Friedrich Wilhelms ungelöst.

Nach der Befreiung Hamburgs ließ der stolze Retter eine Gedenkmünze prägen, die zwei Städtebilder zeigt: Hamburg und Ofen (Buda). Über dem Bild von Hamburg wird in lateinischer Sprache verkündet: „Dieses haben wir verteidigt." Über dem Bild von Ofen heißt es, ebenfalls in lateinischer Sprache: „Jenes haben wir genommen." Es ist nun an der Zeit, über den Ungarnfeldzug zu berichten, der zur Erstürmung von Ofen führte.

Der Feldzug nach Ungarn

Die kaiserlichen Heere hatten in Ungarn gegen die Türken seit 1683 große Siege errungen. Im Sommer 1686 gab es bei der Belagerung von Ofen (der „Burgseite“ des heutigen Budapest), dem Sitz eines türkischen Paschas, jedoch erhebliche Schwierigkeiten. Neue Hilfstruppen waren hochwillkommen. Die Truppen der Welfenherzöge waren im Spätherbst 1685 in die Heimat zurückgekehrt, wobei ihre Verluste durch Fahnenflucht und Krankheit noch beträchtlich erhöht worden waren. Ein neuer Feldzug kam im Frühjahr nicht zustande, da den Herzögen die in Aussicht gestellten Hilfsgelder nicht genügten. Während Ernst August von Hannover von seinem Soldatenhandel mit der Republik Venedig profitierte, verpflichtete sich Friedrich Wilhelm von Brandenburg im Dezember 1685, ein Korps von mindestens 7000 Mann nach Ungarn zu entsenden.

Ende April 1686 stand dieses Korps bei Krossen an der Oder zum Abmarsch bereit. Der Kurfürst erschien persönlich, um sich bei diesen besonders ausgesuchten Soldaten, die den Ruhm des brandenburgischen Heeres auffrischen sollten, mit einer eindrucksvollen Zeremonie zu verabschieden. Das Kommando hatte der General Hans Adam von Schöning, seit 1681 als „Drillmeister“ des Heeres der Gehilfe des alten Derfflinger. Diese vielversprechende Unterstützung der Politik des Kaisers rief bei Ludwig XIV. großen Unwillen hervor. Zwischen seinem „Dauergesandten in Berlin“, Rébenac, und Friedrich Wilhelm kam es häufig zu heftigen Auseinandersetzungen, zumal das Hugenottenproblem und neu geschaffene französische Brückenköpfe am Rhein weitere Streitigkeiten verursachten.

Um Spannungen zwischen dem Kurfürsten und dem Kaiser, die sich im Zusammenhang mit dem nun beginnenden Ungarnfeldzug ergeben könnten, sogleich für die französische Politik ausnutzen zu können, zahlte Rébenac dem General Schöning für ständigen brieflichen Kontakt eine kleine „Pension“.

Vorerst war von den erhofften Unstimmigkeiten aber noch keine Rede. Der kaiserliche Gesandte Baron Fridag berichtete über seinen in Krossen gewonnenen Eindruck nach Wien: „Auserlesene und wackere, auch besser muntierte [gekleidete, ausgerüstete] Völker [Soldaten] sollen sich nicht leicht finden, auch dergestalt, daß kein Mann darunter zu tadeln oder auszuschließen seie.“ Der Kurfürst hatte vorsorglich die verantwortlichen kaiserlichen Organisatoren ermahnen lassen, „daß nicht allein die Weege, so Unsere Armee zu nehmen, also beschaffen seyn sollen, daß Unsere Trouppen ohne gefahr und einzigen Verlust an Bagage und Montirung [Gepäck und Ausrüstung] würden durchgehen können, sondern auch solche anstalt zu vivres [Lebensunterhalt] und Lebens Mitteln gemacht, daß die Trouppen bis an den Donaustrohm nicht wohl leiden“.

Wie dieser Zug dann wirklich vonstatten ging, hat ein Augenzeuge so anschaulich beschrieben, daß dieser einzige Bericht vom Soldatenleben der Zeit aus der Sicht des einfachen Mannes hier – allerdings stark gekürzt – wiedergegeben werden soll. In der Geschichte der Autobiographie nimmt der Verfasser, der aus Halle stammende Barbiermeister und Feldscher Johann Dietz, einen ehrenvollen Platz ein. Er hat seine Lebenserinnerungen zwar erst im Alter von siebzig Jahren niedergeschrieben, ein halbes Jahrhundert nach jenem Ungarnfeldzug, doch der dokumentarische Wert dieser Aufzeichnungen wird dadurch kaum geschmälert.

Zunächst haben die strengen Auswahlprinzipien seine Aufnahme in die Elitetruppe beinahe verhindert. Dietz berichtet darüber: „Kurz darauf gingen wir im Beisein des Kurfürsten in Berlin durch die Mustrung. Als es aber an mich kam und der General (der brav und unerhöret fluchen konnte, dessen Stamm und Kinder alle ausgerottet und vergangen, wie die Spreu vom Winde, sind) mich sahe, und es eben sehr regnete, da meine sonst schöne und aufgekrauseten Haar wie die Rattenschwänze umb dem Kopfe hingen, und ich ganz erfroren und miserabel aussahe, hat der General mit harter Stimme mich bald davongejaget; sagte: ‚Welcher Teufel hat dich hergebracht? Du, du wirst keine große Thaten thun, weg mit dir!' – Da mich denn der Medicus und der Regiments-Chirurgus, welche mich examinieret hatten, vertraten und sprachen: ‚Ihro Excellenz, ob er gleich jung ist, er wird wohl bestehen.' – Drauf mußte ich fortrücken, und mein Nam wurde eingeschrieben, und bekamen wir Geld."

Er berichtet dann weiter: „Der Marsch ging über Frankfurt und Krossen. Bis dahin der Kurfürst uns (weil er zwar ein großer Liebhaber der Soldaten, aber doch in seiner Ordnung war) begleitete. Die Zelt wurden aufgeschlagen und ein formales Lager drei Tage gehalten. Das Bier und Wasser in dem Städtchen wurde vom Viehe und so viel Menschen ganz ausgesoffen, daß nichts mehr zu bekommen war, und wir von weitem es holen mußten. Endlich wurde zum Marsch geblasen und die Stücke [Geschütze] zum Abschied alle gelöset [abgefeuert].

Der wohlseelige Kurfürst, als ein liebreicher, tapferer Held, nahm vor der Fronte von uns allen Abschied, zwar mit Thränen, und sagte: ‚Nun ziehet hin, ihr Kinder, in Gottes Namen! Ich werde euch nicht alle wiedersehen!' – So auch wohl eingetroffen. Maßen von zwölftausend Mann, ohne Weiber, Kinder, Knechte und freie Leute nicht dreitausend wiederkamen." –

Die hier angegebenen Verluste erscheinen übertrieben, wenn man sie mit den Verlusten der Hannoveraner vergleicht, die im Solde Venedigs in Südgriechenland gegen die Türken kämpften. Während Dietz fünfundsiebzig Prozent angibt, waren es bei den Hannoveranern nach „amtlichen" Unterlagen „nur" etwa fünfzig Prozent, und zwar unter extrem schlechten Bedingungen.

Interessant ist der Hinweis auf den im Troß mitziehenden „Anhang" der Soldaten. Die Söldner waren ja darauf angewiesen, daß sich jemand um ihre Habe kümmerte und Beuteanteile bewachte, wenn sie exerzieren oder gar in die Schlacht ziehen mußten. Was unbewacht zurückblieb, wurde leicht gestohlen. Die mitziehenden Ehefrauen oder „Dirnen" mußten waschen und kochen sowie Kranke und Verwundete pflegen, da die gemeinschaftlichen Sanitätseinrichtungen nicht ausreichten. Neben den „richtigen" Ärzten – im heutigen Sinne Fachärzte für innere Medizin – gab es die Wundärzte (Feldschere, Chirurgen, wie Dietz), die gleichzeitig Barbiere waren und als Handwerker angesehen wurden. Als Zahnärzte wirkten damals noch „Zahnbrecher", die in Friedenszeiten von Jahrmarkt zu Jahrmarkt zogen.

Beim Zug durch die Kurmark hatte Schönings Korps die übliche Versorgung durch die an der Marschroute wohnende Bevölkerung in Anspruch nehmen können. Nur wer durch einen kurfürstlichen Schutzbrief privilegiert war (Adlige und reiche Bürger), blieb von Abgaben in Geld und Naturalien frei. Jenseits der Landesgrenze sollte der Kaiser für ausreichende Ernährung sorgen, doch schon in Polen gab es für die Brandenburger die ersten Versorgungsprobleme.

„Der Marsch ging vorder etwas durch Polen, da [wo] die Bauern alle entlaufen waren; etwa einen Stummen oder Blinden oder alte Frau im Dorfe gelassen; das Ihrige in die Erde, in große Löscher mit Stroh ausgesetzet, und sonst verstecket hatten; deren wir etliche, und darinnen viel Vorrat, befunden; daß wir schlachteten und aßen was wir funden. Da ging die Not schon an."

Die Marschroute führte dann durch Schlesien, über Breslau und Troppau nach Mähren, von dort aus über den Jablunkapaß zur Donau, die sie bei Gran (Esztergom) überschritten. Unterwegs war Dietz wie viele seiner Kameraden schwer erkrankt. Nur mit großer Mühe konnte er Bekehrungsversuche katholischer Priester „angesichts des Todes" abwehren. Seine Kameraden schleppten ihn viele Meilen weit mit. In Ungarn gab es wieder „Wein und Meth", doch das Elend der schon von mehreren Feldzügen heimgesuchten Einwohner war furchtbar. Es entsprach etwa deutschen Verhältnissen während des Dreißigjährigen Krieges. Fast die Hälfte der Bevölkerung war ausgerottet. Auf einem Marsch von etwa fünfzig Kilometern war keine Stadt, kein Dorf zu sehen, „oft aber Horden, da Familien in der Erde, wie wilde Leute, wohneten, welche sich vom Jagen und Fischen, wie die Tartern [Tataren], erhalten; roh und geschunden, ersturbenes [zerhacktes, halbverwestes] Fleisch essen; wie die Zigeuner auch thun."

Die Zigeuner hatten sich zu Tausenden in einem Lager verschanzt. Sie ließen sich sowohl von den Kaiserlichen als auch von den Türken anwerben. Unter sich hielten sie äußerst strenge Disziplin. Als dem brandenburgischen Korps die Pferde wegstarben, wurden diese von den Zigeunern im Nu zerstückelt und verspeist. „Von den verstöreten Städten und Dörfern lief das Land voller wilden Hunde, welche Menschen und Vieh, gleich denen Wölfen, anpackten, ja die toten Körper aus der Erde auf den Walstätten [Schlachtfeldern] und sonsten kratzeten ..."

Vor Ofen (Buda) vereinigten sich die Brandenburger mit kaiserlichen und bayrischen Truppen, die sich bislang mit der Belagerung vergeblich abgemüht hatten. Der inzwischen wieder genesene Dietz bekam als Feldscher bald reichlich zu tun, als die Brandenburger in vorderster Linie Laufgräben anlegten und dabei in türkisches Geschützfeuer gerieten. „Mein Gott, was war da vor ein Geschrei und Lamentieren von den Blessierten [Verwundeten] von allerhand Nationen. Etlichen waren die Arme, Beine weg, etlichen die Köpfe entzwei, die untern Kinn weg, daß die Zunge da hing. Wann sie so mir auf den Zeltstangen entgegen getragen wurden und schrien erbärmlich: ‚Ach, mach mich tot' Stech mich tot etc.', da dacht ich: Daß Gott erbarme, gehet's hier so zu? Wärest du davongeblieben, wie dich dein Vater gewarnet hat." Doch immer wieder hieß es: „‚Feldscher!' von dem und dem: ‚Raus, verbinde' und solltu [solltest du] auch darüber totgeschossen werden!' Wie es denn etlichen begegnet."

Am 22. Juli 1686 flog in der Stadt ein Munitionsdepot in die Luft. Dem Feldzug der Venezianer auf dem Peloponnes fiel im nächsten Jahr bei der Belagerung von Athen, deren Akropolis noch von sechshundert Türken verteidigt worden war, übrigens auf dieselbe Weise der Parthenon, der weltberühmte Tempel der Athene, zum Opfer. Während die Verteidiger der Akropolis daraufhin aufgaben, erlebte Dietz vor Ofen zunächst aber nur eine Art Weltuntergang, da „etliche dreißig Ellen Mauer übern Haufen und in die Luft mit mehr als fünfhundert Menschen geflogen. Und die ganze Luft war verfinstert. Mit Steinen und Erde Menschen umherflogen. Ich hatte eben an der Wasserstadt-Mauer, an welcher lange, starke Bohlen zur Sicherheit angelehnet waren, die Wache. Meinete nicht anders: Himmel und Erde ging' unter. Ich retirierte mich mit andern unter die Bohlen. Und konnte keiner in halber Stunde vor Staub, Dreck, Steinen und Dampf sehen, auch nicht erfahren, was es eigentlich gewesen; obwohl das unerhörete Zetergeschrei der Türken in der Stadt solches einigermaßen anzeigete.

Da war es Zeit zu stürmen. Und hätten sie damals die Festung im Augenblick bekommen können, da wir hernach noch sechs Wochen dafür lagen, viel Volk verloren, und die Leute zuschanden gemacht worden. Allein die General konnten mit dem Herzog von Lothringen, welcher en chef [als Oberbefehlshaber] kommandierete, nicht einig werden."

Die bekannten umständlichen Diskussionen im kaiserlichen Kriegsrat ließen die günstige Gelegenheit zum Sturm ungenützt vorübergehen. Nachdem die türkischen Verteidiger die große Bresche in der Mauer notdürftig geschlossen hatten, unternahmen sie mehrere Ausfälle, die jedoch abgeschlagen wurden. Aufforderungen, die Festung zu übergeben, steigerten nur noch ihren Kampfesmut. Dietz erwähnt, daß „sie mit denen vielen Franzosen, so darinnen waren, immer neue Anstalten und Kriegslist" machten, „mit Schwefel, Pulver und Stanksäkken insonderheit; so auch die Weiber mit Gabeln unter unsere stürmende Soldaten warfen, daß sie ganz verbrenneten und sich zu funfzigen und hunderten, ganz nackend, schwarz und verbrennt, aus Angst in die daran fließende Donau gestürzet."

Daß aus Frankreich Verteidigungsspezialisten nach Ofen gekommen waren, ist wohl möglich. Der „Allerchristlichste König“ Ludwig XIV. war ja schließlich mit dem türkischen „Antichrist“ verbündet. Eine wie geringe Rolle die äußerlich stark betonte Frage der Religion bei diesen Eroberungskriegen spielte, geht auch daraus hervor, daß viele protestantisch gewordene Ungarn sich recht gut mit den Türken arrangiert hatten und wenig Neigung zeigten, das „Türkenjoch“ gegen das mit Zwangsbekehrungen verbundene Habsburgerjoch einzutauschen. Die ungarischen „Malkontenten“ (Unzufriedenen) führten nach ihrer „Befreiung“ noch einen viele Jahrzehnte währenden Kampf für ihre nationale Unabhängigkeit. Die Verteidigung Ofens war aber eine rein türkische Angelegenheit.

Nachdem auch der Angriff eines türkischen Entsatzheeres abgewehrt worden war, begann am 2. September der Hauptsturm auf die Stadt. Dietz berichtet: „So bald die ersten Gewehre losgingen, da wurde Lärmen und ging alles über und über mit Stücken [Kanonen], Granaten und Steinwerfen, Schießen und Hauen; sogar die türkischen Weiber und Kinder, auch die Jüden, derer viel darin waren, trugen zu und wehreten sich desperat [verzweifelt] auf der Bresche; also daß die Toten auf derselbigen über zwei Ellen übereinander lagen. Es half aber nichtes. Sie mußten daran glauben. Sie mochten nun sich wehren und schreien, wie sie wollten, die Stadt war erstiegen.“

Sogleich begann nach damaligem Kriegsbrauch ein Massaker an den Einwohnern. „Da ward das Kind im Mutterleibe nicht geschonet. Alles, was angetroffen ward, mußte sterben. Wie ich denn mit Augen gesehen, als ich mich auch vom Berge über die Bresche in die Stadt gedrungen, daß Weiber dagelegen und die gelöseten Pistolen noch in der Hand haltend, teils bloße Säbel. So aber nackend ausgezogen, die Leiber mit Partisanen [Stoßwaffen] durchstochen, durch die Geburt; die Leiber aufgerissen, daß die noch nicht geborenen Kinder herausgefallen; welches mich am meisten gejammert. Nackete Kinder von ein bis zwei Jahren aufgespießet und an die Mauren geschmissen wurden! – Ich bin erstaunet, was da ist vorgegangen, daß auch Menschen viel grausamer als Bestien gegen einander sich bezeigeten ... Was in der Furie nicht totgemachet, oder von Juden und Christen nicht verstecket, hatte sich auf die Burg retirieret [zurückgezogen], welche sich noch zwei Tage hielte und tapfer wehrete, bis kapitulieret wurde und sie sich als Kriegsgefangene ergeben mußten."

Inzwischen war die Stadt gründlich geplündert worden. Feldscher Johann Dietz beteiligte sich nach Kräften, denn es war ja vor allem die Hoffnung auf reiche Kriegsbeute gewesen, die ihn wie seine Kameraden und nicht zuletzt die Offiziere veranlaßt hatte, an diesem gefahrvollen Kriegszug teilzunehmen. Er berichtet: „Ich war kaum eine halbe Stunde mit Plündern in der Stadt, da stund sie in Feuer. Ob es von Türken oder Christen angeleget, weiß ich nicht. Aber Schade, über Schade, daß die schöne Stadt und kostbare Beute, so vom ganzen Lande zu verwahren eingelegt, so schändlich verbrennen mußte ...!

Als ich eben einen Keller, wo es oben brannte, vorbeiginge, da eine alte Mutter mit zwei wunderschönen Töchtern auf mich zugekrochen kam; mich nach ihrer Mode umb die Füße fassend, weinende, auf ihre Sprache, welche ich nicht verstund, umb Schutz und ihr Leben baten. Ich sahe sie an. Sie waren schön und langgewachsen, eine von zwölf, die andere etwa von achtzehn Jahren. Als ich ihnen weisete, sie sollten sich an meinen Rock halten, thaten sie das, hinter einander her und mit mir über die Bresche ins Lager gehende.

Ich gedachte lange, was ich mit ihnen machen wollte. Aber diese Sorge war vergebens. Denn sobald ich solche in mein Zelt gebracht, ihnen Essen und Trinken vorgesetzt, so sie aber nicht gewollt, hatte der General Schöning, der uns kommandierete, davon Nachricht bekommen, daß ich schöne Türkin'n rausgebracht. Ließ mir befehlen: ich sollte solche an ihn gleich schicken, sie zu verwahren. – Das mußte ich thun und war meine schöne Beute los. Sie wurden mit heraus, mit vielen andern vornehmen Türken und reichen Juden bis nach Berlin gebracht. Allda ich sie wiederum bei der Garde als Feldscher zu kurieren und zu verbinden hatte. Sie ließen sich hernach taufen und wurden vornehme verheiratet."

Die Verfolgung der fliehenden Türken wurde bald aufgegeben, da der Winter nahte und die Versorgung der Truppen immer größere Schwierigkeiten bereitete. Die verlorenen Pferde mußten durch Zugochsen ersetzt werden, damit die eigene Artillerie und auch die Beutekanonen – unter ihnen eine alte brandenburgische! – zurückgeschafft werden konnten. Kurfürst Friedrich Wilhelm hätte seine Truppen gern in Ungarn ins Winterquartier gelegt, aber die kaiserlichen Räte lehnten dies wegen der allgemeinen Hungersnot ab. Das brandenburgische Korps mußte auf demselben Wege, auf dem es gekommen, nach Hause zurückkehren. Dieser Weg führte an der Donau entlang bis zur Festung Komorn und dann die Waag hinauf, über den Jablunkapaß nach Mähren.

Den Soldaten fehlten Brot und Geld. Viele litten schrecklichen Hunger. „Denn die Ungarn gaben uns nichts, und nicht ein' Trunk Wasser, ohne Geld; und wann wir hätten sterben sollen! Sie fraßen selber Pferdefleisch." So mußte noch mancher der Heimkehrer sterben. In Mähren, wo die Brandenburger in unangenehmer Erinnerung waren, nahm die Unsicherheit noch zu. „Und durfte sich keiner zwanzig Schritt aus dem Wege machen, ward befohlen; denn die Leute gleich totgeschossen und ausgezogen worden. Wie nicht weniger bei dem Fouragieren es gefährlich herging, da wohl zwanzig Schüsse nach uns geschahen, als ich einsmals mit gewesen. Deswegen auch die Galgen überall vollhingen; alle nackend und bloß."

Auch wo die Bevölkerung sich freundlicher zeigte, war die Not groß, denn auf dem Hinmarsch war alles Land am Wege gründlich ausgesogen worden. Eine andere Marschroute wurde ihnen nicht angewiesen, weil die Brandenburger auf keinen Fall durch die schlesischen Herzogtümer marschieren sollten, die Friedrich Wilhelm vielleicht noch immer als sein Erbgut ansah, wenn er auch formal darauf verzichtet hatte. Außerdem sollten Kontakte mit protestantischen Gemeinden vermieden werden, um diese nicht in ihrem Widerstand gegen kaiserliche Bekehrungsversuche zu bestärken.

Schließlich in der Kurmark angekommen, wurden sie für vier Wochen in großen Dörfern zur Erholung einquartiert. Auch hier starben noch viele an der „ungarischen Krankheit". Alle waren zerlumpt und voller Ungeziefer. Als endlich der Abmarsch nach Berlin gestattet wurde, mußte vor dem Stadttor auf einem Exerzierplatz biwakiert werden. „Da kriegten wir etwas Geld und unseren Abschied. Damit wander hin!" – Im Gegensatz zu den Söldnern, die oft ein ungewisses Schicksal erwartete, hatte Dietz es leicht, ins bürgerliche Leben zurückzukehren. So ganz nebenbei erwähnt der siebzigjährige Autor, daß er noch immer einige von den Karneolen (Halbedelsteinen) aufbewahre, von denen er ein ganzes Säckchen voll im brennenden Ofen beim Plündern erbeutet hatte. Nach einem weiteren Abenteuer dieser Art hat es ihn Zeit seines Lebens aber nicht mehr gelüstet.

Der Kurfürst war über die mißgünstige Art, mit der seine Truppen in Ungarn behandelt worden waren, recht ungehalten. Ihn ärgerte auch sehr, daß in Veröffentlichungen die Verdienste kaiserlicher und bayrischer Truppen stark betont wurden. Seiner Ansicht nach hatten sich seine Brandenburger bei der Erstürmung von Ofen mehr hervorgetan. Die von ihm veranlaßte Gegenpropaganda hatte den gewünschten Erfolg, das Prestige des brandenburgischen Heeres wurde neu gefestigt.

Heer und Staat

Als Friedrich Wilhelm so eifersüchtig die „Bravour der brandenburgischen Truppen vor Ofen" für sein Heer in Anspruch nahm, hatten sich die kläglichen, zerlumpten und verlausten

Friedrich Wilhelm empfängt aus Frankreich geflohene Hugenotten (Refugiés)

Reste des Ungarnkorps – dem Bericht des Johann Dietz zufolge – bereits ganz ohne feierlichen und ehrenvollen Abschied in alle Winde zerstreut.

Ihrem General, Hans Adam von Schöning, dessen enger Kontakt mit dem französischen Gesandten in Berlin bekannt war, kam sein militärischer Erfolg beim jetzt schon ziemlich offen „kaisertreuen“ Kurfürsten nicht mehr zustatten. Immerhin konnte er sich mit seiner überaus großen Kriegsbeute auf sein Gut Tamsel bei Küstrin zurückziehen.

Im Frühjahr 1687 wurde aber der in Frankreich mit höchsten Titeln (Marschall, Graf und Herzog) geehrte Schomberg, nun hugenottischer Flüchtling, zum Nachfolger des Feldmarschalls Derfflinger ernannt. Der enttäuschte Schöning trat am Ende der achtziger Jahre ins kursächsische Heer über, wo er – als „Vertrauensmann Ludwigs XIV.“ – sogleich zum Feldmarschall avancierte. Er starb jedoch schon 1696, im Alter von fünfundfünfzig Jahren.

Es wurde bereits berichtet, welch krumme Wege Friedrich Wilhelm gegangen ist, um nach dem Frieden von Saint-Germain weiterhin ein Respekt gebietendes Heer finanzieren zu können. Er hat auf die französischen Subsidien bis zu seinem Tode nicht verzichten wollen, doch seine Abhängigkeit von diesen Hilfsquellen ließ im Laufe der Jahre spürbar nach. Das lag nicht nur daran, daß sich neue Geldgeber – die Niederlande und der Kaiser – fanden; auch die Wirtschafts- und damit die Steuerkraft der brandenburgisch-preußischen „Lande“, die ja noch längst keinen Einheitsstaat bildeten, nahm spürbar zu. Friedrich Wilhelm fand tüchtige Finanzfachleute, die seine Kassen füllten. Der Kurfürst war zwar noch lange bereit, für die endgültige Eroberung Vorpommerns abermals Not und Elend über seine Länder zu bringen und alle Ansätze zu wirtschaftlicher Neubelebung wieder in Frage zu stellen; schließlich aber hielt er sich an das Rezept des schwedischen Reichsrats Nils Brahe, das die schwedische Politik der siebziger Jahre bestimmen sollte. Es lautete: „Laßt uns tun wie Kaufleute, die ihren Gewinn suchen, laßt uns nach den Bedingungen, welche die vorteilhaftesten sein können, trachten, Geld genug zu bekommen, und nichts anderes dafür zu tun als stille zu sitzen, doch so, daß wir unsere Truppen, wie sie jetzt stehen, für alle Fälle bereit haben."

Trotz der klugen Ratschläge des Reichsrats Brahe waren die Schweden von ihrem Geldgeber Ludwig XIV. in Situationen manövriert worden, die sie bei Fehrbellin und in Ostpreußen ihr militärisches Prestige gekostet hatten. Nachdem sich Friedrich Wilhelm bei denselben Gelegenheiten als „Wolf unter Wölfen" mit nutzlosen Siegen nur bittere Erfahrungen eingehandelt hatte, entschloß er sich zu seiner berühmt-berüchtigten Politik des Lavierens zwischen Versailles und Wien. Etwa um diese Zeit hat er gegenüber dem dänischen Diplomaten Ahlefeld scherzhaft angedeutet, er wolle in Zukunft seine Umwelt im unklaren darüber lassen, ob er ein Fuchs oder ein Hase sei. Unklarheit sollte aber keinesfalls darüber bestehen, ob der Kurfürst von Brandenburg jederzeit eine schlagkräftige, auch numerisch starke Armee zur Verfügung habe oder nicht. Als er 1679 den größten Teil seines zuletzt 45 000 Mann starken Heeres entlassen mußte, war er fest entschlossen, sich nicht mehr mit dem Vorkriegsstand von etwa 8 000 Mann zu begnügen.

Friedrich Wilhelm wollte ohne ergänzende Werbungen, nur durch Mobilisierung von 15 000 der überwiegend auf den Domänen angesiedelten Bauern-Söldner sowie von 10 000 in Garnisonen untergebrachten aktiven Soldaten jederzeit 25 000 Mann zur Verfügung haben. Während früher vor allem Reiter zusätzlich geworben werden mußten, was zeitraubend gewesen war, wurden in den achtziger Jahren mehrere Kavallerieregimenter auch im Frieden beibehalten. So stand für den Kriegsfall eine von vornherein voll funktionstüchtige Kaderarmee bereit, die dann nur noch aufgefüllt zu werden brauchte. In Wesel und in Königsberg befanden sich nun reichlich Geschütze in Arsenalen, damit im Ernstfall nicht erst umständliche Transporte von Berlin nach dem Westen oder nach dem

Osten dirigiert werden mußten. Die Festungen Wesel und Magdeburg wurden zu starken Verteidigungsanlagen ausgebaut. Auch die Berliner Stadtbefestigung wurde noch erweitert.

Da in den Krisenjahren 1683 und 1684 Werbungen erfolgten und auch sonst die Kriegsgefahr größer war als in den sechziger Jahren, waren am Ende der Regierungszeit Friedrich Wilhelms mehr als 30000 Soldaten verfügbar, wovon die mit moderner Artillerie ausgerüstete Feldarmee allerdings nur 20000 Mann ausmachte. Die übrigen besetzten etwa ein Dutzend gut ausgerüstete Festungen. Im ganzen Reiche hatte nur der Kaiser eine noch stärkere Armee. Die brandenburgischen Truppen galten neben französischen Eliteregimentern als die besten Europas. Die Ersetzung der alten Luntenmuskete durch das Steinschloßgewehr erhöhte die Feuerkraft der Infanterie und der Dragoner erheblich.

Zwei Eliteregimenter besonderer Art entstanden, als nach dem Hugenottenedikt vom November 1685 viele französische Adlige und Offiziere ins Land kamen. Unter dem neuen Oberbefehlshaber Schomberg, einem der Ihren, wurden die Hugenotten besonders gefördert. Einige Kompanien bestanden nur aus jungen französischen Adligen, die sich auf den Offiziersberuf vorbereiteten.

Ein leistungsfähiges stehendes Heer war ohne eine entsprechend leistungsfähige Heeresverwaltung nicht denkbar. Diese schuf in den achtziger Jahren der Generalkriegskommissar Joachim Ernst von Grumbkow. Erst unter diesem tüchtigen Verwaltungsfachmann wurde konsequenter als bisher versucht, Einnahmen und Ausgaben besser zu planen. Die Generalkriegskasse blieb auch im Frieden für das gesamte Militärwesen zuständig. In den noch selbständigen Landesteilen geleistete Zahlungen wurden von dort aus kontrolliert. Mit den Jahren wurden die jährlich aufgestellten Haushaltspläne präziser und stabiler. Wo die Heeressteuer die Wirtschaftskraft eines Landesteiles überforderte, konnte sie ermäßigt werden, wo jedoch die wirtschaftlichen Verhältnisse höhere Steuern ermöglichten, zog man die Steuerschraube an. Traditionelle Besonderheiten einzelner Gebiete wurden während der Regierungszeit Friedrich Wilhelms noch nicht vollständig beseitigt, zumal der Kurfürst in Streitfällen prinzipiell dazu neigte, überkommene Rechte der Landstände zu respektieren.

Nur in den Kriegsjahren 1677 und 1679 hatte gähnende Leere in der Kriegskasse Friedrich Wilhelm genötigt, auch die privilegierten Untertanen mit einer Sondersteuer zu belegen und damit den Grundgedanken der modernen Einkommenssteuer vorwegzunehmen. Die Reichsten sollten die höchste „Kopfsteuer" zahlen. Da die Vermögensverhältnisse nicht genau festzustellen waren, wurden 250 Gruppen nach der sozialen Rangordnung gebildet. Der Kurfürst „belegte" sich selbst mit einer Kopfsteuer von 1000 Talern, die Kurfürstin zahlte von ihrem Privatvermögen 500 Taler; in der untersten Stufe hatten die Tagelöhner 12 Groschen (einen halben Taler) zu entrichten. Beim zweitenmal, 1679, erhoben die Stände aber schon Einspruch.

Besser durchgesetzt werden konnten zwei neue Sondersteuern: die Stempelsteuer von 1682 und die Chargensteuer von 1686. Schon 1651 war versucht worden, bei Eingaben an Behörden nur „gestempeltes", mit einer Abgabe belegtes Schreibpapier zuzulassen. Damals blieb es beim Versuch. Jetzt wurde diese Abgabe nur noch von den preußischen Ständen verweigert. Die Chargensteuer betraf neu eingestellte Beamte. Diese mußten für ihr Amt (Charge), das wohl als Pfründe betrachtet wurde, ein halbes Jahresgehalt entrichten. Für Minderbemittelte war der soziale Aufstieg damit noch zusätzlich erschwert.

Die wichtigste Aufgabe der Kommissariate war und blieb jedoch, die Akzise als *die* städtische Steuer nicht nur in allen kurfürstlichen, sondern auch in den „Mediat"städten, die in den Landständen „mittelbar" vertreten waren, nach und nach durchzusetzen. Die alte Steuerform der Kontribution blieb auf ländliche Gebiete beschränkt. Durch die Akzisebeamten, die als Kriegs- und Steuerkommissare jeweils für mehrere Städte

(„Städtekreise") zuständig waren, wurde die herkömmliche Selbstverwaltung der Städte stark eingeengt. An manchen Orten führte dies zu einer deutlichen Hebung der sozialen Gerechtigkeit, da vorher die „ratsfähigen Familien" – wie der Landadel – keine Kontribution gezahlt, ihren Anteil vielmehr auf die ärmeren Gemeindemitglieder abgewälzt hatten. Die Stände des Herzogtums Preußen bewahrten sich aber noch eine Sonderstellung, indem sie sich zur „separaten" Aufbringung fester Steuerbeträge verpflichteten, und auch in Kleve konnte die Akzise noch nicht voll durchgesetzt werden.

Neben der zentralen Steuerkasse des Generalkriegskommissars Grumbkow gewann die Hofkammer, die alle Einnahmen aus Domänen und staatlichen Hoheitsrechten erfaßte, in den achtziger Jahren eine nicht minder große Bedeutung für die Unterhaltung des großen stehenden Heeres. Noch im Kriegswinter 1675/76, als die von Spanien und von den Niederlanden zu zahlenden Hilfsgelder ausgeblieben waren, hatte Friedrich Wilhelm Domänen im Werte von 600 000 Talern verpfänden müssen, um seine Truppen besolden zu können. Da auf manchen Domänen noch vom Dreißigjährigen Kriege her Schulden lasteten, war der jährliche Ertrag für die kurfürstliche Kasse entsprechend gering. Die Nachfolger des 1674 entlassenen Hofkammerpäsidenten Raban von Canstein konnten dieses an sich sehr wichtige Amt wegen starker Belastung mit aktuell-politischen Aufgaben (wie es besonders bei Meinders der Fall war) nur unzureichend wahrnehmen. Es galt auch als wenig attraktiv, da der Abbau der Schulden und die Erarbeitung von Überschüssen mit Hilfe eines zuverlässig arbeitenden bürokratischen Apparats nicht nur Autorität und Organisationstalent, sondern auch „Buchhaltertugenden" erforderte.

Daß Friedrich Wilhelm 1683 für die Neuordnung seines Finanzwesens den ostfriesischen Reichsfreiherrn Dodo zu Inn- und Knyphausen gewinnen konnte, zeigt deutlich eine gesellschaftliche Aufwertung dieses Amtes. Knyphausen war durchaus befähigt, höheren Erwartungen zu entsprechen. Er begann sogleich, die für diesen Bereich noch fehlende Zentralbehörde aufzubauen und von dort aus die „Amtskammern“ in den einzelnen Landesteilen straff anzuleiten. Nachdem er sich einen zuverlässigen Überblick über die Schulden verschafft hatte, konnte er darangehen, sie nach und nach abzubauen. Schon für das Rechnungsjahr 1685/86 wurde ein detaillierter Haushaltsplan aufgestellt, der auch die Einnahmen und Ausgaben der nachgeordneten Kassen überschaubar machte.

Wie stark die in diesen Jahren besonders schwierig gewordene Außenpolitik Friedrich Wilhelms von der Ertragslage im Bereich der Domänen und Zölle beeinflußt werden konnte, erhellt schlaglichtartig eine Debatte des Geheimen Rates im Oktober 1685. Dort wurde besorgt darauf hingewiesen, daß eine klar antifranzösische Politik zumindest den Verlust von jährlich 200 000 Talern Subsidien bedeuten würde. Da erbot sich Knyphausen, diesen oder einen noch höheren Betrag zusätzlich aus den Domänen zu erwirtschaften! Friedrich Wilhelm zog es damals bekanntlich vor, auf die französischen Hilfsgelder nicht zu verzichten. So kamen die steigenden Erträge der Domänen anderen Bedürfnissen zugute.

Knyphausens Erfolgsrezept bestand in einer generellen Verpachtung der Domänen, auch ganzer Domänenkomplexe (Ämter), für jeweils sechs Jahre. Die vorher vorübergehend eingeführte Selbstverwaltung der Domänen hatte sich nicht bewährt. Ein neugeschaffener Verwaltungsapparat konnte verhindern, daß bei dieser „Generalpacht“ die Pächter Raubbau trieben, indem sie in kurzer Zeit den Boden und die Domänenbauern ruinierten. Bei Neuverpachtungen wurden von Fall zu Fall wirtschaftliche Veränderungen, vor allem natürlich Ertragssteigerungen berücksichtigt.

Diese vorteilhaftere Art der Verpachtung wirkte sich seit etwa 1685/86 im neugewonnenen Herzogtum Magdeburg besonders günstig aus. Das etwa 770 Quadratkilometer umfassende, rund 160 000 Einwohner zählende Territorium des ehe-

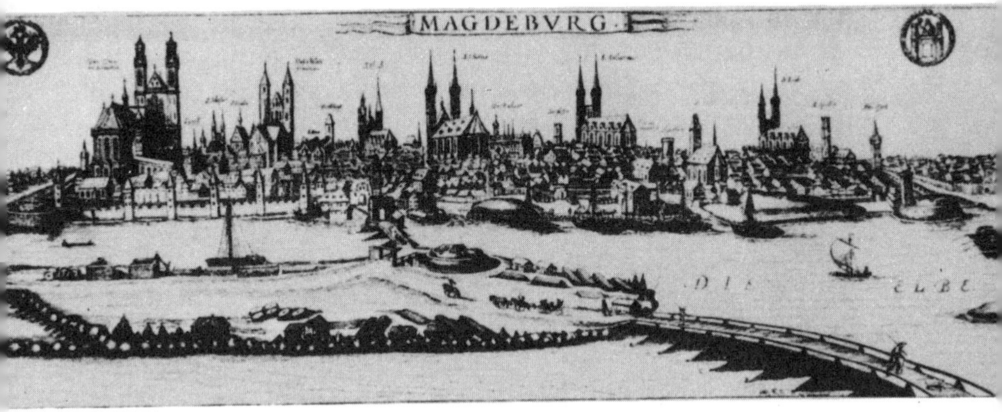

Magdeburg im 17. Jahrhundert

maligen Erzbistums war im Juni 1680 nach dem Tode des Administrators Herzog August von Sachsen, der in Halle residiert hatte, gemäß den Bestimmungen des Westfälischen Friedens an Kurbrandenburg gefallen. Damals hatten die noch größtenteils dem Adel verpfändeten magdeburgischen Domänen nur 46000 Taler erbracht, 1687 waren es bereits 79000 Taler.

Die Stadt Magdeburg mit ihren knapp 8000 Einwohnern hatte Friedrich Wilhelm bereits 1666 handstreichartig in Besitz genommen. Nach der fast völligen Zerstörung von 1631 war Magdeburg zwar wiederaufgebaut worden, doch die Bürger trugen schwer an den Lasten, die der schon 1679 mit einer neuen Zitadelle versehenen, strategisch bedeutsamen Festungsstadt auferlegt wurden. In Knyphausens System einer zentral gelenkten Wirtschaftsverwaltung wurden Herzogtum und Stadt Magdeburg erst nach und nach integriert. Die Akzise wurde im Herzogtum 1685 eingeführt, in der Stadt, die sich noch eine gewisse Eigenständigkeit bewahrt hatte, sogar erst 1686. Das Land war unter der Herrschaft des Administrators, der es nur als eine zeitlich begrenzte Pfründe betrachtete, tief in Schulden geraten. Der Landadel hatte die allgemeine Mißwirtschaft zu seinen Gunsten zu nutzen gewußt und dominierte in der Ständevertretung entschieden über die Städte. Nach der Übernahme der Regierungsgewalt durch Kurbrandenburg begann jedoch auch hier die allmähliche Entmachtung der Stände.

Die alten Verwaltungsapparate der Landstände setzten der neuen absolutistischen Regierungsweise Grumbkows und Knyphausens dort wie überall noch lange zähen Widerstand entgegen. Bezeichnenderweise hat Knyphausen sich erst 1687 bereit erklärt, den Titel des Hofkammerpräsidenten anzunehmen, nachdem er das Amt bereits drei Jahre lang mit wachsendem Erfolg wahrgenommen hatte. Die zentralistisch organisierten Verwaltungen des Generalkriegskommissariats und der Hofkammer waren ein entscheidender Anfang zur historisch fortschrittlichen Verwaltungseinheit, die im 18. Jahrhundert die „preußischen Staaten“ als „Glieder eines Hauptes“ zusammenfügen sollte.

Daß noch bis zum Anfang des 20. Jahrhunderts von „den preußischen Staaten“ gesprochen wurde, hängt mit der Entwicklung des Begriffs „Staat“ zusammen. Im 17. Jahrhundert nannte man die Domänenverwaltung den „Kammerstaat“, die Steuerverwaltung den „Kriegsstaat“, wobei „Staat“ im Sinne des französischen Wortes „état“ (früher „estat“ geschrieben) soviel wie „Staatshaushalt“ bedeutete. Der moderne Begriff hat seine Bedeutung aus dem Niederländischen bezogen. In der Vereinigten Republik der Niederlande, wo zum erstenmal in Europa eine bürgerliche Revolution siegreich verlaufen war, wurde „estat“ mit „staat“ übersetzt, und die „Generalstaaten“, die Ständevertretungen der Sieben Vereinigten Provinzen, bildeten den ersten modernen Staat Europas.

Im Brandenburg-Preußen des Kurfürsten Friedrich Wilhelm bestand zwischen Heer und „Staat“ (im Sinne von „Haushalt der das Heer ernährenden Zentralbehörden für Steuern, Zölle und Domänen“) eine besonders enge Verbindung. Diese ist für den späteren preußischen Staat charakteristisch geblieben. Grundlage dieses Staatswesens im alten wie im neueren Sinne war jedoch die in den einzelnen Landesteilen recht unterschiedliche Entwicklung der Wirtschaft.

Wirtschaftsprobleme

Die erstaunlichen Erfolge Knyphausens bei der Ertragssteigerung der Domänen beruhten zu einem nicht geringen Teil darauf, daß eine Agrarkrise, die in der zweiten Hälfte des 17. Jahrhunderts viele europäische Staaten heimgesucht hatte, in den achtziger Jahren spürbar nachließ. Die Einwohnerzahlen nahmen wieder zu, Getreide exportierende Gebiete wie Pommern, die Kurmark und Preußen profitierten davon. Die Anbauflächen wurden erweitert, Kapitalbesitzer investierten in die Pacht von Domänen. Diese Entwicklung kam vor allem den Junkern zugute, deren wichtigste Einnahmequelle der Export von Getreide war. Den Zwischenhandel städtischer Getreideaufkäufer suchten sie zu umgehen. Das führte zu Streitigkeiten. Diese schlichtete der Kurfürst fast stets zugunsten der Junker. Damals erlangte der Adel in der gesamten Wirtschaft die Vorherrschaft. Das Schicksal der nun zunehmend vom „Bauernlegen“ bedrohten Landbevölkerung lag seit dem Landtagsrezeß von 1653 in den Händen der Gutsbesitzer. Daran konnte Friedrich Wilhelm auch dann nichts ändern, wenn die Vertreibung von Bauern seiner Bevölkerungspolitik entgegenwirkte. Nur auf den Domänen gab es seit den Reformen Knyphausens Ansätze zum Schutz der Bauern gegen zu harte Ausbeutung durch die Pächter. Das äußerte sich zum Teil darin, daß die Bauern ihren Beitrag zur Kontribution direkt an die kurfürstliche Kasse entrichteten, was die Macht der Pächter über die Domänenbauern einschränkte.

Die ersten Bemühungen um Neuansiedlung von Bauern aus

den Niederlanden oder aus der Schweiz hatten nur geringen Erfolg gehabt, da oft das nötige Kapital fehlte. Wo die Kurfürstin Luise Henriette in Oranienburg bei Berlin freie Bauern aus ihrer niederländischen Heimat angesiedelt hatte, waren die Vorteile beispielgebender Landeskultur so deutlich geworden, daß die Begriffe „Holländerei“ und „Mustergut“ identisch wurden.

Nach dem Frieden von Oliva war versucht worden, an diese Erfolge durch Anwerbung neuer Siedler anzuknüpfen. Während der Amtszeit des Hofkammerpräsidenten Canstein (von 1659 bis 1674) stand trotz der nun erfolgten Zentralisierung des kurbrandenburgischen Finanzwesens noch nicht genügend Geld für eine „innere Kolonisation“ größeren Stils zur Verfügung. Der 1661 begonnene Versuch, bei Potsdam zur Entwicklung der kurmärkischen Weidewirtschaft ein ganzes Domänenamt mit Schweizer Kolonisten zu besiedeln, war schon nach drei Jahren wegen Geldmangels abgebrochen worden.

Erst in den achtziger Jahren konnte Friedrich Wilhelm durch seinen diplomatischen Vertreter bei den Schweizer Eidgenossen, den Burggrafen Friedrich von Dohna, mehrere hundert Familien in der Schweiz anwerben und in der Kurmark ansiedeln lassen. Der 1679 verstorbene Oberpräsident Schwerin hatte Bedenken wegen der „freien Denkart“ der reformierten Glaubensbrüder geäußert, weil er harte Zusammenstöße mit den kurmärkischen Lutheranern befürchtete. Nun wirkten sich auch hier die Fortschritte in der Staatsverwaltung durch die viel sachgerechter arbeitenden Behörden Grumbkows und Knyphausens günstig aus. Den fremden „Ketzern“ konnten ganze Dörfer zugewiesen werden, vor allem in der seit dem letzten Schwedeneinfall noch stark entvölkerten Uckermark. Im Land Ruppin und im Havelland fanden einige hundert Familien eine neue Heimat. Noch heute fallen in einigen Dörfern bei Neuruppin Familiennamen französischer Herkunft auf, deren Träger allerdings meistens nicht sagen können, ob ihre Vorfahren aus französischsprachigen Kantonen der

Schweiz gekommen sind oder ob sie Hugenotten waren. Denn auch unter den französischen Glaubensflüchtlingen befanden sich einige Bauernfamilien, die vor allem in der Uckermark in geschlossenen Kolonien angesiedelt wurden.

Alle diese Neusiedler wurden erheblich gefördert. Ihnen war Reisegeld gezahlt worden, Wohn- und Wirtschaftsgebäude wurden zur Verfügung gestellt, für das Vieh gab es günstige Abzahlungsbedingungen, und von allgemeinen Steuern waren sie sechs Jahre lang frei. Im Herzogtum Preußen schützte Friedrich Wilhelm viele Angehörige christlicher Sekten – Mennoniten und Sozinianer –, die bei Androhung der Todesstrafe aus Polen hatten fliehen müssen, persönlich vor der Unduldsamkeit der Ständevertreter. Ablehnung der Kindertaufe und des Glaubens an die christliche Dreieinigkeitslehre waren für ihn kein Grund, tüchtige und ungefährliche Leute aus dem Lande zu weisen. In der Kurmark besiedelten Sozinianer ein ganzes Domänenamt bei Frankfurt (Oder). In den achtziger Jahren waren diese „Ketzer" bereits fest in der neuen Heimat verwurzelt.

Eine sehr viel bedeutendere Rolle spielten die Hugenotten im städtischen Wirtschaftsleben, vor allem in Berlin-Kölln. Mehr als die Hälfte von ihnen betrieben ein Gewerbe, meistens ein Textilhandwerk, oder sie nutzten als Kaufleute ihre alten Geschäftsbeziehungen, zum Teil wesentlich unterstützt durch mitgebrachtes Kapital. Feine Lederwaren, Glaserzeugnisse, wertvolle Möbel- und Schmuckwaren aller Art waren bisher fast nur aus dem Ausland bezogen worden. Allmählich zunehmender Wohlstand ließ auch für Luxusartikel steigende Nachfrage entstehen, so daß sich die ohne nennenswerte Konkurrenz von seiten einheimischer Handwerker arbeitenden Hugenotten schnell eine solide Existenzgrundlage schaffen konnten. Wichtigster Kunde für alle Luxuswaren blieb zunächst noch der kurfürstliche Hof.

Friedrich Wilhelm hatte schon früher in Not geratenen Angehörigen seiner Konfession zu helfen versucht. In den sechzi-

Die französischen Refugiés gründen Fabriken in Brandenburg.

ger Jahren hatte sein Vertrauter Schwerin auf dessen Gut Altlandsberg bei Berlin französische Flüchtlinge angesiedelt. Auf dem Lande und in der kleinen Ackerbürgerstadt Altlandsberg fühlten diese sich aber gar nicht wohl, so daß nach einem großen Brande in dem Städtchen eine Umsiedlung nach Berlin vorgenommen wurde. Dort entstand auf diese Weise die erste „französische Kolonie“ der Hauptstadt. Die nach 1685 Einwandernden fanden hier sehr nützlichen Rückhalt.

Allen Hugenotten wurde nicht nur eine kirchliche Selbstverwaltung zugestanden; im Kriegskommissariat gab es ein besonderes „französisches Kommissariat“, das der Generalkriegskommissar Grumbkow persönlich leitete. Wo die lutherische Bevölkerung in französischen Handwerkern und Kaufleuten nur lästige Konkurrenten sah und gegen diese auch wohl gewalttätig vorging, riefen die zu ihrem Schutz bestellten Beamten notfalls sogar das Militär zu Hilfe. Besonders in den kleinen Städten empfand man die gebildeteren, in Kleidung und Umgang feineren und durchaus selbstbewußt auftretenden Hugenotten als sehr störende Fremde. Für die Kaufleute waren sie allein schon wegen ihrer weitreichenden Handelsbeziehungen überlegene Konkurrenten, die überdies noch drei Jahre lang ihre im Ausland zurückgelassenen Waren zollfrei einführen durften. Die Handwerker befürchteten nicht ohne Grund, daß ihnen die geschickten, fleißigen und nie betrunkenen neuen Zunftgenossen viele Kunden entzogen. Der Streit entbrannte besonders hart, wenn an die verhaßten „Kalvinistischen Ketzer“ eine ehemals lutherische Kirche abgetreten werden mußte.

Einige Hugenotten reisten in solchen Fällen wohl resignierend ab, doch im ganzen glückte die Ansiedlung vorzüglich. Die Einwanderer gehörten ja einer in ganz Europa bewunderten Kulturnation an. Da die Kenntnis der französischen Sprache Vorbedingung für den Eintritt in alle höheren Berufe war, wurden die von den „Refugiés“ gegründeten Schulen auch von Kindern deutscher Eltern besucht, und nicht selten kam es zu

Heiraten zwischen Franzosen und Deutschen, wobei die Sprachbarriere dann vollends verschwand.

In Berlin, der aus vier „Städten“ bestehenden Residenz, war am Ende der Regierungszeit Friedrich Wilhelms jeder vierte der etwa 20 000 Einwohner französischer Herkunft. Martin Philippson schrieb 1903: „Es ist kein Zweifel, daß die Geistesgegenwart, der schlagfertige Witz, die Unternehmungslust, die Genügsamkeit, das praktische Wesen, die den Berliner charakterisieren, ebenso wie seine Neuerungsliebe, Leichtfertigkeit und Spottsucht zum großen Teil auf die Rechnung des eigentümlichen neuen Elements der Bevölkerung zu setzen sind.“

Bis zum Ende des Jahrhunderts suchten von rund 200 000 aus Frankreich geflohenen Hugenotten etwa 20 000 in kurbrandenburgischen Ländern eine neue Heimat. In der Kurmark siedelten sich ungefähr 10 000 an, die Hälfte davon in Berlin. Von vornherein mußten ihnen besondere Vergünstigungen zugesichert werden, denn so tüchtige und gebildete Neubürger waren für jeden aufnahmewilligen Staat ein beträchtlicher ökonomischer und zivilisatorischer Gewinn. Es war daher gewiß nicht nur Liebedienerei vor dem Kurfürsten, wenn der Prediger Ancillon von der französisch-reformierten Gemeinde zu Berlin – ein berufener Sprecher seiner Landsleute – versicherte: „Wir haben hier mehr Trost und mehr Gaben und Güter erhalten, als man uns hatte hoffen lassen.“ Der mit dem „Edikt von Potsdam“ 1685 begründete wechselseitige Gewinn ist zu einem wichtigen Erbe Friedrich Wilhelms geworden.

In den ersten beiden Jahrzehnten nach dem Dreißigjährigen Krieg hatte die kleine märkische Doppelstadt Berlin-Kölln stets am Rande des finanziellen Ruins dahinvegetiert. Noch 1668 konnten weder die wenigen Elementarschullehrer – seit 1662 bestand in Brandenburg allgemeine Schulpflicht – noch die Pfarrer besoldet werden, und der Zimmermann, der die baufällige Köpenicker Brücke ausgebessert hatte, wartete vergeblich auf 290 Taler Arbeitslohn.

Das Berliner Stadtschloß vor 1688

Es wurde bereits zitiert, wie sehr die Einführung der Akzise 1667/68 von den Bürgern begrüßt wurde, da sie vor allem die Kontributionslasten von allen städtischen Grundstücken nahm. Innerhalb eines Jahrzehnts entstanden nun die „neuen Städte“ Friedrichswerder und Dorotheenstadt. Der Bericht eines Franzosen aus dem Jahre 1676 über erstaunliche Fortschritte in der Verschönerung des gesamten Stadtbildes klingt aber doch sehr nach höfischer Schmeichelei, wenn er schreibt: „Die Gebäude sind sehr regelmäßig und zum größeren Teil in italienischem Geschmack. Die Gärten sind mit Orangerien, Jasmin und allen möglichen Arten Blumen angefüllt. Das Schloß des Kurfürsten flößt Bewunderung ein. Alles schien mir so schön, daß ich mir eine Öffnung im Himmel dachte, von wo die Sonne ihre Wohltaten über diese Erdenstrecke ausbreite.“ – Italienische Vorbilder sind um diese Zeit gegenüber

Berlin im Jahre 1688

der vom Kurfürsten bevorzugten holländischen Barockarchitektur offenbar deutlich hervorgetreten, bis beide allmählich dem Einfluß der neuen französischen Hofkunst weichen mußten. Das Berlin Friedrich Wilhelms erhielt neue architektonische Glanzpunkte, von denen das Zeughaus Unter den Linden erhalten geblieben ist, allerdings erst kurz nach dem Tode des Kurfürsten in den Schöpfungen Andreas Schlüters. Was vorher entstand, war in erster Linie eine Festungsstadt.

Auch das Leben der Bürger wurde deutlich dadurch geprägt. Mit der Ernennung eines Gouverneurs ging die Selbständigkeit der vier Magistrate zu Ende. Dem militärischen Befehlshaber wurde vom Kurfürsten die Verantwortung für „gute Polizei“ zugewiesen. Im einzelnen ergab sich daraus, daß eine Feuerwehr organisiert wurde. Große Brände, die früher die

Stadt öfters heimgesucht hatten, kamen nun nicht mehr vor. Alle Straßen wurden gepflastert und mit Rinnsteinen versehen. Seit 1680 brannte in der Dunkelheit vor jedem dritten Haus eine Öllampe in einer Laterne, die an einem Pfahl befestigt war. So wurde nicht nur für Bequemlichkeit, sondern auch für größere Sicherheit gesorgt. Verunreinigungen der Straßen waren bei strenger Strafe verboten. Abfälle wurden mehrmals am Tage von speziellen Fahrzeugen abgeholt. Auch die Sauberkeit der städtischen Brunnen überwachten die zuständigen Beamten sorgfältig. Bald galt Berlin als eine der saubersten Städte Europas. Nach 1682 trat die Pest dort nicht mehr in Erscheinung.

Das für diese vorbildliche Stadtordnung benötigte Geld kam aus der Akzisekasse. Schon 1684 wurde diese dem Magistrat entzogen und durch kurfürstliche Beamte verwaltet. Den französischen Neubürgern dürfte diese Entmachtung der alten städtischen Obrigkeiten nur recht gewesen sein.

Staatlich, nicht städtisch war übrigens auch die neue Gesundheitsfürsorge, die Friedrich Wilhelm mit Hilfe hugenottischer Ärzte, Heilgehilfen, Apotheker und Hebammen einführte. Die ihren deutschen Kollegen fachlich überlegenen Franzosen erhielten freie Wohnung, die Ärzte überdies ein kleines Gehalt, wenn sie arme Glaubensflüchtlinge unentgeltlich behandelten. Die tüchtigsten Mediziner wurden in ein neu gegründetes Ober-Medizinalkollegium berufen, das alle Ärzte, Wundärzte (Chirurgen), Apotheker und Heilgehilfen prüfen und dauernd beaufsichtigen sollte. Es sorgte auch dafür, daß französische Ärzte und ebenso dringend benötigte französische Hebammen in kleineren Städten angesiedelt wurden.

Den Franzosen kam besonders zugute, daß Friedrich Wilhelm in den 1679 beginnenden Friedensjahren Handel und Gewerbe systematischer förderte, als das bisher der Fall gewesen war. Daß jetzt die mit der Akzise befaßten Kommissariate anstelle der überwiegend auf die Domänen orientierten Amtskammern als Aufsicht führende Behörde eingesetzt wurden, machte sich positiv bemerkbar. Während die persönlichen Initiativen des Kurfürsten – wie der Kanalbau – vorwiegend auf eine Belebung des Handels gezielt hatten, verlagerte sich der Schwerpunkt jetzt auf die Förderung der städtischen Gewerbe. Dabei trat die persönliche Beteiligung Friedrich Wilhelms spürbar zurück.

Eine spezielle Behörde für Handel und Gewerbe stellten die Kommerzkollegien in Berlin, Königsberg und Kolberg dar. Dort sollten kurfürstliche Beamte mit selbständigen Unternehmern gemeinsam ohne bürokratische Hemmnisse Maßnahmen beraten, die besonders den grenzüberschreitenden Handel fördern könnten. Die neue Einrichtung bewährte sich aber nicht, da bei den häufigen Rechtsstreitigkeiten viele „eigentlich" zuständige Behörden mitsprachen, was die Regelung dieser Angelegenheiten erheblich verzögerte.

Die bisher fast ausschließlich im Besitz des Staates befindlichen Eisenwerke, Kupferhämmer und auch Textilmanufakturen erlangten erst größere Bedeutung, als hugenottische Fachleute ins Land kamen. Auch die Glaserzeugung in der Nähe von Potsdam profitierte von französischer Sachkenntnis. Hier hatte es allerdings schon nach 1678 beachtliche Fortschritte gegeben, als die Potsdamer Glashütte der Aufsicht Johann Kunckels unterstellt wurde. Dieser vielseitig begabte Alchemist erfreute sich bei seinen vorwissenschaftlichen chemischen Versuchen der besonderen Protektion des Kurfürsten, so daß er ohne materielle Sorgen experimentieren konnte. Größeren wirtschaftlichen Gewinn hat aber nur eine dabei von ihm erfundene Glasart erbracht.

Bei der Suche nach dem legendären „Stein der Weisen", dem unter anderem die magische Kraft zugeschrieben wurde, daß er unedle Metalle in Gold verwandeln könne, stellte er als erster Phosphor her. Er war 1677 in den Dienst des Kurfürsten von Sachsen getreten, der ihn als „Goldmacher" mit dem sehr hohen Jahresgehalt von 1000 Talern anstellte. Als er sein Gehalt forderte, hieß es jedoch: „Kann Kunckel Gold machen, so braucht er kein Geld; kann er solches aber nicht, warum sollte man ihm Geld geben?“

Diese Logik brachte den vergeblich experimentierenden „Goldmacher“ in nicht geringe Verlegenheit, so daß er froh war, als der Kurfürst von Brandenburg ihn 1678 in sein Land rufen ließ. Die wesentlich bescheideneren Versprechungen Friedrich Wilhelms hatten den Vorteil, daß sie eingehalten wurden. Kunckel pachtete zuerst eine Glashütte in Drewitz bei Potsdam und wurde bald darauf Teilhaber einer zweiten Glashütte bei Potsdam. Hier erfand er das nach ihm benannte Rubinglas (Kunckelglas), das als sehr kostbar galt. Die daraus gefertigten Pokale wurden ein begehrter Exportartikel. Sein 1679 in lateinischer Sprache erschienenes Buch über die Glasmacherkunst blieb noch lange ein Standardwerk.

Wesentlich bedeutender als der Export dieses Rubinglases war in den achtziger Jahren der Export von Wollerzeugnissen. Den Rohstoff lieferten die vielen Schafherden. Das einheimische Wollgewerbe war lange Zeit nicht in der Lage gewesen, die hier anfallenden großen Mengen zu bewältigen. So wurde Rohwolle in nicht geringem Umfange exportiert, vor allem nach Westeuropa, wo technische Neuerungen und das nötige Betriebskapital das Entstehen blühender Manufakturen ermöglicht hatten. In Brandenburg-Preußen konnten nach dem Dreißigjährigen Krieg die einheimischen Webereien nicht einmal die anspruchslose Landbevölkerung ausreichend mit einfachem Tuch versorgen. Importe aus Nachbarländern mußten auf Kosten der kurbrandenburgischen Handelsbilanz aushelfen. Der Erlaß eines Einfuhrverbots für Tuchwaren im März 1660 konnte dem kaum entgegenwirken.

Erst die gewerbefördernden Maßnahmen Grumbkows leiteten sichtbare Veränderungen ein. Woll- und Tuchhändler wurden veranlaßt, ihr Vermögen nicht in grenzüberschreitende Handelsgeschäfte zu investieren, sondern die bislang als selbständige Handwerker tätigen einheimischen Weber zu „verlegen“, indem sie ihnen Wolle auf Vorschuß lieferten und die fertigen Erzeugnisse zu willkürlich festgesetzten Preisen übernahmen. Die dabei gewonnenen Kapitalien wurden zur Ausweitung der Produktion und zur Modernisierung der Arbeitsgeräte verwendet. Diese für den Frühkapitalismus typische Produktionsweise führte zwar zur Verelendung der Weber, doch die Einführung neuer Techniken ließ sich damals nur auf diese Weise finanzieren. Das Kommissariat sorgte durch strenge Qualitätskontrollen dafür, daß die Textilien exportfähig waren, und die Bedürfnisse des Militärs und des Hofes garantierten weitere gute Absatzchancen. Die einwandernden Hugenotten stellten feinere Erzeugnisse her, so daß auch gehobene Ansprüche befriedigt werden konnten.

So kam in Brandenburg-Preußen allmählich eine Entwicklung in Gang, die erst im 18. Jahrhundert vom *Kameralismus* nach dem Muster deutscher Fürstenhöfe des 16. und 17. Jahrhunderts zum *Merkantilismus* Colbertscher Prägung hinstrebte, ohne freilich dessen Vollendung zu erreichen. „Camera" war der Name für die fürstliche Schatzkammer. Diese mit Einnahmen aus dem „Kammerstaat" der Domänen und Regalien zu füllen, betrachteten die deutschen „Kameralisten" als ihre wichtigste Aufgabe; denn hohe eigene Einkünfte machten den Fürsten unabhängig von der Steuerbewilligung durch die Stände. Der französische Finanzminister Colbert erhob die staatliche Förderung von Manufakturbetrieben, die durch Ausfuhr ihrer Produktion Geld ins Land brachten, zum bestimmenden merkantilistischen (auf Handel beruhenden) Wirtschaftsprinzip. In den kleinräumigen deutschen Territorialstaaten verlief diese Entwicklung sehr mühsam und widerspruchsvoll. Spärliche erste Erfolge dienten in Brandenburg-Preußen wie in anderen deutschen Territorialstaaten auf längere Sicht dem gesellschaftlichen Fortschritt in ganz Deutschland. Zunächst wurde aber auch hier das Interesse des politisch noch unreifen Bürgertums rücksichtslos dem Interesse freudalabsolutistisch orientierter staatlicher Monopolbetriebe aufgeopfert.

Friedrich Wilhelm bemühte sich zwar persönlich, die reichsgesetzlich verankerte rückschrittliche Zunftordnung zu lokkern, indem er 1685 in Magdeburg und 1687 in Berlin französischen Einwanderern gestattete, mechanische Strumpfwirkstühle zu verwenden. Doch diese bahnbrechende, zum erstenmal um 1670 in Österreich genutzte Erfindung konnte sich noch nicht durchsetzen. Die Verwendung von Strumpfwirkstühlen wurde durch ein kaiserliches Gesetz, das die „zünftigen" Handwerker schützen sollte, im ganzen Reich verboten. – So waren der fortschrittlichen Gewerbepolitik Friedrich Wilhelms enge Grenzen gezogen.

Wo die französischen Glaubensflüchtlinge neue Anbaupflanzen, Obstbäume, Gemüse und Tabak sowie neue landwirtschaftliche Techniken mitbrachten, gab es solche Behinderung allerdings nicht. Als weiterer Anreiz für eine Hebung der Produktivität wirkte sich auch aus, daß bäuerliche Dienstverpflichtungen durch Geldzahlungen abgelöst werden konnten. Wenn dies in der Praxis auch nur selten geschah, so strahlte von den kurfürstlichen Domänen doch eine gewisse Werbewirkung für landwirtschaftliche Neuerungen auf das ganze Land aus. Staatliche Anordnungen wie die, das dringend benötigte Bauholz durch vermehrte Anpflanzung von Eichen zu beschaffen, taten ein übriges.

Für den an Bedeutung gewinnenden Getreideexport spielten die Wasserstraßen als Transportwege eine große Rolle. Ein Teil des Getreideüberschusses wurde in kurfürstlichen Getreidemagazinen gespeichert und bei Bedarf ausgeliehen. Für vier ausgeliehene Scheffel Korn mußten fünf Scheffel zurückgegeben werden. In der Hungersnot von 1663/64 hatte sich diese Einrichtung bereits hervorragend bewährt. Auch hier hatten wohl in erster Linie die Bedürfnisse des Heeres bei einer für die gesamte Bevölkerung nützlichen Maßnahme Pate gestanden.

Ein weiterer wichtiger Exportartikel war Bauholz. Nicht nur aus der Kurmark, auch von den hinterpommerschen Häfen Kolberg und Rügenwalde reichten Handelsbeziehungen bis nach Frankreich. Für das nach dort verschiffte Holz kam im Gegenzug französisches Meersalz ins Land, das dann in staatlichen Raffinerien zu Speisesalz verarbeitet wurde. Um den Holztransport zu erleichtern, wurde in Hinterpommern und in der Neumark an einem Kanalsystem mit Einbeziehung kleiner Flüsse gearbeitet, das eine Verbindung zwischen dem Warthe-Netze-Gebiet und den hinterpommerschen Häfen schaffen sollte. Damit wäre Stettin noch stärker ausgeschaltet worden. Doch diese Pläne versandeten buchstäblich. Auch die Fahrrinne zwischen dem Hafen Pillau und Königsberg versandete immer wieder. Von der Pregelmündung bis Königsberg sollte ein Treideldamm das Schleppen von Schiffen flußaufwärts ermöglichen. Dem standen aber alte Rechte Königsberger Transportunternehmer entgegen. Jede Modernisierung und Ausweitung des Handels wurde von den engstirnigen Königsbergern von vornherein als Begünstigung der ihnen überlegenen ausländischen Kaufleute aufgefaßt und deswegen boykottiert. Das bestärkte den Kurfürsten in seinem tief eingewurzelten Mißtrauen gegen die widerspenstige Stadt, so daß er den Pillauer Zoll nicht senkte und damit eine weitere Behinderung des Warenaustausches selbst verschuldete.

Wie wenig die damalige kurmärkische geistige Hausmannskost höheren Ansprüchen genügen konnte, mag die Entwicklung des Studiums der Medizin an der Frankfurter Universität, der „Viadrina“, illustrieren: Bis Ende 1666 waren in sechsundzwanzig Jahren von zwei Professoren, die gar keine klinischen Übungen abhielten, nur sieben Ärzte ausgebildet (promoviert) worden! Erst 1680 erfolgte mit der Berufung des Professors Albinus, der in Holland studiert hatte und 1684 ein „Anatomisches Theater“ (Anatomisches Institut) begründete, der Übergang von der theoretischen zur praktischen Medizin.

Friedrich Wilhelms wirtschaftspolitisches „Steckenpferd“ war und blieb weltweiter Kolonialhandel, wie er ihn in Amsterdam in seiner Jugend bestaunt hatte. In den achtziger Jahren wurden seine Flottenpläne noch einmal kräftig belebt, doch dauerhafter Erfolg wollte sich nicht einstellen, da ein kapitalkräftiges, unternehmungslustiges und wagemutiges Bürgertum in Brandenburg-Preußen fehlte. Was der Kurfürst anstrebte, geht besonders deutlich aus einem Edikt vom 1. Januar 1686 hervor: „Handlung und Seefahrt sind die fürnehmsten Säulen eines Staates, wodurch die Untertanen beides, zu Wasser als auch durch die Manufakturen zu Lande, ihre Nahrung und Unterhalt erlangen."

Für seine Kolonialpläne hatte Friedrich Wilhelm in dem ehemals niederländischen Reeder Benjamin Raule, der sein Marinedirektor geworden war, einen zweifellos sehr befähigten Mann gefunden. Am Anfang des Jahres 1680 gab es zwar eine brandenburgisch-preußische Flotte von achtundzwanzig Schiffen, doch diese gehörten Raule. Der Kurfürst hatte sie gechartert, um einen Kaperkrieg gegen Spanien führen zu können. Daß dabei – wie schon erwähnt – vor Ostende die „Carolus Secundus" erbeutet wurde, blieb der einzige Glückstreffer in diesem riskanten, abenteuerlichen Unternehmen. Das gekaperte spanische Schiff wurde im Herbst 1684 unter dem Namen „Markgraf von Brandenburg" zum Flaggschiff von neun weiteren *eigenen* Kriegsschiffen des Kurfürsten. Friedrich Wilhelm hatte sie von Raule gekauft und damit die eigentliche kurbrandenburgische Marine gegründet. Entgegen dem Rat von Meinders wollte der Kurfürst energisch und intensiv Kolonialpolitik treiben. Die Voraussetzungen dafür schien Raule bereits geschaffen zu haben.

Zwar unter dem Schutz des Kurfürsten, doch völlig auf eigene Rechnung war dieser 1680 zur Goldküste gesegelt, um mit Afrikanern Handelsbeziehungen anzuknüpfen. Dabei mußte er der dort tätigen niederländischen Westindischen Kompanie ins Gehege kommen, die keinen „verkappten niederländischen Konkurrenten" in ihrer Nähe dulden wollte. Die Gründung der Brandenburgisch-Afrikanischen Kompanie im Jahre 1682 schützte Raule zwar besser, und auf der ersten „offiziellen" Reise konnte sogar ein Stützpunkt, das Fort Groß-Friedrichs-

Die brandenburgische Flotte

burg, gegründet werden, doch der wirtschaftliche Ertrag der Reise war gering. Kurbrandenburgische Kaufleute waren nicht zu bewegen gewesen, der Kompanie als Gesellschafter beizutreten. Neben Raule hatten fast nur kurfürstliche Beamte sowie der Kurprinz und der Kurfürst selbst Geld investiert. Anstatt des geplanten Anfangskapitals in Höhe von 500 000 Talern hatten sie mühsam völlig unzureichende 48 000 Taler aufgebracht.

Eine grundlegende Besserung schien sich anzubahnen, als 1683 mit den ostfriesischen Ständen und mit der Hafenstadt Emden ein Handels- und Schiffahrtsvertrag abgeschlossen werden konnte. Der Kurfürst mußte sich dabei hinter Raule verstecken, um den mißtrauisch gewordenen Kaiser einigermaßen zu beruhigen. In Berlin, Königsberg und Emden wurden Admiralitätskammern eingerichtet, Raule wurde ihr Generaldirektor.

Auch den dort betriebenen Kolonialprojekten und Unternehmungen fehlte jedoch eine ausreichende ökonomische Grundlage. Ein Erfolg wäre nur um den Preis heftiger und ständiger Auseinandersetzungen mit den Niederlanden denkbar gewesen. Da die Niederländer in der brandenburgischen „Kolonialpolitik" schließlich nur noch ein kurzlebiges Prestigeunternehmen des alten Kurfürsten sahen, arrangierten sie sich 1688 großmütig mit Friedrich Wilhelm, indem sie für Verluste, die sie den Brandenburgern im Handelskrieg zugefügt hatten, Ersatzzahlungen leisteten.

Die auf diesem Gebiet sehr erfahrenen Niederländer irrten sich nicht: Friedrich Wilhelms Nachfolger übernahmen das „teure Spielzeug" ohne Interesse an den unsicheren Geschäften. König Friedrich Wilhelm I. gab die Kolonialpolitik als eine „Chimäre" (Hirngespinst) ganz auf und verkaufte Groß-Friedrichsburg 1717 an die Niederländer.

Raule hat auch auf das Wirtschaftsleben Berlins anregend gewirkt. Die Straße „Am Schiffbauerdamm" erinnert noch an einen von ihm besonders geförderten Gewerbezweig. Allerdings mußte er die nötigen Facharbeiter zunächst aus den Niederlanden holen lassen. Die Einführung einer strengeren Regelung im Verkehr mit Wechseln und die Pflichtversicherung gegen Feuerschaden für alle hauptstädtischen Häuser waren ebenfalls seiner Initiative zu verdanken. In Friedrichsfelde ließ er 1695 ein Schloß erbauen. In seiner heutigen, rekonstruierten Form erinnert es die Besucher des Berliner Tierparks kaum noch an den ersten Bauherrn.

Der auf großem Fuße lebende, so vielseitig wirkende Geschäftsmann wurde zu Lebzeiten Friedrich Wilhelms vor den Angriffen Mißgünstiger geschützt, denn der Kurfürst hatte in zwanzigjähriger enger Zusammenarbeit seine Tüchtigkeit erprobt. Doch unter dem Nachfolger wurden seine Geschäftspraktiken genauer durchleuchtet. Schuldhaftes Verhalten konnte ihm nicht nachgewiesen werden. Es erwies sich allerdings, daß er gar nicht so reich war, wie es schien. Er war zwar sehr begütert, doch auch hoch verschuldet. Einem nach niederländischen Vorbildern planenden und handelnden Großunternehmer bot Brandenburg-Preußen damals eben noch keine tragfähige Geschäftsgrundlage. Es fehlten kapitalkräftige Geldgeber, die weltweite Handelsgeschäfte ermöglicht hätten, weil die großen Manufakturbetriebe fehlten, mit denen damals das junge Bürgertum Westeuropas große Vermögen „machen" konnte.

Um das knappe Geld zu vermehren, bediente sich Knyphausen eines „altbewährten" Mittels: Seit 1687 wurde der Silbergehalt der brandenburgischen Münzen abermals herabgesetzt und damit das Geld „gestreckt". Kursachsen und Braunschweig schlossen sich dem kurbrandenburgischen Beispiel wie 1667/68 an. Die Verhandlungen kamen allerdings erst mit der Leipziger Münzkonvention von 1690 zum Abschluß. Auch hier zeigte sich wieder, daß die kurbrandenburgische Währungspolitik auf die nord- und die mitteldeutschen Staaten maßgebenden Einfluß hatte.

Gold wurde als Prägemetall nur in geringem Umfang verwendet. Als 1681 einem kleinen Schiff trotz niederländischer Angriffe die Rückkehr aus Guinea glückte und zum erstenmal zwar nur wenig, doch immerhin „eigenes" Gold und Elfenbein nach Berlin kam, ließ der davon begeisterte Kurfürst aus dem Gold die sogenannten Guineadukaten prägen. Diese hatten jedoch den Nachteil, daß sich die Prägekosten für einen Dukaten auf zwei Dukaten beliefen.

Ein solches Defizit störte Friedrich Wilhelm wenig. Seine Flotte und die damit ermöglichten Handelsfahrten betrachtete er als sein „Hobby", und dafür gab er Geld so großzügig aus, wie es andere Fürsten für kostspielige Schloßbauten oder als Mäzene für Künstler aufwendeten, um damit Ruhm zu ernten.

Bei seiner eigentlichen Wirtschaftspolitik verlor er niemals sein wichtigstes Ziel aus den Augen: das Ansammeln eines ansehnlichen „Kriegsschatzes“, der es ihm ermöglichen würde, den nächsten Krieg in guter Ausgangsposition zu beginnen. Denn Politik ohne Krieg konnte er sich wohl kaum vorstellen. Beim Tode Friedrich Wilhelms bestand dieser Kriegsschatz aus 649000 Talern, die zum Teil in der Festung Küstrin in zugemauerten Gewölben ruhten.

Wissenschaft und Kultur

Das ständige Sorgen um die nötigen Mittel für seine kostspielige Streitmacht hinderte den Kurfürsten nicht daran, in den Friedensjahren nach 1679 für seine kulturellen Interessen – auch hier könnte man, wie bei der Marine, von „Hobbys“ sprechen – ebenfalls viel Geld auszugeben. Wenn er die chemischen Experimente des Glasmachers Kunckel, die sich noch im zeitgemäßen Gewande der Alchemie verbargen, großzügig förderte, so erhoffte er sich allerdings wohl wirtschaftlichen Nutzen. Die Erfindung des Rubinglases war ja ein erfolgversprechender Anfang gewesen.

Da Kunckel einen möglichst schwer zugänglichen Ort für seine geheimnisumwobenen Versuche brauchte, schenkte Friedrich Wilhelm ihm 1685 die ganze Pfaueninsel bei Potsdam (damals noch schlicht „Kaninchenwerder“ genannt), befreite den Besitz von allen Abgaben und verlieh dem „Zauberer“ sogar das Recht, selbst backen, brauen, Branntwein brennen zu dürfen und eine eigene Windmühle bauen zu lassen, „damit seine Leute nicht gezwungen seien, des Backens und Brauens, des Mahlens und Schrotens halber die Insel zu verlassen“.

Otto
von Guericke

Der Kurfürst kam des öfteren, um sich persönlich über die Ergebnisse der nicht näher bekannten Experimente zu informieren. Obwohl Kunckel keine verwertbaren Erfolge vorweisen konnte, blieb Friedrich Wilhelm ihm bis zu seinem Tode gewogen. Als ob er sich entschuldigen müßte, äußerte er sich gelegentlich über diese Liebhaberei: Er habe früher manchmal beträchtliche Summen am Spieltisch verloren, und da er nun seltener spiele, dürfe er das so Ersparte wohl für wissenschaftliche Versuche ausgeben.

An den Versuchen des Magdeburger Bürgermeisters Otto

von Guericke zur Erforschung der Eigenschaften des Vakuums, die zur Erfindung der Luftpumpe führten, hatte Friedrich Wilhelm schon vorher regen Anteil genommen. Bereits im Jahre 1654 hatte Guericke in Regensburg, wo er als Diplomat für seine Heimatstadt tätig war, dem Reichstag und schließlich dem Kaiser persönlich die sogenannten Magdeburger Halbkugeln vorgeführt. Zusammengefügte Halbkugeln, aus denen die Luft herausgepumpt worden war, hielten so fest zusammen, daß sechzehn Pferde auf jeder Seite benötigt wurden, um sie zu trennen. Diese Versuche erregten ungeheures Aufsehen, denn sie bewirkten eine Revolution im physikalischen Denken.

Als Guericke diese Versuche 1663 auch in Berlin vorführte, kam es ungeachtet politischer Gegensätze – Magdeburg kämpfte damals noch um die Anerkennung als Freie Reichsstadt – zu engen Kontakten mit Friedrich Wilhelm, die sich nach der bald darauf erfolgenden Unterwerfung der Stadt noch vertieften. Guericke blieb Bürgermeister, sein Sohn wurde kurbrandenburgischer Resident in Hamburg. Als Guericke 1672 sein Hauptwerk „Neue (sogenannte) Magdeburger Versuche über den leeren Raum" in lateinischer Sprache herausgab, widmete er es mit einem erläuternden Begleitschreiben dem Kurfürsten. Dabei handelte es sich nicht, wie es bei Widmungen damals üblich war, um eine verkappte Bitte um materielle Unterstützung, denn der wohlhabende Bürgermeister konnte seine kostspieligen Experimente selber finanzieren. Schon 1663 war er mit einer goldenen Ehrenkette beschenkt und zum kurfürstlichen Rat ernannt worden.

Andere Gelehrte, wie ein Übersetzer des Neuen Testaments (ins Syrische), erhielten großzügig bemessene Geldgeschenke. Für seine umfangreichen Sammlungen seltener Münzen und Medaillen hatte der Kurfürst in Ezechiel Spanheim einen sachkundigen Gelehrten von Rang gefunden. Dessen diplomatische Aufgaben in Paris ließen sich durchaus mit historisch-numismatischen Studien verbinden und zu interessanten

Neuerwerbungen nutzen. Auch die Sammlungen natur- und völkerkundlicher „Raritäten" schwollen erheblich an: 1688 waren es 320 Ausstellungsstücke. Da die Büchersammlung schon etwa 20000 Werke mit annähernd 90000 Bänden und mehrere hundert wertvolle Handschriften umfaßte, wurde 1687 mit dem Bau einer großen Bibliothek begonnen. Das zweistöckige Gebäude wurde nach 1688 jedoch in Umbauten am Schloß einbezogen und dabei für andere Zwecke in Anspruch genommen. Nach 1679 entstand im Berliner Schloß auch ein großer Festsaal, der Friedrich Wilhelms Bedürfnis nach höfischer Repräsentation deutlich erkennen ließ.

Die weißen Wände des sogenannten Alabastersaales waren allerdings nicht mit diesem kostbaren Material, sondern nur mit Stuck und Marmor verziert. Zwischen korinthischen Halbsäulen standen die Statuen der zwölf Kurfürsten aus dem Hause Hohenzollern neben den Herrschern der Weltgeschichte, die Friedrich Wilhelm besonders schätzte: Cäsar, Alexander der Große, Kaiser Konstantin der Große, Karl der Große und Rudolf von Habsburg. An der gewölbten Decke befanden sich Fresken und plastische Gestalten. Als „Künste und Wissenschaften" huldigten sie dem Bauherrn. Unter den von Friedrich Wilhelm in den achtziger Jahren beschäftigten Künstlern überwogen trotz seiner engen politischen Bindung an Frankreich weiterhin die Niederländer. Künstlerische Bedeutung hatte auch der Medaillenschneider Leygebe, ein Schlesier, der ein ausdrucksstarkes Reliefbildnis des Kurfürsten in Bronze schuf.

Friedrich Wilhelms Wohn- und Arbeitsraum im Berliner Schloß wurde „die Kugelkammer" genannt, weil hier die Kanonenkugeln aufbewahrt wurden, die während des Dreißigjährigen Krieges von den Schweden als „Salutschüsse" in die Residenz gefeuert worden waren. Diese „schwedischen Grüße" sollten wohl eine ständige Mahnung sein, daß der Kurfürst von Brandenburg nicht ruhig schlafen könne, solange die Schweden die Kurmark noch als „freies Schußfeld vor ihrer Außen-

Samuel
(von) Pufendorf

bastion Vorpommern“ betrachteten. Als die Schweden 1675 in die Mark Brandenburg eingefallen waren, hatten sich die hohen Kosten für die Festungsanlagen um Berlin-Kölln bezahlt gemacht. Bis 1683 wurde noch weiter daran gebaut. Durch die Wälle und die Wasserhindernisse wurden die Verkehrsverbindungen zu den schnell wachsenden Vorstädten nun aber erheblich gestört. Bald stand fest: Als Festungsstadt hatte Berlin keine Zukunft. Doch als Verwaltungs-, Wirtschafts- und Handelszentrum verwies die alte Hauptstadt das in den sechziger Jahren als Konkurrenz aufstrebende Potsdam jetzt endgültig auf den Rang einer Nebenresidenz.

Friedrich Wilhelm sorgte – wie schon erwähnt – persönlich dafür, daß seine Hauptstadt schöner und sauberer wurde. Der erstaunlich rege Erwerbssinn der Kurfürstin Dorothea trug durch die Anlage der Dorotheenstadt nicht wenig dazu bei. Äußerungen ihrer gewinnsüchtigen Geschäftstüchtigkeit haben Friedrich Wilhelm kaum Kummer bereitet; doch ihr unermüdliches Bestreben, ihre Kinder auf Kosten des Haupterben mit eigenen Herrschaftsgebieten auszustatten und dies durch mehrmals erneuerte Testamente des Kurfürsten abzusichern, hat zu langwierigen Streitigkeiten in der Familie geführt.

Mit wachsendem Selbstbewußtsein hat Friedrich Wilhelm als überzeugter Kalvinist die religiöse und damit auch die historische Bedeutung seiner Herrschertätigkeit zweifellos hoch eingeschätzt. Schon seit den fünfziger Jahren hatte er versucht, seine Leistungen durch Historiker entsprechend würdigen zu lassen. Beschreibungen seines persönlichen Anteils an der Schlacht von Warschau (1656) und bei der Vertreibung der Schweden aus der Mark (1675) sowie die öffentliche Rechtfertigung seines Verhaltens beim glücklosen Feldzug im Elsaß (1674/75) galten ihm nur als unzulänglicher Ersatz. Um so mehr ärgerte es ihn, daß mehrere Hofhistoriographen nacheinander recht schwache Arbeiten vorlegten oder hinterließen. Doch gegen Ende seines Lebens gelang es ihm, Samuel Pufendorf, den berühmten Staatsrechtslehrer und Polyhistor, als Hofhistoriographen und Geheimen Rat nach Berlin zu holen. Dieser hatte 1661 die erste deutsche Professur für Naturrecht an der Universität Heidelberg erhalten. Sein bekanntestes Werk, eine Enzyklopädie „Über Natur- und Völkerrecht", erschien 1672, als er schon an der schwedischen Universität Lund lehrte. Im Jahre 1677 war er in das Amt des schwedischen Hofhistoriographen nach Stockholm berufen worden.

Pufendorf galt als führender Vertreter der Lehre vom Naturrecht, wie es der Niederländer Hugo Grotius und der Engländer Thomas Hobbes begründet hatten. Indem er die wesentlichsten Lehrmeinungen dieser Philosophen in seiner Theorie vom Naturrecht vereinigte, verkündete er: das Selbsterhaltungsstreben jedes einzelnen dürfe die Interessen der Gesellschaft nicht verletzen, denn die wichtigsten persönlichen Interessen seien mit den Interessen der Gesellschaft identisch. Der Staat sei durch einen Vertrag entstanden, der diesem Grundinteresse entspreche. Er sei also menschlichen, nicht göttlichen Ursprungs, und daher habe die den Staat verkörpernde fürstliche Gewalt im Naturrecht auch eine Grenze. Im äußersten Falle gebe es ein Widerstandsrecht des Volkes.

Wegen seiner Forderung nach Freiheit wissenschaftlicher Forschung und nach Religionsfreiheit wurde er in Schweden von der lutherischen Orthodoxie schließlich derart angefeindet, daß er dem 1686 an ihn ergangenen Ruf nach Berlin gern folgen wollte. Besonders in dem ehemaligen Professor für Naturrecht Paul von Fuchs sah er einen Gesinnungsgenossen. Da Pufendorf in Schweden als Hofhistoriograph jedoch Einblick in die geheimen Akten des Reichsarchivs genommen hatte und als „Geheimnisträger“ galt, verzögerte sich die Übersiedlung nach Berlin noch bis zum Januar 1688, zumal schwedische Lutheraner ihn auch speziell gegen den kalvinistischen Berliner Hof aufzuhetzen suchten. Aus seinem 1687 erschienenen Buch über das Verhältnis von Kirche und Staat, das er dem Kurfürsten Friedrich Wilhelm widmete, ging aber eine so deutliche Übereinstimmung seiner Auffassungen mit der kurbrandenburgischen Politik religiöser Toleranz hervor, daß Störversuche aus dieser Richtung keine Chance hatten. Auch sein Status als „Geheimnisträger“ bildete schließlich kein Hindernis mehr, da die schwedische Regierung ausdrücklich ihre Zustimmung erteilte.

In Berlin begann Pufendorf unverzüglich seine Arbeit an dem Werk „Friedrich Wilhelms, des Großen Kurfürsten von Brandenburg Leben und Taten“, das 1695 in lateinischer und 1710 (gekürzt) in deutscher Sprache erschien. Es erlangte großen Ruhm als eines der bedeutendsten biographischen Werke des 17. Jahrhunderts. – Wie stark der Philosoph Pufendorf über seinen an der neugegründeten Universität Halle lehrenden Schüler Christian Thomasius dereinst die Toleranzauffassung des preußischen Staatsapparats würde beeinflussen können, läßt ein Brief des Kurfürsten an den Herzog von Savoyen aus dem Jahre 1686, den Fuchs entworfen hat, schon früh ahnen:

„Wie heftig auch immer in der Regel der aus Verschiedenheit der Religionsmeinungen entstehende Haß sein mag, älter und heiliger ist doch das Gesetz der Natur, nach welchem der Mensch den Menschen zu tragen, zu dulden, ja dem ohne Schuld Gebeugten zu helfen verpflichtet ist. Denn ohne dieses Band der menschlichen Gesellschaft, durch welches nicht allein die gesitteten, sondern auch die barbarischen Völker in allen Zeiten miteinander verwachsen sind, hätte nie irgendein Verkehr unter den Völkern sein und bestehen können."

Das hier so eindrucksvoll beschworene „Gesetz der Natur, nach welchem der Mensch den Menschen zu [er]tragen, zu dulden ... verpflichtet ist", galt in Friedrich Wilhelms engstem Familienkreise aber offenbar wenig, als es darum ging, die Erbschaftsprobleme zu regeln. Alle positiven Ansätze zu einer zentralistischen Staatsverwaltung, die im Preußen des 18. Jahrhunderts dann so erfolgreich verwirklicht wurde, stellte Friedrich Wilhelm von vornherein wieder in Frage, weil er das Primogeniturrecht (das uneingeschränkte Erbrecht des ältesten Sohnes an *allen* Ländern eines Fürsten) nur halbherzig anwenden wollte. Sobald er mehrere Söhne hatte, folgte er den Wünschen der Mütter, die den jüngeren eigene Herrschaftsgebiete zukommen lassen wollten. Nur in Fragen der Kriegsrüstung und der Außenpolitik sollten diese vom Haupterben „mitregiert" werden. Als der vom Vater besonders geliebte Kurprinz Karl Emil 1674 plötzlich gestorben war und Kurfürstin Dorothea das viel kühlere Verhältnis ihres Mannes zu dem neuen Kurprinzen Friedrich zugunsten ihrer eigenen Kinder ausnutzen wollte, bahnten sich schwerste familiäre Spannungen an, die leicht hochpolitische Konsequenzen haben konnten.

Der 1657 geborene Kurprinz Friedrich war durch einen als Kind erlittenen Unfall etwas verwachsen, dazu weichherzig und schwächlich, von labiler Gesundheit, und infolgedessen ohne rechtes Selbstvertrauen, leicht verletzlich. Friedrich Wilhelm hätte den robusteren, frisch und unbekümmert auftretenden Bruder des Kurprinzen oder einen der Halbbrüder wohl lieber als seinen Erben gesehen, doch gab er sich redlich Mühe, den Kurprinzen durch Beteiligung an den Amtsgeschäften auf die Nachfolge vorzubereiten.

Den meisten der politischen Winkelzüge Friedrich Wilhelms, die sich aus der engen Anlehnung an Frankreich nach 1679 ergaben, stand der Kurprinz entschieden ablehnend gegenüber. Er wagte aber nicht, seinem Vater offen entgegenzutreten. Um 1680 zog er sich gern in das neu erbaute Schloß Köpenick bei Berlin zurück, als junger Ehemann einer Prinzessin von Hessen-Kassel. Obwohl glücklich verheiratet, blieb er düster und verbittert. Neben seinem ehemaligen Lehrer Eberhard Danckelmann hatte sein Onkel, der mit dem Statthalterposten in der Kurmark „versorgte" Fürst Johann Georg II. von Anhalt-Dessau, großen Einfluß auf ihn. Fürst Anhalt hielt nach wie vor zum Kaiser, und um ihn und den Kurprinzen versammelten sich in Berlin nun die Franzosenfeinde. Darunter waren auch nicht wenige Schmeichler und Zuträger, die sich beizeiten auf einen neuen Kurfürsten einzustellen gedachten und dabei das gespannte Verhältnis zwischen Vater und Sohn noch verschlechterten.

Als Friedrich nach nur vierjähriger Ehe 1683 Witwer wurde, warb er schon bald darauf um die Tochter des Herzogs Ernst August von Hannover, die geistig bedeutende, schöne und nach kostspieligem höfischem Glanz strebende Sophie Charlotte. Die widerspruchsvolle Politik des Hannoveraners gegenüber Frankreich störte zwar die Politik des brandenburgischen Kurfürsten, doch in einer Phase zeitweiliger Übereinstimmung kam die Hochzeit 1684 zustande. Aufs neue hervortretende Gegensätze zwischen Berlin und Hannover wirkten sich nachteilig auf die Beziehungen Friedrich Wilhelms zu seiner Schwiegertochter und damit auch zu seinem Sohn aus. Dazu kam noch das immer schlechter werdende Verhältnis der beiden Söhne Luise Henriettes zu ihrer Stiefmutter Dorothea. Beide verdächtigten diese, das zu erwartende Erbe des kinderlosen Erbstatthalters Wilhelms III. von Oranien, sehr wertvollen Grundbesitz in den Niederlanden, in der Schweiz und in Nordwestdeutschland, ihren eigenen Kindern auf Kosten der Kinder Luise Henriettes zuschanzen zu wollen.

Da starb ganz plötzlich im April 1687 Friedrichs Bruder Ludwig, der mit der außerordentlich reichen Prinzessin Radziwill verheiratet war, vermutlich an Fleckfieber. Schon bald gingen Gerüchte von einem Giftmord um. Der Verdacht fiel zunächst auf einen Polen. Dieser habe damit dem Sohn des Polenkönigs die Heirat mit der reichen Erbin ermöglichen wollen. Dann aber wurde die Kurfürstin selbst mit einem – doch immerhin denkbaren – Mordanschlag in Verbindung gebracht, der die Erbaussichten ihrer Söhne verbessern sollte.

Friedrich war im Dezember 1686 selbst „auf den Tod“ erkrankt. Er hatte angenommen, es handele sich um einen Vergiftungsversuch, und litt an den gesundheitsschädlichen Folgen der „vorsorglichen“ Einnahme von „Gegengift“. Nun glaubten er und seine Frau zumindest eine Zeitlang, daß die böse Stiefmutter an einem Giftmord beteiligt gewesen sei, obwohl eine Untersuchungskommission keine Spuren von Gift gefunden hatte. Der Aufenthalt am Berliner Hof wurde dem Kurprinzenpaar auch durch eine beleidigende Äußerung Friedrich Wilhelms verleidet, der auf die Mitteilung seines Sohnes, Sophie Charlotte erwarte ein Kind, mit einer zynischen Bemerkung reagierte, die Zweifel an der ehelichen Treue der Schwiegertochter bekundete.

Nach einem Kuraufenthalt in Karlsbad kehrten Friedrich und Sophie Charlotte nicht nach Berlin zurück. Der Kurprinz

Sophie Charlotte (als Kurfürstin, um 1690). Gemälde von G. Rommandon

bat um Erlaubnis, sich nach Kleve begeben zu dürfen, wo er (formal) Statthalter war. In dem anschließenden Briefwechsel erklärte er, daß er Berlin auf jeden Fall meiden werde, da man ihm dort nach dem Leben trachte.

Mußte der damit indirekt gegen die Stiefmutter geäußerte Verdacht den Vater schon sehr erregen, so bedeutete es einen weiteren Affront für den Politiker Friedrich Wilhelm, als sich das Ehepaar nach Hannover begab, ohne die sich daraus ergebende sehr mißliche politische Konstellation zu beachten. Ernst August von Hannover hatte sich nämlich soeben mit dem König von Frankreich verbündet, während Friedrich Wilhelm (heimlich) fest an die antifranzösische Koalition gebunden war. In höchster Wut verbot der Kurfürst alle Zahlungen an den „Deserteur" und war wohl schon entschlossen, ihn zu enterben, als die beunruhigten Großmächte vermittelnd eingriffen und auch die schon auf den Erben orientierten kurfürstlichen Räte zu einer friedlichen Einigung rieten. Friedrich Wilhelms Geheimdiplomatie hatte zur Folge, daß sowohl der Kaiser und Wilhelm von Oranien als auch Ludwig XIV. an einer Fortsetzung der brandenburgischen Politik durch den reichsrechtlich feststehenden Erben interessiert waren.

Friedrichs Vertrauter Danckelmann erwies sich in Berlin als geschickter Vermittler. Der Streit konnte notdürftig beigelegt werden. Entscheidend war wohl die allgemeine Überzeugung, daß der Tod des Kurfürsten nahe bevorstehe. Im empfindsamen Gemüt des Haupterben siegte die Sohnesliebe über die Furcht vor Mordanschlägen. Nach Zwischenaufenthalten bei Verwandten in Kassel und Marburg, wo ebenfalls eindringlich zum Nachgeben geraten wurde, kehrte das Kurprinzenpaar im Oktober 1687 an den Berliner Hof zurück. Herzogin Charlotte von Holstein-Wiesenburg, eine Nichte und engste Vertraute der Kurfürstin, die als deren „verbrecherische Handlangerin" bezeichnet worden war, hatte den Hof verlassen müssen. Aber Dorothea, nach einem zweiten Schlaganfall selbst schwer leidend, zeigte sich ihrem kranken Manne zuliebe versöhnungs-

Friedrich III. (als König Friedrich I.)

Eberhard
von Danckelmann

bereit, und so wurde der Friede in der Familie wenigstens äußerlich wiederhergestellt.

In den schweren Wochen nach dem rätselhaften Tod seines Sohnes Ludwig hatte Friedrich Wilhelm besonders deutlich erkennen lassen, wie stark ihn selbst in Zeiten tiefer Trauer der Wunsch nach Landerwerb für seine Dynastie beherrschte. Er hatte gehofft, durch die Heirat Ludwigs den sehr umfangreichen Landbesitz des Hauses Radziwill in Litauen und Polen bei günstiger Gelegenheit seinem Staat einverleiben zu können. Sein diplomatischer Vertreter in Polen, der inzwischen verstorbene Hoverbeck, hatte den Weg zu diesem Ziel bereits geebnet. Nun beschloß Friedrich Wilhelm sogleich ganz ohne Rücksicht auf die Gefühle der jungen Witwe, den Okkupationsplan dennoch zu verwirklichen, indem er die reiche Erbin mit dem Prinzen von Kurland, seinem Neffen, verheiraten wollte. Ludwigs Witwe war dazu jedoch nicht bereit, und so blieb dieser Wunsch ihres Schwiegervaters unerfüllt.

Tod und Begräbnis

Kurz vor der Rückkehr des Kurprinzenpaares hatte sich Friedrich Wilhelm gesundheitlich wieder erholt. Er konnte sogar auf die Jagd gehen – es war das letztemal. Der Sommer pflegte meistens eine deutliche Besserung seiner Gicht und des Nierenleidens zu bringen. Seit 1683 verursachten Nierensteine jedoch unabhängig von der Jahreszeit so heftige Fieberanfälle, daß er fest mit seinem baldigen Tode rechnete. Er trank riesige Mengen Tee, manchmal dreißig Tassen hintereinander, aber auch diese „Gewaltkur“ konnte den Verlauf der Krankheit nicht günstig beeinflussen. Bald stellten sich Anzeichen der gefürchteten Wassersucht ein.

Da gelangte 1684 die Nachricht von der Entdeckung eines „mineralischen Wassers“ in Freienwalde nach Berlin. Friedrich Wilhelm schickte sogleich seinen Leibchemikus Kunckel nach dem am Rande des Oderbruchs gelegenen Städtchen, um den „Wunderbrunnen“ von ihm untersuchen zu lassen. Der Bescheid lautete günstig, und so wurden noch im selben Jahr der Kurfürst und seine Frau die ersten Kurgäste von „Bad Freienwalde“. Im nächsten Jahr, als der vom Erfolg der Trinkkur sehr befriedigte hohe Gast wieder erschien, zählte man bereits 1 500 Gäste. Es war aber nicht das wundertätige Wasser, das die meisten von ihnen angelockt hatte. Theodor Fontane zitiert in seinen „Wanderungen durch die Mark Brandenburg" aus einem alten Bericht: „Der Kurfürst ... ließ zehn Wispel [etwa 130 Hektoliter] Getreide verbacken und die Brote samt einer Geldbeisteuer wöchentlich zweimal verteilen", und er schloß daraus, „daß die kurfürstliche Gegenwart allerhand armes Volk herbeigelockt hatte". Im Jahre 1686 entstand ein richtiges „Brunnenhaus", und 1687 wurde sogar mit dem Bau eines kleinen Schlosses zu „künftigem bequemem Aufenthalt daselbst" begonnen, von dem nichts erhalten geblieben ist.

Die Hoffnung auf den Wunderbrunnen trog. Anfang April 1688 stellten die Ärzte eine unaufhaltsam fortschreitende Wassersucht fest, die ihrer Ansicht nach schnell zum Tode führen mußte. Friedrich Wilhelm war zunächst noch voller Hoffnung. Pflichtbewußt wie stets nahm er seine Herrscherpflichten wahr. Doch schon als man ihn Anfang Mai im Geheimen Rat trösten wollte, die Krankheit werde wie in jedem Jahr vor dem nahenden Sommer das Feld räumen, antwortete er: „Mir wird diesmal nichts zustatten kommen; denn ich weiß wohl, was ich fühle." Vierzehn Tage, so meinte er, werde er noch zu leben haben. In der folgenden Woche bereitete er alles für sein Ende vor. Zum 7. Mai ließ er alle Geheimen Räte zu sich ins Potsdamer Schloß rufen, um die letzte Ratssitzung abzuhalten.

Der Kurprinz, der die Regierungsgeschäfte vorher schon öfters ziemlich selbständig geführt hatte, nahm daran teil. An ihn wandte sich Friedrich Wilhelm zuerst. Mit feierlichen Worten, die für die Öffentlichkeit bestimmt waren, ermahnte er ihn, die Regierung nach denselben Grundsätzen weiterzuführen, durch die das Land aus tiefster Zerrüttung „durch Gottes Hilfe ... in bessern Stand gebracht" worden sei. „Möget Ihr den Ruhm, den ich Euch vererbe, bewahren und erhalten."

Er überreichte ihm sein Politisches Testament von 1667, dessen Grundsätze nach zwanzig Jahren noch unverändert gelten sollten. Gleichzeitig ermahnte er den Nachfolger in Gegen-

Friedrich Wilhelm 1683. Kupferstich von A. Masson

wart der im Amt bleibenden Geheimen Räte, „er möge sich mit seinem Testament zufriedengeben“, mit jenem letzten Testament von 1686, in dem seine Stiefbrüder mit „abgetrennten Herrschaften“ ausgestattet wurden. In seiner Antwort versprach Friedrich, es werde stets sein höchstes Anliegen sein, „des Hauses Ruhm zu wahren“. Mit dieser mehrdeutigen Formel gab sich der Vater zufrieden.

Beim Hinscheiden eines regierenden Fürsten, der in der europäischen Politik eine bedeutende Rolle spielte, waren damals auch Gesandte fremder Staaten anwesend. Diese berichteten über den hochpolitischen Vorgang ausführlich an ihre Herrscher. In unserem Falle erwies sich der kaiserliche Gesandte Baron Fridag als besonders gut informiert. Er hat die Nacht nach diesem „Tage des Abschieds“ wachend im Schloß verbracht, um möglichst aus eigener Anschauung nach Wien berichten zu können. Sein in französischer Sprache abgefaßter Bericht enthält erstaunlich intim klingende Passagen. Selbst allerpersönlichste Worte und Gesten des Sterbenden konnten politische Bedeutung haben. Sie wurden deshalb sorgfältig „protokolliert“. Fridag beobachtete unter anderem: Der Kurfürst „ließ das ganze Gold, das er bei sich aufbewahrt hatte, etwa 40 000 oder 50 000 Dukaten [Goldmünzen mit einem Gewicht von 3,5 g], der Frau Kurfürstin geben, und beweist ihr große Zuneigung, damit sie in seiner Gegenwart nicht klagen solle; als sie ihn fragt, wie er sich fühle, sagt er ‚gut‘, aus Sorge, sie zu betrüben, obgleich er sehr leidet.“

An anderer Stelle heißt es: „Gestern um 7 Uhr abends, als er sich außerordentlich schwach fühlte, sagte man ihm, daß alle seine Kinder seinen Segen zu empfangen wünschten; er sagt, daß sie alle eintreten könnten, was sie taten, ebenso die Kurprinzessin und der Markgraf [Kurprinz Friedrich]; jeder küßte ihm die Hände und empfing kniend unter vielen Tränen seinen Segen; dies rührte ihn, und er weinte ebenfalls.

Die Minister [die Geheimen Räte] sind trotz [der Anwesenheit] der Frau Kurfürstin eingetreten und haben zum gütigen

Gott gebetet. Alle Vorzimmer sind von Menschen angefüllt, wie der gesamte Hof [das Potsdamer Stadtschloß]; alle weinten sehr viel.“ Ein anderer Beobachter hat aufgezeichnet, Friedrich Wilhelm habe sich bei seiner Schwiegertochter Sophie Charlotte, die er mit einer ehrenrührigen Bemerkung über ihre Schwangerschaft schwer gekränkt hatte, dafür entschuldigt, daß er seine Nachtmütze nicht abnehme. Solche belanglos klingenden Einzelheiten der Hofberichterstattung konnten durch wohlwollende oder böswillige Interpretation erhebliches politisches Gewicht erlangen. Das Verhältnis zu den hannoverschen Welfen war ja noch aufs äußerste gespannt.

Das eigentliche Abschiedsgespräch mit seinem Nachfolger führte Friedrich Wilhelm aber unter Ausschluß der Öffentlichkeit. Wie stark er die Grundzüge der brandenburgischen Außenpolitik über seinen Tod hinaus auf eine enge Bindung an Wilhelm III. von Oranien orientiert wissen wollte, zeigen die Parolen, die er an den letzten beiden Abenden seines Lebens für die Schloßwache ausgab: „Amsterdam“ und „London“. – Noch im Spätherbst desselben Jahres wurde Wilhelm III. durch seine Frau Maria (aus dem englischen Königshause Stuart) in der „Glorreichen Revolution“ König von England. Im September des folgenden Jahres trat er als wichtigster Verbündeter des Kaisers und auch des neuen Kurfürsten von Brandenburg in den Pfälzischen Erbfolgekrieg gegen Ludwig XIV. von Frankreich ein, wie Friedrich Wilhelm es vorausgesehen hatte.

Den Abschied von den Seinen und von seinem Lebenswerk, der sich teilweise „auf offener Bühne“ vollzog, hat der selbstbewußte, stets auf Prestige und öffentliches Wirken bedachte Begründer des brandenburgisch-preußischen Staates sorgfältig geplant und „gestaltet“. Ein Großteil der dazu nötigen inneren Kraft zog er zweifellos aus seiner kalvinistischen Frömmigkeit, die dem Erfolgreichen das stolze Gefühl vermittelte, ein Begnadeter zu sein. Samuel Pufendorf, der im Januar 1688 nach Berlin gekommen war, um aus den Urkunden und Akten des Geheimen Staatsarchivs Leben und Werk des Großen Kurfürsten der Nachwelt zu übermitteln, schrieb nach der ersten Begegnung bewundernd: „Es leuchtete aus seinem Antlitz gleich beim ersten Anblick ein gewisses Etwas, das sofort den Helden erkennen ließ." – Mag man vom Hofhistoriographen schmeichelhafte Formulierungen erwarten, so trifft das für die vertraulichen Berichte fremder Diplomaten gewiß nicht zu. Um so mehr verdient hervorgehoben zu werden, daß sowohl der Vertreter des Königs von Frankreich als auch dessen Konkurrent, der Gesandte des Kaisers, „Beweise außerordentlicher Seelengröße und Geistesfreiheit" beziehungsweise „Standhaftigkeit und absonderliche große Andacht bei vollkommen guter Vernunft" rühmend hervorhoben.

Nachdem Friedrich Wilhelm noch eine schwere Nacht in langen Gesprächen mit den Hofpredigern und seinen nächsten Angehörigen verbracht hatte, ist er am folgenden Morgen, am 9. Mai 1688, wie ein rechter Patriarch im Kreise seiner Familie gestorben.

Die letzte Ratssitzung des todkranken Kurfürsten sowie sein halb öffentlicher Abschied von der Familie und den engsten Mitarbeitern auf dem Sterbebett waren gewissermaßen ein Teil des „Leichengepränges" im Stil der Zeit, des Barocks. Das für den Absolutismus allgemein typische Repräsentationsbedürfnis kam der Neigung des neuen Kurfürsten Friedrichs III. zu höfischem Glanz und Pomp entgegen. Friedrich, der nach dem Urteil seines Enkels Friedrich II. in kleinen Dingen groß, in großen aber klein war, übertraf in Fragen der Hofetikette jeden Zeremonienmeister. Über das von ihm inszenierte „königliche Begräbnis Friedrich Wilhelms des Großen" berichtet der 1698 erschienene Band des „Theatrum Europäum" für die Jahre 1687 bis 1691 – der bezeichnenderweise dem Kurfürsten Friedrich III. von Brandenburg gewidmet ist – auf nicht weniger als siebzehn Seiten des größten Buchformats. Diese seit 1634 in Frankfurt am Main erscheinende „europäische Chronik" hatte Friedrich Wilhelm öfters für seine politische Propaganda benutzt. Dem Sohn, der die Tatkraft des Vaters durch Prunksucht, dessen Sparsamkeit durch Verschwendung und sein Machtstreben durch unzulängliche Nachahmung des „Sonnenkönigs“ zu ersetzen suchte, war das „Theatrum Europäum“ ein Werkzeug seiner Eitelkeit.

Am Todestage war der Leichnam des Kurfürsten von den höchsten Würdenträgern des Hofes in das „große Gewölbe“ des Potsdamer Schlosses gebracht, am Tage darauf geöffnet und einbalsamiert worden. Erst sechs Tage später erfolgte nachts die Überführung mit großem Gefolge nach Berlin. Dort fand in der Residenz die Aufbahrung auf dem Paradebett statt, der eine sechstägige öffentliche Ausstellung folgte. Die Leiche war mit überaus kostbaren Gewändern, Kurrock und Kurhut bekleidet, geschmückt mit einer Krone, auf der Diamanten und Perlen glänzten, ferner mit dem Kurzepter und dem Kurschwert. Tag und Nacht stand eine Ehrenwache von Geheimen Räten, Generälen, Kämmerern, Gardeoffizieren und Hofkavalieren am Paradebett. Am 20. Mai wurde der so reich geschmückte Leichnam in den kostbar verzierten Sarg gelegt, der dann aber erst am übernächsten Tage in feierlichem Zuge in die Schloßkapelle getragen wurde. Hier ruhte er bis zum offiziellen Begräbnis, weiterhin Tag und Nacht bei brennenden Kerzen von einer Ehrenwache umgeben.

Das große Staatsbegräbnis fand nach höchst aufwendigen Vorbereitungen erst am 22. September statt. Es begann um fünf Uhr früh mit der Aufbahrung auf einem prächtig ausgeschmückten Katafalk, dem „Castrum doloris“, das im inneren Schloßhof errichtet worden war. Nach einem Festmahl des Kurfürsten mit den zahlreichen Ehrengästen wurde dann der Sarg in prunkvoller Prozession zur Gruft im alten Dom überführt. Dieser befand sich etwa gegenüber dem heutigen Staatsratsgebäude auf dem Marx-Engels-Platz. Der Sarkophag, eine Glanzleistung der Kunst des Barocks, steht heute neben anderen Prunksärgen brandenburgisch-preußischer Hohenzollern in der Gruft des wiederhergestellten neuen Doms.

Leichenbegängnis Friedrich Wilhelms

Im Leichenzug wurden die Fahnen aller „Länder" mitgeführt, auf die in der Titulatur des alten wie des neuen Kurfürsten Anspruch erhoben wurde, obwohl in einigen Fällen die Fiktion offenkundig war. Dieser „große Titel", der wichtigen Edikten stets vorangestellt wurde, lautete nun für den Erben: „Wir Friderich der Dritte, von Gottes Gnaden Marggraff zu Brandenburg, des Heiligen Römischen Reiches ErtzCammerer und Churfürst, in Preußen, zu Magdeburg, Jülich, Cleve, Berge, Stettin, Pommern, der Cassuben und Wenden, auch zu Schlesien, zu Crossen und Schwiebus Hertzog, Burggraff zu Nürnberg, Fürst zu Halberstadt, Minden und Cammin, Graff zu Hohen-Zollern, der Mark und Ravensberg, Herr zu Ravenstein und der Lande Lauenburg und Bütow, usw." Als besondere Attraktion wird die von den Bürgern der „vier Residenzstädte" – also Berlins – gestiftete große „Ehrenpforte" beschrieben, an deren Wänden die berühmtesten Taten Friedrich Wilhelms bildlich dargestellt waren.

Dieser wahrhaft königliche Pomp und die noch wesentlich verstärkte Prachtentfaltung am Berliner Hof standen in krassem Gegensatz zu den bescheidenen Einkünften der Staatskasse. Dem Umfang seines Territoriums nach konnte das von Friedrich Wilhelm begründete Staatswesen jedoch mit manchem europäischen Königreich konkurrieren. Friedrich III. ruhte denn auch nicht eher, bis er sich am 18. Januar 1701 in Königsberg als Friedrich I. die preußische Königskrone aufs Haupt setzen konnte.

Was ist geblieben?

Schon unmittelbar nach dem Tode Friedrich Wilhelms, als sein Testament in Kraft treten sollte, stellte sich geradezu dramatisch die Frage nach dem Weiterwirken seines Lebenswerkes. Nur weil es dem neuen Kurfürsten gelang, mit Hilfe der im Amt gebliebenen Geheimen Räte die Teilungsbestimmungen des Testaments für ungültig erklären zu lassen, konnte Friedrich Wilhelm als Begründer des *zentralistisch* regierten brandenburgisch-preußischen Staates in die Geschichte eingehen. Die Halbbrüder Friedrichs III. wurden für die ihnen zugedachten „abgetrennten Herrschaften" um Minden, Halberstadt, Ravensberg, Lauenburg-Bütow und Draheim mit reichlichen Einkünften und dem Titel „Markgrafen von Brandenburg-Schwedt" entschädigt. Diese Nebenlinie des Kurhauses erlosch 1788, das Schwedter Schloß wurde im zweiten Weltkrieg zerstört. Kurfürstin Dorothea starb bereits 1689.

Wie nachteilig sich die damals schon historisch überholte privatrechtliche Denkweise Friedrich Wilhelms auf die ökonomischen und politischen Verhältnisse des Gesamtstaates hätte auswirken können, führte ihm das benachbarte Sachsen deutlich genug vor Augen. Dort hatte im Jahre 1652 der Haupterbe, Kurfürst Johann Georg II., seinen jüngeren Brüdern „abgetrennte Herrschaften" um Weißenfels, Merseburg und Zeitz einräumen müssen. Eine erhebliche Schwächung der Wirtschaftskraft des Kurhauses war die Folge. Friedrich Wilhelm von Brandenburg konnte das ökonomische und politische Potential der von ihm in Personalunion regierten Länder viel wirksamer in militärische Macht umsetzen. Die Lösung historisch anstehender *nationaler* Aufgaben hätte jedoch eine vollkommenere Form gesamtstaatlicher Machtentfaltung erfordert, als sie im Heiligen Römischen Reich Deutscher Nation praktiziert werden konnte. In den deutschen „Duodezfürstentümern“ (der Spottname leitet sich vom kleinsten Buchformat her) entwickelte sich überall lediglich ein „verkrüppelter“, dem französischen Vorbild schlecht nachgeahmter Absolutismus.

Für die meisten Völker Europas stand damals eine Staatsform auf der Tagesordnung ihrer historischen Entwicklung, die durch „absolute“ Regierungsweise von „Alleinherrschern“ charakterisiert war und deshalb „Absolutismus“ genannt wird. Wo ein Bündnis zwischen dem Herrscher und einem erstarkenden Bürgertum zustande kam, förderte diese Regierungsweise das Entstehen von Nationalstaaten mit einheitlichem, nicht mehr durch Zollgrenzen eingeengtem Wirtschaftsgebiet. Nur über diese Entwicklungsstufe konnten sich aus feudalen Verhältnissen die bürgerlich-kapitalistische Produktionsweise und der ihr entsprechende Staat entwickeln.

Im Frankreich Ludwigs XIV. vollendete sich der Absolutismus in seiner „klassischen Form“, vor allem dort gelang – soweit unter feudalen Bedingungen überhaupt möglich – die Zusammenfassung aller Kräfte des Landes. Deshalb konnte Frankreich in der zweiten Hälfte des 17. Jahrhunderts seine außenpolitischen Ziele mit schlagkräftigen eigenen Armeen, aber auch in hohem Maße auf dem Umweg über „Subsidien“ verfolgen, mit denen es sich Bundesgenossen kaufte.

Einer dieser Bundesgenossen, der Kurfürst von Brandenburg, sollte die Rolle eines „Pfahls im Fleische des Hauses Habsburg“ spielen. Dafür konnte er Lohn erhoffen. Wenn er aber an die Seite des Kaisers trat, um gegen Frankreich zu kämpfen, so bediente sich Frankreich der nordischen Großmacht Schweden, um ihn für diese Parteinahme zu bestrafen. Anerkennung für einen Sieg über die Schweden durfte Friedrich Wilhelm dann gewiß nicht erwarten. Diese Lektion mußte er auf schmerzhafte Weise lernen. Daß seine Politik im ganzen nicht geradlinig, sondern widerspruchsvoll und sprunghaft gestaltet wurde, war unter solchen Voraussetzungen unvermeidlich. Die dabei entstandenen Zickzacklinien im Buch der Geschichte nachzuverfolgen kann dem Historiker allerdings kaum Vergnügen bereiten. War das die Politik eines *großen* Kurfürsten? Dieser Ehrenname prangt ja schließlich auf den Titelseiten der vielen Biografien, die seit Samuel Pufendorfs Werk von 1695 dem Andenken Friedrich Wilhelms gewidmet worden sind.

„Der sogenannte ‚große Kurfürst' (als ob ein ‚Kurfürst' je ‚groß' sein könnte!) ..." Mit diesen wenigen Worten rückte Karl Marx das Lebenswerk des mehr und mehr von Legenden umrankten Brandenburgers wieder ins klare Licht nüchterner historischer Forschung, als er im Mai 1849 in der „Neuen Rheinischen Zeitung" einige Schlaglichter auf „Die Taten des Hauses Hohenzollern" lenkte. Die Rolle der deutschen Fürsten dieser Zeit ist insgesamt so erbärmlich, daß eine Ausnahme wohl biografisches Interesse beanspruchen kann. So kam der vorliegende Versuch zustande. Wesentliche Fakten des historischen Geschehens seien hier kurz resümiert:

Im Verlaufe des Dreißigjährigen Krieges war Kurbrandenburg auf die Seite der Verlierer geraten; doch nach dem Westfälischen Frieden konnte sich der ehrgeizige junge Kurfürst dank kräftiger Unterstützung von seiten Frankreichs zu den Gewinnern des großen Krieges zählen. Der Erwerb ganz Hinterpommerns, der Fürstentümer Halberstadt und Minden sowie der Anwartschaft auf das große Herzogtum Magdeburg gaben ihm beim schweren Wiederaufbau seiner „Erblande" eine wertvolle Starthilfe.

Bald erkannte er, daß er das durch günstige politische Konstellationen Gewonnene nur durch eine stets einsatzbereite, schlagkräftige Streitmacht vor dem Zugriff stärkerer Nachbarn würde bewahren können. Dieses stehende Heer beschaffte er sich durch Kompromisse mit dem Landadel auf Kosten der Bauern. Auf Dauer zu unterhalten war ein unverhältnismäßig großes Heer aber nur mit Hilfe von Subsidien fremder Mächte. Da Geldgeber nicht beliebig zur Verfügung standen, war eine „wankelmütige“ Politik sozusagen vorprogrammiert.

Im Schwedisch-Polnischen Krieg von 1655 bis 1660 erreichte Friedrich Wilhelm nur als „wankelmütiger“ Bündnispartner der Schweden oder der Polen die Aufhebung der polnischen Lehnshoheit über das Herzogtum Preußen und wurde damit Souverän eines Landes außerhalb der Grenzen des Heiligen Römischen Reiches Deutscher Nation. Als er dann zwischen 1674 und 1679 seine Abhängigkeit vom Wohlwollen Frankreichs vergaß und durch die Eroberung Stettins die Herrschaft über die mittlere Ostsee anstrebte, wurde ihm im Frieden von Saint-Germain-en-Laye diese Abhängigkeit nachdrücklich in Erinnerung gebracht. An seinem dritten großen außenpolitischen Ziel, alle brandenburgisch-preußischen Territorien durch Landerwerb miteinander zu verbinden, hat er lebenslang ohne nennenswerten Erfolg gearbeitet. Er hatte die Grenze des ihm von den Großmächten zugebilligten Gebietszuwachses erreicht.

Die Gesamtfläche seiner Länder betrug im Jahre seines Todes annähernd 111 000 Quadratkilometer, die Einwohnerzahl etwa 1,6 Millionen, während die mit etwa 30 000 Quadratkilometern sehr viel kleinere Republik der Vereinigten Niederlande immerhin 1 Million Einwohner zählte. Die Einwohnerzahl von England wurde auf 5,5 Millionen, die von Frankreich auf 19 bis 20 Millionen geschätzt. Der Reichtum der Niederlande beruhte nach wie vor auf ihrem Überseehandel. Sie besaßen etwa 20 000 Schiffe, mehr als England und Frankreich zusammen. Das Vorbild dieser bedeutendsten Handelsmacht Europas blieb für Friedrich Wilhelm unerreichbar.

In seiner Innenpolitik drehte sich alles um Einkünfte für die Unterhaltung und Vergrößerung des bereits unverhältnismäßig großen stehenden Heeres. Trotz ausländischer Subsidien machten die Kosten dafür etwa zwei Drittel des gesamten Staatshaushalts aus. Das gesellschaftliche Leben war jedoch noch nicht so typisch militaristisch geprägt wie unter den Preußenkönigen des 18. Jahrhunderts. Andererseits führten die sehr bescheidenen Maßnahmen zur Förderung von Handel und Gewerbe nicht zum Entstehen eines starken, zum Kapitalismus hindrängenden Bürgertums, wie es der Manufakturkapitalismus in Westeuropa hervorbrachte. Erst durch die Hugenotten kamen private Manufakturen in größerem Umfange ins Land. Zunächst handelte es sich hier aber um reine „Hofindustrien" (wie Marx diese Manufakturen in seinen „Ökonomisch-historisch-statistischen Notizen" nennt), die vor allem der Residenzstadt Berlin zugute kamen. Im übrigen blieb für Brandenburg-Preußen der auf dem Landtag von 1652/53 ausgehandelte Kompromiß Friedrich Wilhelms mit dem Adel charakteristisch, der die Bauern den Landjunkern auslieferte und die Basis für den späteren preußischen Militarismus schuf.

Talent und Neigung zur absolutistischen Regierungsform sind bei diesem Hohenzollern unverkennbar vorhanden gewesen. Doch bis zum Ende seines Lebens kam es immer wieder vor, daß er ständische Einrichtungen sogar gegen Eingriffe seiner eigenen Beamten in Schutz nahm, wenn diese den werdenden Einheitsstaat in schnellerem Tempo schaffen wollten. Die desungeachtet entstandenen Grundlagen für eine streng zentralistische Regierungsform waren aber schließlich die wichtigste innenpolitische Errungenschaft der Regierungszeit Friedrich Wilhelms und sein wertvollstes Vermächtnis.

Ein weiteres fortschrittliches Erbe war der Grundsatz religiöser Toleranz als Regierungsprinzip. Dynastischer Egoismus hatte sich bei dessen Durchsetzung gegenüber dem streitsüchtigen orthodoxen Luthertum durchaus mit historischem Fortschritt vereinbaren lassen. Friedrich Wilhelm, der selber einer religiösen Minderheit angehörte, hat zur Wahrung des inneren Friedens im Lande, aber auch zur Gewinnung wertvoller Einwanderer aus ökonomisch fortgeschrittenen Ländern religiöse Toleranz zur Staatsdoktrin erhoben. Die Berufung Samuel Pufendorfs nach Berlin trug dazu bei, daß die in der Lehre vom

Naturrecht enthaltene Forderung nach religiöser Toleranz, aber auch die Idee vom Widerstandsrecht des Volkes gegen einen ungerechten Herrscher an der 1694 gegründeten kurbrandenburgischen Universität Halle eine Heimstatt fanden.

Der bedeutendste Schüler des schon 1694 verstorbenen Pufendorf, der Philosoph und Rechtswissenschaftler Christian Thomasius, begünstigte dort durch seine Weiterentwicklung naturrechtlichen Denkens zu einer „Vernunftlehre" noch einen Kompromiß zwischen dem landesherrlichen Absolutismus und den Forderungen des allmählich aufstrebenden Bürgertums. Der ihm folgende Philosoph und Naturwissenschaftler Christian Wolff stieß jedoch schon 1723 hart an die ideologischen Schranken des preußischen Absolutismus: Als typischer Vertreter der gegen den Feudalismus gerichteten bürgerlichen Aufklärung mußte er nach einem von seinen Gegnern provozierten Zwischenfall Halle und Preußen innerhalb von achtundvierzig Stunden bei Strafe des Stranges verlassen.

Ein solches Weiterverfolgen von Entwicklungen, die vom Lebenswerk einer historisch bedeutenden Persönlichkeit ausgehen, führt über das unmittelbare Anliegen einer Biografie hinaus. Da liegt es näher zu prüfen, wie sich dieses Leben in Meisterwerken der Literatur und der Kunst spiegelt.

Oft wird ein anspruchsvolles, stolzes Wort Friedrich Hölderlins zitiert: „Was bleibt aber, stiften die Dichter." Sicherlich hat Heinrich von Kleists Drama „Prinz Friedrich von Homburg" das Geschichtsbild zahlloser Theaterbesucher – oder auch Leser – durch das hier vermittelte Bild von der Persönlichkeit des „Großen Kurfürsten" stark beeinflußt. Das wird so bleiben, solange dieses Drama „lebt". Ein genialer Dichter weckt und erhält das Interesse für die von ihm „nachgeschaffenen" historischen Gestalten. Die Faszination wird auch nicht beeinträchtigt, wenn der Zuschauer oder der Leser weiß: Dieser jugendlich-idealistisch dargestellte Prinz von Homburg war in Wirklichkeit ein zweiundvierzigjähriger, glücklich verheira-

Reduzierter Bronzeguß des Reiterstandbildes Friedrich Wilhelms von Andreas Schlüter (1690-1700)

teter Mann mit Beinprothese. Was auf der Bühne als Widerstreit zwischen der vom „Großen Kurfürsten“ verkörperten Staatsräson (als militärischer Kadavergehorsam) und der vom Prinzen vertretenen Idee der Menschenwürde (als Gehorsam gegenüber dem Interesse des Vaterlandes) erscheint, hat in der historischen Realität gar nicht als Konflikt existiert.

Sehr ähnlich verhält es sich mit einem anderen weltberühmten Kunstwerk, dem „Reiterstandbild des Großen Kurfürsten“ von Andreas Schlüter; denn nicht nur Wortkünstler „stiften, was bleibt“. Fünfzehn Jahre nach dem pompösen Begräbnis Friedrich Wilhelms wurde auf der Langen Brücke über die Spree (heute Rathausbrücke) jenes Denkmal höchst eindrucksvoll vor der neuen Fassade des zur gleichen Zeit von Schlüter umgebauten, nunmehr königlichen Schlosses aufgestellt. Es hat gewiß erheblich zur Verfestigung des Begriffes „Der Große Kurfürst“ beigetragen. Das größte Reiterstandbild des Barocks hat ja unter diesem Namen Weltruhm erlangt. Der hier gestaltete Imperator reitet triumphierend über gefesselte, mühsam aufbegehrende Feinde hinweg. Mit Recht ist darauf hingewiesen worden, daß die Aussage dieses Denkmals irreführend ist. Friedrich Wilhelm war lebenslang selbst ein von Zwängen Gefesselter, mühsam Aufbegehrender. Gerade in seinem tapferen Widerstand gegen übermächtig erscheinende Ungunst der Verhältnisse liegt ja seine menschliche Größe.

Bei der Sicherstellung vor den Gefahren des zweiten Weltkrieges sind Roß und Reiter im Tegeler See versunken. Heute befinden sich der originale Sockel (ohne die „Feinde“) und ein Zweitguß des „Großen Kurfürsten“ in den Staatlichen Museen zu Berlin (Bode-Museum), während der aus dem See geborgene obere Teil des Denkmals auf einer Kopie des Sockels vor dem ehemaligen Schloß der Königin Sophie Charlotte im Westberliner Stadtbezirk Charlottenburg steht.

Der „Soldatenkönig“ Friedrich Wilhelm I. stiftete 1738 ein Denkmal zur Erinnerung an einen militärischen Überraschungserfolg des von ihm besonders verehrten Großvaters. Es schmückt noch heute vor Typenhäusern aus derselben Zeit den Schleusenplatz in Rathenow, wo Derfflingers Dragoner im Juni 1675 den Sieg von Fehrbellin vorbereiten halfen. Friedrich Wilhelm ist hier im Geschmack der Zeit als Standfigur eines römischen Feldherrn dargestellt. Der Sockel wurde dem Schlüterschen Reiterdenkmal nachgestaltet.

Anläßlich des zweihundertsten Jahrestages der Schlacht von Fehrbellin ist beim Dorfe Hakenberg, nahe der Autobahn Berlin-Rostock, ein etwa dreißig Meter hoher Aussichtsturm errichtet worden, über dem eine zwei Tonnen schwere, von Christian Daniel Rauch entworfene Siegesgöttin „schwebt".

Wesentlich nachhaltiger als die von vornherein idealisierenden Denkmäler können Porträts das Bild künftiger Generationen von einer historischen Gestalt mitbestimmen. König Friedrich II., Friedrich Wilhelms Urenkel, lebt in unserer Vorstellung nicht zuletzt dank der Porträtkunst eines Anton Graff, der das bekannte Altersbild erst nach dem Tode des Königs (weil der Lebende nicht „Modell sitzen" mochte) schuf. Friedrich Wilhelm hat mehreren Malern geduldig „gesessen". So konnten seine Gesichtszüge getreu überliefert werden. Für einen Hofmaler von Rang stand jedoch nicht genügend Geld zur Verfügung. Es soll vorgekommen sein, daß Künstler auf ihr Honorar warten mußten. Nur gelegentlich befanden sich unter den – überwiegend niederländischen – Malern Träger bedeutender Namen, etwa Gerhard van Honthorst oder Govaert Flinck. Der durch realistische Malweise bekannt gewordene Honthorst starb bereits 1656, der Rembrandt-Schüler Flinck folgte ihm 1660. Von ihren Porträts des noch recht jugendlich dargestellten Kurfürsten (Flinck malte den Achtundreißigjährigen kurz vor dem Frieden von Oliva) haben den zweiten Weltkrieg wohl nur Reproduktionen überstanden.

Auch das Original des Titelbildes im Frontispiz unseres Buches, ein unvollendet gebliebenes Altersbildnis Friedrich Wilhelms von einem unbekannten Meister, ist wahrscheinlich dem Zweiten Weltkrieg zum Opfer gefallen. Ein schlichter

Schwarzweißdruck hat das Entstehen des Manuskripts begleitet und so manches Mal den Autor ermuntert weiterzuschreiben, wenn die Aufgabe zu schwer erschien.

Das im unvollendeten Bild so vollendet wirkende Gesicht spricht von Einsamkeit, von der Last selbst auferlegter Verantwortung und von der Pflicht, „in den Sielen“ zu bleiben trotz schwerer Leiden des Körpers und der Seele. Es deutet eine Biografie besonderer Art an – die Summe eines sehr intensiv gelebten Lebens. Was heute diesen aussagestarken Entwurf interessant erscheinen läßt, das hat damals den Auftraggeber wahrscheinlich befremdet, so daß die Arbeit am Bild abgebrochen wurde. Das Gesicht eines Fürsten sollte nicht so „privat“, sondern „heldischer“ dargestellt werden. Dieser Forderung entsprechen andere Porträts des Siegers von Fehrbellin durchaus. Ein von Antoine Masson 1683 in Paris geschaffener Kupferstich (vgl. Abb. S. 349) liefert in französischer Sprache sogar die passende Unterschrift: „So sind Haltung und Antlitz dieses Heroen. Er ist den größten Helden überlegen, genießt Unterstützung und Ehrerbietung im Reich, empfängt den Lohn für Tugend und den Lohn für Tapferkeit.“

Das schon erwähnte Werk von Samuel Pufendorf über „des Großen Kurfürsten von Brandenburg Leben und Taten“ spiegelt ebenso deutlich diese Auffassung vom Leben eines bedeutenden Fürsten. Informationen über die Privatsphäre des auf einen hohen Sockel gestellten Herrschers sind darin nur spärlich vorhanden. Jüngere Biographen konnten aus anderen Geschichtsquellen einige intime Züge beisteuern, im ganzen blieb der „Große Kurfürst“ aber doch mehr ein Denkmal als eine auch als Mensch vertraute historische Persönlichkeit. Dieser von politisierenden Gelehrten geschaffene, hoch über dem Dasein gewöhnlicher Untertanen durch die Geschichte Preußen-Deutschlands reitende Triumphator ist in dem Abgrund, in den die Machtbesessenheit eines „kleindeutschen“ Herrscherhauses und seiner „großdeutschen“ Erben das deutsche Volk gestürzt hat, für immer versunken.

Was ist also geblieben? Die mühsam aufzufrischende Erinnerung an einen politisch bedeutenden und menschlich interessanten Kurfürsten jenes Heiligen Römischen Reiches Deutscher Nation, das mit den furchtbaren Wunden, die der Dreißigjährige Krieg ihm zugefügt hatte, nicht mehr leben, aber auch noch nicht sterben konnte. Friedrich Wilhelm von Brandenburg hat den Weg der Geschichte des deutschen Volkes, der über die Rivalität der europäischen Großmächte Österreich und Preußen zur Gründung des „kleindeutschen" Reiches von 1871 führte, gewiß nicht vorausgesehen. Sein dynastisch-egoistisches Machtstreben hatte kein nationales Ziel, und doch stellt der von ihm begründete brandenburgisch-preußische Staat eine wichtige Etappe in unserer Geschichte dar.

Geschichte – das ist Erinnerung. Die alten Griechen hielten alle neun Musen für Töchter des Zeus und der Göttin Mnemosyne, der Erinnerung. So mag denn Klio, die Muse der Geschichte, dazu beitragen, die Erinnerung an ein noch für unsere Gegenwart bedeutungsvolles Leben wachzuhalten.

Karte Brandenburg-Preußen 1640 bis 1688

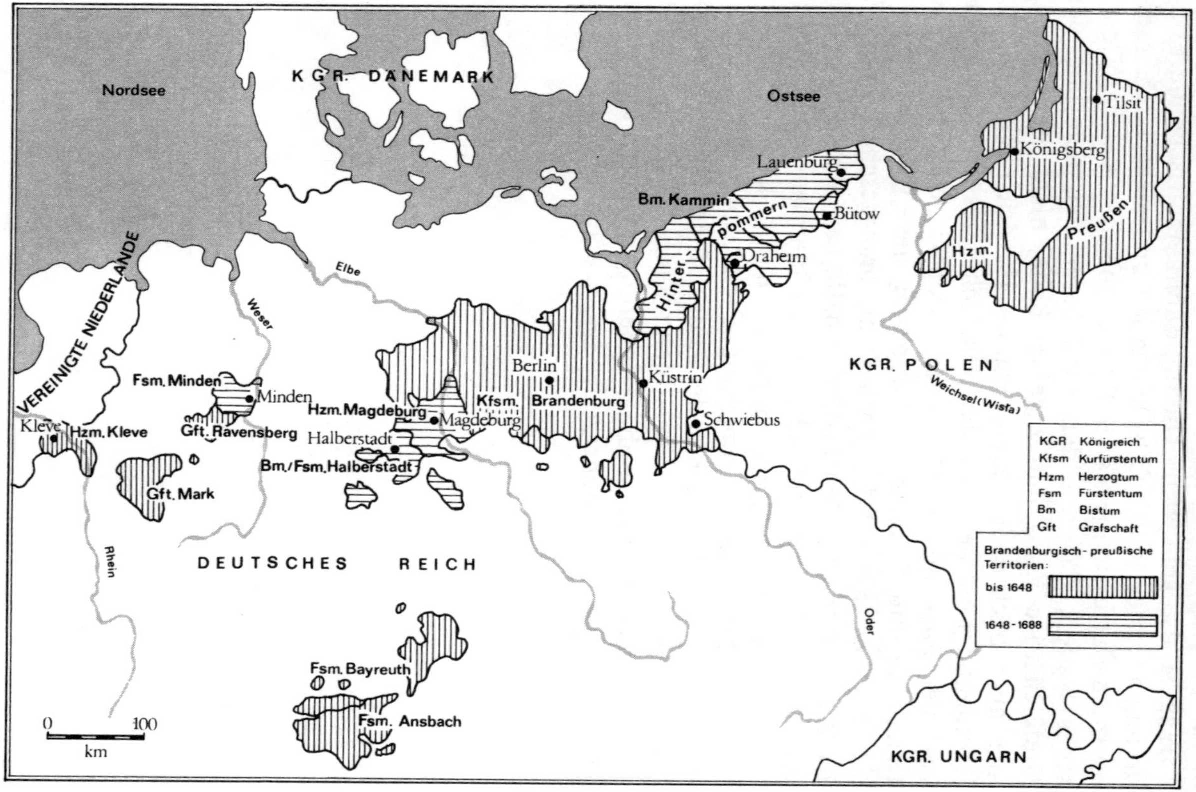

Zeittafel

1620 16. Februar: Friedrich Wilhelm in Berlin-Kölln geboren

8. November: Die Schlacht am Weißen Berg bei Prag entscheidet über den Verlauf der ersten Etappe des Dreißigjährigen Krieges, des sog. böhmisch-pfälzischen Krieges (1618–23).

1625 bis 1629: zweite Etappe des Dreißigjährigen Krieges, der sog. dänisch-niederdeutsche Krieg

1630 bis 1635: dritte Etappe des Dreißigjährigen Krieges, der sog. schwedische Krieg

1631 Sommer bis Herbst: erster Besuch Friedrich Wilhelms in Wolgast bei seiner Tante Marie Eleonore, Gattin des Königs Gustav II. Adolf von Schweden

1632 16. November: In der Schlacht bei Lützen fällt König Gustav Adolf von Schweden.

1633 Sommer: Friedrich Wilhelm reist zur Trauerfeier für Gustav Adolf nach Wolgast.

Oktober bis Januar 1634: Aufenthalt Friedrich Wilhelms in Stettin bei seinem Vetter, Herzog Bogislaw XIV. von Pommern

1634 Juni bis Mai 1638: Bildungsaufenthalt Friedrich Wilhelms in der Republik der Vereinigten Niederlande (Holland)

1635 bis 1648: vierte Etappe des Dreißigjährigen Krieges, der sog. schwedisch-französische Krieg

30. Mai: Friede zu Prag zwischen dem Kaiser und Kursachsen

Juli: Kurbrandenburg tritt dem Prager Frieden bei.

1637 15. Februar: Tod Kaiser Ferdinands II., Ferdinand III. wird Kaiser.

März: Tod des letzten Pommern-Herzogs, Bogislaw XIV.

1640 Juni bis Herbst 1641: Der Reichstag berät in Regensburg über die Beendigung des Krieges.

1. Dezember: Nach dem Tode des Kurfürsten Georg Wilhelm wird Friedrich Wilhelm Kurfürst von Brandenburg.

1641 24. Juli: Waffenstillstand zwischen Kurbrandenburg und Schweden

1642 12. Juli: Die Vertreter der kriegführenden Mächte einigen sich in Hamburg über Friedensverhandlungen in Münster und Osnabrück (die Ratifizierung erfolgt erst 1644).

1643 Anfang März: Der kurfürstliche Hof wird von Königsberg nach Berlin zurückverlegt.

11. Juni: Schweden und Frankreich legen in Münster bzw. Osnabrück ihre Friedensbedingungen vor.

1646 7. Dezember: Friedrich Wilhelm heiratet in Den Haag Luise Henriette von Oranien, Tochter des Statthalters der Vereinigten Niederlande Friedrich Heinrich von Oranien.

1648 24. Oktober: Unterzeichnung des Friedensvertrags von Münster und Osnabrück (Frankreich und Schweden werden zu „Garantiemächten des Friedens“ bestimmt)

1651 Juni bis Oktober: Das „jülichsche Abenteuer“ Friedrich Wilhelms scheitert. Die Stände von Kleve und Mark bewahren sich noch weitgehende Unabhängigkeit.

1652 März bis 26. Juli 1653: letzter allgemeiner Landtag der brandenburgischen Stände. Die Heeressteuer (Kontribution) wird zur dauernden Einrichtung.

1655 bis 1660: Schwedisch-Polnischer Krieg

1656 17. Januar: Friedrich Wilhelm erkennt die schwedische Lehnshoheit über Preußen an.

25. Juni: Bündnis Friedrich Wilhelms mit Schweden

20. November: Im Vertrag von Labiau verzichtet Schweden auf die Lehnshoheit über das Herzogtum Preußen.

1657 2. April: Kaiser Ferdinand III. stirbt. König Ludwig XIV. von Frankreich bewirbt sich um die Nachfolge im Kaisertum.

19. September: Friedrich Wilhelm geht auf die polnische Seite über und erlangt im Vertrag von Wehlau die Souveränität in Preußen.

6. November: In Bromberg wird der Vertrag von Wehlau ratifiziert.

1658 18. Juli: Leopold I. von Habsburg wird Kaiser.

15. August: Gründung des ersten Rheinbundes (unter dem Protektorat Frankreichs)

1659 Abschluß des Pyrenäenfriedens, der den seit 1635 anhaltenden Krieg zwischen Spanien und Frankreich beendet

1660 3. Mai: Im Frieden von Oliva wird Friedrich Wilhelms Souveränität über das Herzogtum Preußen bestätigt.

1661 König Ludwig XIV. von Frankreich übernimmt nach dem Tode des Kardinals Mazarin die Alleinherrschaft.

1661 bis 1663: Landtag der preußischen Stände in Königsberg. Dem Kurfürsten gelingt nur ein Kompromiß. Er muß den Ständen einen Teil ihrer Privilegien belassen, erhält dafür die Steuern zum Unterhalt des Heeres.

1662 bis 1668: Bau des Müllroser Kanals

1664 März: Kurbrandenburg tritt dem Rheinbund von 1658 bei (offiziell erst 1665 bekanntgegeben).

1666 Endgültige Teilung des jülich-klevischen Erbes. Kleve, Mark und Ravensberg werden bleibender Besitz der Hohenzollern.

28. Mai: Friedrich Wilhelm erzwingt mit Waffengewalt die Erbhuldigung der Stadt Magdeburg.

1667 Mai bis 1668: erster Raubkrieg Frankreichs gegen die offiziell noch zum Reich gehörenden Spanischen Niederlande (Devolutionskrieg)

15. April: Einführung der Akzise in den Städten Brandenburg-Preußens

Juni: Kurfürstin Luise Henriette stirbt.

27. August: Münzkonvention von Zinna zwischen Kurbrandenburg und Kursachsen (die Herzöge von Braunschweig-Lüneburg schließen sich 1668 an)

15. Dezember: Kurbrandenburg verpflichtet sich gegenüber Frankreich zur Neutralität im Devolutionskrieg.

1668 2. Mai: Der Aachener Frieden beendet den Devolutionskrieg.

Juni: Friedrich Wilhelm heiratet in zweiter Ehe Dorothea, Witwe des Herzogs Christian von Lüneburg.

1669 Erneuter Konflikt Friedrich Wilhelms mit den preußischen Ständen

31. Dezember: Kurbrandenburg schließt mit Frankreich einen zehnjährigen Subsidienvertrag für eventuelle Hilfe in einem Krieg Frankreichs um die Spanischen Niederlande.

1672 bis 1678/79: zweiter Raubkrieg Frankreichs (gegen die Vereinigten Niederlande)

6. Mai: Abschluß eines Bündnisses zwischen Brandenburg-Preußen und den Generalstaaten gegen Frankreich

1673 26. Juni: Abschluß eines Sonderfriedens zwischen Brandenburg-Preußen und Frankreich in Vossem

1674 bis 1679: Brandenburgisch-Schwedischer Krieg

1675 28. Juni: Schlacht bei Fehrbellin

1679 5. Februar: Friede von Nimwegen für Kaiser und Reich

29. Juni: Der Friede von Saint-Germain-en-Laye beendet den Brandenburgisch-Schwedischen Krieg.

25. Oktober: Abschluß eines zehnjährigen Allianzvertrages zwischen Brandenburg und Frankreich.

bis 1681: sog. Reunionen Frankreichs.

1680 Juni: Das Herzogtum Magdeburg fällt gemäß dem Westfälischen Frieden an Brandenburg-Preußen.

1682 Gründung der Brandenburgisch-Afrikanischen Handelsgesellschaft

1683 bis 1699: Türkenkrieg

12. September: Wien wird durch die Schlacht am Kahlenberg befreit.

1684 15. August: „Kaiser und Reich" bestätigen Frankreich – zunächst für zwanzig Jahre – den Besitz der bis 1681 vorgenommenen Reunionen.

Oktober: Kurprinz Friedrich heiratet Sophie Charlotte, Tochter des Herzogs Ernst August von Hannover.

1685 23. August: Brandenburgisch-niederländisches Bündnis für zwanzig Jahre

18. Oktober: Aufhebung des Edikts von Nantes (1598) durch König Ludwig XIV. von Frankreich

8. November: Erlaß des „Edikts von Potsdam" für die Aufnahme von Hugenotten in Brandenburg-Preußen

1686 Februar: Verteidigungsbündnis zwischen Brandenburg-Preußen und Schweden

22. März: Defensivbündnis zwischen Brandenburg-Preußen und dem Kaiser für zwanzig Jahre

2. September: Ofen (Buda, heute Stadtteil von Budapest) wird von kaiserlichen Truppen mit Beteiligung eines brandenburgischen Hilfskorps erobert.

1688 9. Mai: Tod Friedrich Wilhelms in Potsdam

Literatur und Bildnachweis

Günter Vogler/Klaus Vetter: Preußen. Von den Anfängen bis zur Reichsgründung, 7. Aufl., Berlin 1984

Franz Mehring: Zur Geschichte Preußens, Berlin 1981

Gerhard Schilfert: Deutschland von 1648 bis 1789, 4. Aufl., Berlin 1980

Ingrid Mittenzwei/Hannelore Lehmann: Die marxistische Forschung in der DDR zum brandenburgisch-preußischen Territorialstaat im Zeitalter des Absolutismus (Mitte des 17. Jahrhunderts bis 1789), in: Jahrbuch für Geschichte, Band 3, Berlin 1969

Peter Bachmann/Kurt Zeisler: Der deutsche Militarismus. Illustrierte Geschichte, Band 1, Berlin 1971

Heinz Kathe: Die Hohenzollernlegende, Berlin 1973

Berliner Leben 1648–1806, hrsg. von Ruth Glatzer, Berlin 1956

Preußen. Legende und Wirklichkeit. Bearbeitet und zusammengestellt von Peter Bachmann und Inge Knoth. Berlin 1983

Wolfgang Schneider: Berlin. Eine Kulturgeschichte in Bildern und Dokumenten, Leipzig und Weimar 1980

Jürgen Kuczynski: Geschichte des Alltags des deutschen Volkes, Band 1 (1600–1650), Berlin 1980; Band 2 (1650–1810), Berlin 1981

Quellenzitate wurden folgenden Werken entnommen (Erläuterungen stehen in eckigen Klammern):

Theodor Fontane: Wanderungen durch die Mark Brandenburg, Bände 1–4, Berlin 1976–1979

Bernhard Erdmannsdörffer: Deutsche Geschichte vom Westfälischen Frieden bis zum Regierungsantritt Friedrichs des Großen, 1648–1740, Band 1, Berlin 1892; Band 2, Berlin 1893

Martin Philippson: Der Große Kurfürst Friedrich Wilhelm von Brandenburg, Bände 1–3, Berlin 1897–1903

Herman von Petersdorff: Der Große Kurfürst, 2. Aufl., Leipzig 1939

Gerhard Oestreich: Friedrich Wilhelm, der Große Kurfürst, Göttingen/Zürich/Frankfurt 1971

Ernst Opgenoorth: Friedrich Wilhelm, der Große Kurfürst von Brandenburg, Teil 1: 1620–1660, Göttingen 1971; Teil 2: 1660–1688, Göttingen 1978 (mit ausführlicher Bibliographie)

Ludwig Hüttl: Friedrich Wilhelm von Brandenburg, der Große Kurfürst, 1620–1688. Eine politische Biographie, München 1981

Bildnachweis

Märkisches Museum, Berlin
Sammlung des Autors

Inhalt